A REABILITAÇÃO

Leslie Jamison

A REABILITAÇÃO

Tradução: Santiago Nazarian

GLOBOLIVROS

Copyright © 2022 by Editora Globo S.A. para a presente edição

Copyright © 2018 by Leslie Jamison

Todos os direitos reservados. Nenhuma parte desta edição pode ser utilizada ou reproduzida — em qualquer meio ou forma, seja mecânico ou eletrônico, fotocópia, gravação etc. — nem apropriada ou estocada em sistema de banco de dados sem a expressa autorização da editora.

Texto fixado conforme as regras do Acordo Ortográfico da Língua Portuguesa (Decreto Legislativo nº 54, de 1995).

Título original: *The Recovering: Intoxication and Its Aftermath*

Editora responsável: Amanda Orlando
Assistente editorial: Isis Batista
Preparação: Cláudia Ribeiro Mesquita
Revisão: Mariana Donner e Marcela Ramos
Diagramação: Equatorium Design
Capa: Renata Zucchini

1ª edição, 2022

CIP-BRASIL. CATALOGAÇÃO NA PUBLICAÇÃO
SINDICATO NACIONAL DOS EDITORES DE LIVROS, RJ

J31r

Jamison, Leslie, 1983-
A reabilitação / Leslie Jamison ; [tradução Santiago Nazarian]. - 1. ed. - Rio de Janeiro : Globo Livros, 2022.
23 cm.

Tradução de: The recovering : intoxication and its aftermath
ISBN 978-65-5987-036-3

1. Jamison, Leslie, 1983-. 2. Viciados em drogas - Biografia - Estados Unidos. 3. Viciados - Reabilitação. 4. Alcoólicos - Reabilitação. 5. Abuso de substâncias -Reabilitação. I. Nazarian, Santiago. II. Título.

| 21-75312 | CDD: 920.9362290973 |
| | CDU: 929:615.31(73) |

Camila Donis Hartmann - Bibliotecária - CRB-7/6472
29/12/2021   29/12/2021

Direitos exclusivos de edição em língua portuguesa para o Brasil adquiridos por Editora Globo S.A.
Rua Marquês de Pombal, 25 — 20230-240 — Rio de Janeiro — RJ
www.globolivros.com.br

A qualquer um que tenha sido afetado pelo vício

Sumário

I. Indagação 9
II. Desprendimento 41
III. Culpa 61
IV. Falta 105
V. Vergonha 127
VI. Rendição 183
VII. Sede 221
VIII. Volta 239
IX. Confissão 261
X. Humildade 281
XI. Coro 307
XII. Resgate 329
XIII. Acerto de contas 377
XIV. Volta ao lar 417

Nota da autora 433
Agradecimentos 437
Notas 443
Bibliografia 485

I

INDAGAÇÃO

A primeira vez na vida que senti isso — o barato —, eu tinha quase treze anos. Não vomitei nem apaguei, nem mesmo passei vergonha. Só adorei. Adorei o borbulhar do champanhe, o formigamento quente garganta abaixo. Estávamos comemorando a formatura do meu irmão na faculdade, eu usava um vestido longo de musselina que fazia eu me sentir infantil, até que me senti diferente: iniciada, acesa. O mundo todo foi acusado: *Vocês nunca me disseram que era tão bom assim.*

A primeira vez que bebi em segredo, eu tinha quinze anos. Minha mãe estava fora da cidade. Meus amigos e eu estendemos um cobertor no chão de madeira da sala e bebemos o que encontramos na geladeira, o chardonnay encaixado entre o suco de laranja e a maionese. O sentimento de transgressão nos deixou tontos.

A primeira vez que fiquei chapada, eu estava fumando maconha no sofá de um estranho, dos meus dedos pingava água da piscina e umedeci o baseado ao segurá-lo. A amiga de uma amiga tinha me convidado para uma festa na piscina. Meu cabelo tinha cheiro de cloro e meu corpo tremia com o biquíni molhado. Animaizinhos estranhos desabrocharam nos cotovelos e ombros, as regiões que se dobravam e se conectavam. Pensei: *O que é isso agora? Como continuar assim?* Sobre sensações boas, sempre foi: *mais, de novo, para sempre.*

A primeira vez que bebi com um garoto, eu o deixei pôr a mão dentro da minha camiseta no deck de um posto salva-vidas. Ondas escuras morriam na areia sob nossos pés pendurados. Meu primeiro namorado: ele gostava de se chapar. Ele gostava de chapar o gato. Costumávamos nos pegar na minivan da mãe dele. Ele veio para um almoço de família em casa totalmente pilhado de *speed*. "Tão falante!", disse minha avó, bem impressionada. Na Disneylândia, ele abriu um saquinho plástico com cogumelos secos e começou a respirar de forma rápida e curta na fila da montanha-russa Big Thunder, suando na camiseta, tocando nas pedras laranjas do falso cenário de fronteira.

Se tivesse que dizer em que ponto começou meu alcoolismo, qual foi a *primeira vez* que foi acionado, diria que foi no primeiro apagão, ou possivelmente na primeira vez que quis ter um apagão, na primeira vez que tudo o que queria era ficar ausente da minha própria vida. Talvez tenha começado quando vomitei pela primeira vez de tanto beber, quando sonhei pela primeira vez que estava bebendo, quando menti a primeira vez sobre bebida, quando sonhei que menti sobre bebida pela primeira vez, quando a vontade de beber ficou tão forte que não sobrava quase nada de mim que não estivesse empenhado em servi-la ou lutar contra ela.

Talvez meu alcoolismo tenha começado com padrões mais do que com momentos, assim que passei a beber todos os dias, o que aconteceu em Iowa City, onde beber nunca foi tão drástico e evidente quanto envolvente e inevitável. Havia tantas formas e lugares para se embebedar: o bar da ficção, num trailer duplo esfumaçado, com a cabeça de uma raposa empalhada e um monte de relógios quebrados; ou o bar da poesia, no fim da rua, com seus cheeseburgers anêmicos e o anúncio luminoso da Schlitz, uma paisagem em painel de LED: o córrego borbulhante, as margens gramadas de neon, a cachoeira piscante. Eu espremia o limão na vodca-tônica e olhava — no doce intervalo entre duas e três bebidas, depois três e quatro, depois quatro e cinco — minha vida como algo iluminado por dentro.

Havia festas num lugar chamado Farm House, fora da cidade, nos campos de milho, depois do peixe frito das sextas na American Legion. Eram festas em que os poetas se enfrentavam numa piscina infantil cheia de gelatina, e o perfil de todos parecia lindo na luz crepitante de um colchão em chamas. Os invernos eram frios de matar. Havia festas infinitas em que os escritores mais velhos levavam carne refogada e os escritores mais jovens levavam *tupperwares* com homus, e todo mundo levava uísque e todo mundo levava vinho. O inverno continuava; continuávamos bebendo. Aí chegava a primavera. Continuávamos bebendo também.

***

Sentado em uma cadeira dobrável no subsolo de uma igreja, a questão era como começar. "Sempre foi difícil para mim falar numa reunião do AA", um homem chamado Charlie contou em uma reunião do AA em Cleveland em 1959, "porque eu sabia que podia falar melhor do que os outros. Realmente, eu tinha uma história para contar. Era mais articulado. Podia encenar E iria mesmo arrasar."

Ele explicou a dificuldade assim: ele tinha sido elogiado. Ele tinha se sentido orgulhoso. Ele tinha ficado bêbado. E então ele estava contando para uma grande plateia como era perigoso para ele falar para uma grande plateia. Ele estava descrevendo os perigos de uma reunião dos Alcoólicos Anônimos para uma reunião dos Alcoólicos Anônimos. Ele estava sendo articulado sobre ser articulado. Ele estava encenando sobre o que a arte da encenação tinha feito com ele. Ele disse: "Acho que fiquei cansado de ser meu próprio herói". Quinze anos antes, ele havia publicado um romance sobre alcoolismo que foi sucesso de vendas enquanto estava sóbrio. Mas ele teve uma recaída alguns anos depois que se tornou best-seller. "Escrevi um livro que foi considerado o retrato definitivo do alcoólatra", ele contou ao grupo, "e não me fez bem."[1]

Foi só após cinco minutos de fala que Charlie finalmente pensou em começar como os outros começam. "Meu nome é Charles Jackson", disse ele, "e sou alcoólatra." Ao retomar o bordão comum, ele estava dizendo a si próprio que a banalidade poderia ser sua salvação. "Minha história não é muito diferente da de ninguém", disse ele. "É a história de um homem transformado em idiota pelo álcool, repetidamente, ano após ano após ano, até que finalmente chegou o dia em que entendi que não conseguiria lidar com isso sozinho."

A primeira vez que contei a história sobre meu alcoolismo, me senti entre outros alcoólatras que não bebiam mais. Era uma cena familiar: cadeiras dobráveis de plástico, copinhos de isopor com café morno, troca de números de telefone. Antes da reunião, tinha imaginado como seria no final: iriam elogiar minha história ou a forma como foi contada, e eu iria resistir, "Bem, sou escritora", dando de ombros, tentando não fazer grande caso disso.

Teria o problema de Charlie Jackson, a humildade ameaçada pela proeza narrativa. Pratiquei antes com cartões de anotações, apesar de não os ter usado quando falei — porque não queria que parecesse que tinha ensaiado.

Foi depois da parte do aborto e do quanto eu bebia durante a gravidez; depois da parte sobre a noite que não chamo de encontro do estupro e dos protocolos para reconstruir apagões; depois dos comentários sobre meu sofrimento, que não era nada comparado ao que os outros na sala tinham vivido — foi em algum ponto do território turvo da sobriedade, entrando nas desculpas repetidas, ou na mecânica física da oração, que o velho na cadeira de rodas na fileira da frente começou a gritar: "Que coisa chata!".

Conhecíamos esse senhor. Ele fora fundamental ao criar uma comunidade gay de recuperação na cidade, lá nos anos 1970, e agora estava sob os cuidados do parceiro bem mais novo, um amante de livros com voz macia, que trocava as fraldas do homem e o empurrava fielmente para as reuniões em que ele bradava obscenidades: "Sua puta burra!", ele gritou uma vez. Em outra, segurou minha mão para a oração final e disse: "Me beija, vagabunda!". Ele estava doente, perdendo as partes do cérebro que filtravam e continham sua fala. Mas, com frequência, soava como nosso *id* coletivo, dizendo tudo o que nunca era dito em voz alta nas reuniões: "Não ligo!"; "Que tédio!"; "Já ouvi isso antes". Ele era cruel, amargo, e também tinha salvado a vida de muita gente. Agora estava entediado.

Os demais presentes se remexeram desconfortáveis em seus assentos. A mulher sentada ao lado tocou no meu braço, uma forma de dizer "não pare". Então, não parei. Fui em frente — gaguejando, com olhos vermelhos, a garganta inchada —, mas o homem tinha conseguido abrir as veias da insegurança primitiva: minha história não era tão boa ou eu não tinha contado direito, minha disfunção de alguma forma decepcionou, eu não soube torná-la triste, pesada ou interessante o bastante; a recuperação havia adestrado minha história tornando-a narrativamente sem possibilidade de conserto.

Quando resolvi escrever um livro sobre recuperação, fiquei preocupada com esses possíveis fracassos. Tinha receio de trilhar os cansativos tropos da espiral do vício e temia a tediosa arquitetura e o autoelogio cafona da história de redenção: doía. Piorou. Melhorou. Quem se importa? Que tédio! Era

14 *Leslie Jamison*

comum as pessoas ficarem com o olhar vazio quando eu contava que estava escrevendo um livro sobre vício e recuperação. "Ah, esse livro", era como se dissessem, "já li esse livro."

Queria contar que estava escrevendo um livro sobre esse olhar vazio no rosto delas, sobre como uma história sobre vício pode levar alguém a pensar "Já ouvi essa história" mesmo antes de ler. Queria contar a elas que estava tentando escrever um livro sobre como é difícil contar uma história de vício, porque o vício é sempre uma história que já foi contada, porque inevitavelmente se repete, porque se resume — no final das contas, para todos — ao recorrente e desacreditado, reducionista e reciclado nó central: vontade. Uso. Repetição.

Durante a recuperação, encontrei uma comunidade que resistia ao que sempre ouvi falar sobre histórias — que tinham que ser únicas —, sugerindo em vez disso que uma história era mais útil quando não era nada única, quando era compreendida como algo que foi vivido antes e que seria vivido depois. Nossas histórias eram valiosas por causa de sua redundância, não apesar dela. Originalidade não era o ideal de beleza, não era a questão.

Quando decidi escrever um livro sobre recuperação, não queria que fosse singular. Nada na recuperação foi singular. Eu precisava da primeira pessoa do plural, porque a recuperação tinha se baseado numa imersão na vida dos outros. Encontrar a primeira pessoa do plural significava me dedicar aos arquivos e entrevistas para conseguir escrever um livro que funcionasse como uma reunião — que iria situar minha história junto à história dos outros. *Não poderia lidar com isso sozinha.* Já tinha sido dito. Eu queria dizer novamente. Queria escrever um livro que fosse honesto em relação à determinação, à alegria e ao tédio de aprender a viver dessa forma — em coro, sem a privacidade anestésica de ficar bêbada. Queria encontrar uma expressão de liberdade que não precisasse de citações assustadoras ou de verniz, que não insistisse na distinção como a única marca de uma história digna de ser contada, que perguntasse por que consideramos essa verdade como óbvia ou por que eu sempre a encarei assim.

Se histórias de vício vivem do combustível das trevas — a espiral hipnótica de uma constante crise se aprofundando —, então a recuperação com frequência é vista como a parte frouxa da narrativa, o terreno sem graça do bem-estar, o adendo tedioso da chama cativante. Eu não estava imune; sempre fui fascinada por histórias de naufrágio. Mas queria descobrir se histórias sobre recuperação poderiam ser tão instigantes quanto histórias de desmoronamento. Precisava acreditar que poderiam.

Mudei para Iowa City pouco depois do meu aniversário de vinte e um anos num pequeno Toyota preto com uma televisão no assento do passageiro e um casaco de inverno que não era grosso o suficiente para me manter aquecida nem no outono. Morava numa casa de tábuas brancas na rua Dodge, pouco abaixo da Burlington, e entrei imediatamente no circuito: festas no jardim sob árvores com luzinhas brancas de Natal penduradas, jarras cheias de vinho tinto, salsichão artesanal na grelha. A grama se agitava com os pernilongos, e vagalumes piscavam como os olhos de algum deus tímido, esquivo. Talvez soe ridículo. Era mágico.

Escritores dez anos mais velhos do que eu — vinte anos mais velhos, trinta anos mais velhos — conversavam sobre suas carreiras de bateristas e seus antigos feitos, seus antigos casamentos, enquanto eu me encontrava sem muita vida para contar. Ainda iria viver. Faria coisas nas festas de lá que poderia contar em outras festas depois, em outros lugares. Eu vibrava com essa promessa, e ficava nervosa. Bebia quieta, rápido, manchando os dentes com Shiraz.

Concluí o mestrado no Iowa Writers' Workshop [Programa de escrita criativa], uma instituição incrustada de história. Parecia que o programa estava sempre pedindo para a gente provar por que merecia estar lá, e eu não tinha certeza se merecia. Tinha sido recusada em todos os outros programas em que me inscrevi.

Certa noite, fui numa festa — prédio de tijolinhos, apartamento no subsolo, chão de carpete — e todos estavam sentados em círculo. Era um jogo: você tinha que contar sua melhor história, a *melhor* de todas. Não consigo me lembrar da história de ninguém. Não sei se sequer escutei, de tanto medo de que ninguém fosse gostar do que eu ia contar. Quando finalmente chegou a minha vez, contei a única história que com certeza faria as pessoas rir. Era sobre a viagem a serviço de um trabalho voluntário que fiz para um vilarejo na Costa Rica quando tinha quinze anos. Um dia, dei de cara com um cavalo selvagem na estrada de terra voltando para casa e depois confundi as palavras *caballo* e *caballero* ao tentar contar à minha família anfitriã sobre o encontro. Quando vi a expressão de preocupação no rosto deles, tentei tranquilizá-los afirmando que amava cavalos e acabei falando que gostava de cavalgar em cavaleiros. Nesse ponto, no subsolo acarpetado, fiquei de pé e imitei uma cavalgada, como imitei para aquela família anos antes. As pessoas riram, um pouquinho. Naquela posição de cavalgada, achei que estava exagerando na mímica. De mansinho, voltei a sentar de pernas cruzadas.

A estrutura daquele jogo no subsolo era quase idêntica à estrutura do programa de escrita em si: toda tarde de terça, nos reuníamos em oficinas para criticar as histórias uns dos outros. As discussões aconteciam num antigo prédio de madeira ao lado do rio, bege com detalhes em verde-escuro. Quando nos reuníamos na varanda antes da aula, sob as árvores de folhas vermelhas de outubro, eu fumava cigarros de cravo e ficava ouvindo os estalos agradáveis que ele emitia. Alguém uma vez me disse que cigarros de cravo continham um pouco de vidro, e sempre imaginei caquinhos reluzindo nas câmaras esfumaçadas dos meus pulmões.

Cópias da história da semana eram disponibilizadas numa prateleira de madeira — sempre um número maior de cópias do que a quantidade de alunos. Se outras pessoas do programa estivessem interessadas no trabalho, todas as cópias desapareceriam. A edição ficaria esgotada. Ou não. Nos dois casos, o aluno participava de uma mesa redonda por uma hora e ouvia doze outros alunos dissecarem as virtudes e os defeitos do texto. Depois, a tradição era a turma toda sair para beber.

Se a maioria dos dias em Iowa era como uma prova, um tipo de versão daquela primeira noite trocando histórias no subsolo, às vezes eu passava e às vezes bombava. Às vezes, eu ficava chapada e tinha medo de parecer idiota, embora a ideia de me chapar fosse não ter medo de parecer idiota. Às vezes, eu ia para casa no fim da noite e me cortava.

Automutilação foi um hábito que peguei no ensino médio. Algo que meu primeiro namorado fazia, aquele mesmo que, na Disneylândia, comeu tanto cogumelo que ficou com medo do cenário da montanha-russa. Ele tinha seus motivos, traumas do passado. Inicialmente, eu disse a mim mesma que era porque queria me aproximar dele. Mas acabei tendo que admitir que me sentia atraída pela automutilação por razões próprias. Entalhava na pele um sentimento de inadequação para o qual nunca consegui encontrar palavras; uma dor cuja imprecisão — sombreada sempre pela crença de que era injustificada — recorria ao apelo da precisão muito concreta de uma lâmina extraindo sangue. Era uma dor que eu podia reivindicar, porque era física e irrefutável, ainda que tivesse vergonha por ser uma dor voluntária.

Fui tímida durante a maior parte da infância, sempre com medo de falar porque tinha medo de dizer algo errado: com medo da popular Felicity, uma garota do oitavo ano que me encurralou nos armários da escola para perguntar por que eu não depilava as pernas; com medo das garotas no vestiário que riam em grupinhos e finalmente me perguntaram por que eu nunca usava desodorante; com medo até das meninas mais bacanas do time de *cross-country*, aquelas que perguntavam por que eu nunca falava; com medo dos jantares com meu pai, que aconteciam uma vez por mês, quando eu não tinha certeza do que dizer e, com frequência, terminava dizendo algo de mau humor ou desaforado, algo que pudesse atrair a atenção dele. A automutilação era a forma de fazer algo. Quando meu namorado do ensino médio me disse que achava que devíamos terminar, eu me senti tão impotente — tão menosprezada – que joguei com tanta força uma pilha de copos plásticos na parede do meu quarto que eles se quebraram. Passei os cacos no meu tornozelo esquerdo até formar uma escada torta de marcas vermelhas.

Fico envergonhada quando relembro essa antiga manifestação teatral de angústia, mas também sinto certa ternura em relação àquela menina que queria se pronunciar sobre o tamanho do seu sentimento e usava o que podia: copos descartáveis de piquenique, o jeito de se machucar que pegou emprestado de quem a estava deixando. Havia um tipo de camaradagem entre mim e ele — usar manga comprida durante os verões do sul da Califórnia para que nossos pais não vissem os cortes em nossos braços, explicar os curativos nos tornozelos como cortes de depilação.

Escrever e me cortar foi o modo que encontrei para contornar a timidez crônica, que fazia eu me sentir um fracasso constante. Em Iowa, meus contos eram do tipo que chamamos de centrados no personagem, porque nunca tinham trama. Mas eu desconfiava dos meus personagens. Eram sempre passivos. Eram doentes; eram agredidos; seus cachorros tinham parasitas no coração. Ou eram falsos ou eram eu. Eram cruéis e tratados com crueldade. Eu os fazia sofrer porque tinha certeza de que sofrimento era profundidade e profundidade era tudo o que eu queria. Meu trabalho perseguia a dor como um míssil guiado por calor. Mesmo quando pequena, minhas princesas morriam com o sopro do dragão mais do que eram salvas. No primeiro ano do ensino médio, tive que comentar a pintura de outro aluno, um redemoinho abstrato vermelho e roxo, e escrevi a história de uma menina numa cadeira de rodas que morria num incêndio.

Naquele primeiro ano em Iowa, morei com uma jornalista de trinta e poucos anos que passou muito tempo escrevendo matérias sobre a cena artística de Nova York. Ela sabia fazer um frango assado recheado com limões sicilianos inteiros, quentes, suculentos e azedos. Limões sicilianos assados eram algo inegavelmente *adulto* para mim, um sinal de ter cruzado algum tipo de fronteira. Nas noites de quarta, íamos a leilões que aconteciam nos galpões de fazendas a oeste da cidade — tratores, gado e propriedades, LPS antigos, espadas antigas e latas antigas de Coca-Cola, lixo e tesouros — onde comprávamos bolinhos de chuva e assistíamos aos leiloeiros passarem pelas fileiras em cadeiras gigantes, falando sua língua incompreensível em *staccato: quatroecinquentali-quemdácinco-cincolátrás*. Em casa, suávamos na cozinha preparando cuscuz com queijo de cabra derretido e manjericão picado para rechear flores de abóbora fritas. O cheiro de casca de verdura empanada e frita no óleo fervendo impregnava em todos os cantos. Aqueles dias eram assim: úmidos, insistentes. Eu achava que saber saltear a comida iria me tornar adulta.

Algumas noites, quando ficava agitada e tinha dificuldade de dormir, eu dirigia até o maior estacionamento de caminhões do mundo, a uns sessenta quilômetros a leste na rodovia I-80. Tinha um bufê de mais de quinze metros e chuveiros para os caminhoneiros. Tinha até dentista e capela. Eu rabiscava diálogos de personagens nos meus cadernos e bebia café preto em canecas engorduradas estampadas com flores de lótus. Cercada por quilômetros de milharais escuros, às três da manhã eu pedia bolinhos de maçã e sorvete de creme e comia até lamber a tigela.

Parecia que todo mundo bebia em Iowa City. Mesmo que ninguém bebesse o tempo todo, havia sempre alguém bebendo em algum horário. Quando não estava fingindo cavalgar um cavaleiro, tentando conquistar meu espaço, eu passava noites me equilibrando em banquinhos de couro no bar dos escritores na rua Market: George's and the Foxhead. "Bar dos escritores" era um termo não excludente. Na verdade, qualquer bar onde escritores bebiam podia ser um bar de escritores: o Deadwood, o Dublin Underground, o Mill, o Hilltop, o Vine, o Mickey's, o Airliner, aquele lugar com um terraço no Ped Mall, aquele outro com um terraço no Ped Mall, aquele com um terraço a apenas um quarteirão do Ped Mall.

Mas o Foxhead era o bar mais de escritor de todos e também o mais esfumaçado. O sistema de ventilação consistia apenas de um buraco em que alguém enfiou um ventilador. O banheiro feminino era cheio de escritos sobre homens fodendo: fulano de tal fode com qualquer uma, ciclano fode com a tua vida. Alguns caras diziam que eu era *quase menor de idade* porque era muito jovem, e eu me perguntava se a expressão habitava o mictório do banheiro masculino. Esperava que sim. Parecia um estilo de vida ser alguém que inspirava fofocas escritas em paredes de banheiro.

Mesmo quando ficava mais frio em Iowa, eu sempre usava o casaco mais barato no Foxhead porque não queria que os outros casacos ficassem com cheiro de fumaça. O casaco mais barato ia até o joelho e era de tecido fino aveludado preto com acabamento em pele sintética, tão largo que me sentia confortavelmente escondida dentro dele — tremendo, com os braços cruzados no peito, bem apertados. Anos depois, li sobre um estudante em Ames que ficou bêbado e morreu na neve, o corpo foi encontrado no fim da escada de algum velho depósito agrícola. Mas, naquela época, eu não pensava em morrer na neve. Bebia até não sentir mais frio. Depois que os bares fechavam, continuava bebendo nos apartamentos frios dos garotos que queriam economizar dinheiro com a conta de luz. Uma noite, acabei no apartamento gelado de um garoto que eu gostava, ou que achava que pudesse gostar de mim — as duas possibilidades eram quase indistinguíveis, ou então a primeira pouco importava. Tinha poucas pessoas no apê dele e alguém levou um saquinho de pó. Foi a primeira vez que vi cocaína, e foi como entrar num filme. No ensino médio, parecia que todas as meninas cheiravam desde o jardim da infância. A popular Felicity, de pernas macias e depiladas; eu tinha certeza de que ela cheirava o tempo todo, enquanto eu bebia Coca diet nos filmes não recomendados para menores de treze anos e passava semanas escolhendo um vestido semiformal de renda azul na altura dos tornozelos.

Verdade seja dita, eu não sabia exatamente como usar cocaína. Sabia que se cheirava, mas não sabia como era. Tentei lembrar de cada filme que já havia visto. Tinha que chegar muito perto? Como aquela menina fez, em *Segundas intenções*, para cheirar de um compartimento secreto no crucifixo de prata? Não queria contar ao cara que era minha primeira vez com cocaína. Queria já ter perdido a *conta* de quantas vezes havia cheirado. Mas na realidade precisaram me lembrar, gentilmente, de usar o canudo cortado.

"Me sinto como se estivesse te corrompendo", o cara disse. Ele tinha vinte e quatro, mas agia como se aqueles três anos fossem um desfiladeiro entre nós. E eram. Eu queria dizer: "Me corrompa!". Eu estava usando uma calça branca com uma grande fivela de prata, ajoelhada na frente da mesinha de centro do cara, cheirando uma carreira alinhada por um cartão de crédito que na verdade devia ser um cartão de débito, fungando alto.

Amei sinceramente aquela onda gelada, aquela sensação de *ter tanto a dizer*. Cheiramos a noite toda. A mulher que trouxe o pó foi embora. Todo mundo foi embora. Podíamos conversar até amanhecer. Eu o imaginei dizendo: "Sempre me perguntei no que você pensava". As outras pessoas eram sempre as que eram notadas, as Felicitys da vida, mas agora esse cara estava colocando um disco, *Blood on the Tracks*, e a voz arranhada de Dylan tomou conta da sala fria e o pó atiçou meu coração gotejante e finalmente era a minha vez. A onda gelada acreditava em mim e acreditava no que a noite poderia se tornar. Só tinha beijado três caras. Com cada um deles, imaginei todo um futuro desabrochando para nós. Agora, eu fantasiava com esse. Ainda não havia contado a ele, mas talvez eu contasse. Talvez eu contasse enquanto o dia amanhecesse no jardim do outro lado das janelas panorâmicas.

"Quem é que usa calça branca?", ele me perguntou. "A gente sabe que existe, mas acha que ninguém vai usar."

Eu continuei sentada no sofá dele, por horas e horas, esperando que me beijasse. Finalmente, perguntei: "Você não vai me beijar?", querendo dizer: "Você não vai tentar dormir comigo?".

Porque havia pó e vodca suficientes dentro de mim para perguntar em voz alta, para remover qualquer frágil invólucro que restasse entre o mundo e minha necessidade de ser validada por ele.

A resposta foi não. Ele não ia tentar dormir comigo. O mais próximo que ele chegou de tentar dormir comigo foi dizer, pouco antes de eu sair:

"Ei, nem todo mundo fica bem de calça branca", como um tipo de prêmio de consolação.

Quando eu estava saindo, ele me beijou na porta.

"Era isso que você queria?", ele disse, e um soluço subiu pela minha garganta, salgado e avolumado.

Eu estava bêbada, mas não tão bêbada. Foi a pior humilhação: ser *vista* assim, não desejada, mas desejando. Não me permiti chorar na frente dele. Então, chorei a caminho de casa, andando no frio, às quatro da manhã, a calça branca reluzindo como um farol de longa distância na escuridão.

Quando cheguei em casa naquela noite, cambaleei subindo as escadas, tropecei e caí de cara nos degraus, um tombo grande o bastante para no dia seguinte ter um hematoma enorme na canela. Naquela noite, recém-desprezada, quis ver o que ele havia visto quando me dispensou. No espelho, alguém de olhos vermelhos — alguém que estivera chorando ou talvez fosse alérgica. Esse alguém tinha um pó branco no nariz. Passou o dedo e esfregou-o na gengiva. Tinha visto gente fazendo isso nos filmes. Tinha certeza.

Não fomos os primeiros a ficar bêbados em Iowa. Sabíamos disso. As lendas sobre o consumo de bebida alcoólica em Iowa City corriam como rios subterrâneos sob nossas bebedeiras. Elevavam-se com contos oníricos de disfunção: Raymond Carver e John Cheever cantando pneu ao amanhecer no estacionamento de supermercados para refazer o estoque de bebida; John Berryman abrindo contas de bar na rua Dubuque e vociferando sobre Whitman até de manhã, jogando xadrez e deixando os bispos vulneráveis; Denis Johnson ficando bêbado no Vine e escrevendo contos sobre ficar bêbado no

Vine. Também ficávamos bêbados no Vine, apesar de agora estar num prédio diferente, em outro quarteirão. Sabíamos disso também: como ocupávamos as velhas histórias com imprecisão, como só tínhamos vislumbres e réplicas imperfeitas delas.[2]

Frequentemente penso em Iowa com esse "nós": Bebíamos aqui. Bebíamos ali. Bebíamos, de certa forma, com quem beberia depois de nós, assim como bebíamos com quem tinha vindo antes. Um dos poemas de Johnson descrevia ser "apenas um pobre humano mortal" que havia "tropeçado no vale onde deuses fracassados bebiam".[3]

Quando Cheever apareceu para dar aula em Iowa, ficou grato pelo vale. Era um lugar onde podia beber sem que a família ficasse perguntando por que ele estava se matando. Em casa, ele escondia garrafas debaixo do assento do carro e batizava o chá gelado com gim. Mas em Iowa não havia necessidade de fingir. Carver o levava para a loja de bebidas logo que amanhecia — abria às nove, então, eles saíam às oito e quarenta e cinco — e Cheever abria a porta do carro antes de o carro parar totalmente. Sobre a amizade deles,[4] Carver dizia: "Eu e ele não fazíamos nada além de beber".[5]

Foram as lendas que herdei. Estavam impregnadas no ar. Richard Yates passava as manhãs de ressaca num banco no Airliner, comendo ovos cozidos e ouvindo Barbra Streisand no *jukebox*. Um de seus alunos, Andre Dubus, ofereceu-lhe sua esposa emprestada durante uma fase difícil. Yates levou Dubus para beber depois que seu primeiro romance não vendeu, e eu levei minha melhor amiga para beber quando seu primeiro romance não vendeu — no Deadwood, naquela hora da tarde chamada *Angry Hour* [Hora Raivosa], que antecedia a *Happy Hour* [Hora Feliz] e tinha descontos ainda maiores. Eu me esforcei, mas não consegui pensar no que dizer, e me perguntei se algum dia terminaria um romance e por quanto o venderia.

Em *Memórias alcoólicas*, romance publicado originalmente em 1913, Jack London evocou dois tipos de bêbado: o que cambaleia pelas sarjetas alucinando com "ratos azuis e elefantes rosa",[6] e o que acessa as verdades nuas que a "luz branca do álcool" permite: "os silogismos impiedosos, espectrais da lógica branca".

O primeiro tipo de bêbado tinha a mente destruída pela bebida, "mordida anestesiada por vermes anestesiados", mas o segundo tipo tinha a mente aguçada. Enxergava mais claramente do que os homens comuns: "[Ele] vê através das ilusões... Deus é ruim, a verdade é uma trapaça e a vida é uma piada... Esposa, filhos, amigos — na luz branca e clara de sua lógica, eles são expostos como fraudes e enganos... ele vê suas fragilidades, sua insignificância, sua sordidez, sua vergonha".[7] O bêbado "imaginativo" ostentava essa visão como dádiva e maldição ao mesmo tempo. A bebida concedia a visão e cobrava por isso, com "derramamento repentino ou vazamento gradual."

London chamava a tristeza de beber de "tristeza cósmica", não era uma dor pequena, mas grandiosa.[8] Na antiga música *folk* britânica na qual apareceu pela primeira vez, John Barleycorn era a personificação do próprio álcool etílico — um espírito atacado por beberrões arrasados pela bebida, homens buscando vingança pelo que Barleycorn fez a eles. No romance de London, ele era mais como uma fada-madrinha sádica, concedendo o presente bruto da sabedoria fria. Certamente, ele visitou os escritores lendários de Iowa, os que projetavam as longas sombras cambaleantes sobre nossos bancos de bar.

A sombra de Carver era a mais embriagada de todas. Suas histórias eram dolorosas e precisas, como unhas cuidadosamente roídas, cheias de silêncio e de uísque, *saideiras* e mais *saideiras*. Seus personagens trapaceavam e eram trapaceados. Embebedavam uns aos outros e arrastavam os corpos desmaiados uns dos outros para as varandas. As pessoas eram surradas, nada de mais. Uma vendedora de vitaminas ficou bêbada e quebrou o dedo, então acordou com uma ressaca "tão forte que era como alguém enfiando arames em seu cérebro".[9]

As histórias que ouvi sobre a vida de Carver insinuavam um vagabundo movido a bebida e fumaça: deixando refeições inacabadas porque obtinha o açúcar necessário da bebida, saindo de restaurantes antes de pagar a conta, transferindo a aula que ministrava no departamento de inglês para os fundos do Mill, um de seus bares favoritos. "Não se pode dizer a um bando de escritores para não fumar", ele insistiu, como queria seu departamento.[10] Uma vez, ele acabou às voltas com um estranho que deixou dormir em seu quarto de hotel depois de uma noite pesada de bebida: o jovem tirou a roupa, ficou de cueca de oncinha e sacou um pote de vaselina. Outra vez, Carver apareceu sem ser convidado na casa de um colega, segurando uma garrafa de burbom Wild Turkey, e disse: "Agora, vamos contar nossas histórias de vida".

Eu imaginava Carver envolvido em travessuras e triângulos amorosos, pequenos roubos e seduções; cinzas caindo da ponta do cigarro sem ele notar enquanto se sentava entretido à máquina de escrever, montado na cauda de um cometa da farra em sua sabedoria implacável. Qualquer que seja o patamar psíquico a que sua longa bebedeira o levou, qualquer que seja o vazio que contemplou desses postos, eu o imagino manobrando habilmente o desespero em traições silenciosas e pausas férteis de sua ficção. Um dos amigos de Carver disse assim: "Ray foi nomeado como nosso Dylan Thomas, creio... nosso contato com a coragem de encarar todas as trevas possíveis e sobreviver".[11]

Era minha noção-padrão de *todas as trevas possíveis* na época: Carver, Thomas, London, Cheever, escribas brancos e seus problemas épicos. Quando pensava em vício, eu certamente não pensava em Billie Holiday presa por um ano na Virgínia Ocidental, ou algemada no leito de morte num hospital da região central de Manhattan. Não pensava nos bêbados brancos e velhos se reunindo toda manhã em bares de não escritores às margens dos milharais, veteranos e fazendeiros — para os quais a embriaguez não era um combustível mítico, mas a anestesia diária para o alívio, aqueles que não narravam suas farras etílicas como toques de sabedoria existencial. Na época, estava ocupada demais imaginando Carver adormecendo ao amanhecer com bolhas de queimadura nas mãos e um maço de páginas inconsoláveis no colo, um diplomata dos confins mais sombrios da própria vida naufragada. Ficava esperando encontrar anotações de alguma história sua entalhada numa mesa de madeira no Foxhead. Imaginava os escritos de banheiro que ele havia inspirado.

"Era bem difícil até olhar para ele", um conhecido disse, "era tanta bebida e tanto cigarro que parecia ser outra pessoa com a gente na sala."[12] Durante a pior época de sua bebedeira, Carver alegou que gastava mil e duzentos dólares por mês em bebida, um belo salário mensal que ele pagava à outra pessoa na sala. "Claro que há uma mitologia que segue a bebida", Carver certa vez disse. "Mas nunca liguei para isso. Eu ligava para a bebida em si."[13]

Eu ligava para a bebida também, mas também para a mitologia do cara que não ligava para o mito. Tinha certeza de que todos nós ligávamos.

Carver adorava o *Memórias alcoólicas* de London. Ele recomendou-o para um editor durante o drinque do meio-dia e disse — enfaticamente — que lidava com "forças invisíveis",[14] então deixou a mesa e saiu do restaurante. Cedinho na manhã seguinte, esse mesmo editor recebeu uma ligação da cadeia, onde Carver dormia no chão de cimento atrás das grades.

Daniel era um poeta que morava na parte de cima de um restaurante de falafel e dirigia um caminhão de lixo. Eu o conheci no Deadwood, um bar no centro cheio de máquinas de *pinball*. Estávamos bêbados, claro, piscando contra as luzes repentinas da hora de fechar. Daniel tinha cabelo preto e olhos azuis, e quando alguém disse que ele parecia com o Morrissey, tive que pesquisar quem era o Morrissey. Eu o deixei me levar para casa e me deitar em seu futon cheio de calombos. Tomamos sorvete de chocolate do pote, debaixo de seu cobertor de lã que pinicava, e assistimos pornô. Eu nunca tinha visto pornô. Queria saber se o entregador ia se apaixonar pela enfermeira. "Não tem bem uma trama", ele disse. Mas ele era uma trama. Daniel tinha uma história de infortúnios que eu sempre queria ouvir mais, como se eu fosse uma trombadinha buscando anedotas: aquela vez que se vestiu de pirata e acordou na escadaria do seu apartamento coberto de vômito, aquela vez que sua ex contatou espíritos usando um tabuleiro de Ouija no banco de piquenique do lado de fora de uma loja de donuts em Wyoming.

A vida com Daniel era esquisita, irregular e inesperada. Pulsava. Ele fazia uma bagunça comendo. Havia pedaços de repolho na barba, manchas de sorvete derretido nos lençóis, panelas e potes sujos na pia, pelinhos de barba por toda a bancada do banheiro. Ele deixava trechos de possíveis poemas escritos nas capas de antigas revistas *New Yorker* empilhadas no quarto: "A realidade é uma sobrevivência... equipada com gavetas de roupas íntimas, algumas velas perfumadas e talvez um cetro... escondido em algum lugar no sótão". Quando fomos a uma festa em que todos bebiam uísque *single malt* e tomavam notas sobre o sabor, uns escreveram: *defumado, encorpado, musgado*, enquanto Daniel escreveu: tem gosto da *poeira que levanta das rodas de uma carruagem na Roma antiga*. Quando cheiramos cocaína juntos, não era a primeira vez que eu cheirava. Transamos uma noite num cemitério à beira da cidade. Dirigimos para Nova Orleans porque tínhamos um carro. Cancelei as aulas que deveria dar — ou arrumei amigos para me cobrir — para que pudéssemos assistir ao History Channel sob cobertores ásperos amarelo-mostarda num motel no meio de Seiláonde, Mississippi. Tomávamos doses de burbom no começo da tarde e corríamos pelos becos do French Quarter.

Daniel e seus amigos, uma turma de poetas mais velhos, passavam noites atirando com espingardas de pressão em latas vazias de cerveja PBR. Via seu perfil piscar no brilho das fogueiras. Eu tinha vergonha de ser tão jovem, apenas vinte e um, então menti e disse a Daniel que tinha vinte e dois. A matemática parecia certa na época. Os amigos de Daniel me intimidavam. Ele me contou que seu amigo Jack tinha dormido com 125 mulheres. Eu me perguntava se Jack queria dormir comigo. Uma noite, contei ao Jack que às vezes dirigia até o estacionamento de caminhões no meio da noite e trabalhava nos bancos de vinil ao lado da loja de conveniência, sem prestar atenção em todas aquelas calotas cromadas nas fileiras. "Você acaba de ficar *cem* vezes mais interessante", ele disse. Tentei me dividir em cem, bem lá, na frente dele, para descobrir o que tinha sido antes.

Se havia um livro que todo mundo venerava em Iowa, tanto oráculos de poetas quanto arquitetos da prosa, era *Jesus' Son* de Denis Johnson. Essa antologia de contos era nossa bíblia de beleza e de danos, uma visão alucinada de como e onde vivemos, com festas em fazendas e manhãs de ressaca, céus de um azul tão claro a ponto de doer o globo ocular. Metade do livro se passava em bares de Iowa City. Coisas loucas aconteciam na esquina da Burlington com a Gilbert, onde agora tinha um posto de gasolina Kum & Go. O título do conto "Emergency" vinha de uma grande placa do hospital Mercy: letras vermelhas brilhando contra o tijolo, que eu associava a caminhar de volta para casa bêbada nas noites de inverno, anestesiada pelo frio. No mundo das histórias de Johnson, você aprendia a bebericar seu drinque "como um beija-flor sobrevoando um botão".[15] Havia uma casa de fazenda onde pessoas fumavam ópio farmacêutico e diziam coisas como: "McInnes não está se sentindo bem hoje. Acabei de atirar nele".[16]

Em *Jesus' Son* até os milharais eram importantes. Cercavam nossa cidade como um oceano, verdes e farfalhantes no verão, altos o suficiente para formar labirintos em setembro, depois devastados em cascas secas pelo resto do outono — fileiras sombrias de talos marrons ressecados e esqueléticos. Era como se Johnson estivesse ligando bêbado para nós do fim dos tempos para dizer o que significavam esses campos extensos cujas margens ficavam além de nossa vista. Um de seus personagens olha para a tela gigante de um cinema drive-in e a confunde com uma visão sagrada: "O céu foi arrancado e os anjos desciam de um brilhante verão azul, os rostos enormes marcados de luz e cheios de piedade".[17] John havia confundido a Iowa comum ao nosso redor com algo sagrado, e as drogas e a bebida o ajudaram.

Quando Johnson chegou em Iowa City como calouro da faculdade no outono de 1967, escreveu para os pais para dizer que havia acidentalmente comprado, num brechó, cobertores de bebê que ele achou que fossem toalhas — mas estava feliz de ter encontrado uma coleção de "gravatas cheias de personalidade". Reclamou de um cara que tocava banjo alto na porta do dormitório.[18] Em novembro, tinha passado seu primeiro período na cadeia municipal. Enquanto estava preso, os amigos mandaram um cartão comemorativo para ele, com um desenho em cartum de rostos abalados: "Volte, por favor!!! Sentimos muito sua falta e, além do mais...". O interior acrescentava: "A barra está limpa!". Sua amiga Peg escreveu: "Cara, tentei o dia todo te tirar da prisão, mas eles não toparam. Os custos do seu processo estão pagos, então você pode sair quinta de noite". Peg estava numa boa: "Neste momento, estou numa parada de caminhões na I-80 tomando uma Coca". Porém, ela queria que ele soubesse: "Estamos todos esperando ansiosamente pelo seu retorno triunfante".[19]

Quando Johnson tinha dezenove anos, publicou seu primeiro livro de poemas, e quando tinha vinte e um foi internado numa ala psiquiátrica por causa de uma psicose relacionada ao álcool. Ouvi dizer que *Jesus' Son* era apenas um monte de memórias que ele tinha enfiado numa gaveta e depois vendeu para um editor, anos depois, para pagar a Receita Federal.

Eu gostava de ler um dos parágrafos de encerramento em voz alta no meu quarto em Iowa: "Eu a beijei plenamente, minha boca na boca aberta dela, e nos encontramos dentro. Era lá. Era. A longa caminhada pelo corredor. A porta se abrindo. A bela estranha. A lua rasgada remendada. Nossos dedos afastando as lágrimas. Era lá".[20] Ele insistia que um único beijo idiota era importante, que um momento sexy-suave-bêbado de alguém era importante, que até as coisas mais comuns eram importantes — a caminhada pelo corredor, a porta aberta, até a estranha sem nome. Tudo indicava algo. O que *era* esse algo, quem sabia? Mas sentíamos suas arestas irregulares.

Havia algo belo e necessário no papel da dor nas histórias de Johnson. A verdade ficava à espreita além das margens de destruição e dor. Algo era *feito*, como uma joia ou um pássaro nascendo, quando as pessoas se machucavam. Quando a mulher ouvia que o marido havia morrido, por trás de uma porta de hospital que deixava escapar um único feixe de luz forte, como se "diamantes estivessem sendo incinerados ali dentro",[21] ela "guinchou" como o narrador "imaginava que uma águia guincharia", e ele não ficou horrorizado, mas hipnotizado. "Uma sensação maravilhosa de estar vivo e ouvir isso!", disse ele. "Procurei essa sensação em todo canto." Meus alunos achavam que era cruel a procura pela dor do narrador, mas eu achava que *entendia*. Eu também teria fincado as garras sob a porta do hospital em busca dos diamantes, do intenso calor e do guincho de sua destruição.

No fim dessa história, o narrador se dirigia diretamente a nós: "E vocês, vocês, seus ridículos, vocês esperam que eu os ajude".[22] Mas eu não buscava por sua ajuda, não mais do que sua gloriosa visão do que significava estar partido. Seus personagens desempenhavam o papel de profetas bêbados, nossos Virgílios para o seu inferno. "Porque nós acreditávamos que éramos trágicos, e bebíamos",[23] o narrador nos diz. "Tínhamos o sentimento de desamparo predeterminado." Suas histórias insistiam que tudo ao nosso redor era importante: o sonho e a fumaça de cravo e o frio incisivo do lugar. Era lá, ele escreveu. *Era*.

Gosto de pensar nos meus primeiros meses com Daniel como mágicos, mas, na verdade, também eram saturados de ansiedade. Para mim, muitas de nossas aventuras despreocupadas — a viagem repentina para Nova Orleans, o sexo no cemitério — eram marcadas por dúvidas, nada livres.

Eram mais tentativas de provar, para ele e para mim mesma, que o quer que estivesse acontecendo entre nós acontecia em grande escala. Nossa corrida cambaleante bêbados pelo French Quarter passou pela minha mente como um filme de arte: varandas de ferro forjado, apartamentos estreitos de cor pastel.

Não apenas precisava que Daniel me quisesse; queria que ele tivesse *tudo* comigo. Qualquer coisa menos que isso pareceria rejeição. Para ele, imagino, era, de certa forma, exaustivo. Eu não tinha estômago para o estado obscuro que existia entre sermos estranhos e apaixonadamente comprometidos pelo resto de nossas vidas — em outras palavras, o namoro. Precisava de tudo, imediatamente. *Mais. De novo. Para sempre.* Lembro de Daniel me dizendo uma vez: "Gosto de você, mas não tenho certeza se quero me casar com você", apesar de eu ter convenientemente reprimido o que disse para que ele dissesse isso; provavelmente foi algo como: "Não quer casar comigo?!". Se ele não quisesse, depois de um mês, eu estava pronta para entender isso como meu próprio fracasso. Beber com Daniel não era apenas me entregar nas mãos selvagens de sua imprudência, era sobreviver à sua incerteza. Eu entendia essa incerteza como um enigma metafísico, um referendo das possibilidades de intimidade quando, na verdade, era apenas honestidade. Era a honestidade de um poeta de vinte e seis anos morando sobre uma loja de falafel.

Uma noite, quando cambaleávamos de um churrasco de volta para casa, bobos na escuridão, ele me parou no meio da calçada. Quando ele me disse: "Lá no churrasco, eu estava apaixonado por cada porra que você dizia", foi como a confirmação de um pressentimento. Sempre suspeitei que o amor era como uma recompensa por dizer as coisas certas.

Daniel tinha uma ex-namorada que teve câncer cervical. Ele transmitiu HPV para ela e se sentia responsável por sua doença. Mesmo que ela já estivesse saudável, e que não estivessem mais juntos, ele ainda se preocupava com o espectro do relacionamento deles, e com a culpa pela doença dela. Eu não tinha medo de ela ter remissão nem de eu mesma pegar HPV; só tinha medo de nunca significar para ele tanto quanto ela significou.

Um fim de semana, fomos todos acampar em Lake MacBride, eu, Daniel e sua turma de amigos poetas mais velhos. Era começo de primavera.

30 *Leslie Jamison*

O ar tinha cheiro de terra molhada. Tudo estava sensível por causa da neve recém-derretida. Eu temia dizer algo errado, mas também temia não dizer nada. O que mais eu poderia dizer sobre o estacionamento de caminhões? O que mais eu tinha? Virava cerveja após cerveja e mal toquei no hambúrguer. Eu me lembro de estar nervosa, então não me lembro de mais nada. Acordei numa barraca na manhã seguinte e Daniel me disse que ficaram preocupados. Na noite anterior, vaguei pelos bosques e não voltei. Ele achou que eu estava fazendo xixi, mas eu não voltava. Ele foi me procurar e me achou debruçada na raiz de uma árvore. O que eu estava fazendo lá? Ele se perguntou. Nos perguntamos juntos.

Estava começando a aprender a etiqueta social da sessão de processamento pós-blackout, deixando alguém me dizer o que fiz e, então, ajudando a descobrir por que eu teria feito aquilo. *Eu fiz o QUÊ?*, eu perguntava. *Por que eu faria ISSO?* Eu me imaginei cambaleando pelas árvores, com um estranho impulso de sobrevivência em ação, meu corpo fugindo do meu próprio desejo tirânico de impressionar. Meu ser bêbado era como uma prima embaraçosa pela qual eu era responsável — uma hóspede no bosque que inegavelmente era responsabilidade minha, apesar de não me lembrar de tê-la convidado.

Em 1967, a revista *Life* publicou um perfil de oito páginas de John Berryman intitulado "Uísque e tinta, uísque e tinta".[24] Tinha fotos do poeta-gênio barbudo fazendo amizade em todos os pubs de Dublin, oferecendo um monte de canecas vazias com as bordas cheias de espuma, carregando o fardo de sua própria sabedoria e o antídoto de seu uísque. "Uísque e tinta", começava. "São os fluídos de que John Berryman precisa. Ele precisa deles para sobreviver e descrever o que o afasta de outros homens e até de outros poetas: sua incomum, quase enlouquecedora e penetrante consciência da mortalidade humana."

Não era uma lógica muito direta, mas chegava perto. O uísque não concedia a Berryman sua visão, mas o ajudava a suportá-la. O perfil ainda delineava a ligação vacilante entre bebida e trevas, entre beber e *saber*. Também incluía um anúncio da Heineken de página inteira.

O poema mais famoso de Berryman, "The Dream Songs", evoca uma paisagem cheia de álcool e conhecimento atormentado. "Estou, fora", seu orador anuncia.[25] "A dor terrível domina. ... Os drinques estão fervendo. Gelados./ Os drinques estão fervendo." Até os drinques gelados estão fervendo. Chegou a isso. A persona de Berryman, Henry, com frequência fala com voz de bêbado, suando muito na página, fazendo a si mesmo algumas perguntas: "Você é radioativo, colega? — Colega, radioativo. — Você teve os suores noturnos & os suores diurnos, colega? — Colega, sim".[26] "The Dream Songs" exala uma forma estranha e nova de oxigênio. "Ei, aí! — professores assistentes, todos,/ sócios — instrutores — outros — quaisquer", Henry anuncia.[27] "Vou *dicher* uma *coicha*." *Vou dicher uma coicha.* A voz de bêbado representa a intoxicação levada ao extremo, sugerindo que a criação tem que acontecer além da fronteira do conforto. Um dos amigos de Berryman disse-lhe uma vez que ele vivia como se tivesse passado "a porra da vida toda exposto ao clima sem qualquer proteção… os olhos gastos com o que viram & que tentaram afastar da vista".[28]

Berryman chegou para sua própria temporada em Iowa City aos quarenta, com muita bagagem de Nova York: uma separação recente da primeira esposa, uma namorada abortando, contas atrasadas com o analista. "No momento, a soma é monumental, o que o desencoraja a começar", o analista escreveu para ele. "Mas, por favor, comece."[29]

No dia em que Berryman apareceu em Iowa, caiu de um lance de escadas e quebrou o punho.[30] Ganhou a reputação de elogiar as longas frase de Whitman nos balcões dos bares e de ligar bêbado para os alunos no meio da noite. "O sr. Berryman me ligava com frequência", Bette Schissel se lembrava, "geralmente num estado de profunda agitação… com frequência incoerente e divagando… buscando a confirmação de que ele havia sido 'notável' ou 'brilhante' em sua palestra matutina."[31] Era um oráculo frágil. Sobre Henry, ele escreveu:

> A voracidade era constitucional nele
> Vinho, cigarros, destilados, necessidade necessidade necessidade
> Até se desfazer em pedaços.
> Os pedaços se sentavam & escreviam.[32]

A voracidade era coisa de família. A mãe de Berryman escreveu a ele sobre o anseio de afeto da própria mãe: "Eu, que buscava o amor dela e segui a vida tateando por amor, pela sua necessidade".[33] A necessidade de Berryman o deixava em pedaços, mas os pedaços concretizavam a escrita. "Tenho a prerrogativa de sofrer; sofrer de forma extraordinária, creio eu",[34] Berryman insistia, e se identificava com os gênios bêbados atormentados que vieram antes dele: Hart Crane, Edgar Allan Poe, Dylan Thomas. Ele se comparava a Baudelaire: "no temperamento violento & sensibilidade de navalha para a desgraça",[35] no "autodesprezo selvagem, que é irmão do meu". Os mortos estão sempre respirando no seu cangote. O pai cometeu suicídio quando ele tinha onze anos.

Parte de Berryman estava presa ao próprio trauma e seus resquícios. Ele até escreveu para o analista não pago confessando uma ansiedade com o risco de bloquear a criatividade ao resolver seus problemas emocionais. Comparou seu caso ao de Rilke. "Não me preocuparia", o analista respondeu, "com a analogia a Rilke e um possível dano ao talento criativo. Ele não é, em seu caso, tão interligado aos problemas emocionais que a solução de um vá levar à destruição de outro."[36]

Por muitos anos, essa foi a lógica operativa de Berryman: a dor prometia inspiração e a bebida prometia alívio, uma forma de suportar a prerrogativa do sofrimento. O amigo de Berryman, Saul Bellow, ecoava a noção de que o alcoolismo de Berryman permitia a ele suportar a própria visão sombria: "A inspiração continha uma ameaça de morte e a bebida era o estabilizador.[37] De certa forma, reduzia a intensidade fatal". Mas se Berryman acreditava nisso — que a bebida o ajudava a sobreviver à intensidade fatal de sua visão poética —, ele não podia negar que deixava outras intensidades no caminho. Ele foi demitido do trabalho como professor em Iowa depois de ser preso, acusado de embriaguez e de perturbação da paz.

Quando deparei com a lenda de Berryman, vi um ar sedutor de *complicação* em seus casos, o doce sopro ébrio de confusão e ruptura. "Com sua obra", um amigo escreveu para ele, "frequentemente tenho a sensação de que seus poemas são a luz que vemos agora de uma estrela que já é cinzas."[38]

Que papel a sobriedade poderia possivelmente desempenhar nesse glorioso arco de chamas e podridão?

Em "The Dream Songs", enxerguei a prova de uma consciência atormentada e a prova de que se podia escrever a partir do tormento. Enxerguei os pedaços de Berryman que se sentavam e os que escreviam: "Algo pode ser (foi) dito sobre a sobriedade/ mas muito pouco".[39]

Em Iowa, eu passava os dias lendo poetas bêbados já mortos e as noites tentando dormir com os vivos. Tateava com amor meu caminho em busca do futuro cânone. Era atraída para as mesmas faíscas descontroladas de caos luminoso que haviam animado as antigas lendas. Idolatrava os escritores bêbados icônicos porque entendia o alcoolismo deles como prova de uma temperatura interna extrema: volátil e autêntica. Se era necessário beber tanto assim, tinha que *machucar*, e beber e escrever eram duas respostas diferentes à mesma dor que se fundia. Era possível anestesiá-la, ou dar-lhe uma voz.

Minha capacidade de achar a bebedeira sedutora — fetichizar seu relacionamento com a genialidade — era um privilégio por nunca ter realmente sofrido. Minha fascinação tinha uma dívida com o que Susan Sontag chamava de "a ideia niilista e o sentimento do 'interessante'".[40] Em *A doença como metáfora*, Sontag descreve a ideia do século XIX de que se você está doente, você também está "mais consciente, mais complexo psicologicamente". A doença se tornou uma "decoração interior do corpo", enquanto a saúde era considerada "banal, até vulgar". Sontag estava escrevendo sobre tuberculose, mas havia uma lógica durável conectando sofrimento com sensibilidade, com perspectiva rarefeita, com ser *interessante*. No começo do meu alcoolismo — à sombra de todos os lendários beberrões de Iowa, e à sombra mais longa de Faulkner, Fitzgerald, Hemingway, Poe, Baudelaire, Burroughs e seus *junkies*, De Quincey e seu ópio, um cânone cujas fronteiras eu ainda não enxergava como profundamente limitadas —, o vício parecia produtivo. Parecia muito com decoração de interiores, um acessório que se comunicava com dimensões internas mais profundas.

Quando o alcoolismo passou de um certo limite — limite que eu imaginava como um túnel existencial, escondido sob o quinto ou sexto drinque —, me afundou na escuridão que parecia honestidade. Era como se as superfícies luminosas do mundo fossem falsas e os espaços subterrâneos da embriaguez fossem a morada da verdade. O argumento da romancista Patricia

Highsmith de que beber ajudava o artista a "ver a verdade, a simplicidade e as emoções primitivas novamente"[41] reimaginava a lógica branca de Jack London como um cerne visível, algo vital que permanecia quando a bebida havia retirado as distrações triviais de tudo mais. Era outra camada no relacionamento complicado e circular que eu estava construindo entre beber e criar: beber ajudava a ver, então ajudava a sobreviver à vista. A atração não estava apenas na embriaguez — como um portal ou um curativo —, mas, também, no relacionamento sedutor entre criatividade e o vício em si: seu estado de servidão, sua assinatura extrema. A pessoa que se encontrava nesse estado de servidão era alguém que sentia coisas mais agudas do que os homens comuns, que dividia seu aposento com as trevas, e então, mais tarde, o próprio drama da servidão se tornava algo digno de se escrever.

Mas por que era sempre *ele*? Os velhos bêbados lendários eram todos homens. Como se os mitos tivessem construído as tumbas uns dos outros numa linhagem impregnada de testosterona, de egos inflados e disfunção glorificada: Carver adorava a lógica branca de London; Cheever se imaginava morrendo como Berryman; Berryman se imaginava seguindo os passos trôpegos de Poe, Crane, Baudelaire. Denis Johnson disse que leu apenas um livro o tempo todo quando era aluno em Iowa, *Debaixo do vulcão*, de Malcolm Lowry. Foi o herói de Lowry, o cônsul, que disse de forma bruta: "Uma mulher não conhece os perigos, as complicações, sim, a *importância* da vida de um bêbado".[42]

Talvez Elizabeth Bishop tenha aprendido algo sobre os perigos e complicações da vida de um bêbado durante suas bebedeiras de três dias, ou de suas décadas de antabuse. Talvez tenha aprendido algo sobre eles até morrer de aneurisma cerebral, em 1979, quando as veias em seu cérebro afinadas pelo álcool finalmente se romperam. "*Não* vou beber",[43] ela escreveu para seu médico em 1950. "Vou ficar louca se continuar." Então, duas décadas depois: "*Por favor*, só não... brigue comigo por qualquer lapso do passado, *por favor*... Acho que não suporto que me faça me sentir culpada *mais uma vez* por beber".[44]

Talvez Jane Bowles entendesse algo sobre as complicações de uma vida de bêbada quando ficou pelada no Guitta's, seu bar favorito em Tânger, ou quando continuou bebendo depois da imensa hemorragia cerebral aos quarenta anos.[45] Talvez Marguerite Duras entendesse algo sobre essas complicações depois de litros de Bordeaux barato ou depois dos tratamentos brutais de desintoxicação que quase a mataram. Talvez ela tivesse alguma noção da vergonha de ser uma mulher que tinha alguma noção do que era beber.[46] "Quando uma mulher bebe", escreveu ela, "é como se um animal estivesse bebendo, ou uma criança."[47]

Mulheres embriagadas raramente provocam a mesma impressão de vagabundo adorável que os homens. Quando estão bêbadas, são como animais ou crianças: tolas, perdidas, envergonhadas. A embriaguez é menos como o antídoto necessário para suas próprias sabedorias cambaleantes — catalisadores ou salvação para os Virgílios do mundo caído — e mais como autoindulgência ou melodrama, histeria, aflição gratuita. As mulheres talvez entendam um pouco das complicações de uma vida de bêbada, mas seu alcoolismo nunca seria *importante*, como Lowry diz, não como o de um homem. Se não estão bebendo como crianças, estão bebendo em vez de cuidar das crianças. Uma mulher que escapa através da bebida geralmente é uma mulher que falha em cumprir com seus deveres do lar e com a família. Descrevendo as "crenças tradicionais" que mostram como a bebida foi considerada diferente para homens e mulheres, o texto de um livro de medicina diz assim: "A embriaguez de uma mulher era considerada sinal de fracasso no controle de suas relações familiares".[48]

Ninguém sabe disso melhor do que Jean Rhys. Ela estava bebendo pesado em Paris quando seu filho pequeno foi hospitalizado com pneumonia. Havia chegado no começo do outono de 1919, grávida de seis meses, e passou sua primeira tarde bebendo vinho e comendo ravioli num café de rua. "Escapei", ela escreveu naquele primeiro dia. "Uma porta se abriu e me deixou sair ao sol."[49]

Mesmo jovens e pobres, Rhys e seu marido — Jean Lenglet, um expatriado belga que trabalhava como jornalista e espião — viviam felizes num hotel barato perto da Gare du Nord, onde ela preparava xícaras de chocolate quente sobre sua *flamme bleue* todas as manhãs, e bebiam vinho na varanda de ferro forjado todas as noites.[50] "Paris te diz para esquecer, esquecer, se deixar levar",[51] Rhys escreveu; mas, anos depois, ela se culpou por ter se deixado levar demais: "Nunca fui uma boa mãe".[52] Ela deixou seu bebê, William Owen, dormir no pequeno cesto perto da porta da varanda e, com três semanas de idade, ele ficou doente. "Esse bebê amaldiçoado, pobrezinho, ficou de uma cor estranha", ela se lembrava de ter pensado, "e não sei o que fazer, não sou boa nisso."[53]

William foi levado para o Hospice des Enfants Assistés e, algumas noites depois, quando o hospital disse que era um caso grave de pneumonia, Rhys ficou ansiosa porque ele não havia sido batizado. O marido levou para ela a única coisa que sabia que a acalmaria: duas garrafas de champagne. "Quando a primeira garrafa terminou", ela se lembrava, "estávamos rindo." Na manhã seguinte, o hospital ligou para dizer que o filho havia morrido às sete e meia da noite anterior. "Ele estava morrendo", ela escreveu depois, "ou já estava morto, enquanto bebíamos."[54]

Jean Rhys escreveu sobre alcoolismo com a precisão fútil de alguém que nunca escapou da servidão. Escreveu quatro romances dissecando a dinâmica emocional de seu próprio alcoolismo, mas continuou bebendo mesmo assim para esquecer — um mergulho kamikaze de vida inteira. Toda a consciência do mundo não podia mantê-la sóbria. "Sei sobre mim", uma das heroínas dela diz a um namorado.[55] "Você me contou com muita frequência."

A heroína recorrente dos romances de Rhys é uma mulher bêbada fazendo um espetáculo de seu choro, e sua obra confronta essa mulher não apenas como uma encrenca, mas como uma encrenca *nada atraente*, um estorvo, sempre agarrada à piedade dos outros — também aos amores e suas carteiras — e degradada pela dependência constante. As heroínas de Rhys vão e voltam entre quartos encardidos de hotel e casos amorosos decepcionantes. Bebem em cafés de rua parisienses e em quartos de hotel de estações de trem cheias de fumaça. Quando pensam em amor, elas imaginam uma ferida, sangrando lentamente. Olham as flores do papel de parede de seus apartamentos baratos e veem aranhas rastejando. "Lutam com a vida", um crítico observou, "como alguém dormindo luta com um cobertor embolado."[56] Suas vidas parecem um pouco com a de Rhys: itinerantes, se mudando para várias capitais europeias, com frequência apaixonadas, com frequência bêbadas, com frequência falidas. A bebida de suas heroínas nunca acaba. É sempre outro conhaque, outro Pernod, outro *scotch* com soda, outra garrafa de vinho. Suas tristezas públicas fazem parte do crime, e a bebida é a cúmplice. Outros personagens perguntam a elas: "Quer um café? Quer um chocolate quente?". E é como uma piada recorrente, sempre com o mesmo desfecho: "Não, quero um drinque".

Nos três primeiros romances de Rhys, beber é uma metamorfose, que se desfaz de suas fantasias de prazer e se expõe como tentativa de fuga da mesma tristeza que, na verdade, acaba sempre se aprofundando. Para uma das heroínas de Rhys, no começo da bebedeira, o vinho cobre uma cidade comum de significado: "Era impressionante como tudo se tornava significativo, coerente e compreensível depois de uma taça de vinho de estômago vazio".[57] O vinho transforma o "sorumbático" Sena do lado de fora da janela num extenso oceano. "Quando você estava bêbada", ela pensa, "podia imaginar que era o mar."[58] Mas beber acaba se tornando algo mais desesperador. "Preciso ficar bêbada esta noite",[59] outra das heroínas de Rhys decide depois que o namorado a manda embora. "Preciso ficar tão bêbada que não possa andar, tão bêbada que não possa ver." Em *Bom-dia, meia-noite*, o quarto romance de Rhys, sua heroína, Sasha, teve a "brilhante ideia de beber até morrer".[60] Até a prosa assinala sua erosão, se dissolvendo em elipses e vagando para os espaços brancos dos apagões não recordados. Sasha vai a Paris depois de tentar — e não conseguir — se matar em Londres. Ela arranja um quarto barato de hotel numa rua sem saída e passa os dias dormindo, tomando pílulas para dormir mais e vagando por uma cidade que a lembra, em cada café, em cada esquina, de uma juventude que não cumpriu suas promessas: o casamento que terminou, o bebê que morreu. O romance é honesto quanto ao preço que a bebida cobra — como torna o mundo pequeno, o quanto drena o espírito — como quanto à sua logística: a facilidade em ficar bêbada de estômago vazio, a nostalgia dos primeiros tempos de tolerância mais baixa.

"Às vezes sou tão infeliz quanto você",[61] outra mulher diz a Sasha. "Mas isso não quer dizer que deixo todos verem." Um bartender para de servi-la.

"Você disse que se beber demais, chora",[62] o namorado lhe diz. "Tenho horror de gente que chora quando está bêbada." Sasha deforma o ícone do gênio bêbado: o poeta com tinta e uísque transformando a embriaguez em música. Os pedacinhos de Sasha não podem se sentar e escrever. Quando ela fica expressiva, sua expressão é vergonhosa, algo que os outros pedem que ela esconda: o embaraço das lágrimas bêbadas, não o brilho da música. Se o mítico homem bêbado leva a cabo o abandono emocionante — a imprudente busca autodestrutiva pela verdade —, sua correspondente feminina com mais frequência é vista como culpada pelo abandono, o crime de deixar de se importar. Seu alcoolismo viola o mandamento central de seu gênero. *Deves cuidar dos outros*, e isso se revela como uma recusa intrinsicamente egoísta de seu dever. A autopiedade completa o crime direcionando a preocupação para longe de um outro implícito — real ou imaginado, filho ou esposo — e concentrando-a de volta para si mesma.

Rhys uma vez escreveu que aprendeu cedo que "era má política dizer que se é solitária ou infeliz",[63] e Sasha é uma explosão de más políticas. Sua consciência opera num motor de hidráulica cansativo, introduzindo a bebida e bombeando-a como lágrimas. Sasha é uma versão grotesca do que Rhys sempre temeu se tornar: a pária que afasta todo mundo mostrando a intensidade de sua infelicidade. "Eu mesma me rejeitaria", certa vez ela escreveu em seu diário. "Então eles me amariam e seriam bondosos comigo... Essa tem sido a luta."[64]

Para Sasha, essa luta — dissimular, fingir — está acabada. Ela chora sempre que quer. Chora em cafés, em bares, em casa. Chora no trabalho. Chora no provador. Chora na rua. Chora perto do rio, chora até o rio se tornar um oceano, então chora um pouco mais. "Agora já bebi o suficiente", ela pensa todas as noites, "agora, a hora das lágrimas está bem próxima."[65]

II

DESPRENDIMENTO

Aprendi a eficiência de beber de estômago vazio começando a beber quando não comia o suficiente. Foi assim durante o primeiro ano de faculdade. Tinha uma boa nova amiga — Abby, de Indiana, que foi criada na Igreja Evangélica e se tornaria uma das grandes amigas da minha vida —, mas se não estávamos juntas, eu estava sozinha. Minha colega de quarto tinha um namorado irritantemente atraente que ela conheceu numa viagem de acampamento de pré-orientação. Parecia que todo mundo tinha conhecido o namorado numa viagem de acampamento de pré-orientação. Quando me olhava no espelho, via uma pessoa alta e desajeitada, com um narigão e olhos suplicantes, o cabelo castanho crespo e grosso em forma de triângulo. Na maioria das noites, eu ia para uma versão para calouros do refeitório de Harvard — o interior cavernoso de uma velha igreja gótica, mesas compridas vigiadas por gárgulas de pedra impiedosas — aterrorizada pela perspectiva de encontrar alguém com quem me sentar. Não achava que ninguém mais se sentisse assim; nem me importava com isso. Minha solidão era trabalho de tempo integral.

Ligava para minha mãe de telefones púbicos para que minha colega de quarto não me visse chorando. Marcar telefonemas com minhas amigas do colégio ficou embaraçoso por causa da assimetria de nossas vidas, suas agendas ocupadas e a minha constante disponibilidade: "também pode ser nesse horário!". Fiquei sabendo que meu ex-namorado estava saindo com a mascote da sua faculdade, uma árvore gigante.

Não era fácil — na escola, no dormitório, entre os outros —, e me matar de fome era uma forma de agir como se não estivesse totalmente preocupada, como se minha vida estivesse em pausa e eu fosse apertar novamente o *play* quando estivesse feliz. Olhava para as janelas acesas e estava convencida de que outras pessoas eram felizes por trás do brilho amanteigado dos vidros. Perdi três quilos, depois cinco, depois oito. Tinha um caderninho na gaveta da escrivaninha onde eu anotava as calorias, calculava o que comia, e uma balança no armário com números vermelhos vivos no visor. Vivia para esses números vermelhos, dissessem o que dissessem. Se estacionasse, se ficasse com o mesmo peso por muitos dias seguidos, então o dia seguinte começava sombrio, com uma caminhada no frio para a academia da faculdade de Direito onde calouros de Direito andavam nas esteiras com uma determinação robótica que eu só conseguia simular. Outra menina da minha turma, que também tinha distúrbio alimentar, sempre bebia xícaras de água quente entre as refeições. Comecei a fazer isso também. Eu aparentava indisposição.

Uma noite, levei um pote de manteiga de amendoim para o lixo no subsolo do dormitório, porque tinha medo de que pudesse comer o troço todo de uma vez, e sabia que se jogasse fora no meu quarto eu poderia simplesmente pescar da lata de lixo. No subsolo, antes de jogar, tirei um pouco com o dedo e comi em bocados. Então joguei o pote fora. Depois, voltei para o elevador. Depois, voltei para o lixo, encontrei o pote, abri e enfiei os dedos de novo. Era *essa* a minha verdade: não a magrela que nunca comia, mas a menina com dedos sujos, debruçada no lixo.

Comecei a frequentar as reuniões da revista literária da faculdade, a *Advocate*, que tinha seu próprio clube numa casa de madeira na rua South, e até seu próprio lema — *Dulce est periculum*, "o perigo é doce" —, assim como sua própria insígnia: um pégaso voando em direção a sabe-se lá que tipo de perigo. Voando em direção ao perigo desde 1866, ficamos sabendo. A revista dava festas lendárias e tinha iniciações notórias. Contaram sobre uma garota que havia sido forçada a chupar absorventes internos encharcados de Bloody Marys. Mas não era fácil fazer parte. Tive que passar vários meses *prestando*, que era a forma de Harvard de dizer "querer algo". Nesse caso, significava um processo de triagem que envolvia escrever dois ensaios, fazer uma apresentação e aparecer duas vezes por semana em reuniões do conselho de ficção, em que discutíamos histórias que haviam sido enviadas para nossa caixa de correio na biblioteca. Cerca de vinte e cinco pessoas estavam *prestando* para o conselho de ficção, e soubemos que talvez cinco fossem selecionadas. Nos sentamos no Sanctum, também conhecido como segundo andar, que tinha um chão de madeira perpetuamente grudento e um monte de sofás de veludo esfarrapados com o enchimento e as molas saindo de rasgos no tecido. Havia um bar num canto com estoque de gim morno. Antes de falar, eu repassava qualquer comentário possível por um ciclo de lavagem em minha mente — esfregar o tecido e centrifugar, me livrar da poeira — tentando torná-lo bom o suficiente para dizer em voz alta.

Os outros *prestadores* também deviam morrer de medo, mas eu não conseguia perceber — não na época. Só via suas silhuetas através das janelas iluminadas, corpos anônimos nos quais eu projetava felicidade e facilidade social, tudo de que eu carecia. Era egoísmo disfarçado de autodepreciação, exigindo a solidão do mundo para mim mesma, uma recusa mesquinha em compartilhar o estado de insegurança com os outros.

Quando cheguei ao conselho de ficção da *Advocate* em outubro, estava empolgada. Depois da iniciação, imaginei, eu poderia adentrar o refeitório sob as gárgulas sem medo, em direção a amigos: com a bandeja erguida, levando algo além de xícaras de água quente. O tema da minha iniciação era a Federação Mundial de Luta Livre. Apareci devidamente de collant e fui levada imediatamente para o subsolo — onde um dos meus pulsos foi algemado a outra iniciada, que também foi algemada a um cano de metal. Me deram uma vodca com laranja, a primeira.

A próxima coisa de que me lembro é de acordar no dormitório, doze horas depois, com um bilhete de um dos editores do conselho — "Espero que esteja bem" — e minha colega me dizendo que seu fotogênico namorado ficou acordado a noite toda verificando meu pulso para se certificar de que eu não estava morta.

Tudo isso era novidade para mim, assim como descobrir que era possível perder totalmente uma noite. A última coisa de que me lembro foi o primeiro drinque: o travo cítrico de vodca barata. Tinha cacos de memória daquela noite, o corpo de um homem ao meu lado num sofá, mas não conseguia encaixar os cacos. Achei que tivesse sido sedada. Passei meses dizendo às pessoas que tinha sido sedada. Então, alguém me contou sobre os apagões.

Um ano depois, estava contando a uma amiga que eu não vomitava desde que tinha nove anos de idade, e ela me disse que eu tinha vomitado todo o carro dela na noite que fui iniciada. Fiz uma piada, desconfortável, e me desculpei, enfática. Faria as mesmas piadas com Daniel anos depois, com a mesma risada desconfortável, sobre a noite no bosque com seus amigos poetas, mijando numa árvore, desaparecendo na noite: *Fiz o quê? Por que eu faria isso?* Imaginei meu corpo durante os apagões como o corpo de uma estranha — vestida com o collant, ansiosa por fazer parte —, virando a vodca, engolindo, vomitando de novo.

Perdi doze quilos naquele primeiro semestre. Comecei a ficar avoada. Era prova de algo — do quê, eu não tinha certeza. Trabalhei para um advogado de imigração em Boston, fazendo pesquisa para ajudar os casos de asilo dos clientes. Eles haviam sofrido abusos suficientes contra os direitos humanos para preencher os critérios necessários para o asilo político? Peguei um segundo trabalho, transcrevendo entrevistas de mães com HIV positivo. Minha própria dor parecia vergonhosamente trivial, autoconstruída e desejada.

Para chegar ao escritório de advocacia toda tarde, eu caminhava por uma ampla praça de concreto no centro de Boston, perto da estação norte, e me lembro dessas caminhadas durante o insensível mês de janeiro: meus dedos congelados e o frio interno, meu corpo — naquele ponto — esquelético. Um dia, fiquei tão tonta sob o sol forte de inverno que me sentei naquele concreto frio, no meio de todos, para não desmaiar. Executivos de ternos listrados caminhavam ao meu redor. Meu cóccix doía. Já estava cinco minutos atrasada para trabalhar em nosso caso da Eritreia. Era uma indulgência essa fraqueza. Eu sabia disso.

Parecia vergonhoso que minha tristeza não tivesse uma fonte extraordinária — apenas a solidão comum de deixar minha casa. Então, achei uma fantasia mais extrema: não comer. Era *isso* que havia de errado. Mas, no fundo, sentia que eu era mais uma comilona do que uma anoréxica — que minha restrição alimentar era apenas uma fachada elaborada. Além do meu caderno de contagem de calorias, eu tinha um diário, cheio de refeições imaginadas que copiava de cardápios de restaurantes: ravióli de ricota com abóbora; cheesecake com fava de baunilha e manjar de morango com manga; tarteletes de queijo de cabra e folhas de beterraba. O diário era minha verdade: queria passar cada momento da minha vida comendo de tudo. O diário em que eu registrava o que de fato comia era apenas uma máscara — a pessoa impossível que eu queria ser, alguém que não precisava de nada.

"Eu tinha dois anseios e um lutava contra o outro",[1] Rhys escreveu certa vez em seu diário. "Queria ser amada e queria estar sempre sozinha." Ela acreditava que estava fadada à tristeza, e fadada a passar a vida ouvindo que deveria deixar a tristeza menos visível. Ela chamou seu livro inacabado de memórias de *Smile, Please* [Sorria, por favor], imperativo que ela ouviu quando criança ao posar para um fotógrafo. Era uma pressão constante que ela sentia do mundo: *esconda sua angústia inconveniente*. Quando garotinha, uma vez ela esmagou a cabeça de uma boneca com uma pedra porque sua irmã mais nova havia ganhado a boneca que ela queria: "Peguei uma pedra grande, bati a pedra com toda a minha força no rosto dela e ouvi com deleite o barulho de quebrado".[2] Então, ela chorou pela boneca, enterrou-a e colocou flores em seu túmulo.

Rhys cresceu em Dominica, nas Antilhas, com coroas de flores no cabelo. "Queria me identificar com isso",[3] ela escreveu sobre sua ilha nativa, "me perder nela... Mas ela virou a cara, indiferente, e isso partiu meu coração." Já idosa, ela ainda se lembrava: "O som de coquetéis sendo preparados, o palitinho de misturar e o tinir de gelo partido dentro do copo",[4] como a pulsação regular no crepúsculo. Os ramos de jasmim-manga sangravam branco, não vermelho. Tudo era quente. Na casa da família, uma velha propriedade caindo aos pedaços, a avó de Rhys se sentava com um papagaio verde no ombro enquanto sua mãe mexia a goiabada no fogão a lenha e lia *The Sorrows of Satan* [As dores de Satã]. A história era simples, o final predestinado: Satã queria a graça, mas esta não era destinada a ele. Rhys cresceu assolada pela noção de condenação. Pendurada sobre a prataria da família, havia uma foto de Maria, rainha da Escócia, sendo conduzida à execução.[5] A escrita de Rhys nunca se reconciliaria com o sofrimento mais próximo e maior do que ela mesma: a longa sombra da escravidão e a participação da família nesse legado. Sua dor era uma clausura.[6]

Quando Rhys tinha doze anos,[7] um amigo da família enfiou a mão dentro da saia dela. Seu nome era sr. Howard. "Quer ser minha?",[8] ele perguntou. Ela disse que não sabia. Ele disse: "Raramente permitiria que você usasse qualquer roupa".

Anos depois, ela escreveu: "Foi aí que começou".[9]

O *que* começou? Num nível, era a história que ele começou a contar a ela: "A história em série que escutei por semanas ou meses — um dia, ele iria me raptar e eu pertenceria a ele". Nessas histórias, o sr. Howard descrevia a casa onde eles morariam, como ficariam na varanda vendo os morcegos voando no crepúsculo enquanto a lua se erguia sobre a água. Em outro nível, era a sensação de ser amaldiçoada, de ser inscrita numa história que Rhys não conseguia controlar.

Anos depois, sempre que olhava para trás, Rhys só conseguia se sentir aliviada dessa história ficando bêbada ou escrevendo as próprias histórias, histórias das quais ela tentava tirar algum sentido para a tristeza que a consumia. "Me transformei num completo desastre",[10] ela escreveu depois de uma farra. "Ou melhor, certamente dei o toque final no desastre. E sabe onde eu tinha certeza de que iria me encontrar? Na casa do sr. Howard."

Em Rhys, reconheci uma mulher tentando escrever um mito de origem para seu próprio desespero, tentando construir uma casa na qual poderia viver, uma lógica ou narrativa pela qual poderia ser justificada. Mas também senti que sua dor era mais antiga do que a casa do sr. Howard, ou que a casa dele era apenas uma forma de pronunciar algo menos explicável — uma sensação de mácula ou perdição.

"Queria conseguir esclarecer essa dor que passa por toda a minha vida",[11] Rhys escreveu. "Sempre que tentei escapar disso, ela me alcançou e me trouxe de volta. Agora, não tento mais." Não foi fácil viver nisso. "Você não tem ideia, querida", ela colocou em seu diário, como se ensaiasse uma carta, "do quanto ando bebendo."[12]

Rhys bebeu por um longo tempo. Nunca se perdoou por ter bebido enquanto seu bebê recém-nascido estava morrendo, e guardou a nota fiscal do enterro pelo resto da vida: 130 francos e 60 centavos por uma charrete, um caixão minúsculo e uma cruz temporária.[13] Ela e Lenglet tiveram outra filha, que sobreviveu — a chamaram de Maryvonne —, mas Rhys não pôde cuidar dela.

Maryvonne viveu num convento e, depois, principalmente com seu pai, que passou um tempo na prisão, mas conseguiu ser um pai mais presente do que Rhys. Uma vez, quando Maryvonne foi ficar com ela, Rhys explodiu com a mulher que tinha cuidado da menina o dia todo — brava porque as duas haviam chegado às quatro da tarde. "Chegaram cedo demais!",[14] Rhys berrou. Ela queria ficar sozinha, para beber e escrever.

Rhys nunca se considerou uma vigarista talentosa como os homens escritores bêbados de sua geração. Ela sempre foi forçada a se compreender como mãe fracassada. As "crenças tradicionais", que consideravam a embriaguez emblema de vergonha, falta de autocontrole, talvez contassem uma história dessas: Quando Rhys bebia, ela estava *tomando*. Estava ávida por alívio ou fuga. Quando escrevia ou era mãe, estava *entregando*. Estava criando arte ou sustentando a vida. Mas a tristeza que abastecia sua obra com frequência a fazia largar os cuidados. Ela queria ser amada. Ela queria estar sozinha.

O problema de viver como se a tristeza tomasse conta do mundo todo é que ela nunca toma — e as pessoas que vivem além dessas fronteiras com frequência têm necessidades próprias. Aos seis anos de idade, Maryvonne disse a uma amiguinha: "Minha mãe tenta ser artista e está sempre chorando".[15]

Eu me cansei de passar fome. Era entediante e frio, não importava quantas xícaras de água quente eu tomasse. Comecei a ir em uma psicóloga que se inclinou para a frente quando contei sobre o trabalho de minha mãe. "Sua mãe é nutricionista?", ela disse, intrigada. "Acha que fez isso para atrair a atenção dela?"

Minha mãe não era *esse* tipo de nutricionista, expliquei. Ela escreveu sua tese de doutorado sobre desnutrição de recém-nascidos no Brasil rural. Passou meses pesando bebês abaixo do peso numa vila perto de Fortaleza. Sua carreira em nutrição não tinha nada a ver com as angústias autoindulgentes da filha anoréxica. Além do mais, acrescentei, eu tinha a atenção da minha mãe. Minha mãe não era o problema. Na verdade, eu disse, meu distúrbio alimentar era mais uma traição patética de tudo de maravilhoso na minha mãe, especialmente seu relacionamento sem percalços com a comida e com seu corpo; sua devoção altruísta aos problemas que de fato tinham mérito. Fiquei muito irritada com o quanto foi obviamente *irrelevante* a pergunta da terapeuta.

No verão, eu passaria por uma cirurgia de mandíbula para corrigir um problema que tive por vários anos, o que significava que minha boca ficaria fechada por dois meses. Mas não poderia fazer a operação se não pesasse mais do estava pesando, então me permiti ganhar peso temporariamente, e a cirurgia seria como um seguro por outro lado: sabia que perderia peso novamente.

Nos primeiros dois meses depois da cirurgia, suguei vários sabores de suplemento Ensure através de pequenas fendas entre os molares e o fundo da boca — abismada e horrorizada de espanto por permitir tais calorias concentradas entrarem novamente no meu corpo. Era um alívio não poder pôr nada mais dentro de mim. Mas tinha medo de que, quando desamarrassem minha boca e me deixassem comer novamente, eu não soubesse parar. A outra eu, aquela que eu mantinha banida no diário de refeições imaginadas, iria continuar comendo para sempre. Voltei para o segundo ano de faculdade com o distúrbio alimentar ostensivamente encerrado, mas aquela outra eu — aquela que sempre queria mais, aquela que eu tentava matar de fome — não havia sumido. Estava pronta para beber.

Durante os anos seguintes, a faculdade confirmou o mito: fui iniciada num clube social com um painel secreto que destrancava a porta da frente, como o esconderijo de um mágico. Para minha iniciação, eu tive que levar conhaque, que consegui com muita coragem e uma identidade terrivelmente falsa, e os membros da elite beberam enquanto eu tomava gim barato no chão de terra do subsolo, que tinha tela de galinheiro por todo lado. Tive que fumar oito cigarros ao mesmo tempo — com estilo, sem tossir — e subir no topo de um pilar de um metro e meio enquanto os membros do clube acendiam um holofote no meu rosto e me aporrinhavam quando minhas respostas para as suas perguntas não eram espertas o suficiente. Quando me pediram para analisar um trecho de ficção erótica na frente de todos, aprendemos que meu talento para análise literária permanecia com a embriaguez profunda, muito mais do que a coordenação mão-olho ou meu bom senso. Voltei para casa às cinco da manhã com cheiro de creme batido talhado por causa de uma guerra de comida e tentei terminar um artigo sobre Virginia Woolf que tinha que entregar ao meio-dia. Isso era viver.

Beber parecia o oposto da restrição. Era liberdade. Era se entregar ao *querer* em vez de recusar. Era desprendimento. *Desprendimento* como imprudência, mas também como uma partida repentina: deixando para trás meu eu faminto, a casca esquelética fria. Beber me permitia viver por trás das janelas iluminadas que eu via a caminho da academia da faculdade de direito.

Uma vez, tarde da noite, dancei com um garoto de quem eu gostava no meio do Sanctum dos Advogados, tão bêbada que mal conseguia ficar de pé. Estava com um vestido sem alça que caiu, mostrando meu sutiã na frente de todo mundo, e ele puxou o vestido para cima, então nos beijamos, e acordei no dia seguinte tonta e nervosa. O que aconteceria em seguida? Nada aconteceu em seguida. Tudo o que havia era a lembrança fragmentada do vestido caindo até metade da minha barriga e ele levantando-o gentilmente.

No direito, iniciei outras pessoas assim como fui iniciada — as fiz enrolar cigarros para mim usando os códigos de trote da faculdade como seda. Eu deveria ser péssima com elas, mas eu era péssima em ser péssima. "Fique de joelhos e implore, porra!", eu gritava. Então, mais suave: "Se isso é estranho ou desconfortável para você, não precisa mesmo fazer".

Herdei a carta de motorista vencida de uma mulher chamada Theresa — que usava óculos e não se parecia nada comigo — e adorei a pequena emoção de sair de óculos só para tornar minha identidade falsa mais convincente.

No Halloween do primeiro ano, um amigo se fantasiou de hambúrguer e perguntou se eu queria usar a fantasia dele de batata frita, que era o acompanhamento. Eu disse que sim. Ele era um bom amigo; estávamos imprimindo posters de manhã cedinho fazia quase um ano, colando folhetos para a revista — Inscreva-se! — com as mãos congelando. Há uma foto de nós dois, o hambúrguer e o pacote de batata frita, sentados lado a lado nos sofás esfarrapados do Sanctum, com as costuras abertas no veludo. Na foto, estou determinada fumando o cigarro através do buraco para o braço na fantasia de batata frita, um copo plástico vermelho ao lado. Estou tentando parecer casual, mas dá para ver que estou feliz. Ele foi meu namorado por um ano. Morava num prédio alto de concreto com vista para o rio. O prédio todo balançava quando ventava forte. Eu adorava voltar de uma festa e rastejar bêbada para a cama dele, soprando meu hálito de gim no ombro dele. Ficar bêbada de conchinha significava que a presença do meu corpo havia sido requisitada, outra forma de calar o mesmo desconforto teimoso que sempre sentia em minha própria pele — aquele que me fazia contar as calorias, contar minhas costelas, buscar uma saída.

Quando entrei no alcoolismo, com a empolgação e o brilho, me sentia como Wu Tao-tzu, o artista chinês que alguém certa vez mencionou no Sanctum. Segundo a lenda, ele pintou a entrada de uma caverna na parede do palácio de um imperador, então entrou e desapareceu de vez.[16]

Num certo ponto do meu alcoolismo, desmaiar não era mais o preço a pagar, mas a intenção. Isso foi depois do fim do segundo ano da faculdade em Iowa. Não com Daniel. Tinha terminado o relacionamento com Daniel — quando ficou mais corriqueiro, mais estável, mais seguro, tudo que me convenci que queria mas que não podia suportar — e encontrado o mesmo tipo de mergulho vertiginoso com outro cara, outro poeta. O relacionamento em si estava colorido de lembranças de bebedeiras que eram fáceis de se tornar nostálgicas, especialmente quando eu estava bêbada. Dirigimos até uma ponte coberta fora da cidade, bebemos cervejas PBR espumosas frias, comemos uma porção de couve-flor frita e balançamos os pés sobre a água. Levamos uma garrafa de vinho uma noite ao cemitério e lemos poemas um para o outro sob a luz fraca de nossos celularezinhos. Comecei a aparecer nos poemas dele, ou queria acreditar que sim: "Bebo menos desde que te conheci", ele escreveu em um, como se vencer a bebida fosse o derradeiro elogio. Ainda bebíamos. Ele adorava quando eu estava bêbada, me disse uma vez, porque eu ficava tão idiota quanto todo mundo. Ele gostava quando eu dizia coisas simples.

Tinha me mudado da casa de tábuas na Dodge — porque queria um lugar meu e em Iowa eu podia pagar. Por menos de quatrocentos dólares por mês, alugava um estúdio abafado no terceiro andar de uma velha casa de madeira: apartamento 7. Era empoeirado, com camadas acumuladas de dor de amor e epifania de outros escritores que moraram lá. Também era empoeirado porque eu nunca limpava. Achava que era o tipo de lugar em que uma pessoa bem velha poderia morrer. As janelas eram perfeitamente posicionadas para não deixar entrar a brisa no verão. O botão do forno não tinha números, o que significava que cada projeto assado era um exercício em geometria circular e estimativa: 180 graus... é por aí! Fiquei especialista em tortas de banana que não precisavam ser assadas. Assistia sozinha a filmes no meu futon preto de couro artificial bebendo vinho em taças de plástico. Não precisava dar satisfação a ninguém. Adorava poder ver um riacho das minhas janelas — de uma delas, ao menos, apesar de ter que me apertar contra a parede para ver. Mesmo assim. Adorava que o riacho tivesse patinhos. Escrevia sobre tudo que conhecia: *tenho patos*, como se fossem meus.

Após algumas semanas que estávamos saindo, o poeta começou a passar todas as noites no meu apartamento. Ele colocou uma chave extra em seu chaveiro, que eu tomei como o prelúdio de um pedido, dizendo a mim mesma que eu era uma romântica incurável, dormindo com uma camiseta vintage do Chevy Camaro que dizia *nascida para a velocidade*. Mas ele começou a ficar fora até mais tarde, bebendo. Na noite em que ele disse que precisava de espaço, pedi licença de nossa conversa e fui ao banheiro para me cortar com uma navalha, três cortes inchando com os velhos pontinhos vermelhos familiares. Ele se sentou na cozinha do outro lado da parede. Então coloquei um curativo no tornozelo, voltei e disse: "Ótimo". Ele precisava de espaço, por mim tudo bem.

Uma noite, fiquei tão agitada esperando que ele voltasse para o apartamento que dirigi até a parada de caminhões às três da manhã. Deixei a ele um bilhete conciso, como uma música country: "Não consegui dormir, fui até a parada de caminhões". Estava completamente sóbria e quase louca de ansiedade por ele estar indo embora sem que eu pudesse detê-lo. Queria dirigir tempo o suficiente para deixar minha necessidade urgente para trás. Bebi café manchado de óleo em cima da loja de pneus, mas dirigir dessa vez até lá não foi como antigamente, a velha liberdade, porque estava moldada demais pela recusa dele.

Quando ele finalmente terminou comigo, foi na escadaria do prédio, uma *mise-en-scène* degradada. Ele tentou ir embora enquanto eu enterrava o rosto nos braços e implorava para ele ficar. Subi para o apartamento, me encolhi no chão e chorei. O carpete ainda estava sujo. No meio do choro, cheguei a espirrar.

Meu problema era simples mas insolúvel: não queria sentir o que estava sentindo. Então, vi as garrafas na geladeira, reunidas como uma aldeiazinha — licor Triple sec, rum Bacardi, vodca Hawkeye e licor Midori. Não era exatamente uma maravilha, mas era alguma coisa. Foi pragmático. Me perguntei: quanto até desmaiar?

Naquele inverno, acordava cedo na maioria das manhãs e fumava na saída de incêndio, no frio intenso. Às vezes, colocava a caixa de som na janela da cozinha e explodia a voz coaxante de Tom Petty cantando "Don't Come Around Here No More" [Não Apareça Mais Aqui], uma música de expulsão. Queria cortar meu ex como um bolo, como Petty fez no clipe, fatiando a Alice no País da Maravilhas em perfeitos pedaços glaceados. Não tanto quanto queria ele de volta para mim. Tivemos a primeira neve e o riacho congelou. Me perguntava sobre os patos: aonde iriam?

A cada dia, acordava e imediatamente começava a calcular quando passaria a me sentir melhor, sabendo que não seria até às cinco da tarde, ou — talvez, na verdade — às quatro e meia, quando me permitiria abrir uma garrafa de vinho. Para completar, era inverno e escurecia mais cedo. Parecia uma permissão. Também gostava de me dar uma vantagem em casa antes de começar a beber com os outros. Se ficasse alta antes de sair, me ajudava a ficar mais serena no bar, esperando pacientemente cada um terminar a primeira ou segunda rodadas, porque eu já estava na quarta ou quinta.

Enquanto isso, dei duas aulas em um curso introdutório de literatura. Quando tentamos discutir *Jesus' Son*, percebi que o personagem principal de Johnson não tinha nome. Como seus amigos o chamavam de Fuckhead [Fodido], nós também o chamamos de Fuckhead: *o arco de personagem do Fodido. A crise de consciência do Fodido.* Os alunos adoravam como o mundo dele se tornava estranho quando ele ficava chapado. "Do que ele tentava fugir?", perguntei a eles, e depois fui para meu ritual noturno em casa. Eu sabia que beber o tanto que passei a beber significava consumir centenas de calorias extras, muitas vezes mais de mil. Por isso, fazia sentido compensar restringindo calorias. Também era mais fácil ficar bêbada comendo menos. Dois coelhos com uma cajadada só. Sinceramente, não entendia por que alguém comia antes de beber. Parecia um desperdício da onda do estômago vazio.

Se fosse comer sozinha, a refeição era sempre a mesma. Em um dos meus quatro pratos, eu punha dois círculos de frios (cada um com trinta calorias) e oito bolachas Saltines (cada uma com doze calorias) e fatiava cada círculo em quatro. Então, punha cada um dos oito quartos em uma das oito bolachinhas: sanduichinhos abertos. Desde que comecei a fazer terapia para o distúrbio alimentar, recuperei a maior parte do peso, que girava em torno do que eu achava que era meu limite sanguíneo, o peso que significava que menstruaria. Às vezes, caía de volta um pouco abaixo, só para provar que conseguia. Era como uma conversa secreta que eu tinha com minha própria vida. Beber me dava outra forma de pronunciar como me sentia mal, de organizar a emoção num conjunto de ações.

Uma noite, sentei no banco do passageiro do carro de um amigo e pedi para ele dizer que eu era mais bonita do que meu ex. Eram seis da tarde e eu já estava bêbada. Ele disse exatamente o que eu queria ouvir, e quem pode culpá-lo? De que outra forma ele ia conseguir me tirar do carro? Subi as escadas e desmaiei por volta da hora do pôr do sol.

Eu dizia a mim mesma que era por causa do ex que eu bebia, mas sua ausência era apenas um pretexto. Eu exigia intensidade de tudo em minha vida, até dos patos que via pela janela. A sobrevivência deles carregava o peso de um épico. Na primavera, estavam de volta no riacho, sempre iguais — nem diferentes nem melhores por terem sobrevivido ao inverno.

Depois que o primeiro namorado foi embora, Rhys disse: "Estou descobrindo como é útil beber".[17] Fez sentido para mim. Estar com o coração partido não era motivo para beber, mas podia ser a ocasião para descobrir como a bebida poderia ajudar.

O primeiro namorado de Rhys, um homem chamado Lancelot, a chamava de gatinha. "Gatinha", ele escreveu, "você parte meu coração às vezes."[18] Quando Rhys ficou grávida — de outro homem, depois que Lancelot a magoou —, Lancelot não a aceitou de volta, mas pagou pelo aborto. Deu a ela uma roseira e um gato persa de pelo longo. Rhys foi para a praia por uma semana. Colocou o gato num abrigo em Euston Road e, quando voltou, disseram que tinha morrido. Ela chorou no andar de cima de um ônibus londrino. Começou a dormir quinze horas por dia. "Então, se tornou parte de mim, e eu sentiria falta se acabasse",[19] ela escreveu. "Estou falando sobre tristeza." Tinha perdido coisas — um homem, um gato, a possibilidade de um filho —, mas algo mais foi concedido: uma visão nova de sua inquilina mais velha, a tristeza, algo de que ela sentiria saudades *se fosse embora*. O sentido condicional da frase estava repleto de uma profecia enfadonha. A tristeza nunca tinha ido embora. Nunca iria.

"A terra inteira se tornou inóspita para ela",[20] seu amigo Francis Wyndham escreveu, "após o choque daquela traição trivial." Rhys sempre era acusada — por outras pessoas, por críticos, por leitores — de fazer muito caso de suas dificuldades triviais. Ela conhecia a carga da autopiedade e alternava entre o ódio de si mesma e o orgulho de ser assim. Uma vez, ela escreveu para uma amiga: "Veja que gosto de emoção. Eu aprovo — na verdade, sou capaz de me *regozijar* com ela".[21] Ela era a Sherazade do regozijo. Tecia histórias a partir dos excessos. Mal sobreviveu a isso. Seus romances acertaram muita coisa sobre consumo de álcool: a natureza do confinamento, a isca e a troca, como o álcool prometia liberdade, mas acabava deixando-a de joelhos, golfando.

Depois que Lancelot foi embora, Rhys viajou com um programa musical de variedades perfazendo o circuito das cidades sombrias das regiões centrais e do norte da Inglaterra: Wigan, Derby, Wolverhampton, Grimsby. Até os nomes eram predatórios, bem a calhar. Um dos garotos da companhia desenhou um esquete da vida em turnê — os becos sombrios, as salas iluminadas por lâmpadas — com a simples legenda: "Por que bebemos".[22]

Mas Rhys nunca precisou de um *porquê*, ou ao contrário, ela os tinha em demasia. Lancelot foi apenas o primeiro de vários pretextos. "Numa tela ampliada", disse uma crítica de seu trabalho, "a pessoa torna-se mais do que nunca consciente da insatisfação de encher a cara como remédio para cada percalço e problema."[23]

Rhys acabou convertendo sua dor afetiva em carreira. Aceitou a vergonha de ser dispensada por Lancelot — e as formas de se autodestruir depois — e transformou-as em seu primeiro manuscrito, *Voyage in the Dark* [Viagem na escuridão].[24] Sua heroína, Anna, é amante de um homem chamado Walter, até ele não a querer mais. Mesmo assim, Anna não consegue odiá-lo. "Não estou acabada",[25] ela diz. "Só gostaria de um drinque." A proprietária do apartamento briga com ela por deixar o edredom de seda sujo de vinho.

A vida de Anna depois de Walter é repleta de edredons manchados e lascas ressecadas de restos de bacon. Cheia de homens enfiando cinco libras, dez libras, talvez um pouquinho mais em sua bolsa no meio da noite, depois que trepam, e escrevendo para ela chamando para trepar novamente; ou nem sequer escrevem — sempre se resume a isso no final, a não escrita.

Quando li pela primeira vez *Voyage in the Dark*, a abjeção de Anna me deixou fisicamente doente. Não porque fiquei enojada, mas porque eu a reconhecia. Via suas cartas recém-nascidas voando pela cama: "Querido Walter, querido Walter, eu te amo você tem que me amar eu te amo você tem que me amar". Bebendo e precisando de homens, bebendo e precisando de dinheiro, bebendo e precisando de casa — tudo isso se enroscava. Quando está sangrando por causa do aborto ilegal que fez, Anna diz: "Preciso de um drinque. Tem gim no aparador".

No dia de Natal de 1913 — quando Lancelot mandou entregar uma árvore no quarto de pensão dela, meses depois de terminar tudo entre eles — Rhys decidiu beber uma garrafa inteira de gim e depois saltar da janela do quarto. Um amigo chegou, viu a garrafa e perguntou se ela estava dando uma festa. "Ah, não", Rhys disse, "não exatamente uma festa."[26] Quando contou sobre seus planos, o amigo disse que ela não morreria na queda; só ficaria aleijada — "daí, você teria que viver toda quebrada".

Rhys não saltou da janela, mas bebeu o gim. Então comprou um caderno e começou a escrever. Ou, pelo menos, é como ela gosta de contar a história: que quase morreu, mas renasceu para escrever. Na verdade, ela teve cadernos antes. Mas talvez tenha conseguido uma prosa melhor nesse. Talvez a atraísse imaginar a escrita como ressurreição.

Durante meu inverno de sanduíches de bolachas, comecei a dormir com mais homens. Era mais fácil quando estava bêbada. Tinha o comediante de *stand-up*, o motorista de reboque, o homem que construía a própria casa. Fazer sexo bêbada se tornou uma forma de expurgar sentimentos, sugar para fora e colocar em outro lugar, como tirar a gordura acumulada da carne assada e colocar num pote, guardando para que não entupisse os ralos.

Meu professor do workshop naquele último semestre encontrou algo seriamente errado com quase todas as histórias dos alunos que discutimos, e ele passava uma hora dissecando por que a linguagem não estava funcionando. Uma semana, ele percorreu um conto inteiro tentando encontrar uma única frase de que gostasse. Demorei para aceitar que ele não era um cuzão; que era duro com a gente porque acreditava em nossa escrita. Não achou bom meu primeiro trabalho entregue. Mas sua inteligência tinha uma integridade e uma precisão que me deixavam faminta por seu elogio. Não receber elogio apenas aguçava a fome.

Fora da sala de aula, conheci um homem mais velho que morava distante da cidade. Eu aparecia em sua grande casa, com o botão do forno cheio de números de fato, e preparava um frango frito, único prato que sabia fazer. Ficávamos bêbados — ou eu ficava. Na verdade, não tenho ideia se ele ficava também. Fazíamos sexo depois e eu colocava um de seus blusões de basquete e ia chorar no banheiro. Na época, sentia pena de mim. Agora, olho para trás e sinto pena dele com essa menina aparecendo em sua casa para cozinhar um frango borrachento, exigindo elogios em troca e chorando no banheiro, claramente querendo *algo* dele, mas o quê? Nenhum de nós sabia.

Após algumas semanas, ele me disse durante o jantar que não conseguia sentir o gosto de nada que eu cozinhava. Não estava falando em sentido figurado. Ele não tinha papilas gustativas. Era um problema desde o nascimento. De alguma forma, me pareceu triste — não apenas que ele não pudesse sentir o gosto de nada, mas que eu estivera cozinhando essas refeições sem saber que ele não podia sentir o gosto. O que quer que estivéssemos fazendo, não estávamos fazendo juntos. Meu desejo de ser desejada era como algo fisicamente jorrando de mim — *necessidade necessidade necessidade* — e isso me enojava, a torneira quebrada em que me transformei. Um homem me dizendo que queria trepar comigo, cochichando no meu ouvido, era como tomar o primeiro gole de uísque, aquele golpe quente, direto no estômago. O começo geralmente era melhor do que o que acontecia depois:

a boca com gosto de cabo de guarda-chuva de manhã, a cama estranha, o suor nos lençóis.

Tentei viver melhor. Tentei ioga. Comprei uma planta para a casa e, por coincidência, minha amiga me deu outra planta, então decidi dar uma festinha por isso. Talvez bebêssemos. Uma das plantas, uma figueira-benjamim, ficava pendurada na cozinha sobre a outra, uma pequena samambaia. Batizei as duas em homenagem a um poema de Andrew Marvell: "Aniquilando tudo que é feito/ a um pensamento verde, num tom de verde". A planta grande era Marvell e a pequena, a Aniquiladora. Decidi que minha festa seria verde. Tudo seria um pensamento verde, num tom de verde. Isso significava doses de gelatina de limão, cookies de pistache com corante, aipo, homus de espinafre e o baseado de alguém. Fiz as doses de gelatina de manhã e não conseguia abrir o litro de vodca porque tinha comprado a mais barata e a tampa estava zoada. Tive que correr para a loja da esquina o mais rápido que pude — a gelatina esfriava a cada minuto — e pedir vodca às oito da manhã.

Preparei as doses de gelatina, mas ficaram fortes demais. Estava quente demais na cozinha, com corpos demais amontoados. Ninguém achou graça no nome "Aniquiladora" como eu esperava. Uma amiga tinha acabado de passar a noite anterior na cadeia por ter dirigido bêbada. Estava chorosa num canto. Outro amigo fumou maconha demais e acabou desmaiando no chão da cozinha. Minha casa parecia tóxica, como se fosse possível pegar algo — um estado de fragilidade ou um desespero absurdo — só de passar um tempo nela.

Vários meses depois do término, meus amigos começaram a perguntar — gentilmente, com jeitinho — por que eu ainda falava tanto nisso. Por que era tão difícil para mim? Sinceramente, não sabia. A rejeição era uma minhoca que me escavava continuamente por dentro, minha própria traição trivial, e eu tentava arrancá-la, chegando ao fundo do motivo por que não tinha sido boa o suficiente para ele. Comecei a frequentar um terapeuta do serviço estudantil, como experimento. Ele tinha um sotaque que tornava difícil entender parte de suas analogias. "O amor é como uma torrada", ele me disse. "Vem e destrói tudo."

Eu pensava: Não, o *amor é Tom Petty numa caixa de som*. Imaginei os filões de pão queimado do meu coração. Acontece que o terapeuta queria dizer *tornado*, não *torrada*, e naquela primavera de fato houve um. Um tornado de verdade arrancou o telhado de um grêmio estudantil feminino. Quebrou galhos e jogou carros contra o tronco das árvores. Arremessou a casinha do quintal dentro do riacho. Fiquei de dedos cruzados pelos patos. *Meus patos.* Isso era Iowa, uma falácia patética óbvia: você falava de amor e a metáfora ganhava vida; girava o ar ao seu redor.

Decidi escrever um conto sobre o término porque era só no que eu pensava. Mas um conto de término parecia um suicídio artístico, e eu já imaginava o professor do workshop virando as páginas na classe, apontando as articulações banais do coração partido. Escrevi o texto mesmo assim, mas tomei o cuidado de tornar a dor mais dramática. A personagem principal jogava uma taça de vinho na geladeira, então lambia todo o rastro vermelho de Syrah escorrendo pela porta bege. Eu só bebia vinho em copo de água e em copo plástico, mas a taça quebrada e o rastro carmim lambidos pareciam articulações mais artísticas da dor do que meu próprio gargarejo redundante.

No dia do workshop, o professor disse: "A única coisa errada com esse conto é que não tem número de páginas". Foi a única coisa que escrevi em Iowa que todo mundo realmente gostou, e confirmou meu palpite: as coisas ficam sombrias e você escreve sobre essas sombras. O coração partido pode se tornar o começo de uma carreira.

Eu não era boa em cuidar de mim na época, nem de mim nem da figueira, que definhou seca no calor de julho. Coloquei-a do lado fora na saída de incêndio para não precisar olhar para ela morrendo. Queria acreditar que o novo tipo de bebedeira em que eu estava, bebendo intencional e explicitamente, e ciente de quando desmaiaria, estava me apresentando uma parte de mim que eu não conhecia — que tateava para sentir a forma como se fosse um objeto sob água turva. *In vino veritas* era uma das promessas mais sedutoras da bebida: que não era degradação, mas iluminação, que não era a verdade obscura, mas a revelação. Se era verdade, então minha verdade estava desmaiando no meio das comédias românticas a que eu assistia sozinha à noite, antes de a bebida me levar.

III

CULPA

CADA HISTÓRIA DE VÍCIO requer um vilão. Mas a América nunca conseguiu decidir se viciados são vítimas ou criminosos, se o vício é uma doença ou um crime. Então aliviamos a pressão da dissonância cognitiva com várias divisões de trabalho psíquico — alguns viciados são vistos com pena, outros, como culpados — que se sobrepõem e evoluem para atender a nossos propósitos: alcoólatras são gênios torturados. Viciados em drogas são zumbis perdidos. Homens bêbados são instigantes. Mulheres bêbadas são mães ruins. O sofrimento de brancos viciados é compreendido. Pretos viciados são punidos. Viciados famosos têm tratamento de luxo com terapia equina. Viciados pobres penam. Uma pessoa com crack pega cinco anos de prisão enquanto outra que dirige bêbada passa a noite na prisão, mesmo que dirigir bêbado mate mais gente a cada ano do que a cocaína.[1] Em seu revelador relato sobre prisão em massa, *A nova segregação: racismo e encarceramento em massa*, a acadêmica da área jurídica Michelle Alexander aponta que muitas dessas escolhas contam uma história bem maior sobre "quem é visto como descartável — alguém a ser expurgado do corpo da política — e quem não é".[2] Não são discrepâncias incidentais — entre viciados brancos e pretos, usuários de drogas e bebedores —, mas vítimas da nossa necessidade de demonizar alguns sob o disfarce de proteger outros.

"O que temos contra o viciado em drogas?", pergunta o teórico Avital Ronell, e ele responde com uma citação de Jacques Derrida: "Que ele se exclui do mundo, exilando-se da realidade, distante da objetividade e da vida real da cidade e da comunidade; que ele escapa para um mundo de simulacro e ficção… Não podemos aceitar o fato de que seu prazer é tomado por uma experiência sem verdade". A imagem do viciado como agente de traição, minando o projeto social compartilhado, tem sido uma característica duradoura do que a criminologista Drew Humphries chama de narrativa *drug-scare* [pavor às drogas].[3] É um gênero americano clássico que elege uma substância em particular como causa de alarde — com frequência de forma arbitrária, sem o aumento de uso — e utiliza uma comunidade marginal como bode expiatório. Aconteceu com os imigrantes chineses e o ópio na Califórnia do século XIX; com o consumo de cocaína entre os negros no começo do século XX, no Sul; com os mexicanos e a maconha nos anos 1930; com o consumo de heroína entre os negros nos anos 1950; com a epidemia de crack entre os pobres nos anos 1980; com a ascensão da metanfetamina nas comunidades brancas e pobres na virada do século XX. A metanfetamina era chamada "a droga mais maligna e viciante conhecida pela humanidade".[4] Por todos os Estados Unidos, havia pichações proféticas nas paredes descascadas dos celeiros: *meth é morte*. Pôsteres e comerciais mostravam monstros viciados, magros como um pau, dentes amarelos, cutucando suas feridas faciais e desprezando seus bebês. Mas, quando uma matéria de capa da *Newsweek* chamou a metanfetamina de "a nova crise das drogas na América", o uso já estava diminuindo havia anos.[5]

Chamar a narrativa do pavor às drogas de gênero tóxico não é negar o dano que as drogas podem causar, ou a devastação que o vício deixa por onde passa, mas reconhecer apenas que o "vício" sempre foi duas coisas ao mesmo tempo: um conjunto de neurotransmissores perturbados e uma série de histórias que contamos sobre essa perturbação. O vício se torna uma epidemia contagiosa, uma rejeição deliberada do dever cívico, uma rebelião corajosa contra a ordem social ou o grito nobre de uma alma torturada. Depende de quem está contando e usando. O neurocientista da Universidade de Columbia Carl Hart escreve uma história das drogas que não tem tido muita divulgação, a "história particularmente não empolgante da ausência de vício que nunca é contada", que, como Hart nos lembra — é a experiência da maioria dos usuários de drogas. Ainda assim, o vício é apresentado tanto como inevitável quanto como devastador de forma unilateral para servir a vários planos sociais — o mais notável, a guerra contra as drogas.[6]

***

A cruzada do século xx contra as drogas foi efetivamente lançada por um homem chamado Harry Anslinger, que assumiu o Escritório Federal de Narcóticos em 1930, bem quando a Lei Seca começava a vir abaixo. Anslinger efetivamente canalizou o impulso punitivo que abastecia a Lei Seca — o impulso de enxergar o vício em termos de fraqueza, egoísmo, fracasso e perigo — e o redirecionou aos narcóticos. Não foi apenas conexão metafórica ou sublimação psíquica: o Escritório de Narcóticos de Anslinger fisicamente se apossou dos mesmos escritórios sombrios ocupados pela Agência da Lei Seca.[7]

Mas durante as décadas que se seguiram, o sistema jurídico americano iria polarizar os vícios em álcool e drogas em categorias distintas na imaginação pública: o primeiro era uma doença, o segundo um crime.[8] É tentador equiparar vício com drogas "pesadas", e álcool com uso recreativo, mas, na verdade, a distinção entre eles é baseada principalmente em normas sociais e prática jurídica: nem sempre foi assim.

Antes da Lei Harrison de Narcóticos de 1914, que regulamentava e taxava a distribuição de opiáceos e cocaína, era fácil encomendar drogas do catálogo Roebuck da Sears, uma seringa e um pacote de cocaína, por um dólar e cinquenta centavos, ou comprar o Mrs. Winslow's Soothing Syrup [xarope calmante da sra. Winslow], feito com morfina, de sua farmácia local.[9] Porém, nos anos 1950, Anslinger caracterizava a maioria dos viciados em heroína como "psicopatas" que foram "criados pelo contato infeccioso com pessoas já condicionadas pelas drogas".[10] *O que temos contra o viciado em drogas?* A expressão de contágio de Anslinger sintetizou noções concorrentes de doença e vício, concebendo o viciado como um paciente zero moralmente culpável. Resgatou a retórica que ele havia usado quando trabalhou nas Bahamas durante a Lei Seca, incitando a Marinha a cercar contrabandistas alegando que carregavam "doenças contagiosas repulsivas" que iriam infectar as pessoas que bebiam seu álcool.[11] Anslinger se via como um guerreiro de uma cruzada moral, mas vestido como um chefão da máfia, os mesmos caras que suas políticas mantinham no negócio, que usavam ternos brilhantes e gravatas com estampas de templos chineses.[12] Nos primeiros anos de sua cruzada, ele lutou para manter a agência em pé e, depois que seu financiamento foi reduzido quase pela metade em meados dos anos 1930, ele foi hospitalizado com um colapso nervoso em 1935.

Foi o mesmo ano em que ele supervisionou a introdução de um novo passo radical na legislação americana contra as drogas: a Narcotic Farm, uma instituição federal para viciados aberta em Lexington, Kentucky, em maio daquele ano. Parte prisão, parte hospital, administrada conjuntamente pelo Escritório de Prisões e Serviço de Saúde Pública, a Narco Farm era a personificação institucional do relacionamento ambivalente dos Estados Unidos com o vício (também era uma fazenda de laticínios em funcionamento, a origem de seu apelido; apesar de mais de um administrador se preocupar que pudesse ser confundida com um centro que de fato cultivasse ópio[13]). Num determinado momento, cerca de dois terços dos mil e quinhentos "pacientes" em Lexington eram prisioneiros condenados por violar leis federais sobre drogas e o outro terço eram voluntários em busca de tratamento — com frequência, entretanto, os "voluntários" tinham problemas com a lei e buscavam alternativa à punição legal.[14] Se o vício era ao mesmo tempo perversão e doença, os residentes da Narco Farm eram ao mesmo tempo prisioneiros e pacientes: "vols" e "cons" [voluntários e condenados]. Estavam simultaneamente sendo punidos e reabilitados.

Quando a Narco Farm abriu em 1935, a América não sabia em qual história sobre vício acreditar — se era para punir ou para curar —, e tudo na Narco Farm refletia essa confusão: os nomes pelos quais era chamada, a cobertura que recebia da imprensa, como era administrada, até como foi construída.[15] Tinha muros altíssimos e janelas com grades, como uma prisão, mas também tinha muitas salas de recreação com enormes janelas com vista para os morros verdejantes do Kentucky, e o teto abobadado e os arcos elevados sugeriam algo mais religioso, como um mosteiro — a arquitetura da salvação possível.

Harry Anslinger não era apenas formulador de políticas, era contador de histórias. Mas a maioria de suas histórias sobre vício não chegava na parte da redenção; eram apenas histórias sobre desvios — com a intenção de inspirar medo e justificar a punição. Em seu caso para "declarar guerra contra o

66 *Leslie Jamison*

viciado em narcóticos", Anslinger adorava citar um oficial de polícia de Los Angeles: "Sinto que essas pessoas estão na mesma categoria dos leprosos e que a única defesa que a sociedade tem contra elas é a segregação e o isolamento sempre que possível".[16]

Depois que o orçamento de Anslinger foi retalhado, a promoção do medo se tornou mais urgente. Ele passou o resto dos anos 1930 criando motivos para sua agência ter importância, criando ansiedade pública em relação às drogas, e explorava sem escrúpulos medos de origem racial em suas campanhas.[17] Com o argumento de que a maconha desencadeava o desejo de homens pretos por mulheres brancas, fez um discurso no Comitê de Apropriações da Câmara sobre "estudantes de cor" em festas com colegas brancas "e conquistando a simpatia delas com histórias de perseguição racial. Resultado: gravidez".[18]

A paranoia racial fez parte das narrativas americanas do pavor às drogas desde que foram criadas, mesmo que a maioria dos usuários de drogas sempre tenha sido branca.[19] Até antes de Anslinger, essa paranoia abastecia o apoio público à Lei Harrison. "Negros fissurados em cocaína, nova ameaça sulista", dava uma manchete do *New York Times* em 1914,[20] e artigos similares espalharam o mito do "negro fissurado" quase como o inimigo sobrenatural. Em 1914, um artigo da *Literary Digest* alegava que "a maioria dos ataques a mulheres brancas do Sul é resultado direto de um cérebro negro enlouquecido pela cocaína".[21]

Em 1953, Anslinger publicou um livro intitulado *The Traffic in Narcotics* [O tráfico de narcóticos], um manifesto defendendo a guerra que ele passara as duas décadas anteriores deflagrando. Também pretendia pavimentar o caminho para a legislação que apoiava: a Lei de Controle dos Narcóticos de 1956 estabelecia sentenças mínimas para a distribuição — cinco anos no primeiro delito, dez anos em caso de recorrência — e expandia as disposições da Lei de Boggs de 1951, que permitia a pena de morte por venda de heroína.

Mais tarde naquela década, James Baldwin publicou "Sonny's Blues", conto que dramatiza o fato de que cada vício vive na intersecção entre a experiência pública e privada. É uma história sobre a tentativa de entender o vício de uma perspectiva externa e enfoca o relacionamento de dois irmãos, ambos pretos criados no Harlem: um professor de escola que tenta com-

A REABILITAÇÃO 67

preender a dependência inescrutável do irmão, músico de jazz. No relato de Baldwin, o vício é ao mesmo tempo social e interior. Apesar de a heroína fazer parte da realidade de ser negro — no Harlem, na metade do século xx —, também é parte de um conflito profundamente interior e individual. Sonny luta com a droga que lhe traz prazer — que parece uma mulher cantando em suas veias —, mas que também o aprisiona sozinho "no fundo de algo"[22] que com frequência é insuportável.

O *The Traffic in Narcotics* de Anslinger, publicado apenas quatro anos antes, se anunciava como "o primeiro livro a tratar com autoridade o horrendo problema nacional do vício em drogas",[23] mas sua postura era precisamente o oposto da de Baldwin: em vez de respeitar as contradições e a profundidade da consciência de cada viciado, criava vilões cartunescos dos quais seria fácil justificar a prisão. A orelha do livro insistia que ele não havia sido escrito "para satisfazer o desejo por sensacionalismo mórbido, mas como a descrição básica da situação atual". Sua missão era simplesmente "guiar e implementar o desejo nacional de atingir a raiz de uma ameaça perturbadora, fonte de crime e destruição de jovens vidas".[24]

Sem "sensacionalismo", apenas a destruição de jovens vidas. Anslinger ia apenas contar sobre o fissurado da maconha que estuprou uma menina de nove anos, o que matou uma viúva, o que "atacou brutalmente" dezesseis mulheres para roubar dinheiro, "para comprar vinho e haxixe que ele consumia ao mesmo tempo".[25] Quase dá para ouvir a histeria: *ao mesmo tempo!* Anslinger não ia "satisfazer o desejo por sensacionalismo mórbido", mas queria que você soubesse que quando os juízes concediam "férias" arbitrárias em vez de aplicar penas duras, coisas ruins aconteciam. Um bom exemplo: o traficante de maconha que recebeu multa de apenas vinte e cinco dólares pela posse de "17 mil sementes de maconha" e no ano seguinte estuprou uma menina de dez anos "intoxicado com maconha".[26]

Anslinger descreve seu livro como "uma pesquisa confiável há muito aguardada", sugerindo que ele se recusava a explorar a maré crescente de pânico às drogas; mas a sintaxe era um truque. Ele passara boa parte das duas décadas anteriores atiçando as chamas desse pânico para gerar apoio para a agência federal em apuros. As pautas mais tóxicas com frequência se disfarçam de pura transcrição.

Em seu manifesto, Anslinger insiste que não gosta de generalizar. Ele apenas observa que viciados querem ser protegidos do mundo. Enquanto "gente normal" não sente necessidade de se sobressair a seu "plano emocional costumeiro",[27] os viciados com frequência são ávidos por mais e mais prazer. As acusações de Anslinger evocam o argumento de Derrida de que nos ressentimos com o viciado por ele sentir prazer em "uma experiência sem verdade".

Seis anos depois de *The Traffic in Narcotics*, William Burroughs iria escrever que "a face do 'mal' é sempre a face de total necessidade",[28] mas Anslinger estava ocupado reconfigurando a face de total necessidade como maligna. Seu conceito de doença era seletivo e atendia a interesses próprios: ele chamava os viciados de contagiosos, mas desprezava qualquer um que os chamasse de doentes.[29]

Blueschild Baby — romance autobiográfico de um viciado em heroína chamado George Cain — foi publicado em 1970, quase duas décadas depois do manifesto de Anslinger, mas ainda traz o resíduo das campanhas punitivas dele. O romance traz uma cena poderosa de vergonha — quando George vai ao médico pedir ajuda para largar o vício e é tratado como criminoso — que faz a mesma pergunta: viciados são doentes?

Não por acaso George era um homem preto. Também tinha acabado de sair da prisão, onde cumpriu pena por posse de drogas, mas no final do romance está afundado em espasmos de abstinência. Até seu vômito mostra sinais da batalha: "Coisas vivas, sapos e insetos esperneiam no líquido que sai".[30] Quando a namorada de George, Nandy, sugere que ele procure um médico, George já está calejado. Ele diz a ela: "Um médico não vai me ajudar".[31] E, obviamente, assim que George diz ao médico que é viciado em drogas, o doutor imediatamente mostra que ele estava certo. Recua da mesa e tira uma arma.

A cena não é tanto um conflito entre homens quanto um conflito entre narrativas de vício que não coincidem. George e Nandy insistem no vício como doença: "Ele é um homem doente. Você é um médico",[32] diz Nandy, e George insiste: "Estou doente, com dor, como todo mundo que vem até você", mas o médico e sua arma não largam a narrativa do vício como perversão: "Saia da minha sala antes que eu chame a polícia".

***

Sou precisamente o tipo de garotinha branca boazinha de classe média alta cujo relacionamento com as substâncias é tratado como benigno ou digno de pena — motivo de preocupação, ou mais de um encolher de ombros do que de punição. Ninguém nunca me chamou de leprosa ou psicopata. Nenhum médico apontou uma arma para mim. Nenhum policial atirou em mim no cruzamento enquanto eu pegava minha carteira, por sinal, nem me parou por dirigir bêbada, algo que fiz incontáveis vezes. Minha pele é da cor certa para permitir a embriaguez. Quando se trata de vício, a abstração de privilégio acaba sendo uma questão de que tipo de história é contada sobre seu corpo: você precisa ser protegido dos danos ou ser evitado para não os causar? Meu corpo foi compreendido como algo a ser protegido, ao contrário de algo do que se proteger.

Em seu livro de memórias, *Negroland*, Margo Jefferson descreve como as mulheres negras nos Estados Unidos tiveram "negados os privilégios de se submeterem livremente à depressão, de exporem a neurose como marca de complexidade social e psíquica".[33] É um luxo permitido a mulheres brancas. Foi "celebrado na literatura de sofrimento de mulheres brancas".

Demorei anos para entender que meu interior nunca foi interior, que meu relacionamento com minha dor, um relacionamento que eu sentia como essencialmente particular, não era nada particular. Devia sua existência às narrativas que tornavam possível uma garota branca sofrer: histórias que sugeriam que sua dor era interessante; que era prova de vulnerabilidade mais do que de culpa, dignas de solidariedade mais do que de punição.

Quando comecei a beber, *beber mesmo*, tornar-me consciente da bebedeira não apenas em termos de prazer, mas de fuga, fiquei envergonhada, mas também orgulhosa. As tentativas insistentes de desaparecer de mim mesma sugeriam que havia algo de sombrio e importante — depressão, neurose, complexo psíquico — que requeria o desaparecimento. Não que eu entrasse na dor como em um traje. Tinha mais a ver com a tentativa de compreender a dor como um composto psíquico, algo com propósito estético. Queria me complicar e me aprofundar.

A maioria das vezes que dirigi bêbada sem punição foi na Califórnia, durante o inverno, depois de me formar no Workshop para Escritores, quando morava com minha avó — Dell, mãe do meu pai — em sua casa iluminada pelo sol no alto do morro, a casa em que minha família morou durante grande parte da minha infância. Eu estava tentando escrever um romance. Ela estava morrendo.

Nesses meses, fiquei num quarto vazio sem muita mobília. Vivia para o alívio de beber sozinha no meu futon depois de turnos à noite como gerente de uma pousada de frente para o mar, a dez minutos de carro de distância, e bebia no trabalho com frequência, em segredo, então dirigia para casa altinha — sempre ansiosa — para beber mais, de volta ao meu quarto onde não tinha que me preocupar com nada.

A cada dia, acordava o mais cedo que podia e fumava na pequena varanda de madeira. Os dias eram de sol e de céu azul perfeito, estranhamente idênticos, e cada noite eu sujava o ar salgado com baforadas de fumaça; deixava minúsculas pilhas de cinzas esmigalhadas nas ripas da madeira castigada pelo vento. Meus dedos amarelaram. Preparava mingau de aveia para Dell e me sentava enquanto ela comia, me ressentindo desse tempo porque queria estar escrevendo, e me sentindo culpada pelo ressentimento porque queria ser alguém que não sentisse isso.

Dell foi uma presença constante na minha infância, morou com minha família por anos — uma mulher generosa, habilidosa, com nervos de aço e intensamente leal, que nos amava de paixão, a mim e a meus irmãos, que criou duas filhas maníacas-depressivas e sobreviveu ao casamento com um alcoólatra, que deixou a Daughters of the American Revolution porque não concordava com sua política. Porém, minhas lembranças favoritas de Dell eram de coisas pequenas, nossas lições semanais de bridge, com cada truque cuidadosamente observado pelos ratinhos de porcelana nas prateleiras de livros. Ela sempre me alertava contra os perigos de apostar alto demais, mas, na prática, apostava agressivamente. Jogávamos valendo centavos. Eu amava Dell, respeitava seu estoicismo e seu altruísmo e me lembrava de todos os jeitos que cuidou de mim — queria retribuir o cuidado, mas me sentia sobrecarregada pelo que ela precisava, e odiava vê-la precisando de tanto.

Meu irmão e minha cunhada também estavam morando com Dell, e eu deixava minhas garrafas vazias longe da reciclagem comum, num saco plástico separado no meu armário para que não vissem o quanto de garrafas tinha acumulado. Dell caía com frequência, às vezes adormecia no sofá ao lado de uma poça fria de café derramado. Estava confundindo seus remédios e eu nem sabia que remédios ela tomava. Morria de medo por ela e por mim mesma. Como deveria cuidar dela? No quarto dela, havia uma foto nossa que eu adorava, ela me segurando nos braços quando eu era bebê. Parecia tão feliz, tão absolutamente capaz. Naqueles meses de inverno, ela quase nunca reclamava de dor ou da sua decrescente mobilidade. Eu, por outro lado, com pouco do que reclamar, era movida pela autocomiseração como uma energia tóxica.

Acabamos instalando algo chamado sistema de alerta médico Lifeline, uma linha telefônica direta que Dell poderia ativar — se ela caísse — usando um botão que ficava pendurado em seu pescoço. Às vezes, eu chegava em casa e descobria que ela havia caído no banheiro ou que estava sangrando no carpete com a canja de galinha derramada seca ao seu lado. Uma manhã, encontrei o aparelho apitando num canto, uma voz do outro lado da linha perguntando: "Você está bem?", então tentei falar com ela: "Estou aqui", e a voz perguntou: "Você é a cuidadora?". Honestamente, não sabia o que dizer. Eu era e não era. Estava tentando ajudar Dell a tirar o roupão de banho porque estava encharcado de café, e eu chorava, e Dell me perguntava por que eu estava chorando e eu tentava fingir que não estava, e visualizava aquela fotografia, eu bebê nos braços dela, e a voz perguntava: "Essa é a situação da cuidadora?". Era como algum deus distante, inútil, morando naquele aparelho e nos julgando.

Essa é a situação da cuidadora? Meu irmão, minha cunhada e eu estávamos fazendo o que podíamos. Claramente, não era o suficiente. Meu pai e minha tia, ambos apaixonadamente dedicados à minha avó, ligavam todos os dias, mas os dois moravam do outro lado do país. Racionalmente, eu sabia que não era meu trabalho evitar que ela morresse, mesmo assim, parecia que era o que eu deveria fazer.

Às vezes, eu e minha cunhada íamos ao mercado e carregávamos o carrinho de guloseimas — caixa de bolo, sorvete de menta com pedaços de chocolate, champanhe rosé — e nos fartávamos de tudo por puro deleite de alívio e fuga, colocando coisas em nossos corpos para lembrar que não estávamos nem perto da morte. Minha vida com a comida era um ciclo econômico de prosperidade e decadência, feito de sucumbir a crises de indulgência e então compensar comendo muito pouco por dias. Ainda era mais fácil comer quando eu estava bêbada. Uma noite, quando estava doente, alugamos *Lendas da paixão* e eu tomei uma dose de Benadryl em gotas e desmaiei aninhada no sofá depois de três copos de papel de champanhe rosé barata. Ficar acordada significava uma exaustão inimaginável. Adormeci com o cabelo comprido de Brad Pitt balançando como uma cortina entre um estado de consciência e o próximo.

Nessa época, eu dava aulas em uma escola em que estudei no ensino médio. Os pais estavam impressionados com minhas credenciais e levemente desanimados com a vida que as credenciais me garantiam — cheia de dias gastos orientando seus filhos. Depois das aulas, eu dirigia para a pousada e mostrava aos hóspedes seus quartos: suítes com cortinas franjadas, estampas florais e jacuzzis. Quando faziam reservas pelo telefone, as mulheres casadas diziam com frequência: "Precisamos de uma cama king", e estavam falando sério. Eu também imaginava *ser* cada hóspede que dava entrada, com inveja ou *schadenfreude*, enquanto carregava as bagagens e invadia a vida íntima que tinha construído para eles, traindo suas esposas ou então — milagrosamente — amando-as ainda, com vista parcial ou total do oceano como pano de fundo do amor.

Toda noite eu disponibilizava vinho e queijo para os hóspedes e depois que ficava bem silencioso, disponibilizava vinho e queijo para mim mesma. Nunca considerei isso como *beber no trabalho*, apesar de que, sendo rígida — ou nem tão rígida assim —, era isso. Bebia com cuidado, geralmente o suficiente para ter uma boa onda, mas não tanto a ponto de ficar evidente ou de bagunçar os cartões de crédito noturnos; não tanto a ponto de perder a serenidade de gerente especialmente preparada para jogar conversa fora quando os hóspedes viessem à cozinha. Eu me imaginava desabafando: "Em casa, minha avó caiu novamente". E dizendo: "Puxe uma cadeira". Comia cubinhos de queijo com bolacha para absorver o excesso de bebida dentro de mim, ou enfiava uma colher na tigela de massa de cookie na geladeira e comia como se fosse iogurte. Geralmente, saía com uma garrafa extra ou duas da despensa, enfiadas na bolsa, caminhando de mansinho para que não batessem uma na outra. Às vezes, punha um suéter entre elas. O grande segredo do vinho e do queijo da noite era que os hóspedes podiam beber meia garrafa de Chardonnay ou três, quem saberia? Eu tinha uma margem.

Dirigindo todas as noites para casa no meu Dodge Neon vermelho, uma aquisição de mil dólares com o câmbio emperrado, eu ficava especialmente ansiosa com os sinais vermelhos no morro íngreme logo atrás da pousada. Sempre forçava o motor quando engatava, perpetuamente com medo de que fosse atrair os policiais nos postos secretos da escuridão. Mesmo nos trechos planos, eu dirigia devagar — sem dúvida, de forma suspeita — provocando solavancos ao trocar as marchas.

Quando chegava em casa, ia para o meu quartinho e bebia uma das garrafas que tinha roubado do trabalho. Não me importava que o vinho não tivesse sido resfriado. Quando se está bebendo um Chardonnay barato de dois dólares — sozinha num futon, dando um Google em gente do ensino médio e examinando as imobiliárias em que trabalham —, a temperatura não importa. Naquele colchão, bebendo vinho tépido, era impossível negar que ficar bêbada era o objetivo, como sempre havia sido.

Durante essa época na Califórnia, eu ainda alimentava certa noção romântica de mim mesma como uma escritora solitária, bebendo pesado, mas acordava toda manhã para escrever meu romance — não *mas*, na verdade, algo mais como *e*, algo mais como *porque*. Minhas noites de bebedeira solitária faziam parte da mesma descida psíquica que estava engendrando o romance soturno que eu começava a imaginar sobre uma jovem adorável cuidando da avó que morria. Não tinha uma trama além disso.

Não era exatamente o romance da lógica branca, o mito de Jack London, do profeta bêbado e seu soro da verdade de álcool. Vivia com minha avó, meu irmão e minha cunhada, mal conseguindo me sustentar com dois empregos, me escondendo como uma covarde das mirradas responsabilidades; apagando com champanhe rosé e remédio contra resfriado, com um Brad Pitt cabeludo assombrando meus sonhos estranhos. Não era uma vida de festinhas de quintal com salsichão na grelha e pisca-piscas nas árvores; não era beber com outros escritores bêbados em mesas de bar entalhadas com iniciais de escritores bêbados mais famosos. Era só um futon e uma garrafa de Chardonnay em temperatura ambiente. Às vezes, eu servia o vinho, às vezes, não. O copo começou a parecer um pouco mais do que um artifício.

Em 1944, foi publicado um romance que rejeitava totalmente a lógica branca.[34] *The Lost Weekend* [O fim de semana perdido], de Charles Jackson, recusava a ideia da bebida como portal metafísico. No romance, o alcoolismo não é particularmente significativo, apenas existe. A trama acontece mais ou menos assim: um homem chamado Don Birnam fica bêbado. Ele tinha ficado bêbado antes e vai ficar de novo. Ele bebe, apaga, acorda. Continua bebendo até ficar sem dinheiro, então encontra mais dinheiro e continua de onde parou. Em certo ponto, tenta penhorar a máquina de escrever para ganhar uns trocos e caminha quase cem quarteirões até perceber que todas as lojas de penhor estão fechadas para o Yom Kippur. Em outra ocasião, ele rouba a bolsa de uma mulher para ver se consegue se safar. Não se safa.

Basicamente, é toda a história: beber e depois beber mais. Como o crítico John Crowley observou, o romance foi revolucionário em sua simplicidade e redundância implacáveis — a rejeição a um mito permanente. Don Birnam não era um novo tipo de protagonista porque era bêbado. Era um novo tipo de protagonista porque a bebedeira o marcava como um homem mais com uma doença do que com um espírito existencial nas costas. Don não está destruído por causa do mundo decadente, ou por causa dos horrores da guerra, ou por causa das crueldades do amor, a exemplo dos espécimes bêbados de masculinidade como Ernest Hemingway, ou como os acabados patriarcas sulistas de William Faulkner, ou como os pródigos maridos aristocratas de F. Scott Fitzgerald. Don é apenas dependente de uma substância em particular. Sua bebedeira é patética e repetitiva. Não o entrega aos braços da angústia metafísica, simplesmente significa que ele faz papel de idiota pelo centro inteiro de Manhattan.

Publicado quando Jackson tinha quarenta e um anos de idade, oito anos depois de ficar sóbrio (pela primeira vez), em 1936, *The Lost Weekend* foi best-seller instantâneo. Acabou vendendo quase um milhão de exemplares durante a vida de Jackson. O *New York Times* chamou-o de "o presente mais enfático à literatura do vício desde De Quincey",[35] e discutia que podia ser um "livro didático para organizações como os Alcoólicos Anônimos", organização que — naquele ponto — Jackson desprezava.

Quando estava rascunhando o romance, em 1942, Jackson escreveu para um psiquiatra do hospital Bellevue em Nova York, dr. Stephen Sherman, pedindo permissão para visitar a ala de alcoólatras para a pesquisa. Jackson havia estado lá como paciente, mas não surpreendia que não se lembrasse de muita coisa. Também enviou ao dr. Sherman os primeiros capítulos, esperando algum retorno ou, provavelmente, apenas uma confirmação. O dr. Sherman achou que o romance "tinha um valor clínico definido" e disse que com ele aprendeu "mais sobre o que um alcoólatra está de fato pensando" do que com a maioria de seus pacientes, especialmente em relação à evocação da solidão e da "identificação com um gênio abandonado".[36]

No romance, Don não tem grandes planos para escrever a história de sua vida. "Se fosse capaz de escrever bem rápido", ele pensa — e, presumivelmente, manter a máquina de escrever longe da penhora —, então "poderia registrá-la em toda a sua perfeição."[37] Mas os títulos que Don imagina para o livro insinuam suas inseguranças: "Don Birnam: um herói sem romance" ou "Não sei por que estou te contando tudo isso".[38] Ele se pergunta por que alguém se interessaria pela história de sua vida: "Quem iria querer ler um romance sobre um punk e um drogado?".[39] A piada claramente recai em nós, leitores, que estamos fazendo exatamente o que Don não consegue imaginar ninguém querendo fazer: ler um romance sobre um punk e um bêbado, um suposto escritor que não tem coragem de ficar sóbrio para contar a história da própria embriaguez.

Proveitosamente, Don cataloga todos os fracassos estéticos de sua história: não tem clímax ou desfecho. Não mantém o suspense emocional. Ele sabe como vai se sentir depois do primeiro drinque e depois do décimo, como vai se sentir depois que acordar com ressaca na manhã seguinte, porque ele já se sentiu assim antes. Durante um "instante climático" particularmente embaraçoso perto do fim do livro, Don entra em confronto com uma empregada, tentando fazê-la destrancar o armário de bebidas, e é arrebatado por um momento literário inconfundível de autodepreciação: "Melodrama! Em toda a vida, ele nunca tinha estado numa situação tão cafona, tão piegas.

Se sentiu um idiota. Seu bom gosto foi ofendido, sua noção da adequação às coisas, sua inteligência mais profunda".[40]

Não sei por que estou te contando tudo isso: Jackson tinha vergonha da própria história enquanto a escrevia e terceirizou-a para o protagonista. Don tem vergonha não apenas de suas atitudes, mas de seu *gênero*, o alcoolismo não tem nada de convincente: "Não era sequer decentemente dramático ou trágico ou triste ou vergonhoso ou cômico ou irônico ou qualquer outra coisa — não era nada".[41]

Uma tarde, quando eu tinha nove anos, e meu pai, quarenta e cinco, perguntei a ele sobre bebida. Por que as pessoas bebiam? Por que algumas pessoas faziam tanto isso? Estávamos no quarto dos meus pais. As enormes janelas de vidro quentes com a luz do sol, o céu descaradamente azul.

Ainda me lembro onde meu pai estava assim que fechou a porta de correr do armário de cedro, as rodinhas rangendo nos trilhos; e ainda me lembro da sua calça cáqui amarrotada, a nuvem de intensidade e desorientação pela qual ele se deslocava como um sistema meteorológico só seu. Eu me lembro desses detalhes como se estivessem cauterizados em mim, dizendo: "Preste atenção"; "Escute bem". Escutar o quê?

Um único momento: naquele dia, meu pai disse que beber não era errado, mas que era perigoso. Não era perigoso para todo mundo, mas era perigoso para nós.

Era emocionante compartilhar qualquer tipo de *nós* com meu pai, que era uma figura mágica para mim. Havia sempre alguma parte dele que estava em outro canto. A cada tantas semanas minha família tinha "sessões de agenda", noites de tons ríspidos, explicações, negociações, quando meu pai marcava suas viagens de trabalho no calendário do quadro branco com linhas codificadas pelas cores azul e roxo. Às vezes, ele brincava que queria uma cor para marcar as viagens que *não tinha* feito. Ele cresceu acostumado a se mudar constantemente — Japão, Califórnia, Maryland; filho de militar, um piloto alcoólatra da Força Aérea. Adulto, meu pai fazia parte de todos os clubes comuns de viagens que recebiam nomes de pedras preciosas e metais. Era o rei das milhas.

Era economista e trabalhava com políticas de saúde nos países em desenvolvimento, viajando para Tailândia, Suíça, Ruanda, Índia, Quênia, Birmânia, México, lugares distantes onde encontrava outras pessoas influentes — sempre homens, eu imaginava — para descobrir como usar o dinheiro de forma mais eficiente para *aliviar o fardo global de doenças*, frase que aprendi pequena. As coisas que ele achava interessante falar sempre me pareceram coisas que eu não conhecia. O que eu conhecia? Bonecas kachina e o verdadeiro nome de Mark Twain. Sempre que meu pai elogiava minha inteligência era como um pedacinho de pão na floresta. Se eu conseguisse continuar fazendo isso, ele continuaria prestando atenção.

Eu escutava atentamente para mostrar a ele que era uma boa aluna, absorvendo tudo que ele me dizia. Ele me contou sobre o Concorde, que ia mais rápido do que a velocidade do som; como o xixi voltava para trás se você fosse ao banheiro enquanto o avião desacelerava. Tinha ido a lugares dos quais eu não fazia ideia. Uma vez, contou sobre uma viagem de ácido em que, pela primeira vez, acreditou que talvez fosse tranquilo morrer. Adorava cookies de amaretto e um bom vinho da Borgonha. Jogava tênis com bandanas listradas na cabeça. Sua risada era tudo. Ele me trazia xampus em miniatura de todos os hotéis — um pedido de desculpas por seu livro contábil de ausências, todas as linhas no calendário da parede. Anos depois, eu descobriria sobre seus casos. Ele traía com frequência, até as amantes — não por maldade, nunca isso, apenas por certa inquietação.

Quando eu era pequena, seis ou sete anos, meu pai me deu uma tigresa de pelúcia chamada Winifred. Ele escolheu o nome, muito melhor do que se eu tivesse escolhido. Era como se ele tivesse incrustado um pedaço de si nas listras de pelúcia da tigresa. Quando ele saía para as viagens, Winifred ficava. Quando voltava, me contava histórias sobre as aventuras que ela teve, aonde quer que ele tivesse ido: se fosse Bangkok, ela teria vivido aventuras na selva. Se fosse China, ela teria vivido aventuras no deserto de Gobi. Não me lembro de como eu organizava a lógica dessas histórias — como o corpo de Winifred ficava enquanto outra versão dela vivia uma vida diáfana além do meu alcance —, mas imagino que era reconfortante considerar as possibilidades de um ser dividido: como o coração ou a mente de alguém ficava em casa enquanto o corpo viajava para outro canto.

Meu pai adorava contar a história de quando me viu recém-nascida, no corredor do hospital, e eu adorava ouvir: como me olhou nos olhos, sob o gorrinho rosa, e viu algo penetrante no meu olhar — uma curiosidade que adorou desde o começo. Significava algum laço primitivo que havia entre nós. Nas poucas vezes que ficava sozinha com ele, quando minha mãe saía da cidade a trabalho, comíamos lámen, pipoca e milk-shake. Era divino. Era nosso segredo, outro vínculo selado — como quando ele disse que beber era perigoso para nós, me incluindo nesse perigo.

Quando eu tinha nove anos, ele se mudou para o outro lado do país por dezoito meses para trabalhar, e quando voltou a Los Angeles, meus pais se separaram oficialmente. Meus irmãos — nove e dez anos mais velhos do que eu — se mudaram para a faculdade no mesmo período. Em poucos anos, de uma família de cinco, nos tornamos uma família de dois: apenas minha mãe e eu. Os homens partiram. Depois que meu segundo irmão foi para a faculdade, fiz um desenho em que eu chorava em seu quarto porque sentia muita falta dele. Até dei um título: *Tristeza invejosa*. Certas verdades haviam se tornado transparentes como vidro, porque estavam incutidas: as pessoas provavelmente iriam embora, era só uma questão de tempo. Atenção tinha que ser conquistada, não era algo garantido. Eu tinha que seduzir em todos os momentos.

Meus irmãos eram espirituosos e carinhosos, mas também uma turma difícil, espertos e reservados — não muito dispostos a conceder risadas e elogios por qualquer coisa (meu irmão mais velho, Julian, me ensinou a resolver uma equação quando eu tinha sete anos. "Ótimo", ele disse, "mas você consegue resolver quando o x está dos *dois* lados?"). Eu amava meus irmãos de paixão, loucamente. Amá-los era como me atirar contra algo — como me atirava com frequência em seus corpos altos para abraçá-los, exigindo amor com toda a força do meu corpinho de vinte quilos. Sempre fui amada, mas também sempre me perguntava de que dependia o amor. Não parecia incondicional. Eu me perguntava o que tinha que fazer para continuar merecendo ser amada. Não consigo me lembrar de uma época em que não tentasse descobrir o que dizer na mesa de jantar, especialmente nas noites de francês — quando todos estavam praticando uma língua que eu não falava.

A REABILITAÇÃO 79

Depois que meus pais se separaram, quando eu tinha onze anos, meu pai morava em um apartamento com vista para um bosque de eucaliptos. Uma vez por ano, talvez, eu passava a noite lá, revirando a geladeira em busca de coisas para levar para o lanche da escola: uma garrafa de água mineral pela metade, restos de sushi e um pacotinho rasgado de shoyu. Naquela época, eu não sabia como falar com meu pai, então, com a expressão vazia, encarava a TV enquanto ele me perguntava por que tinha um B- em Culturas do Mundo no boletim de meio de semestre. Ansiava por sua aprovação como ansiava por notas perfeitas, provas perfeitas, ou ansiava por essas coisas como ansiava por sua aprovação. Tirar boas notas era a extensão natural da garotinha tentando descobrir a próxima coisa certa a dizer à mesa de jantar. Naqueles dias de começo da adolescência, alternava entre cara fechada e sarcasmo — tímida na escola, convencida de que cheirava mal, que era alta como uma girafa — e quieta com meu pai. Não pedia o que queria na época porque não sabia o que queria. Amar meu pai sempre foi como tentar alcançar algo luminoso. A sensação do amor era a de tentar alcançar.

O amor do meu pai estava sempre lá — num tigre, em milk-shakes, em seu olhar, sua risada —, mas eu ficava mais atenta aos seus cuidados quando meu corpo estava em perigo. Quando me visitou no ano em que eu estava com distúrbio alimentar, na faculdade, ele deixou centenas de páginas de artigos de jornais acadêmicos xerocados sobre anorexia. Fixou-me com o olhar repleto de preocupação.

Lembro-me de um momento em particular entre nós que foi estranhamente sublime: logo antes da cirurgia de mandíbula, depois do primeiro ano da faculdade, ao me levarem para a operação de seis horas, deitada sob o cobertor aquecido do hospital, tonta do gás hilariante pré-anestesia. O Valium me fazendo sentir como se eu estivesse sob uma colcha macia. Meu pai observou enquanto me empurravam para longe na maca, os olhos reluzindo com lágrimas, e eu queria dizer a ele — reconfortada pelo gás hilariante e acomodada no Valium — que tudo ficaria bem.

Se beber era perigoso para nós, soube que beber havia sido particularmente perigoso para uma de nós: tia Phyllis. Era a irmã do meio do meu pai, uma mulher que nunca conheci. A história da separação dela da família foi explicada vagamente para mim, uma história turva, mas, conforme fiquei mais velha, a distância era sempre descrita em termos de alcoolismo e doença mental, como os botões duplos do microscópio ajustando o foco sobre a lâmina. Phyllis tinha provocado brigas. Batido na minha avó. Uma vez, perseguiu alguém com uma faca.

Fui obcecada por Phyllis na infância — com a distância e o mistério sobre a causa da distância, com perguntas sobre como ela era antes e como era agora. Meu pai não sabia ao certo onde ela morava. Implorei pelo endereço mais recente dela e enviei cartas esperançosas — "Oi, sou sua sobrinha" —, que nunca foram respondidas. Conforme fiquei mais velha, comecei a me identificar com Phyllis ou com a forma fantasmagórica de sua ausência, por nenhum motivo lógico que eu pudesse nomear, exceto por ela obviamente ter sido alguém com problemas para viver como deveria neste mundo. Sempre vivi como deveria no mundo, mas sentia que havia um animal em mim — por baixo de toda a obediência —, alguma parte de mim que queria fazer o que ela havia feito: provocar brigas, fazer cenas, desmoronar.

Quando eu era garota, transformei Phyllis numa heroína romântica — culpando a família pelo seu afastamento, imaginando-a sozinha em algum lugar, no exílio; mas conforme fiquei mais velha, percebi que havia sido mais complicado, que você pode se comprometer com uma pessoa problemática, infinitas vezes, e nunca ser o suficiente.

Na casa da minha infância, vendo minha avó morrer, ficava imaginando Phyllis: onde ela estava? Sentia falta da mãe onde quer que estivesse? Como não sentiria? Meu alcoolismo não se parecia com o dela, mas eu me perguntava se não havia um padrão genético em nós. Quando eu saía para fumar de manhã, passava pela porta do armário onde ainda podia visualizar meu pai parado, dizendo: "Beber não é perigoso para todo mundo. Mas é perigoso para nós".

O vício sempre foi mais perigoso para algumas pessoas do que para outras. Quando Nixon lançou a Guerra às Drogas original em junho de 1971, chamou as drogas de "inimigo público número um". Mas os seres humanos de fato é que eram presos.

Blueschild Baby — romance de George Cain, publicado apenas um ano antes — eficientemente tinha previsto a guerra de Nixon antes de começar oficialmente: "Dizem que você é preso por crimes, narcóticos, prostituição, roubo, assassinato", George pensa no romance, "mas esses não são os motivos para te trancarem".[42] Numa entrevista, décadas depois, o chefe de política interna de Nixon, John Ehrlichman, confessou precisamente isto: "Estávamos mentindo sobre as drogas? Claro que sim".[43] Ele disse que a administração de Nixon não podia tornar ilegal ser preto, mas podia ligar a comunidade preta à heroína: "Podíamos prender seus líderes, invadir suas casas, acabar com suas reuniões e demonizá-los noite após noite no noticiário".

Cain conhecia os danos da heroína tão bem quanto qualquer um, e o romance resume essa devastação sem piedade ou reservas: um traficante enfiando gelo na vagina de uma mulher para trazê-la de volta de uma overdose, ou um "amontoado assombrado"[44] de drogados "assentindo, fedendo, queimando, altos", iluminados pelo brilho da TV ligada em um programa de desenho animado. Quando George visita o projeto habitacional onde nasceu, tem um drogado chamado Fix de quem ele compra drogas, um cara muito doente, desesperado por uma dose: "abatido e encovado… a pele grudada no crânio… não há porcaria suficiente no mundo para satisfazer sua necessidade". Mas Cain também entendia que criminalizar o uso só aumentava os danos que o vício provocava, e *Blueschild Baby* é um livro difícil, incômodo, em parte porque tenta contar duas histórias que se juntam de forma desconfortável: o dano das drogas e como esse dano é retratado com uma retórica moralizante.

A Guerra às Drogas foi lançada oficialmente duas vezes. Nixon anunciou-a em 1971, mas somente a partir do chamado ao armamento de Ronald Reagan — uma década depois, em 1982 — que a guerra realmente decolou. O uso de drogas estava de fato diminuindo em 1982 e apenas 2% dos americanos achavam que as drogas constituíam a questão mais importante diante da nação.[45] Ao lançar sua guerra, a administração de Reagan efetivamente criou um inimigo — outra versão da figura que Anslinger chamou de "violador viciado".[46] Como afirmam os sociólogos Craig Reinarman e Harry Levine, era mais fácil usar a epidemia de crack como cortina de fumaça para encobrir o impacto devastador da "economia de gotejamento" do que encarar seu impacto diretamente.[47]

A Guerra às Drogas de Reagan continuou onde a cruzada de Anslinger contra os viciados havia parado, colocando um novo conjunto de arquétipos de viciados — mães do crack, viciados em metanfetamina, noias — dentro dos dioramas narrativos familiares sobre desvio moral, fuga da realidade e irresponsabilidade epidêmica.

Uma matéria de 1986 da revista *Time* intitulada "The House is on Fire" [A casa pegou fogo], um dos maiores relatos da mídia sobre crack, apresentava os viciados como vilões numa peça de moralidade condenada:

> A discussão começou, a polícia diz, quando Beverli Black acusou o namorado de gastar seus últimos 15 dólares em crack. Ela saiu furiosa da quitinete deles em Freeport, L.I., tarde da noite na semana passada, tentando pegar emprestado alguns vales-refeição. Daren Jenkins, 23, marceneiro desempregado, foi até a cama onde o filho de Black, Batik, estava dormindo. Chapado de crack, uma forma extremamente potente e viciante da cocaína, Jenkins supostamente esmurrou o garotinho até a morte. Batik faria três anos de idade este mês.[48]

Foi um ato horrível — inimaginável —, mas também foi cuidadosamente usado para incitar a revolta popular contra os vilões viciados cuja linhagem remetia aos fissurados estupradores de criancinhas, assassinos de velhinhas de Anslinger. O artigo não apresentava nenhum viciado sofrendo, apenas um viciado matando um bebê. Daren estava desempregado, ocupado demais com as drogas para fazer um móvel, e a namorada não deixava o vício atrapalhar sua determinação de abusar do Estado de Bem-estar Social. Como um artigo sobre viagens exóticas, o texto conduzia o leitor de classe média pelo submundo ilícito evocado por elipses sugestivas: "'Olha a pedra, olha a pedra', os traficantes murmuram no parque cheio de folhas...".[49]

O medo do crack conseguiu combinar narrativas de vício como doença e perversão, imaginando o crack como uma "epidemia" predatória espalhada por viciados pretos que eram moralmente responsáveis pelo que sustentavam.[50] Essas táticas assustadoras convidavam à emoção narrativa e aos imperativos éticos de combate. Como um diretor do escritório de Nova York da Agência de Combate às Drogas notou, "o crack era a maior história de combate surgida desde o fim da Guerra do Vietnã"[51] e, no meio dos anos 1990, a metáfora da guerra havia se transformado em algo mais concreto. Departamentos de polícia recebiam do Pentágono milhões de dólares em equipamentos: bazucas, lançadores de granadas, helicópteros, óculos de visão noturna. Recebiam treino militar e equipes da SWAT. Tinham permissão de confiscar dinheiro, carros e casas de todos os presos em operações contra as drogas.[52]

Mas muitas das pessoas que travavam essa guerra a odiavam. Um político chamaria as políticas antidrogas do governo de "o equivalente ao crack"[53] legislativo. Ofereciam um barato de curta duração, ele argumentava, mas eram catastróficas a longo prazo. Um juiz de São Francisco chorou na corte depois de impor uma sentença de dez anos a um estivador que transportou drogas para ajudar um amigo.[54]

As histórias públicas sobre vício tiveram consequências. Entre 1980 e 2014, o número de criminosos presos por posse de drogas aumentou de pouco mais de 40 mil para quase 490 mil, e a maioria era negra.[55] Um estudo de 1993 descobriu que apenas 19% dos traficantes de drogas eram afro-americanos, mas representavam 64% das prisões.[56] Michelle Alexander expressou dessa forma: "Ao deflagrar a guerra contra usuários de drogas e traficantes, Reagan cumpriu a promessa de pegar pesado com os racialmente definidos como 'outros', os não merecedores".[57]

Quando Nancy Reagan lançou sua famosa campanha Just Say No [Apenas diga não] em 1982, o slogan fazia mais uma recriminação implícita do que oferecia um conselho: *Apenas diga não* também significava que *Alguns disseram sim*. Como expressaria a Estratégia para o Controle Nacional das Drogas de George H. W. Bush uma década depois: "O problema das drogas reflete más decisões de indivíduos com livre-arbítrio".[58] Em sua insistência para que viciados não fossem considerados vítimas, a política contra drogas dos Estados Unidos continuou a ecoar a frustração de Anslinger com "altruístas" que chamavam os viciados de doentes. Quando Reagan assinou a Lei Antidrogas de 1986, implementou sentenças mandatórias para condenações primárias e lançou a infame relação cem para um — que exigia sentenças altamente desproporcionais para aqueles pegos com crack em relação à cocaína em pó, uma política que converteu o medo racial da Guerra às Drogas em prisões de fato.

Uma pesquisa de 1995 perguntou aos participantes: "Pode fechar os olhos por um segundo, visualizar um usuário de drogas e descrevê-lo para mim?".[59] Mesmo que afro-americanos constituíssem apenas 15% dos usuários de drogas da nação, 95% dos entrevistados visualizaram alguém negro. Esse usuário de drogas hipotético era o produto de décadas de uma narrativa eficiente.

A história que acabei vivendo era diferente: vômitos durante apagões, ferimentos na canela por cair nas escadas, pó de cocaína no nariz como açúcar de confeiteiro de uma fatia de bolo, resíduos perceptíveis de disfunção nada dignos de nota. Algumas partes de minha vida de alcoólatra se tornaram ranhuras mais confortáveis na memória — doses de uísque, noites impulsivas —, mas os meses com minha avó morrendo não são confortáveis de lembrar. É do ressentimento que mais me arrependo, de como queria estar longe em vez de estar onde estava; de como me ressentia de ter que fazer o mingau de aveia dela toda manhã.

Certa vez, depois de voltar para casa do turno da noite na pousada, bebi a garrafa de vinho na temperatura ambiente e assisti a um filme no laptop — sobre um homem que havia se abrigado num ônibus abandonado nas florestas do Alasca e ficou preso lá quando os riachos subiram durante os degelos de primavera. À uma da manhã, me imaginava nesse trailer querendo estar sozinha, embora essa, dificilmente, fosse a moral da história.

Durante esses dias na Califórnia, descobri que de fato preferia beber sozinha. Era mais fácil sem ninguém observando o quanto eu estava bebendo, ou esperando que eu produzisse algo — uma sacada, bom humor ou uma explicação. "Aproveito muito mais porque não vou a bares",[60] Berryman certa vez disse. "Apenas peço para entregar em casa e me aconchego."

Uma noite, minha cunhada e eu voltamos para casa e encontramos minha avó deitada no chão, pelada, bem atrás da porta principal. Ela disse que havia caído a caminho do banheiro, mas não estava nem perto do banheiro. Estava falando sobre meu avô, de quem tinha se divorciado havia décadas. Eu não lembrava a última vez que ela tinha dito o nome dele. Minha cunhada ligou para a emergência e eu fui ao banheiro tentar descobrir quais pílulas ela estava tomando, porque as ligações para a Lifeline me ensinaram que provavelmente perguntariam. Mas todas as pílulas estavam espalhadas pelo balcão e pela pia. Quando o técnico da emergência chegou, perguntou quem cuidava dela regularmente. "Você tem vinte e três anos e isso é muito pesado para você", ele disse. "E ela merece mais."

Depois que Dell foi internada no hospital, quando ela estava dormindo em seu quarto, eu e minha cunhada fomos para uma lanchonete IHOP na frente do hospital e pedimos panquecas com gotas de chocolate. Esvaziei uma garrafinha de avião de rum no café, em conspiração silenciosa com minha cunhada — uma hora em que era aceitável beber, compreensível —, mas eu ansiava por outro tipo de bebida: uma garrafa de vinho sozinha, na minha privacidade egoísta.

Dell teve um ataque cardíaco poucos dias depois. Morreu numa cama da UTI, com o corpo lotado de tubos até tirarem os aparelhos e restar apenas morfina e o rosto e os dedos inchados, gorduchos com o fluído acumulado.

Perto do fim, ela não havia falado sobre seu desconforto físico, mas falava principalmente sobre meu pai e minha tia, as duas crianças que permaneciam em sua vida, e o quanto estava orgulhosa delas. Havia sido uma boa mãe por quase setenta anos — e essa duração, essa constância era atordoante para mim, todos aqueles lanches embalados e noites de preocupação. Tentei imaginar a dor com que ela deve ter morrido sabendo que tinha tentado tudo em relação à filha do meio, mas, mesmo assim, a perdera.

Depois do velório, minha família encontrou o endereço de Phyllis em Montana e lhe enviou uma carta dizendo que sua mãe havia morrido. Recebemos uma carta de volta de Phyllis dizendo que estava morando sozinha num chalé no final de uma estrada de terra. Achava que poderia ser um bom lugar para a família toda se reunir durante o fim dos tempos. Havia algo naquele gesto — a ideia de que ela ainda nos oferecia algo, àqueles que ela não via fazia anos ou sequer havia conhecido — que me comoveu, mesmo sugerindo que ela ainda estava doente.

O romance em que eu estava trabalhando começou a mudar de forma. Phyllis estava adentrando nele — ou a ideia de Phyllis, ao menos. No romance, a jovem que está cuidando da avó começa a procurar uma tia que nunca conheceu, uma mulher chamada Tilly, que estava afastada da família havia anos. Ela encontra Tilly bebendo até morrer num trailer no meio do deserto de Nevada.

A trama não era a minha vida exatamente, mas uma versão hipotética da minha vida que eu não tinha vivido. Tilly era baseada por alto em Phyllis, o que significa que escrevi para preencher o espaço em branco do que não sabia sobre ela. Mas escrever da perspectiva de Tilly me deu a chance de articular uma obsessão de alcoólatra sem adotá-la totalmente como minha. Tilly claramente não era eu. Enquanto eu roubava Chardonnay barato do trabalho e bebia num futon, Tilly roubava bebida barata de seus trabalhos em bufês e bebia num closet — um fantasma do closet da faculdade onde eu subia numa balança toda manhã. Mas eu descrevia o rosto dela olhando para o meu no espelho de manhã: inchado, boquiaberto, olhos turvos.

Tive o cuidado de colocar algumas divisórias entre nós: fiz Tilly gostar principalmente de gim, porque eu preferia vodca. Ela se empanturrava num closet fechado, cheio de comida podre e garrafas vazias, e eu bebia vinho branco, me livrava das garrafas vazias todos os dias e me apresentava prontamente com punhos cerrados e determinação para as aulas de reforço nas quais deixava meus clientes adolescentes flertarem comigo — só um pouquinho — enquanto os instruía sobre a lógica bruta da analogia: O *curativo* está para o *sangue* assim como o *gesso* para a *fratura?* Ou *Pinot Grigio* para a *solidão?* Ou *ficção* para o *diário?*

Delineei de propósito a vida de Tilly como mais extrema do que a minha própria — um tipo de ventriloquismo situacional, jogando minha voz para longe — mas dei a ela partes minhas que estavam entrando em foco, não apenas o desejo profundo de ficar bêbada todas as noites, mas o sentimento crescente do alcoolismo como a parte mais importante da vida, meu alívio, assim como a noção exata de como queria que fosse beber: sozinha, sem regras ou testemunhas, sem vergonha.

Apesar de, claro, *haver* vergonha. Havia muitos tipos de vergonha: a tensão sempre que minha gerente fazia inventário da despensa na pousada, preocupada que fosse desconfiar de quantas garrafas de vinho havíamos usado; ou mascar um chiclete sempre que os hóspedes voltavam para que não sentissem meu hálito de Chardonnay. Toda sexta, quando as pessoas colocavam os sacos de reciclagem na rua para a coleta, eu deixava um saco plástico cheio com minhas próprias garrafas vazias no lixo de um estranho. Toda vez, era como se me safasse. Não podiam identificar que eram minhas.

Como Charles Jackson disse em incontáveis reuniões do AA, escrever um livro sobre alcoolismo não o impediu de beber. Ele havia estado sóbrio por oito anos quando *The Lost Weekend* foi publicado em 1944, mas teve uma recaída três anos depois. Seus períodos de sobriedade — às vezes ranzinzas, às vezes com comprometimento apaixonado, mas sempre tensos — pontuavam o catálogo em progresso do naufrágio que sua vida havia se tornado: um monte de porres e hospitalizações, cada vez mais amigos se distanciando e dívidas não pagas. Sua esposa teve que vender um casaco de pele para pagar a conta de carvão. Ele passou décadas fumando quatro maços de cigarro por dia com um pulmão pós-tuberculoso. Suas tentativas de suicídio eram tão frequentes que se tornaram, para não dizer casuais, pelo menos terrivelmente familiares.

Mas de certos ângulos, na luz diminuta de certos bares do centro de Manhattan, a embriaguez de Jackson carregava o brilho lustroso de uma lenda. Seus arquivos incluíam uma conta de bar de quatro páginas. Um colega, paciente de um sanatório aonde ele foi para tratar da tuberculose, se lembra de acordar uma noite e encontrar a pegada de Jackson marcada numa poça seca de vinho.[61]

Jackson parou de beber primeiro aos trinta e sete anos usando algo que ele chamava Método Peabody.[62] Era uma tática fundada no pragmatismo mais do que na escavação psicanalítica, na espiritualidade ou na irmandade.[63] Enfatizava a honestidade e as reparações. Jackson trabalhava com um terapeuta não licenciado chamado Bud Wister em rigorosas programações diárias de autoaperfeiçoamento. "Regulamos nossas vidas de forma ordenada e lucrativa sem o benefício de Freud",[64] Jackson escreveu num relatório de progresso. "Ultimamente adquiri... uma responsabilidade sólida baseada na sobriedade do meu verdadeiro eu."

Mas *The Lost Weekend* oferece outro "eu verdadeiro" em suas páginas, ou pede que reconheçamos que qualquer ser é sempre plural. É possível perceber um Jackson sóbrio bebendo indiretamente através de seu protagonista: Don bebe uísque num bar da cidade alta e da cidade baixa, então se estabelece em sua posição favorita de falsa sofisticação: aninhado numa cadeira de couro com um copo cheio e música clássica.

Durante os anos que passei escrevendo este livro sobre meu próprio alcoolismo — da perspectiva privilegiada de quatro anos de sobriedade, então cinco, depois seis —, às vezes afundava nas antigas lembranças como se fossem um sofá confortável, afundando sob o antigo feitiço do misterioso anseio silencioso. Não eram apenas os sabores previsíveis da nostalgia — o brilho em tons sépia do piso de madeira do Advocate, grudento de gim — e sim os sabores mais previsíveis: as incansáveis ressacas do começo da manhã, seca e com a boca azeda, exausta, mas incapaz de dormir. Até o desconforto começou a carregar seu próprio brilho desmantelado.

The Lost Weekend trata até da vergonha bêbada com uma nostalgia estranhamente terna. Jackson faz Don ligar bêbado para F. Scott Fitzgerald, como Jackson uma vez fez, para dizer a ele o quanto ama seu trabalho, apenas para ser educadamente dispensado: "Por que não me escreve uma carta sobre isso? Acho que você está um pouco alegre".[65]

Fazer o protagonista ligar para Fitzgerald no meio do romance foi uma confissão pungente das próprias aspirações e inseguranças literárias de Jackson. Ele queria se incluir no hall dos Grandes Escritores Bêbados, mas não sabia se seu retrato de alcoolismo — livre do Significado Trágico — era bom o suficiente para se unir ao cânone. Quando Don imagina o romance que vai escrever, evoca uma sequência de acontecimentos pontuados pelo álcool ("o longo caso com Anna, a bebida"), mas a trama acaba tomada pelo álcool, até no rascunho hipotético, até as vírgulas entre as farras desaparecerem: "os livros começaram e caíram, os contos inacabados, a bebida a bebida a bebida".[66]

Jackson estava de fato fazendo algo revolucionário ao recusar tornar a bebedeira de seu personagem um símbolo de complexidade psíquica, deixando Don considerar irrelevante a pergunta "Por que você bebe?": "Faz tempo que o motivo deixou de importar. Você é um bêbado, isso é tudo. Você bebe; ponto".[67] Don não quer falsificar a história do próprio alcoolismo enobrecendo-o com causas exageradas; apesar de também se preocupar com a história que sobra sem elas: "Não era nem decentemente dramática. Não era nada". Mas tem que ter sido *algo*, porque centenas de milhares de leitores foram entretidos por um livro que continuava dizendo a eles que não deveriam largá-lo. *The Lost Weekend* é fascinante no sentido agressivo de *fascínio* — um estado de servidão ou submissão. Contra meus instintos, torci para Don colocar as mãos na bebida. Apreciava a força frustrante de seu desejo e queria que ele parasse de atendê-lo. Mas também queria vê-lo satisfazendo-o.

Adoramos ver nossos heróis bêbados intoxicados. Não queremos vê-los sóbrios. Quando o crítico Lewis Hyde escreveu sobre "The Dream Songs" três anos depois da morte de Berryman, esbravejou contra a romantização do alcoolismo de Berryman. "Não estou dizendo que os críticos poderiam ter curado Berryman de sua doença",[68] Hyde escreveu. "Mas poderíamos ter oferecido uma atmosfera menos doentia." Hyde odiava a imagem de Berryman evocada pelo perfeito "Uísque e tinta" da revista *Life* — o poeta bêbado como ícone, cortejando nos pubs de Dublin. Hyde tinha mágoa de quem via o corpo de Berryman como símbolo, a barba balançando ao vento e o cigarro entre os dedos, o álcool como prova de sabedoria e não de doença, o coração gorgolejante de sua doença.

De sua parte, Berryman adorou o perfil na *Life*. Mostrava a ele um lado de si mesmo em que queria acreditar — o profeta inspecionando seu reino de copinhos vazios — e alimentava as ilusões que alimentavam sua embriaguez. A embriaguez sem motivo que Charles Jackson propôs em *The Lost Weekend* teria sido mais difícil de absorver. Aquele tipo de embriaguez burlesca — de desespero vagamente cômico — não despertava a mesma pose sedutora do poeta com sua antena psíquica trêmula apontada em direção à morte.

O ensaio de Hyde sobre Berryman é um artefato fascinante de ódio. É um ataque a "The Dream Songs" deflagrado contra o próprio nome de Berryman. "Minha tese é que a guerra entre o álcool e os poderes criativos de Berryman seja a raiz de 'The Dream Songs'",[69] argumenta Hyde. Ele resiste à interpretação dos poemas "sob a alça sofisticada da 'epistemologia da perda'", insistindo que apenas são declamados por "um poeta alcoólatra sentindo pena de si mesmo".[70] Se os poemas encenam uma guerra entre álcool e criatividade, Hyde insiste, é o álcool que ganha: "Ouvimos o álcool falando. Seu tom é um gemido que não evolui. Seus temas são dor injusta, ressentimento, autopiedade, orgulho e o desejo desesperado de correr pelo mundo. Tem o estilo do vigarista e a trama do vigarista".[71]

Hyde não estava culpando Berryman por sua doença, mas estava bravo pelo brilho que a doença de Berryman havia adquirido — e bravo porque desejava que Berryman pudesse ter melhorado. Ele queria um final diferente para a história: não Berryman saltando da ponte da avenida Washington no cruel inverno de Minnesota, e sim Berryman vivendo um dia por vez no futuro. "Não teria sido fácil",[72] Hyde especula. "Ele teria que deixar para trás sua própria obra. Teria que deixar os amigos que o ajudaram a sobreviver de sua dor por vinte anos."

Quando li pela primeira vez Hyde falando sobre Berryman, já há alguns anos sóbria, murmurei um "amém" secreto. Queria acreditar que desistir do álcool não significava desistir da energia, e Hyde sugeria que os frutos da composição alcoólatra não eram gloriosos, mas profundamente comprometidos. Alguém dava um "foda-se" para uma mitologia que comecei a enxergar como corrosiva e equivocada. Adorei Hyde por retrucar contra os filtros tóxicos que transformavam vício em romance e o adorei por articular uma versão da raiva que eu carregava rumo a uma versão anterior de mim mesma, consumida pela autopiedade, que começava a parecer autoindulgente de maneira repulsiva.

Seria fácil desprezar o artigo de Hyde como sensacionalista ou puritano, ataques *ad hominem* de um abstêmio na lama — como uma garota caminhando em volta da piscina, como uma vez fiz, com a voz aguda, dizendo a todos para saírem da jacuzzi porque não era seguro ficar chapado ali (eu estava chapada também). Mas era o que eu amava no ensaio de Hyde, a indignação *démodé* — a insistência nos horrores da bebida, tirando-lhe todo o brilho — e a convicção de que os horrores não eram o motor da criatividade, mas uma camisa de força.

De onde vinha toda a raiva de Hyde, afinal? No começo do ensaio, ele confessa que trabalhou por dois anos como assistente numa ala de desintoxicação.[73] Passou um tempo nas trincheiras. Era parte do motivo pelo qual precisava reconhecer que por trás da fotografia do poeta com seu uísque havia de fato um homem. A mitologia de Berryman oferecia sua própria alquimia sobrenatural — o uísque era o fluido que ele ingeria e a tinta era o fluido que ele produzia, ambas eram alternativas para o sangue humano comum — mas Berryman estava cheio do sangue humano comum, sangue que a bebida lentamente envenenou, e sua vida estava cheia dos fluidos que não eram tinta: o suor dos tremores da abstinência; o vômito da doença, o mijo e a merda em suas calças. Por trás do mantra do uísque e da tinta, esses paralelos líricos, havia um homem com pernas machucadas, vivendo metade da vida em apagões. Seu fígado estava tão inchado de toxinas que era palpável através da pele. Não era bebedeira como farra ou farsa. Era bebedeira como infiltração em direção à morte.

Billie Holiday era uma viciada cuja vida encenava a colisão entre dois mitos do viciado: a noção romântica da artista torturada e a história moral da drogada depravada. Ela era venerada como um gênio gloriosamente autodestrutivo, mas também era perseguida como criminosa. Como mulher preta criada em Baltimore nos anos 1920, acossada a vida inteira pelos padrões duplos do sistema de justiça, não recebeu o mesmo acesso irrestrito à mesma mitologia que o desenfreado Berryman.

Porém, desde o começo, a lenda de Holiday estava similarmente presa ao brilho e ao calor de suas dores, como se a beleza de seu canto surgisse do sofrimento como vapor da água fervente. A escritora Elizabeth Hardwick foi encantada pela "autodestruição luminosa"[74] de Holiday, enquanto Harry Anslinger, durante o final dos anos 1930 e começo dos 1940, tornou Holiday uma de suas cruzadas pessoais. Um de seus agentes federais colocado no caso dela chamou-a de "uma cliente bem atraente",[75] porque ele sabia que seria uma grande publicidade para o Escritório Federal de Narcóticos se pudesse acabar com ela.

A heroína, quando Holiday começou a injetar, aos vinte e poucos anos, deu-lhe uma noção mais forte de si mesma. "Tenho um hábito e sei que não é bom", ela escreveu, "mas é o que me faz saber que há uma pessoa chamada Billie Holiday."[76] Um amigo disse que ela tinha uma "timidez tão profunda que falava praticamente cochichando",[77] mas quando cantava, sua voz a tornava uma lenda nos clubes de jazz de Manhattan.

Disseram-lhe que ninguém conseguia cantar a palavra "hunger" [fome] como ela.[78] Cantava nos clubes na rua 52 Oeste, enfiados em porões de *brownstone*, e adorava o Jimmy's Chicken Shack, onde o uísque era servido em xícaras de chá. Holiday servia gim a seus chihuahuas, Chiquita e Pepe, e havia boatos de que tinha injetado heroína em seu pequeno boxer, Mister.[79] Hardwick se maravilhava com "a enormidade das perversões dela", admirando a poderosa alquimia com a qual Holiday era capaz de transformá-las em arte extraordinária. Era como se Holiday tivesse tirado proveito do próprio sofrimento. "É preciso ser digno da grande destruição", Hardwick escreveu, deslumbrada pelo "talento implacável e opulenta devastação" de Holiday.[80]

Para Harry Anslinger, a enormidade de perversões de Holiday oferecia outro tipo de oportunidade. Sua autodestruição não era luminosa, mas criminosa, e sua notoriedade era um gancho conveniente no qual ele podia pendurar roteiros racistas que já estava escrevendo havia anos para impulsionar sua cruzada contra as drogas. Sua vendeta não se baseava apenas em construir o vilão-viciado, mas construir o vilão-viciado negro, já que, ao mesmo tempo que se ocupava de caçar Holiday, ele preferia aconselhar Judy Garland que ela deveria largar o vício da heroína tirando férias maiores entre as filmagens.

Anslinger colocou vários agentes no caso de Holiday no fim dos anos 1940 e eles a detiveram em inúmeras ocasiões, incluindo a condenação de 1947 que a enviou para a Prisão Federal Alderson, na Virgínia Ocidental, por quase um ano.[81] Em Alderson, Holiday recebeu cartões de Natal de mais de 3 mil fãs de todo o mundo.[82] Quando a fissura pelo uísque piorava demais, ela fabricava uma bebida barata com cascas de batata no refeitório da prisão.

Jimmy Fletcher, um dos homens de Anslinger colocados para vigiar Holiday, acabou gostando muito dela. Uma vez, dançaram juntos num clube e outra noite ele se sentou com ela e Chiquita, conversando por horas. Anos depois, ele se lembrou do relacionamento deles com arrependimento. "Quando você forma um tipo de amizade com alguém", disse ele, "não é legal se envolver em atividades criminosas contra a pessoa."[83] A primeira vez que Fletcher prendeu Holiday, na primavera de 1947, ela estava hospedada no Hotel Braddock, no Harlem. Fletcher fingiu que estava entregando um

A REABILITAÇÃO 93

telegrama. Durante a revista, que a fez tirar as roupas, Holiday forçou Fletcher a vê-la mijar: uma forma de exigir que encarasse a natureza degradante e invasiva de seu trabalho.

Cerca de quarenta anos depois dessa prisão, em julho de 1986, a ABC News apresentou Jane ao público americano — uma viciada que consumia cerca de quinhentos dólares por dia — com seus gêmeos prematuros, cada um pesando apenas um quilo.[84] Em outubro de 1988, a NBC News apresentou Tracy, Erocelia e Stephanie: Erocelia estava se recuperando na cama do hospital depois de dar luz a seu bebê prematuro. Stephanie havia deixado o bebê no hospital e estava indo a um ponto de crack. Tracy fumou crack na TV nacional. Como a criminologista Drew Humphries argumenta, a mídia criou com eficiência a "mãe do crack"[85] como personagem sensacionalista, quase exclusivamente focando mulheres das minorias, apesar de a maioria das grávidas viciadas ser branca.[86] Ocasionalmente pesarosa, mas frequentemente desavergonhada, a mãe do crack era quase sempre preta ou latina e, invariavelmente, um fracasso na tarefa primordial da maternidade.

O problema com os roteiros da mídia sobre a mãe do crack não era que o vício em crack não estava devastando indivíduos e comunidades (estava), mas o ultraje público ao redor das mães do crack redirecionava com eficiência a noção pública de vício para longe da doença e de volta ao vício.[87] A indignação oferecia um bode expiatório conveniente para as doenças mais profundas que levavam ao vício — pobreza urbana, economia de gotejamento, racismo estrutural — e obscurecia a ciência em si. O dr. Ira Chasnoff, cujos primeiros relatos sobre os efeitos da cocaína *in utero* levaram a imprensa à loucura, acabou recuando do que chamava de "julgamento apressado" da mídia, explicando que "nunca havia visto uma 'criança do crack'" e duvidava que veria.[88] A figura da mãe do crack afiava com uma lâmina vingativa a noção de vício mais como algo de que se era culpado do que algo de que se sofria. Uma mãe do crack não apenas prejudicava a si mesma; ela prejudicava outro corpo dentro de si própria. "Se você dá drogas a seu filho porque não consegue evitar", disse Jeffrey Deen, um dos promotores que acabou colocando uma mãe do crack em julgamento, "é abuso infantil."[89] A colocação de

94 Leslie Jamison

Deen tinha uma contradição que ele não reconheceria: *não conseguir evitar* sugere doença, mas *abuso infantil* é crime.

Não era apenas que mães do crack fossem retratadas como irresponsáveis, mas que pareciam ter os sentimentos equivocados sobre maternidade. "Em vez de mostrar vergonha, Tracy desafiava em face da censura óbvia", Humphries escreveu.[90] "Em vez de revelar remorso, Stephanie era indiferente ao bebê que deixou no hospital." Em oposição aos gênios masculinos cujos vícios eram entendidos como emblemas de complexidade psíquica ou angústia interna, as mulheres eram retratadas como emocionalmente anuladas ou deformadas pelo vício; ou então culpadas por alguma deficiência emocional latente que o vício expôs. E quando viciadas brancas grávidas apareciam na mídia (raramente), geralmente eram usuárias de cocaína em pó retratadas nos estados de contrição e recuperação e, com frequência, dando banho nos bebês ou cuidando de alguma forma deles.[91] Mas as mães do crack das minorias se encaixavam bem nos estereótipos racistas preexistentes. Agora não eram apenas parte dos pobres "não merecedores", depravados da assistência social que estavam corroendo o corpo cívico; elas estavam ativamente destruindo seus filhos.[92]

Mães do crack não eram apenas criticadas pelo vício; eram perseguidas. Ao contrário da maioria dos viciados, elas entraram no sistema de justiça criminal através do hospital, cujos médicos tinham que entregar as pacientes grávidas ao sistema judiciário.[93] Os promotores torceram as leis da família de novas formas: conseguiram a condenação de Melanie Green por homicídio culposo depois que sua filha Bianca morreu na primeira semana de vida. Jennifer Johnson foi condenada por dar uma substância controlada a seu bebê natimorto.[94] No caso de Johnson, a promotoria alegou que ela estava de fato "traficando" cocaína para seu bebê, transformando o cordão umbilical em uma rodovia estadual e o sangue compartilhado em venda de drogas. "Talvez, mandar uma mulher para a prisão seja como matar uma mosca com uma espingarda", disse um juiz. "Mas eu tinha outra preocupação. Tinha a preocupação a respeito de uma criança indefesa ao nascer."[95]

A mãe do crack era uma imagem negativa do gênio viciado: não era alguém cuja dependência abastecia sua criatividade. Era alguém cuja dependência significava o fracasso em criar o rumo necessário.

***

Quando Billie Holiday contou sua própria história — em *Lady Sings the Blues: a autobiografia dilacerada de uma lenda do jazz*, sua autobiografia originalmente publicada em 1956 —, ela não estava interessada em sustentar nenhum dos mitos de viciada que haviam sido projetados nela: autodestruidora luminosa ou vilã depravada. Estava principalmente interessada em dizer às pessoas que a heroína não fazia bem nenhum. "Se você acha que a droga serve para viagens e emoções, você está louca", ela escreveu. "Há mais viagens num bom caso de pólio paralítico ou vivendo num pulmão de aço."[96]

O coautor de Holiday, o jornalista William Dufty, achou que o vício seria uma boa "artimanha" para ajudá-los a vender o livro aos editores.[97] Mas seu relato sobre o vício na verdade não tinha nada de sensacional, mais preocupado com a cansativa logística do que com a luminescência. "Já estive nessa e já estive fora",[98] Holiday explica. "Gastei uma pequena fortuna no troço." Ela estava menos interessada em fazer poesia com a própria dor do que honrar as enlouquecedoras idas e vindas do vício, os reversos e as regressões, o tédio e seu teimoso canto de sereia. A cada recaída, ela se chamava de Holiday Sem Colhão.[99] Mais do que apresentar o vício como prova de profundidade psíquica, ela queria confessar como os outros sofreram por causa disso: "O vício não é um maldito inferno particular".[100] E foi clara numa questão: "A droga nunca ajudou ninguém a cantar melhor, a tocar melhor ou a fazer qualquer coisa melhor. Acredite na Lady Day. Ela tomou o suficiente para saber".[101] Não era uma persona moralizante construída para as páginas de seu livro. Para seu pianista, Carl, ela uma vez disse: "Nunca use essa merda! Não é bom para você! Fique longe disso! Não vai querer terminar como eu!".[102]

Holiday queria mesmo parar de usar — muitas histórias orais atestam isso —, mas ela não tinha nada além de desdém por um sistema em que a cura era pouco mais do que uma desculpa para punição. "Quero que saiba que está condenada como transgressora",[103] um juiz disse a ela. Mas Holiday queria saber: "O senhor trataria um diabético como criminoso?".[104]

Holiday foi criada como criminosa desde que se lembrava. Nasceu apenas um mês após a Lei Harrison ser efetivada em 1915, tendo como alvo o uso e a venda de ópio e de cocaína, e era como se ela tivesse sido condenada a uma vida presa a seu próprio legado em curso.[105] Para uma cidadã como ela, pobre e preta, a lei era mais propensa a punir do que a proteger. Quando quase foi estuprada aos dez anos de idade, foi tratada como criminosa — presa por incitação e enviada a um colégio disciplinar. Quando rejeitou um cliente quando era garota de programa adolescente, foi tratada como criminosa — mandada à prisão por prostituição. Quando ficou doente como viciada, foi tratada como criminosa — mandada para longe em Alderson. Em *Lady Sings the Blues*, Holiday escreveu que queria que seu país "despertasse" para o problema das drogas, "para o bem de jovens cuja vida toda será arruinada porque são mandados para a prisão em vez de a um hospital".[106] Mas o apelo foi feito em 1956, no mesmo ano que o Congresso aprovou a Lei de Controle dos Narcóticos, estabelecendo uma sentença mínima mais drástica.

Em face da legislação cada vez mais severa contra as drogas nos anos 1950, outra figura começou a ganhar apelo *cult*: o viciado não arrependido. *Junky: drogado*, de William Burroughs, com o subtítulo original "Confissões de um drogado não redimido", foi publicado em 1953, o mesmo ano de *Traffic in Narcotics*, de Anslinger.[107] A capa [da edição americana] era *pulp* puro: um homem numa louca desordem, gravata frouxa, segurando uma boazuda loira que tenta alcançar sua droga (embora, na verdade, o drogado de Burroughs não tentasse manter ninguém longe das suas drogas). O anti-herói do romance não está interessado em continuar com as narrativas de redenção das instituições. "Com cooperação", o narrador sabe, o médico "estaria pronto para tomar minha psiquê e remontá-la em oito dias."[108] Mas ele não quer cooperar. A imagem de Elizabeth Hardwick de Holiday como viciada "que não alegava necessidade de largar, de mudar"[109] era outra versão dessa figura. "Com raiva fria", Hardwick escreveu, Holiday "falava de várias curas que empurravam nela."[110]

A fascinação do viciado não arrependido durou. Quando o *single* "Rehab", de Amy Winehouse, se tornou sucesso em 2007, meio século depois de Holiday publicar *Lady Sings the Blues*, atingiu nossa obsessão em circulação: *"They tried to make me go to rehab, I said no, no, no"* [Tentaram me levar para a reabilitação, eu disse não, não, não]. É uma grande música — direta e descarada, animada e sublime — com a voz singular de Winehouse cheia de acrobacias, ambiciosa e rica, como vinil e couro; o refrão franco e surpreendente, cheio de provocação onde se esperaria encontrar o canto lamentoso da autopiedade. Recusar tratamento se tornou sua própria declaração de poder: "*When I come back, you'll know, know, know*" [Quando eu voltar, você vai saber, saber, saber]. *Não* vira *saber*: resistência vira conhecimento. Não é apenas uma recusa, é uma declaração de presença, e o sucesso de "Rehab" como hino antirrecuperação estava ligado ao encanto de Winehouse como uma mulher não recuperada. Num show na Ilha de Wight, bêbada e enrolando as palavras, ela terminou "Rehab" jogando um copo plástico cheio de vinho. Um arco carmim se espalhou pelo palco. "Não, não, não", ela cantava. Ela não iria para a reabilitação. Pelo contrário, ela fazia isso.

Os vídeos na internet dos shows de Winehouse, em especial os que a mostram visivelmente intoxicada ou cambaleando no palco, têm milhares de comentários. As pessoas julgam: "Tanta gente sonhando em ser cantora e estar no palco, e Amy apenas jogou tudo fora". Ou, então, solidariedade autocelebratória: "Vejo alguém com o coração partido".

Depois de seu último show, em Belgrado, em que ela ficou murmurando coisas sem sentido no microfone, um jornalista se perguntou: "Por que continuam colocando-a no palco? Eles sabem com certeza que ela tem um problema".[111] Outro disse: "Deveria ser um retorno e ela FODEU. COM. TUDO". Algo no vício dela deixava as pessoas bravas. Mas a raiva delas não era simples. A mulher que escreveu que Amy jogou tudo fora tinha uma história própria. "Quanto a ter overdose acidental, tudo baboseira. Não foi uma porra de um acidente quando meu pai teve overdose de heroína. Eu e meus irmãos ficamos lá vendo os paramédicos ressuscitá-lo."

Outra pessoa perguntou: "Agora ela topa voltar para a reabilitação :P".

É uma fantasia que Winehouse nunca tenha tentado ficar limpa (ela foi para reabilitação quatro vezes), assim como era uma fantasia que Holiday não tinha necessidade de parar ou de mudar, como se a única alternativa para uma mulher completamente vitimada pelo próprio vício fosse ser uma mulher que não tivesse desejo de viver além disso. Apesar de Holiday falar com "raiva fria" sobre as "curas que foram empurradas nela", como Hardwick expressa, Holiday ficava mais brava com as coações e com as punições disfarçadas de "cura" do que com a ideia de cura em si.

O viciado não arrependido desconta na retórica moralizante raivosa — de formas necessariamente empolgantes — e nos tipos de controle social que com frequência se passavam por reabilitação. A história com final aberto é um antídoto sedutor para a narrativa arrumadinha de conversão. Mas criar fetiche com o viciado não arrependido também representa ignorar seu desejo de ficar bem. Pode ser sedutor para Hardwick imaginar Holiday como uma mulher que encara o naufrágio de sua vida com grandeza impenitente, mas não é acidente que uma mulher branca tenha chamado a autodestruição de Holiday de luminosa enquanto Holiday não via nada de luminoso nisso. Ela tinha muita consciência do preço.

Depois que minha avó morreu, passei cinco meses trabalhando nos dois empregos, ensinando e cuidando da pousada, para guardar o dinheiro que precisava para uma passagem de avião para a Nicarágua e um mês de aluguel quando chegasse lá: um quarto com uma cama de solteiro numa casinha amarela. Ansiava por luminosidade — os pontos brilhantes da constelação de uma vida contada como causos — e por um mundo distante da casa onde minha avó havia morrido. Numa cidade chamada Granada, me ofereci como voluntária numa escola de dois cômodos, fingindo, durante o dia, arrancar meus dedos para ensinar subtração aos alunos do segundo ano, e bebendo, de noite, mais descuidada e mais dramática do que nunca. Essa embriaguez parecia mais exótica do que na casa de minha avó, com garrafas de vinho tépidas num futon nu, mas ainda era diária e necessária, ainda era o alívio que eu cobiçava ao acordar.

Meu primeiro registro no diário em Nicarágua começou assim: *Sem pensamentos. Apenas coisas.* Pilhas de lixo queimando na estrada de Manágua. Salsa tocando aos berros num som na frente de um pula-pula em forma de castelinho. Panquequinhas borbulhando em chapas quentes do lado de fora da igreja. O moicano nas costas de um cachorro. Fiz sanduíches de pão enrugado com abacate do mercado e agitei flocos de sal na mão em concha para salpicar sobre o queijo *campesino* comprado dos carrinhos ruidosos.

Usei uma garrafa de refrigerante com o topo cortado para pegar água para lavar as roupas. Nunca matei baratas no meu quarto porque alguém me disse que se esmagasse uma barata grávida, todos os ovos dentro da barriga dela iriam se abrir. Tinha certeza de que os cães de rua farejavam minha menstruação quando ela vinha.

Em Granada, eu era parte de um ecossistema constante de turistas, de benfeitores que caíam de paraquedas e de nativos. Sempre que um homem roubava uma bolsa de uma das cantinas na Calle Calzada, uma pequena revoada de expatriados explodia atrás dele, os chinelos escorregando para o canto da rua; então, outro homem coletava cuidadosamente os chinelos e os alinhava de novo esperando uma gorjeta, checando nossas garrafas de Toña descartadas para ver se sobravam gotas de cerveja. Eu me enturmei com um grupo de holandesas que eram mais velhas e mais cosmopolitas do que eu. Meu espanhol era melhor que o delas, mas era minha segunda língua e a quarta delas. Passamos uma tarde em redes na Laguna de Apoyo, com cervejas geladas e brisa quente, comendo peixes inteiros assados sobre chamas, nadando na bacia vulcânica com faixas de água gelada e água quente misturadas como cachecóis. Após um dia no sol arisco, sonhei com febre, então, algumas noites depois, fiquei febril. Sentia a febre tocando meus ossos. Fiz vinte e quatro à luz de velas e acordei com o gosto azedo da sangria da noite anterior na boca, as roupas com cheiro de fumaça.

Todas as tardes, eu bebia cerveja Toña com as holandesas e todas as noites bebíamos rum. Eu não era grande fã de rum. Mas era o que tinha na Nicarágua, então eu bebia: Flor de Caña, o favorito local. Ou Nica Libre, que era apenas rum com Coca-Cola, como Cuba Libre, como se a revolução tivesse sido uma irmãzinha, formada à imagem da mais velha. Esses foram os dias do segundo arrendamento do sonho de Ortega, e ficava escuro horas seguidas todas as noites. O governo estava querendo que a eletricidade passasse para o setor público. Quando *la luz se fue*, a luz acabava, assistíamos a malabaristas com fogo na frente da Catedral. Garotos empurravam cestos de caju em nossos cotovelos. Um cara sarcástico de Quebec se perguntava o que eles faziam com as mangas que caíam das árvores toda manhã. A escuridão quente caía sobre minha embriaguez como um cobertor ao pôr do sol. Comprávamos *tamales* da mulher na esquina do parque central e comíamos em algum lugar à luz de velas, ou sem velas — apenas partindo com as mãos — e algumas noites, nos apertávamos em táxis pretos sem placa e descíamos pelo lago até o Oscar's, onde as pessoas dançavam e cheiravam carreiras de pó, onde mosquinhas pretas subiam num véu flutuante sobre a água ao amanhecer. Havia um mágico viajante de muletas que aparecia na maioria das noites; ele não tinha uma perna do joelho para baixo. Era visivelmente um bêbado. Eu me lembro de pensar: *Você deveria cuidar melhor de si mesmo.*

Na escola onde eu era voluntária, jogava Uno durante o recesso. Aprendi como as crianças jogavam: Leticia era impiedosa e impaciente com qualquer um que não fosse. Uma Glória jogava rápido; a outra Glória jogava devagar o suficiente para dar a todos os outros a chance de palpitar sobre a cor que ela deveria escolher: *Amarillo! Rojo! Verde!* Ela gostava do poder. Meus alunos coloriam as linhas de seus *payasitos,* palhacinhos de papel. Eles compravam chips de banana-da-terra da mulher que ficava ao lado dos balanços de metal enferrujado e também algo que parecia com pasta de dente feita de açúcar. Depois que vi piolhos rastejando no cabelo de Sol, fui à caixa de concreto que era nossa *farmácia* local — onde fiz mímica dos bichinhos passeando por meu couro cabeludo para me certificar de que conseguiria a garrafinha certa de remédio.

Pela primeira vez na vida, comecei a ter verdadeiras ressacas: boca azeda e pulsação dupla de dor nas têmporas; a cabeça lotada de pedaços de papel amassado como uma lata de lixo, raspando uns contra os outros sempre que eu assentia. *Cuidar de uma ressaca*: é preciso se preocupar com as consequências, como se tivesse dado à luz a um filho.

Comecei a beber com um cara chamado Felipe, de Manágua, e sempre que ficávamos bêbados, ele falava sobre ser alcoólatra. Da forma como ele expressava, ser alcoólatra não era nada que o fizesse especial. Era apenas verdade para ele e para muitos caras com quem havia crescido. Ele não estava embrulhando a bebedeira e levando para uma viagem internacional ou para o trabalho na pousada Santa Monica. Não culpava o pai, que vivia viajando. Não sentia nenhuma pena especial de si mesmo — era apenas como ele era, e não era um jeito só dele.

Felipe e eu ficamos tortos de beber e fomos dançar no Oscar's, perto do lago, nos beijamos enquanto a manhã ia iluminando o céu. Uma neblina de

A REABILITAÇÃO *101*

moscas surgiu da água esverdeada e flutuou ao nosso redor no amanhecer. Felipe me dizia em espanhol coisas que seriam embaraçosas de ouvir em inglês: "*Quiero tu boca, quieres mi boca?*". Eu começava a traduzir — "Quero sua boca, quer a minha boca?" — até me forçar a deixar para lá, parar de traduzir, me encostar no corpo dele e na própria embriaguez.

Minha bebedeira ainda estava enrolando os tentáculos ao redor de tudo, como havia feito em Los Angeles e Iowa antes, mas agora acontecia num cenário diferente, com ruas de paralelepípedos escuros e seis mangas por um dólar, com eletricidade pouco confiável e luz de velas que oscilava como uma voz prestes a irromper num choro. Havia mais ação narrativa nessa peça do que quando eu bebia no futon vendo filmes no meu laptop, mas os temas centrais eram os mesmos: querer, conseguir, querer de novo. Uma noite, eu caminhava de um bar para outro — bêbada numa rua silenciosa — e levei um soco de um estranho, que pegou minha bolsa depois de quebrar meu nariz. O sangue escorreu até minha saia.

Houve uma noite com um estranho chamado Mackey. Não consigo me lembrar se era sobrenome ou apenas apelido. Minha memória é uma pilha de restos empapados e azedos. Eu me lembro de pegar um táxi preto sem placa, meus joelhos pressionados contra outros joelhos, vozes preenchendo o pequeno carro em solavancos por ruas esburacadas, vergalhões protuberantes de construções inacabadas perfiladas contra a noite, cercas de arame farpado e pilhas de lixo contagiando de parasitas a luz da rua. Eu me lembro de me sentar no colo dele num grande grupo de estranhos, de sentir ele enfiar seus dedos em mim e de não o querer lá, mas bêbada demais para pedir para parar — e envergonhada demais, de certa forma, como se meu porre o tivesse convidado.

Não me lembro de tê-lo convidado para ir ao meu quarto, apesar de me lembrar dele tirando minhas roupas no pátio aberto do lado de fora do quarto, e percebendo que o vigia noturno estava perto nas sombras — não porque queria estar lá, mas porque era seu trabalho.

Num certo ponto, estávamos na minha cama e eu não queria trepar com ele — mas estava bêbada demais para descobrir como *não* trepar com ele, então só fiquei lá, parada e quieta, enquanto ele terminava. A situação ficava nítida em momentos fugidios e eu pensava: *Não é o que eu quero*. E então o foco se dissolvia novamente.

Eu me lembro de ficar deitada lá depois, dormindo e acordando, não querendo dormir com ele ao meu lado, sem saber o que ele faria — mas profundamente cansada, derrubada e confusa pensando aonde o porre havia me levado, com o terrível zumbido de inseto do ventilador ligando e desligando enquanto a energia caía e voltava. Eu me lembro do ar frio assoprando o suor das minhas costas. Então ele tentou me virar e me foder de novo e eu rolei para longe e adormeci, então ele me acordou e me virou novamente, então eu o empurrei para longe novamente, então ele me acordou e me virou, então eu o empurrei para longe, então... — estaria mentindo se dissesse que me lembro quantas vezes ele rolou meu corpo bêbado e tentou me foder. Posso dizer que apenas fiquei lá por um tempo com a mente nadando para longe do corpo e rezei para ele ir embora.

Eu havia trepado com ele porque era mais fácil do que não trepar com ele, porque parecia hipócrita parar o que havíamos começado — como se já tivesse prometido algo a ele só por deixá-lo ir ao quarto, como se devesse algo a ele como pagamento pelo parco presente que ele havia me dado: a afirmação de que ele desde o início queria me foder. Meu sangue de rum acreditava que o desejo de cada homem era como um presente dele e como uma promessa que eu havia feito a ele. Mas também havia isto, além e antes de cada *porquê*: aconteceu porque eu estava bêbada e porque ele não parou.

No dia seguinte, o guarda-noturno me disse: "Chega de visitas", e pensei no que havíamos feito na frente dele, como foi grosseiro e sem consideração.

Fui para a escola. Ensinei subtração. Joguei Uno. Minha dor de cabeça batia no crânio como se quisesse sair. O calor estava absurdamente denso. Parei num canal seco atrás das salas de aula e fiquei enjoada, tomei Fanta laranja e fiquei mais enjoada. Eu me desculpei com uma das amigas holandesas por ter ficado tão bêbada na noite anterior e ela deu de ombros, não de um jeito ruim, mais de um jeito tipo *a vida é sua, não minha*. Eu me desculpava com ela porque parecia que havia acontecido algo que merecia um pedido de desculpas e, talvez, eu pudesse tirar isso de mim ao me desculpar com alguém, qualquer um, o suficiente.

IV

FALTA

DURANTE AS MANHÃS DE BOCA seca na Nicarágua, ressaca após ressaca, eu acessava algo em mim mesma que não estava certo, algo desprotegido e manchado de suor, desleixado. Então, quando voltei para os Estados Unidos no outono para começar um programa de doutorado em Yale, decidi beber diferente: chega de cerveja, chega de rum. Apenas destilados claros, que pareciam mais puros quando eu os imaginava viajando dentro de mim, e vinho branco. Muito. Menti para o cara na loja de vinhos da rua Orange — "Estou dando uma festinha no jantar, o que combina com salmão?" — sabendo muito bem que eu beberia sozinha naquela noite. Talvez comesse umas bolachinhas da caixa. "Seremos oito", eu disse. "Acha que compro duas garrafas ou três?", fingindo que o meu "nós" — cheia de migalhas de bolacha e hálito azedo — era um grupo moderado. Fingindo que não estava acostumada com esse tipo de cálculo. Nas noites em que de fato recebia gente, tinha que comprar muito mais.

Um dos meus primeiros amigos em New Haven era um estudante de pós-graduação chamado Dave — charmoso e sociável poeta. Quando visitei Yale como aluna em potencial, fiquei no apartamento dele e da namorada na rua Humphrey, um lugar quente, iluminado por lamparinas, com piso de madeira de lei e infinitas prateleiras de livros, nada como meu quarto vazio lá na Califórnia, com futon e garrafas vazias de vinho enfiadas numa sacola plástica no armário. A namorada de Dave era alguns anos mais velha do que nós, tinha quase trinta, e a vida deles parecia intoxicante de domesticidade e maturidade: granola no café da manhã, livros de biblioteca para devolver, caminhadas no fim de semana.

Curiosamente, percebi que já havia encontrado Dave — quase dez anos antes, quando éramos alunos do último ano do ensino médio, em lados opostos do país — num programa nacional de artes, uma bolsa que financiava vinte alunos do ensino médio para participarem de uma semana de aulas num hotel em Miami. "Eu me lembro de você", disse a ele. "Você tinha uma barbicha! Tocava violão no saguão!" O que eu não disse: que o observava das sombras, atrás de um vaso de plantas — enquanto ele tocava para um grupo de pessoas, todas rindo e conversando —, e desaparecia de volta para o meu quarto do hotel, tímida demais para me juntar a eles.

"Claro!", ele disse. "Incrível!" Pareceu animado com a coincidência, e eu fiquei chocada que ele se lembrasse de mim. Embora o programa tivesse apenas vinte alunos, tinha certeza de que fora invisível.

Na semana depois da mudança para New Haven, convidei Dave e a namorada para jantarem no meu apartamento. Foram meus primeiros convidados. Eu bebia enquanto cozinhava, como sempre — cozinhando o mesmo risoto que fiz para o velório da minha avó, preparado com cheddar e Corona, a cerveja favorita dela. Cortando peras para a salada, usei o fatiador da minha colega de casa, com lâminas horizontais assustadoras, para fazer camadas de fatias finíssimas de fruta. Depois da terceira taça de vinho, passei o dedo na lâmina. Não foi exatamente um corte, foi como se um pedaço do dedão tivesse sido eliminado — uma fatia de fruta cor da pele, podia servir para a salada. Mandei uma mensagem para Dave: "Pode trazer um curativo?". Depois: "Na verdade, alguns". Então: "Juro que não sangrei na comida!!!". Daí, pensando que a série parecia um pouco suspeita, uma mensagem final: "!!!!!!!!". Enquanto isso, envolvi o dedão sangrando em faixas de papel higiênico e prendi com um elástico de cabelo. Parecia um fantasminha.

Dave e a namorada chegaram com curativos e um bolo de azeite de oliva. Quem diria que uma coisa dessas existia? Aceitei os curativos, mas estava com medo de desenfaixar o polegar porque não queria que começasse a sangrar de novo; tinha demorado muito para parar da primeira vez. Nos sentamos a uma mesa redonda sob a claraboia da sala, abaixados sob o telhado inclinado do sótão, e segurei a haste da taça de vinho com quatro dedos e um travesseiro branco gorducho. Ficou anestesiado o jantar todo.

New Haven era uma cidade acinzentada e contraditória, cheia de projetos habitacionais imensos e travessas com chalés em estilo vitoriano de tijolinhos; dormitórios góticos e prédios imponentes de concreto de arquitetura brutalista, com laterais sem janelas, como rostos sem olhos. Dava para detectar as fronteiras invisíveis onde cafés vegetarianos e sebos encardidos foram substituídos por lojas de 1,99 e clínicas de metadona; onde o jardim botânico terminava numa fábrica abandonada de rifles. Depois de ter quebrado o nariz, eu tinha medo de caminhar sozinha de noite — apesar de também ter vergonha de ter medo.

Naquele outono, mergulhei imediatamente, avidamente, num relacionamento desgastante com um homem chamado Peter, outro aluno da pós. Da mesma forma que beber vinho branco num apartamento de sótão parecia seguramente distante de cambalear bêbada de rum por becos escuros da Nicarágua, me envolver com um brilhante acólito de Henry James parecia seguramente distante de deixar estranhos me foderem em lençóis suados. Peter e eu passávamos as manhãs num café local descrevendo sonhos e dividindo muffins do tamanho de bolas de beisebol; então nos separávamos para que pudéssemos passar o resto do dia escrevendo e-mails um para o outro sobre as partes dos sonhos que esquecemos de descrever antes. Às vezes, eu me segurava para ver as mensagens dele só para manter seu potencial não lido como um brilho quentinho dentro de mim, não diferente do brilho de imaginar o primeiro drinque. Saber quando eu veria Peter novamente era, de fato, a mesma coisa que saber quando beberia novamente, naquela noite, porque sempre bebíamos quando estávamos juntos. Comprávamos garrafas baratas grandes de Syrah e tábuas de queijo com torradas e, com frequência, não cozinhávamos nada para o jantar. Me apaixonar era a única sensação que rivalizava de fato com a bebida — pela chapação e pelo transporte, a pura força imersiva —, e, com Peter, era tudo convenientemente misturado.

Peter era alto e reservado, mas suas observações eram cheias de opiniões inteligentes e sarcásticas. Seus olhos eram azuis e cristalinos, duros, de uma beleza penetrante e cética. Me sentia vitoriosa por ser admirada por ele, uma das pessoas mais inteligentes que conheci. Sua mente era precisa e incansável, suas frases, como escrituras, talhadas com perfeição intrincada. A habilidade, disponibilidade e verdadeira compulsão em se analisar minuciosamente a toda hora foi o único caso de autoconsciência que já encontrei que me pareceu mais obsessivo do que o meu. Eram como duas escavações arqueológicas de vinte e quatro horas acontecendo lado a lado — bem quando iríamos parar para o almoço, mergulhávamos mais fundo.

Não era de se admirar que ficássemos sempre bêbados; só queríamos uma porra de descanso. O álcool me deixava viver momentos internamente sem a conversa incessante dos comentários da consciência. Era como tirar férias num lugar bonito sem ter que posar para fotografias o tempo todo. As garrafas grandes nos ajudavam a ser simples e desleixados. A autoconsciência se esvaía como uma neblina e lá estávamos: assistindo ao *America's Next Top Model* na cama Ikea dele, ou na minha cama Ikea, especulando sobre as gêmeas idênticas possivelmente anoréxicas: Qual seria eliminada primeiro? Como a outra iria lidar?

A profundidade e a intensidade de nosso relacionamento forneciam o álibi perfeito para a bebida. Peter certamente não estava fodendo com meu corpo inconsciente quando eu não queria. Estava cuidando de sua dissertação e me trazendo guloseimas — bolo de rum e cookies de chocolate com manteiga de amendoim. Por um ano, basicamente bebemos e comemos sobremesa.

Às vezes, nos encontrávamos num bar irlandês na rua State — com cestinhas de amendoim nas mesas, cascas quebradas por todo o chão — e bebíamos vodca até cambalearmos para casa no frio agudo de outono. Comecei a chegar lá cedo o suficiente para beber uma vodca antes de Peter chegar; depois cedo o suficiente para beber duas, então três. Quando Peter chegava, sempre tínhamos muito sobre o que conversar: cada pensamento que já tive sobre livros de memória de enfermidades vitorianas, ou o tigre de pelúcia que ganhei do meu pai quando criança, ou a etimologia de alguma palavra. Nunca faltava às aulas, sempre querendo impressionar. Não havia quantidade de mim mesma que pudesse dar a Peter que parecesse demais. Ele queria cada observação, cada impulso. Após vários anos de homens que quiseram uma noite ou um mês, era como a volta ao lar. Queria me depositar dentro dele, como se me colocasse em um cofre por segurança. Escrevíamos um número de cartas suficiente para manter um relacionamento à distância, mas morávamos apenas a três quarteirões um do outro.

Era difícil imaginar que estávamos tentando escapar de qualquer coisa, muito menos um do outro; mas, na verdade, eu estava escapando de algo mais sutil: a possibilidade de qualquer distância, qualquer fissura, qualquer silêncio, qualquer fresta. Falávamos sobre tudo, até mesmo que, talvez, estivéssemos bebendo demais. Então decidimos que não beberíamos às segundas-feiras. Comecei a temer as segundas. Então, não seria *toda* segunda. Assim era melhor. Depois, esquecemos a ideia de vez.

Durante a vida inteira, acreditei — primeiro inconscientemente, depois de forma explícita — que mereceria afeto e amor sendo interessante, então tentava loucamente me tornar *interessante pra caralho*. Quando encontrava um bom relacionamento, planejava apresentar todo o meu carisma, como se fosse uma prova final para a qual tinha passado a vida estudando. Era isso.

A teórica Eve Kosofsky Sedgwick argumenta que o vício não se baseia tanto na substância, mas no "excesso de propriedades místicas"[1] que o viciado projeta nela. Concedendo à substância a habilidade de fornecer "consolo, repouso, beleza ou energia", ela escreveu, é capaz de "operar apenas corrosivamente sobre o self, que será assim autoconstruído como falta". Quanto mais se precisa de algo, seja de um homem ou de uma garrafa de vinho, mais se está inconscientemente — reflexivamente, implicitamente — se convencendo de que você não é suficiente sem isso.

Ao longo de grande parte dos meus vinte anos, rabisquei diferentes versões da mesma questão em meu diário, sempre quando estava bêbada: "Sou alcoólatra? É isso que é ser alcoólatra?". A vergonha em relação à bebida não era tanto pelo que eu fazia quando estava bêbada; era, em primeiro lugar, pelo quanto eu queria ficar bêbada. Meu maior interesse era a sensação de embriaguez. Em "Dream Song 14", o narrador de Berryman se lembra do que a mãe contou quando ele era jovem: "Confessar que está entediado/ sempre significa que você não tem/ Recursos Internos".[2] Querer ficar bêbada — pelo menos tanto quanto eu queria — parecia uma confissão similar.

Anos depois, entrevistei um clínico que descreve o vício como uma "estreiteza de repertório".[3] Para mim, significava que a vida girava em torno do álcool: não apenas as horas que eu passava bebendo, mas as horas que eu passava esperando para beber, lamentando por beber, me desculpando por beber, descobrindo quando e como beber novamente.

Não é nada novo o desejo de interromper a consciência — suavizá-la, aplacá-la, aguçá-la, distorcê-la, inundá-la de prazer, dissertar sobre seus desencantos. O desejo de alterar a consciência é tão antigo quanto a consciência em si. É outra forma de descrever o ato de viver. Ficamos descobrindo coisas que podemos colocar em nossos corpos para provocar em nós mesmos mudanças mais dramáticas, mais bruscas: sentir alívio ou euforia ou diminuir a ansiedade, sentir-se *diferente*, sentir o mundo estranho, mais fascinante ou simplesmente mais viável. O Movimento pela Temperança americano chamava a bebida de "drinque do demônio", uma forma de externalizar os desejos — de fuga, de leveza, de euforia, de extremismo — que procuram formas fluidas e em pó para além de nossos corpos.

O vício não me surpreende. É mais surpreendente que algumas pessoas não sejam viciadas em nada. Desde a noite do primeiro porre, não entendi por que todo mundo não ficava bêbado todas as noites. Viciados com frequência descrevem o barato como a busca do primeiro — o mais puro, o mais revelador —, tentando resgatar, como o psiquiatra Adam Kaplin expressou, aquela primeira vez "passando pela catraca".[4] O dr. Kaplin me disse que um de seus pacientes alcoólatras, um artista, se lembrava do primeiro copo de vodca como um aconchego tomando conta de seu corpo todo, da cabeça aos pés — a sensação inconfundível de voltar para casa.[5]

Os cientistas descrevem o vício como um desequilíbrio das funções neurotransmissoras do sistema dopaminérgico mesolímbico.[6] O que basicamente significa que as vias de recompensa ficam fodidas. É uma "usurpação patológica"[7] dos impulsos de sobrevivência. A compulsão pelo uso excede comportamentos normais de sobrevivência como procurar comida, abrigo e parceiro. É a estreiteza novamente: *isso, apenas isso*.

Um gráfico dos primeiros anos do AA concebe o alcoolismo como uma contabilidade inconsequente: "Perdas e ganhos concretos da bebida descontrolada".[8] Tem duas colunas lado a lado: "Recursos" e "Desvantagens". Cada recurso tem a desvantagem correspondente, isto é: seu preço. O "prazer de desconsiderar convenções" fica ao lado da "culpa por indiscrições" e o "voo satisfatório da realidade" produz o "medo de ficar sóbrio o suficiente para ver seu self esvaziado à luz da realidade". A coluna de desvantagens fica cada vez mais larga no fim da página, representando o progresso da doença, forçando a coluna de recursos a ficar cada vez mais estreita, e tudo termina em letras maiúsculas e pontos de exclamação: "ENCEFALOPATIA. INTERNAÇÃO. MORTE!!!".

O neurofarmacólogo George Koob, diretor do Instituto Nacional do Abuso de Álcool e Alcoolismo, chamaria essa desintegração vertical de ciclo de "perturbação espiral/vício",[9] formado por três estágios interconectados: preocupação/antecipação, farra/embriaguez e abstinência/efeito negativo. Num volume de ciência popular sobre vício, o gráfico que explica o ciclo de perturbação espiral/vício parece um tornado com uma flecha apontando do meio diretamente para baixo.[10] Na ilustração da atividade neurotransmissora, os receptores de neurônios parecem animados, só esperando para serem ativados. Não têm ideia do que está por vir.

É um estranho tipo de visão dupla rever certos momentos da própria vida com legendas da biologia, é como assistir a um *thriller* depois que o final traiçoeiro foi explicado. Posso entender as carreiras de pó na mesinha de centro como a ativação de um receptor que bloqueava a reabsorção de dopamina, então a dopamina ficava mais tempo nas minhas sinapses. Mas eu sentia a reabsorção da dopamina bloqueada como o levante de minha própria voz. Era o descarte da pele de cobra, a eliminação do medo.

Quando me lembro da noite com o estranho na Nicarágua, posso explicar que os receptores GABA dos neurônios estavam ativados pelo rum nas minhas veias — um agonista, dizem — e a dopamina estava acumulada no núcleo accumbens e no complexo amigdaloide, partes do meu cérebro que soam como terras estrangeiras, mesmo que sejam onde grandes porções da noção de ser residam.[11] Quando lembro dos lençóis suados, vejo a desinibição que o álcool produziu ao deprimir o córtex pré-frontal. Vejo a ressaca com que acordei — a dor de cabeça nervosa, ansiosa, culpada — e vejo o glutamato incontido que me deixou irritável e agitada, tentando me lembrar do que fizeram com meu corpo; com o estômago doendo, com nojo de mim mesma, desconfortável o suficiente para querer outro drinque.

Parte da dificuldade de vir a depender da bebida é que se torna quase impossível imaginar uma vida sem ela. A inevitabilidade vira um álibi, ou uma desculpa. "Quando estou bêbada, está tudo bem", diz uma das heroínas de Rhys.[12] "Sei que não podia ter feito nada diferente." O self embriagado se torna o self revelado em vez do self transformado, uma identidade que estava lá o tempo todo à espreita: necessitado, desesperado, desavergonhado. Quando o guarda-noturno da Nicarágua me viu na manhã seguinte, depois de trepar com um estranho na frente dele, creio que vislumbrou uma versão minha que era mais verdadeira do que a que eu mostrava ao mundo. Era uma versão minha que eu geralmente não revelava por excesso de cautela, prudência ou medo: um self sem limites, ferido, sempre avaro.

Acho que é mais preciso dizer que a bebida expressa e cria esse ser ao mesmo tempo. Ficar bêbada não revelava o ser que eu *era* — de alguma forma absoluta, estática, categórica —, mas uma versão de mim que eu temia me tornar. Quando estava bêbada, eu acreditava que não era nada além de pura carência.

Quando falo sobre aquele homem na Nicarágua — o que não faço muito, apenas no contexto de como e por que fiquei sóbria —, sempre digo: "Quer dizer, não foi estupro". Eu estava dando certos sinais de consentimento, como a ausência de declaração do oposto. Mas quando se está bêbada, consentimento significa algo que ainda não sei como comunicar. Era como se já tivesse me tornado alguém sem orgulho e, portanto, disponível, e teria sido hipócrita ser alguém diferente. Nesse ponto, ficar bêbada geralmente significava chegar ao ponto de desistir de mim mesma. Naquela vez, apenas aconteceu com ele.

Depois de quase um ano com Peter, fiquei bêbada num pátio boliviano, prestes a dormir com outra pessoa. Foi na véspera das eleições governamentais. Como era ilegal comprar bebida durante finais de semana de votação, nós já havíamos estocado. Estávamos misturando refrigerante de laranja com singani, um brandy da região feito com uvas cultivadas no alto dos Andes para fazer algo que não é santo, o Chuflay.

Supostamente eu estava passando o verão na Bolívia para melhorar o espanhol, para satisfazer uma das exigências do programa de doutorado — e acho que estava fazendo isso também, certamente estava aproveitando parte da bolsa —, mas a viagem também era uma forma de me afastar de uma dinâmica com Peter que havia se tornado claustrofóbica. Nossa vida em New

Haven começou a parecer uma quarentena com as mesmas rotinas que haviam sido agradavelmente confiáveis de início: caçoando todas as noites de modelos aspirantes em *realities* na televisão, pouco jantar e muita sobremesa, infinitos cangurus pictográficos saltando por garrafas de Syrah Yellow Tail de sete dólares. Nem conseguia contar todas as horas da minha vida dedicadas a discutir a dissertação de Peter sobre Henry James, um autor que parecia principalmente interessado no que seus personagens *pensavam* sobre os sentimentos. Eles nunca pareciam sentir algo de fato. Eu estava faminta por algo que pudesse atravessar essa rede de cálculo mental — como emoção de verdade, que eu definia como repentina, extraordinária e sobrepujante, não o tédio diário de saber qual era o muffin favorito de alguém. Peter estava completamente comprometido comigo, o que me dava uma sensação não muito diferente da náusea.

Eu não podia bancar a viagem, apesar da ajuda do financiamento do programa, então peguei dinheiro emprestado. Peter deveria se juntar a mim dali um mês — em Sucre, a cidade em que eu estava hospedada. Então viajaríamos juntos, e a viagem deveria entregar nossa dinâmica a horizontes mais amplos: os salares, os Andes, a selva.

Uma semana antes de Peter chegar, eu estava procurando alguma aproximação absurda desses horizontes mais amplos com outra pessoa, um irlandês, que havia comprado muito singani porque — como eu — ele compreendia que é preciso se planejar quando havia dias em que não se podia comprar bebida. Os domingos em Connecticut me ensinaram isso. O irlandês estava me contando tudo sobre sua viagem de motocicleta pela América Latina e eu imaginava como poderia algum dia contar a alguém sobre um homem me contando sua viagem de motocicleta pela América Latina, e, enquanto isso, contava a ele que talvez precisasse de um pouco menos de refrigerante e um pouco mais de singani.

O cabelo do irlandês era ruivo e comprido, caindo em mechas cor de palha de milho que emolduravam seu rosto. Ele mancava porque havia quebrado a clavícula e uma das pernas num acidente feio de moto no Chile rural. A moto estava demorando mais tempo para consertar do que ele. Por isso que ele estava em Sucre. A primeira faísca com ele foi como um fósforo riscado sob os gravetos do ano com Peter, um ano encharcado de bebida, mas também destruído e entorpecido pela rotina, emoldurado por estantes de livros da Ikea e trabalhos sem inspiração para os seminários. A eleição e o irlandês machucado eram mais como o rubor e a febre da Nicarágua, mais como o desdobramento de uma história. Na época, eu achava que a atração tinha a ver com a ousadia de procurar coisas novas; mas em retrospecto parece algo bem mais comum — medo da familiaridade.

Sucre era a antiga capital colonial, uma cidade de becos e ruas de paralelepípedos cercada por morros marrons ondulantes banhados pela intensa luz andina. Eu estava hospedada num quartinho na parte de cima de um pátio cheio de samambaias, comendo *salteñas* no café da manhã, escavando buracos na massa para comer o cozido de carne do recheio. Estava frio. Estávamos no alto das montanhas e era inverno no hemisfério sul. Fui atrás de um casaco no mercado da ponta da cidade, caminhando entre ambulantes que vendiam massa frita, lavadeiras de pratos em barraquinhas cobertas com lona, reunidas num sistema de antigos drenos para tempestades, e barris de fruta-do-conde e queijo branco salgado em blocos suados do tamanho de casinhas de boneca.

Quando já estávamos bem bêbados, o irlandês perguntou se eu queria ver o último andar da casa onde ele estava hospedado. Tinha um quarto no sótão que havia sido alugado para um garoto argentino que morrera havia poucos meses. A família do garoto não veio buscar suas coisas e o proprietário não sabia o que fazer com elas, então ainda estavam lá. Era um tipo horrendo de turismo — entrar no quarto do garoto morto, com suas fotografias de futebol coladas na parede —, como desacelerar para olhar um acidente de carro. Fiquei me perguntando se queria de fato fazer o que estava prestes a fazer. Não quer dizer que não teria traído se não estivesse bêbada. Na verdade, bebi para trair. Bebi até a gravidade zero, que Hemingway chamava de "coragem de rum" e Lowry chamava de "destemido de tequila". Nosso Chuflay acabou dando lugar a singani puro, significando apenas que tinha acabado o refrigerante.

Acordei numa cama estranha, num quarto branco vazio, fisicamente doente, a bebida coagulando dentro de mim. Queria virar o corpo do avesso e torcer, para me ver livre de tudo, como uma peça de roupa molhada. Estava surpresa por ter de fato traído Peter. *Sou capaz de fazer isso?*, você pensa, então se observa: *Acho que sim*. Não era tanto o fato de ter me tornado uma traidora, mas de descobrir que sempre havia sido uma traidora. O singani tirou minhas camadas externas, dissolveu o verniz para mostrar a verdade encardida por baixo. Não me escapou na hora a noção de herança — que podia ser algo de sangue.

Em retrospecto, essa traição aleatória — com alguém que não significava nada, num relacionamento em que não era obrigada a ficar — parece compreensível e nada extraordinária. Era como escolher o drama de um pequeno acidente de trem em vez do trabalho mundano de recuperar um relacionamento estagnado. O volume alto da minha culpa era uma proteção contra a verdade mais silenciosa da incerteza. Corri para os empoeirados cafés com internet e, castigada por teclados desconhecidos, escrevi para meus amigos nos Estados Unidos mensagens estranhamente pontuadas: "*O que eu fiz*}".

Muitos cientistas preferem a expressão "dependência química" a termos como "vício" e "abuso de drogas". Quando Berryman começou a se identificar como alcoólatra, ele se expressou assim: "Somos todos dependentes. Sem nossas químicas, temos que encontrar outra coisa da qual depender".[13] Mas *somos todos* dependentes, literalmente todos — qualquer ser humano. Então, o que te equipa para a dependência química em particular?

Digamos que sou feita de carência. Digamos que todos são. Digamos que a ausência do meu pai por longos períodos da infância gerou carência ou, então, inspirou um certo relacionamento com homens que continuamente gerava carência. Digamos que meu pai bebia, e que sua irmã bebia, e que o pai deles bebia antes de eles beberem. Mencionemos o estudo de vinte anos que descobriu padrões cromossômicos em mais de 2.255 famílias "densamente afetadas pelo alcoolismo"[14] e vamos concluir que certos cérebros estão mais predispostos às adaptações neurais que possibilitam a dependência química. Digamos que tudo depende de como os neurônios respondem aos neuromoduladores em seu sistema; que tudo depende de uma complicada constelação de particularidades em seu genótipo e que o modo como essas reações são tratadas ou punidas depende do dinheiro que você tem e da cor da sua pele — e que todas essas explicações seriam verdade, e nenhuma seria suficiente. O que parece ser mais verdadeiro, muitas vezes, é a confissão de cada explicação como parcial e provisória, uma forma possível de preencher o espaço vazio do *porquê*.

Sempre que estava bêbada, eu sabia dizer exatamente por que bebia. A razão raramente era a mesma: porque merecia alívio do fardo da minha própria consciência, a falação infinita dos monólogos internos e as autoavaliações; ou então porque havia algo sombrio e partido na minha essência, que eu escondia com funcionalidade em excesso, e ficar bêbada era a única forma de reconhecer isso. Beber era uma fuga de mim mesma ou um encontro comigo mesma, dependendo da história que eu me contava.

Mas eu também estava interessada em como essas histórias não eram suficientes. No romance que estava escrevendo, não havia motivo para nenhum dos meus personagens ser tão triste. Nos primeiros rascunhos, não havia traumas explícitos na narrativa que produzissem seus impulsos autodestrutivos. O mistério desses impulsos era o que eu queria explorar, a possibilidade de que você poderia se machucar para descobrir por que queria se machucar — como expirar no ar frio torna a respiração visível. "Na sua escrita", um namorado me disse, "há tantos cabides para pendurar a dor, mas nenhuma explicação de onde veio o casaco de veneno."[15] Ele estava certo. Pode parecer desonesto anexar certos tipos de dor aos silogismos da causa, fingir que você pode obter o tecido do casaco de veneno.

Em parte, é por isso que adoro *The Lost Weekend* — pela rejeição à ideia de que é fácil ou automático transformar a bebida em significado. O livro insistia que não se pode sempre identificar a autodestruição com um mito psicológico e organizado de origem: "Faz tempo que o motivo deixou de importar. Você é um bêbado, isso é tudo. Você bebe; ponto". O relato de Jackson sugeria que beber era mais misterioso do que isso e, talvez, menos nobre, um naufrágio completamente desconstituído de Grandes Profundidades.

Em "A Drunkard" [Uma bêbada], poema não publicado em vida, Elizabeth Bishop traça as origens de seu alcoolismo como o desdobramento de um incêndio que ela testemunhou quando pequena. "O céu estava vermelho vivo; tudo era vermelho",[16] a narradora se lembra. "Tinha uma sede terrível, mas mamãe não me escutou/ chamando por ela." A mamãe estava ocupada comprando comida e café para estranhos cujos lares haviam sido destruídos pelo incêndio.

Na manhã seguinte, remexendo as cinzas dos escombros do incêndio, a garotinha pega uma meia de mulher: "Largue isso!", a mãe diz. Esse momento de reprimenda é identificado como a semente de um desejo que vai assombrar a garota por anos:

> Mas desde aquela noite, aquele dia, aquela reprimenda
> Sofro de uma sede anormal —
> Juro que é verdade — e aos
> vinte ou vinte e um comecei
> a beber & beber — nunca é o bastante...

Tudo serve para mim: a ideia de que a sede talvez surja de um anseio permanente por aquele que não virá, a fome se torna parte da sombra da ausência ou da partida. A compulsão talvez encontre suas raízes na reprimenda — em uma noção de ser repreendida pelo mundo, ou de ser desejada por ele.

Mas realmente são as frases finais do poema que mais me interessam, não as que explicam, mas as que sugerem que qualquer explicação definitiva seria fútil:

> ...como você deve ter notado,
> estou meio bêbada agora...

> E tudo o que estou dizendo talvez seja mentira...

Um crítico chama isso de "aviso de isenção acanhado",[17] mas para mim é a chave do poema — como convoca a instabilidade de qualquer tese afirmativa sobre carência e reconhece o desejo por causalidade precisa como outra sede poderosa: "A bebida veio de minha mãe, da ausência de minha mãe, desse momento, desse trauma". Em vez disso, o poema retém a claridade daquele mito de origem, sugerindo que a bebida (*estou meio bêbada agora*) inventa a própria trilha-dominó de causas.

"Por que você bebe?", Berryman uma vez perguntou a si mesmo num bilhete, e depois escreveu: "(Não responda de fato)".[18] Mas ele respondeu mesmo assim: para "animar o tédio... para acalmar a empolgação... para aplacar a dor". Ele listou outros motivos:

> Inseguro exibicionismo autodestrutivo: sou tão importante e tão desesperado quanto
> Dylan T., Poe etc. etc.
> Ilusão: "Preciso disso" para minha arte
> Desafio: Foda-se. Eu aguento.

Ele não acreditava em nenhum motivo isolado. Acreditava em todos e também em nenhum. *Não responda de fato*. Mas o que mais ele poderia fazer? Voltar a seus motivos era uma das coisas que ele continuava fazendo, na esperança de que o ajudaria a parar.

Gabor Maté, médico de Vancouver, que passou mais de uma década trabalhando com viciados de bairros pobres, associa cada vício a um trauma de infância — desenhando fronteiras claras ao redor dos cativos como um contorno de giz na cena do crime. Em *Grand Central Winter* [Inverno na Grand Central], o livro de memórias de Lee Stringer sobre seus dias como sem-teto viciado em crack morando nos túneis subterrâneos da Grand Central Station de Nova York, o autor estrutura as causas de seu vício como uma peça em três atos ancorada na morte do irmão. Está tudo em itálico: *Ato I, Ato II, Ato III*. A forma permite que ele conecte o vício à sua dor enquanto ainda reconhece a natureza manufaturada da conexão — como ela impõe sua estrutura ordenada sobre um sistema de raízes de um desejo muito mais bagunçado.

Histórias de vício são cheias da insistência de que o vício não pode ser totalmente explicado. É um clichê do gênero. "Eu disse a ele que bebia muito",[19] Marguerite Duras escreve, descrevendo um jovem que tinha acabado de conhecer, "que estive no hospital por causa disso, e que não sabia por que bebia tanto". Como Jackson coloca: A questão do porquê deixou de importar há muito tempo.[20] Em *Junky*, Burroughs antecipa as perguntas — "Por que você experimentou narcóticos? Por que você continuou usando a ponto de se tornar viciado?" —, mas se recusa a respondê-las: "A droga vence por definição". A maioria dos viciados, ele escreve, "não começou a usar drogas por nenhum motivo de que se lembre".[21]

Essas recusas não são declarações de verdade objetiva. São descrições da textura da experiência. Ao resistir a explicações definitivas, elas são testemunhas de como o vício cria seu próprio impulso, sua própria lógica, sua própria velocidade acelerada autossustentada; como pode parecer autônomo ou desenfreado, nascido de si mesmo. Essas recusas resistem à simplicidade do silogismo, a qualquer correspondência de um para um direta entre trauma e vício, insistindo que o ser é sempre mais opaco do que queremos imaginar. Não há uma chave simples para virar o cadeado do *porquê*.

Quando apresentei a questão do *porquê* para o dr. Kaplin, psiquiatra e professor da John Hopkins, que descreveu a primeira vez do viciado como "passando pela catraca", ele expressou frustração com os relatos psicanalíticos limitados que mantiveram o monopólio das ideias do meio médico sobre vício durante grande parte do século xx: *a garrafa como seio*.[22] Dr. Kaplin não estava desprezando a importância da infância ou o desejo duradouro por afeto. Estava simplesmente resistindo à simplicidade pré-moldada de uma única linha narrativa psicológica predeterminada, como os itálicos de Stringer questionavam a história de origem de seu vício, mesmo quando ele a contava.

Quando Burroughs se recusa a responder a questão do *porquê*, ele também está recusando as demandas de políticos respeitáveis. Ele não vai dar aos médicos — os que querem dissecá-lo para curá-lo — exatamente o que eles querem. Burroughs não quer ser dividido em explicações e remontado em bem-estar. Ele quer ficar por trás de seu subtítulo: *Não redimido*. Os silogismos de causa e efeito oferecem a ideia de transformação, mas ele não está interessado nesse tipo de redenção.

No final do verão na Bolívia, fui a uma ilha chamada Isla del Sol, no meio do lago Titicaca — onde fiquei bêbada todos os dias, sozinha, desde o começo da tarde. Passei uma semana em Yumani, um povoado no lado sul da ilha, num quarto de concreto com uma privada quebrada sem tampa, entupida de papel higiênico encharcado da urina de estranhos. Isla del Sol provavelmente foi o lugar mais bonito que já vi, mas sua beleza era impiedosa. A água reluzia como cacos de vidro. O céu azul era tão claro que doía. A luz seca te deixava com a pele rachada e com insolação. Lhamas montavam umas nas outras em cercadinhos de madeira nos terraços agrícolas nas montanhas.

Depois que Peter chegou para ficar comigo em Sucre, passamos um mês terrível juntos. Não contei que o havia traído, mas isso se infiltrou em nossa rotina de todo modo — através da irritação e rispidez em minha voz, meu jeito de empurrar nossa dinâmica em direção ao término porque estava cansada da sedação tensa e das distâncias. Eu me achava egoísta, e isso havia se tornado uma veia familiar de autodepreciação, mas por baixo do egoísmo havia um medo costurado. Nunca pensei em mim mesma como alguém com medo de intimidade, porque adorava falar sobre sentimentos — parece que raramente eu fazia outra coisa. Mas havia outros tipos de intimidade de que tinha medo: tensão, tédio, familiaridade.

E tinha medo de silêncio sempre que ele nos encontrava: no bar onde observávamos o bartender ensinar o filho de dez anos a fazer sangria com morangos esmagados e Fanta vermelha; ou na cidade de ruas de terra chamada Sipe Sipe, onde caminhamos por trilhas montanhosas rumo a ruínas cheias de garrafas quebradas de Taquiña e procurávamos barracas marcadas com bandeiras brancas, que significavam que vendiam *chicha*, um tipo de bebida caseira feita de milho fermentado, mastigado até virar uma massa. Numa dessas barracas de bandeira branca, uma mulher mais velha mergulhou duas tigelas de barro num barril de plástico azul de quase um metro e meio de altura. Bebemos parados na rua. Era o velho enxague familiar do alívio. Não importava se vinha de vodca tônica num bar iluminado por candeeiros, de uma garrafa de vinho em temperatura ambiente num futon ou de uma tigela de barro numa rua de terra, bebendo algo direto da boca de um estranho. Era o mesmo alívio: *Tudo bem. Achamos. Lá vamos nós.*

Numa cantina empoeirada fora da cidade, bebemos Taquiña e comemos um prato enorme de *pique a lo macho* — carne picada, rodelas macias de chorizo, ovos cozidos e batatas fritas — sob um par de garrafas de uísque vazias penduradas na parede: uma com um vestidinho de noiva, a outra de smoking. Pegamos um ônibus noturno para Cochabamba e, por volta das três da manhã, desci para fazer xixi na beira da estrada, no brilho cheio dos faróis e, então, me inclinei sobre Peter durante o resto da viagem, sonolenta e cansada, grata por sua presença. Ele parecia seguro. Sua mente era brilhante. Queria me sentir diferente do que nos sentíamos. Assistimos a um espetáculo de circo numa tendinha surrada na avenida Ayacucho: dançarinos com sinos prateados e tangas prateadas, um palhaço de collant rosa que parecia estar de ressaca. Muita gente parece estar de ressaca quando você está de ressaca.

Certas questões de Peter começaram a me causar repulsa: suas inseguranças sobre nosso relacionamento e sobre si mesmo, sua avidez por meu conforto. Ecoavam as minhas questões da vida inteira em relação à avidez por conforto; era provavelmente o motivo pelo qual me enojavam. Mas não conseguia enxergar isso na época. Só enxergava que ele tinha o mesmo protetor labial que eu; sequer conseguia escolher sua própria marca.

Esse dilema com os homens não era nada novo. Era um padrão frequente: eu me entregava totalmente em busca do que parecia inatingível, me convencia de que queria a dedicação total deles, então me sentia claustrofóbica quando a conseguia — agitada sem o vetor que motivava a perseguição. Como dr. Kaplin disse: "Você fica procurando a primeira vez que passou pela catraca". Um padrão que havia começado com meu namorado de colégio, o dono da minivan, consumidor contumaz de cogumelos: fiquei de coração partido por ele não querer ficar junto na faculdade, mas quando mudou de ideia, eu, imediatamente, comecei a pensar em terminar.

Ao longo de uma sequência interminável de dias — especificamente três —, Peter e eu ficamos num chalé às margens do rio Beni, na Amazônia boliviana, sem bebida ou eletricidade. Eu me deitava na cama, coberta pelo mosquiteiro, me esquivando do toque dele, vendo baratas imensas correrem pelo chão. Estava inquieta. *Desolada* porque não tinha nada para beber. Quis comprar bebida na recepção do albergue, mas não podia. Havia só um armário de madeira cheio de Kotex e Pringles.

Atravessamos forçadamente os dias de sobriedade. Foi só quando o álcool estava literalmente fora de alcance — milhas rio abaixo — que percebi o quanto era essencial. Estávamos à flor da pele e desacompanhados. Comemos um primo da piranha de almoço: pedaços ensopados de carne branca enrolados em folhas de bananeira. Experimentamos um velho moedor de cana-de-açúcar de madeira enquanto porquinhos filhotes do tamanho de maçãzinhas enlameadas guinchavam nos nossos pés. Estava tudo sujo por causa do constante puxa-empurra, seu desejo e minha recusa, e meu desejo constante de beber: sentindo falta, me perguntando por que sentia tanta falta. Tudo mais era um substituto barato. Colmeias do tamanho de cachorros pendiam das árvores. Meu descontentamento achava defeitos ridículos em situações de beleza: estávamos caminhando na selva e me convenci de que as meias estavam cheias de formigas. Fomos nadar numa gruta isolada e bucólica e notei uma picada de mosquito inchada no tornozelo. Tinha lido sobre berne — um parasita que deposita seu ovo através do mosquito e, quando ele se abre, nasce um verme sob a pele — e me convenci de que estava com um. Fomos feitos de bobo pelas araras, que se acasalavam o tempo todo. Pareciam tão absurdamente nobres, passando em arcos duplos coloridos pelo céu.

Finalmente, terminei tudo com Peter num quarto de motel úmido com o ventilador quebrado. Foi o pior momento possível — estávamos literalmente perdidos numa minúscula vila amazônica, a três dias do próximo voo para La Paz —, mas também foi um alívio. Algo estava partido entre nós, e pelo menos não fingimos que não. Tínhamos que esperar juntos, mas, pelo menos, havia um bar com teto de palha com um drinque cujo nome podia ser traduzido mais ou menos como "Estrada empoeirada de fechar os olhos". Começávamos a beber cedo. Espantávamos as moscas dos ovos e jogávamos cartas o dia todo. Minha insensibilidade me confundia na época — *Acabamos de terminar*, eu dizia a mim mesma, *deveria estar triste* —, mas não me confunde agora. Os drinques se chamavam "fechar os olhos" por um motivo.

Quando Peter voltou para casa, peguei um ônibus e um barco para Isla del Sol. Não havia nenhuma loja de bebida na ilha, mas havia cafés que vendiam garrafas do que quer que estivesse disponível. Por volta do meio-dia, todos os dias, eu comprava uma garrafa de vinho boliviano e bebia tudo. Depois, voltava para o quarto de concreto e desmaiava na cama dura. Um dia, de fato, almocei: truta do lago, tostada até a pele ficar crocante.

Era uma sorte absurda conhecer essa estranha, fria e bela parte do mundo — uma ilha andina irregular, com dinheiro emprestado — mas não conseguia me conscientizar disso. Quando acordava, no começo da noite, me arrependia de não ter ficado bêbada o suficiente para ter dormido mais.

Imediatamente checava a meia de lã para tocar a picada do mosquito, a essa altura um montinho duro no tornozelo. A picada de formiga obscenamente inchada na outra perna tinha se transformado num círculo vermelho esvaziado, como um suflezinho murcho, e isso, na verdade, me deixou mais em pânico: outras picadas estavam seguindo seus ciclos naturais, por que não essa do tornozelo? Tem que ter um berne ali. Não havia outra resposta, pensando logicamente. Não falava com outro ser humano em dias. Não havia computadores na Isla del Sol, então eu não podia procurar obsessivamente no Google "sintomas de berne em humanos", como fazia nos cafés com internet no continente. Pensando de antemão, tinha copiado os sintomas num pedaço de papel dobrado e guardado no fundo do passaporte. *Um buraquinho em forma de alfinete para respirar?* Sim. Puxava a meia para verificar a cada hora: *O buraco está com mais jeito de alfinete do que uma hora atrás?* A primeira dor perfurante foi como uma facada no tornozelo. Tinha ouvido sobre remédios populares: defumar o verme com a brasa do cigarro próxima à pele, ou sufocá-lo com Vaselina até ficar fraco o suficiente para puxar com pinça.

Eu me concentrei para parar de pensar sobre o possível berne. *Fique triste por causa do Peter*, dizia a mim mesma. Mas quando acordava todos os dias no crepúsculo — tonta, com frio e ainda meio bêbada, com a cabeça coçando sob o gorro de alpaca —, só queria adormecer de novo.

Voltei de Isla del Sol para o continente boliviano e tinha um e-mail de Peter dizendo que ele ficou doente a caminho de casa. Escrevi para ele um e-mail com umas três frases para dizer: "Espero que esteja bem. Beba água. Estou imaginando sua febre". E cerca de vinte e três frases dizendo: "Acho que tem mesmo um berne vivendo em mim". Estava tão ensimesmada que deveria existir uma palavra diferente para o que eu era. Claro que teria adorado se houvesse uma palavra diferente para o que eu era.

Foi quando voltei para New Haven — com uma ressaca de meses de bebedeira pesada, o tornozelo inchado do que quer que fosse que crescia dentro de mim — que finalmente vi o verme: um vislumbre branco que rapidamente desapareceu de novo. Era pouco depois da meia-noite. Peguei um táxi para o pronto-socorro, onde a enfermeira perguntou se eu tinha tomado recentemente alguma substância que alterasse a mente. Eu pensei: *Quem dera*. O médico de plantão disse que nunca tinha ouvido falar de berne, mas que não havia nada que ele pudesse fazer. Na verdade, havia *uma* coisa que ele podia fazer. Peguei seu Ativan com gratidão. Me deu uma sensação deliciosa de estar nadando, e meu único arrependimento foi que um sentimento tão gostoso estava sendo desperdiçado num cubículo da sala de exames de um pronto-socorro. Quando virei a cabeça, o movimento era lento o suficiente para manter o pensamento *estou virando a cabeça*, como se as palavras estivessem passando por meus músculos. As coisas eram fáceis e líquidas. Havia um verme morando no meu tornozelo, claro, mas essa era apenas uma entre várias verdades.

Um dermatologista acabou tirando o berne do meu tornozelo, mas quase imediatamente fiquei convencida de que havia outro — ainda se movendo sob a pele zoada do ferimento aberto. Eu me perguntava o quanto teria que beber até que ele morresse enrolado dentro de mim.

Agora que estávamos de volta em New Haven, disse a Peter que queria voltar. Mas ele estava com o pé atrás. Achava, com razão, que deveríamos conversar sobre o que estava acontecendo. Havíamos passado um ano nos explicando aos poucos um ao outro, mas essas escolhas — terminar, voltar — não eram coisas que eu queria explicar. Eu respondia ao desconforto de modo vasto e categórico: se não parecia certo estarmos juntos, queria me separar. Se não parecia certo estarmos separados, queria estar junto. Era mais difícil para mim estar em uma situação e repará-la do que esperar que passasse. Essa também era a alquimia instantânea da bebida: substituía um estado por outro, sem perguntas.

Eu havia expurgado algo na Bolívia, disse a Peter. Tinha tirado algo de mim. Agora, só precisávamos tirar o segundo verme do meu tornozelo. Minha autoabsorção desenfreada buscava um freio. Era mais fácil focar no corpo de um parasita hipotético do que na questão mais nebulosa de por que passamos tantas noites chorando em motéis bolivianos úmidos. Então, enchemos a tampa de um frasco de comprimidos de vitamina com vaselina e a prendemos com fita no meu tornozelo, deixamos lá uma noite inteira e, de manhã, pegamos uma pinça, prontos para extrair o berne confuso que certamente emergiria, semissufocado, de sua prisão reluzente. Quando nenhum berne emergiu, não senti alívio — apenas decepção. Se estivesse lá, eu o teria removido.

V

VERGONHA

Poucas semanas depois de voltar da Bolívia, saí para beber com Dave — que eu havia conhecido anos antes, com violão e barbicha, e que havia se tornado um dos meus amigos mais próximos em New Haven desde o primeiro jantar, com o dedo enfaixado. Ele tomou uma única cerveja Red Stripe naquela noite. Faz quase uma década e ainda me lembro claramente daquela única cerveja, porque me limitei a só um drinque também — estava receosa demais para pegar outro se ele não fosse pegar outro, mas eu pensava: *Vai ser só isso?*

Naquele verão, Dave havia recentemente terminado com a namorada e mudado de seu belo apartamento — aquele onde eu me hospedei como futura estudante, onde a namorada havia dito: "Temos algumas opções de café da manhã". A vida deles parecia o epítome do que significava ser adulto, comer granola artesanal na cozinha com chão de linóleo iluminada pelo sol, e o oposto da minha: encher tigelas de plástico com bituca de cigarro e ver filmes no laptop, no colchão, esperando até o dia do lixo para esvaziar as garrafas vazias na reciclagem de estranhos. Depois do término, Dave me disse que a vida deles tinha se tornado claustrofóbica, mas, ao mesmo tempo, quando fiquei com eles, parecia sofisticada e tranquila — bem redondinha, o tipo de estabilidade que eu procurava. Claro que uma vida nunca é igual do lado de dentro. "Estávamos nessas ranhuras firmes da domesticidade", Dave explicou. "Tinha estagnado."

Apesar de estar tentando reparar meu relacionamento com Peter, também estava interessada na energia que surgia com outros homens, em outras conversas — uma espécie de possibilidade cujo habitat natural era um bar escuro com boas promoções na semana. Quando comentei com Dave sobre o término com Peter na Bolívia, tentei soar impulsiva e dramática, alguém que era desejada mais do que desejava. Era essa minha definição operante de poder: ser desejada mais do que desejosa. Tinha menos a dizer sobre o porquê de termos voltado.

Naquele outono, Dave começou a me convidar para jantar em seu novo apartamento, e comecei a ficar até mais tarde, comendo *massaman curry* e *crème caramel*. Não admitíamos para nós mesmos o que estávamos fazendo, mas estávamos. No começo de novembro, ele me convidou para uma viagem de carro para a Virgínia, em campanha para Obama com o sindicato de alunos. Viraríamos o estado para os democratas pela primeira vez em quarenta e quatro anos. Considerei a viagem como dever de boa cidadania, mas não era só isso. Era também pela comichão de culpa e emoção ao imaginar o que poderia acontecer.

A comichão bloqueava tudo — como o fato de que eu ainda amava Peter, mas não sabia como permanecer numa dinâmica que havia se tornado tensa e opaca. Era mais fácil quebrar a coisa com um martelo e recomeçar. Cresci numa família em que quase todo mundo havia se divorciado pelo menos uma vez. Que o amor apodrecesse ou acabasse superado, era a lei da natureza. Fazia-se o possível, depois caía-se fora. Esse esquema herdado fazia tanto sentido para mim intuitivamente que ficou transparente. Era inevitável.

Na noite anterior ao primeiro dia de campanha, Dave e eu nos sentamos no escritório acarpetado do subsolo, num sofá-cama, e assistimos a um documentário sobre natureza chamado *Animals Behaving Badly* [Animais que se comportam mal]: sapos que cospem, lhamas que correm feito loucas. Eu bebia água em um copo com o desenho de um caranguejo, copo após copo, enquanto nos aproximávamos da meia-noite. À uma da manhã, finalmente, nos viramos um para o outro. Quando nos beijamos, ele ficou forte e animado. Dentro de mim, a culpa retumbava como outra pulsação. Esse momento eletrizante — cruzando a primeira fronteira, confessando o desejo — me fez sentir como o sacana de um martíni fazia, revigorada e com frio mortal, como se ele fosse me deixar mais limpa do que quando me encontrou. Ansiava por aquele sentimento de expurgamento interno e renovação, não importava a quem iria machucar. O alcoolismo não tinha culpa nenhuma, mas o sentimento vinha do mesmo local de onde a bebedeira vinha.

Enquanto batíamos nas portas das casas da região no dia seguinte e nos reuníamos com outros membros do sindicato no saguão do motel à noite, fiquei procurando um sinal de Dave de que ele não tinha se arrependido do que havia acontecido na noite anterior — ficava vendo-o rir com o grupo, conversar com os outros, e quando finalmente nos beijamos novamente, já estava desesperada por aquela confirmação. Peguei um trem de volta a New Haven de Newport News, Virgínia, e em algum ponto da viagem de trem, em algum ponto quase dentro da Penn Station, às três da manhã, senti uma dor estranha na mandíbula que não passava, como se algo queimasse o osso. A dor permaneceu até a vitória de Obama, e durante a noite seguinte, quando terminei com Peter sobre uma travessa de vegetais que eu havia assado — brócolis branqueados, escuro e crocante, como gostávamos, cebola roxa queimada até virar fios escuros, bastões longos de cenoura — e vinho branco, a velha e familiar garrafona.

Em vez de culpa, eu tinha uma mandíbula em chamas. A sensação durou dias. Eu estava ajudando um dos meus orientadores da pós a organizar uma conferência sobre literatura americana do pós-guerra, e quando dirigi para o aeroporto de Hartford uma noite para buscar um jovem professor bambambã, minha mandíbula queimou até a I-91. Depois que o encontrei pegando as bagagens, puxei papo e senti como se tivesse engolido um prego. Dave apareceu às duas da manhã. Comemos uvas. O relacionamento recente era intenso. Na manhã seguinte, Dave se sentou comigo enquanto eu fumava, nos degraus dos fundos, para que Peter não visse. Não tinha contado sobre nós e ele ainda morava a três quarteirões de distância. Eu gostava daquilo: fumar nos fundos, em segredo.

Fui a uma médica e contei a ela sobre a misteriosa mandíbula queimando. Sugeri um exame para lúpus. Tinha pesquisado na internet. Ela disse que não parecia lúpus. Perguntou se eu estava dormindo o suficiente.

Minha orientadora me deu uma cafeteira francesa de presente por ter ajudado a organizar a conferência. Tinha sido ótimo, ela disse. E havia sobrado vinho. Podia levar para casa, se quisesse.

Em seu diário, Berryman uma vez se perguntou, em letras maiúsculas: "SERÁ QUE A PERVERSIDADE ERA SOLÚVEL EM ARTE?".[1] Ele acreditava que seus defeitos talvez se tornassem motores de beleza e confiava que sua autoconsciência fosse um dos ingredientes-chave nessa alquimia. Autopiedade alcoólatra não era o mote secreto de "The Dream Songs", como Lewis Hyde expressou, e também não seu assunto explícito. "Você lambe sua própria velha ferida",[2] Henry disse a si mesmo, inflando a autopiedade para que pudesse estourá-la:

> O que o mundo a Henry fez
> Não trará pensamento algum.
> Sem sentir dor
> Henry apunhalou seu braço e escreveu uma carta
> explicando o quanto havia sido ruim
> neste mundo.

A imagem do homem apunhalando o braço e explicando "o quanto havia sido ruim", usando o próprio sangue como tinta, vive dentro da ferida e também zomba dela. É o que "The Dream Songs" faz: os poemas brincam com a dor. Cantam a dor. Provocam a dor. Não a desprezam, mas sabem muito bem que não devem levá-la ao pé da letra. Berryman pede que não levemos tudo tão a sério.

Em "Dream Song 22", ouvimos a doença anunciando a si mesma:

> Sou o homenzinho que fuma & fuma.
> Sou a garota que sabe bem porém.
>
> ... sou o inimigo da mente.
> Sou o vendedor de carros e te amo.
> Sou um câncer adolescente, com um plano.
> Sou o homem que apagou.
> Sou a mulher poderosa como um zoológico.[3]

A bebida é um inimigo (machuca). É um vendedor (convence). Ama (oferece consolo). Dá um apagão. Fuma e fuma (assim como ele). (Sabe bem.) (Porém.) Seu poder não é o poder de uma única coisa, mas o poder de uma coleção de animais, poderoso como um zoológico.

De várias formas, Berryman se conhecia melhor do que seus próprios mistificadores o conheciam ou, pelo menos, tinha conhecimento do poder de certas mitologias. Quando descreve Henry como estando "no clima/ para ser uma tulipa e não desejar mais/ do que água, do que luz, do que ar",[4] ele reconhece a atração de transcender o desejo físico — assim como a *Life* iria elogiar sua "verdadeira indiferença intelectual às coisas materiais". Mas ele prontamente afasta a fantasia. "O sufoco chamou", ele diz, e confessa a sedução "de sereia" de seu "uísque de sonho", sempre o atraindo. O homem que quer viver de nada além de água é chamado por outra sede. Aquele desejo nunca se apaga. A garota sabe bem, porém. Henry raramente tem orgulho do que fez. Em "Dream Song 310", ele é "só arrependimento, engolindo o próprio vômito/ decepcionando pessoas, deixando todos na mão/ nas florestas da alma".[5] Henry não apenas tem arrependimentos, ele é feito disso. É tudo dele. Ele está engolindo o desdobramento de uma farra.

A crítica de Lewis Hyde de "The Dream Songs" assume certo esquema binário: que Berryman ou era culpado pelo seu alcoolismo ou seus ferimentos eram profundos demais para sancioná-lo; que ele ou estava explorando a "epistemologia da perda" ou era apenas um alcoólatra com pena de si mesmo. Mas por que são mutuamente excludentes? A dor inclui a autopiedade. A dor passa pela autopiedade. A autopiedade não significa que a dor não é real, e a dor não é menos dolorosa por ser autoinfligida.

Quase duas décadas após sua crítica sobre a autopiedade de Berryman, Hyde escreveu uma sequência crítica à sua leitura de "The Dream Songs", revendo a própria raiva e chamando de "a raiva de qualquer um que esteve próximo de um alcoólatra ativo e foi ferido".[6] Ele chamou de "uma raiva dirigida a uma comunidade intelectual que parecia incapaz de responder ao ferido em seu meio".

As coisas acabam muito mal para o ferido. Descrevendo sua condição física apenas um ano antes de se suicidar, Berryman escreveu:

> Dieta: pobre.
> Peso: ruim.
> Digestão: frequentemente ruim.
> Outras funções: vomitando diariamente há semanas.[7]

$$***$$

Não se trata de um poema, apenas de um conjunto de respostas a perguntas que o corpo de Berryman se forçava a responder. Estava farto de decepcionar a todos, farto de vagar pela floresta, farto da floresta em si. Estava enjoado do enjoo em sua boca, de onde vinham as palavras.

Dave e eu nunca decidimos ficar juntos, apenas estávamos, comendo ovos mexidos nas longas manhãs de inverno. Ele era bonito de uma forma ardente, extravagante, sexual — não perfeitinho ou arrumado. Ele me dizia que eu deveria tomar suplementos de cálcio para meus ossos não quebrarem quando ele me fodesse. Como descrevê-lo? Posso falar sobre a bagunça escura de seus cachos, seu nariz grande, seus lábios carnudos. Posso dizer que ele tinha a pele morena, era magrelo e atlético, com quase um metro e oitenta; usava camisas de abotoar de flanela e jeans que custavam mais do que ele admitia. Mas o que são essas descrições? Melhor dizer que meu desejo por ele era exuberante, como um pedaço de tecido ondulado dobrado sobre si mesmo várias vezes. Melhor dizer que seus olhos quase fechavam toda vez que ele ria. Quando ele ria assim, era um acontecimento. Seu prazer — pelo mundo, pelas outras pessoas, pela brincadeira e eletricidade de uma única conversa — era sincero e contagiante.

Algumas semanas depois que começamos a nos ver, peguei o último trem de volta de Nova York, onde estive para conversar com um agente sobre a possibilidade de enviar meu romance para editores. Mandei uma mensagem para Dave para ver se ficava bem eu pegar um táxi direto da estação para seu apartamento. Estava ansiosa para vê-lo. Sempre estava ansiosa para vê-lo. Quando ele não respondeu de volta, comecei a ficar ansiosa. Tudo isso era demais? Verifiquei meu celular na escada rolante que levava à via principal: uma ampla caverna de mármore com janelas imensas e lâmpadas âmbar penduradas. A estação estava vazia à meia-noite, escura e cheia de ecos, mas quando subi na escada rolante, pude ver Dave sentado de pernas cruzadas sobre um cobertor que ele havia aberto no chão de mármore, com frutas e queijo, um pedaço de bolo, chocolate amargo quebrado em triângulos. "Te fiz um piquenique", ele disse e me passou uma tigelinha com vitaminas. "Para seus ossos."

Quando eu era criança, um dos meus livros infantis favoritos era sobre um grupo de primos que descobre uma árvore encantada. Toda vez que sobem nela, encontram uma terra diferente esperando por eles no topo: a Terra das Gostosuras, a Terra dos Aniversários, a Terra do Pegue o que quiser e Faça como queira. Agora, eu havia subido na escada rolante para uma estranha nova terra.

Parecia destino: Dave e eu nos conhecemos tantos anos atrás, adolescentes, e agora estávamos juntos. Anunciávamos o tamanho dos nossos sentimentos de todas as formas que podíamos. Ficamos sozinhos numa praia de Connecticut, coberta de algas e sombreada por pedras pontudas, e tiramos uma foto nossa nos beijando no vento frio e salgado. Minha echarpe levantada por um fantasma. Posamos em frente à árvore de Natal de origami no Museu de História Natural e Dave mandou a foto para sua mãe. "Exatamente o que qualquer mãe judia quer", ele me disse. "Seu primogênito na frente de uma árvore de Natal gigante com a nova namorada *shiksa*."

Havia um problema, porém, com nossa impulsividade, uma pedrinha no sapato: Dave não gostava de ficar bêbado. Ele bebia, é claro. Até tinha feito um curso de bartender nos finais de semana, onde cronometraram seus hairy navels e seus harvey wallbangers. Mas ele bebia como as pessoas devem beber, ou como ouvi dizer que algumas pessoas bebiam. Tomava *uma* cerveja, no singular, com um amigo. Ou experimentava um novo drinque por causa do gosto. Não queria ficar bêbado todas as noites. Mesmo que eu soubesse abstratamente que algumas pessoas bebiam assim, estar perto disso era infinitamente confuso. Ele não gostava de ficar bêbado? Se gostava, por que não queria ficar bêbado toda santa noite? Ficar bêbado parecia a única conclusão lógica de beber.

Eu não estava usando a palavra "alcoólatra" com outras pessoas, não estava descrevendo a mim ou à minha bebedeira dessa forma, mas aqueles eram os tempos em que comecei a escrever a palavra em meu diário, secretamente, com frequência durante apagões, sem sintaxe alguma: "É isso que é alcoólatra?". O rabisco bagunçado dessa escrita bêbada parecia profético e absurdo ao mesmo tempo, como Lowry descreve: "meio ranzinza, meio generoso, totalmente bêbado",[8] com a letra *t* minúscula "parecendo cruzinhas solitárias à beira da estrada, onde crucificam um mundo todo". Parecia que uma criança aprendendo a escrever tinha engatinhado até meu diário e me chamado pelo nome.

Uma noite, fui ao apartamento de Dave e me sentei na sala por vinte minutos enquanto ele zanzava pela cozinha preparando um cosmopolitan para mim. Pensei: *Posso tomar um drinque enquanto espero por meu drinque?* Ele tinha montado uma bandeja com sementes de romã e um pedaço delicado de queijo taleggio cremoso, joias de fruta reluzindo à luz de velas e azeitonas escorrendo por meus dedos. Era uma comida para outro tipo de gente. Eu queria virar a torneirinha de plástico de um vinho em caixa e comer seis barrinhas de limão e uma fatia de bolo.

O jeito de Dave beber gerou uma realidade bruxuleante ao lado da minha: uma forma de ser menos saturada pela necessidade. Seu jeito de beber era elegante e contido; arrancava uma semente de romã por vez. *Pegar ou largar*, é o que eles chamariam — anos depois — na reabilitação. Enquanto eu queria ficar bêbada e me dissolver na noite, toda noite, ele honestamente não se importava se bebíamos ou não. Sua moderação acionava certos cálculos em mim que não aconteciam antes, que certamente não aconteciam com Peter. Comecei a registrar quantas vezes eu sugeria que fôssemos a um bar, quantas vezes sugeria uma segunda rodada, quantas vezes sugeria que parássemos numa loja de vinhos a caminho de casa. Às vezes, eu bebia algumas taças de vinho antes de nos encontrarmos, para me dar uma vantagem, e nessas noites, quando ia para a casa dele, virava meu rosto para que ele me beijasse na bochecha e não sentisse meu hálito.

Na metade de dezembro, depois que o dinheiro de nossas bolsas da pós foi depositado em nossas contas, dirigimos para Stonington, a cidade costeira onde James Merrill — um poeta que Dave admirava — tinha conduzido sessões com um tabuleiro de Ouija para contatar o reino dos espíritos. Ficamos numa pousada a poucos quarteirões do mar e usamos nosso próprio tabuleiro de Ouija num tapete em frente à lareira. Enchemos a banheira com pés de ferro com tanta espuma que as bolhas inundaram o piso do banheiro como uma avalanche. Éramos excessivos e orgulhosos de nosso excesso. Quando descemos as escadas e vimos que a pousada havia disponibilizado queijo e vinho para a noite, fiquei aliviada que não tinha sido minha ideia beber. Poderia aproveitar sem ter que demonstrar o quanto queria. Encheram nossas taças até a boca.

Anos mais tarde, ouvi um causo apócrifo sobre o comediante W.C. Fields, uma história que Berryman adorava, sobre como Fields sempre pedia um jarro de martíni no set de filmagem e chamava o jarro de "suco de abacaxi". Certo dia, um assistente sem noção de fato encheu o jarro com suco de abacaxi e Fields explodiu: "Quem está colocando suco de abacaxi no meu suco de abacaxi?".[9] Apenas por beber normalmente, Dave expunha minha bebida como algo diferente.

Numa festa, Dave se dirigia à cozinha com a intenção de pegar outra cerveja e eu o encontrava, uma hora mais tarde, ainda conversando na sala. Ele não tinha chegado até a geladeira. Havia encontrado tanta gente no caminho! Se eu fosse à cozinha pegar um drinque, teria encerrado uma centena de conversas, se necessário. Mas Dave deixava uma taça de vinho pela metade na frente dele por horas e, provavelmente, a veria assim: metade cheia. Metade cheia, metade vazia, que seja. Eu não entendia por que alguém beberia metade de qualquer coisa.

Quando penso naqueles primeiros dias com Dave, penso numa música que ele costumava tocar em seu apartamento de tábuas brancas na rua Cottage, como retumbava e vibrava, e crescia com o sintetizador e com o som das mãos batendo palmas: *"There isn't much I feel I need, a solid soul and the blood I bleed"* [Não acho que precise de muita coisa, uma alma sensível e o sangue que sangro]. Uma noite, dançamos no bar de um clubezinho no centro — com a jukebox tocando, entre copos cheios de espuma no chão; em outra noite, fumamos maconha e ficamos pelados por doze horas seguidas. Na manhã seguinte, ele me disse: "Sinto como se tivesse te traído com a pessoa que você foi na noite passada", ou eu disse isso a ele. Certas frases de guarda conjunta viveram entre nós por anos. A mente dele era a mente que eu queria filtrando meu mundo.

Na primeira vez que tivemos que ficar separados, apenas por uma semana, fizemos perfis no Jdate e os usamos para nos comunicar em código secreto. "Meu relacionamento ideal: Ovos verdes e presunto, talvez uma sessão espírita", ele escreveu. "Estou buscando uma mulher que me mostre suas cicatrizes como vários monumentos da cidade. Meu primeiro encontro perfeito: Animais se comportando mal, a noite toda."

Naquele outono, Dave se inscreveu em programas de mestrado em poesia. Estava cansado de estudar para seguir a carreira acadêmica. Queria escrever poemas e queria uma nova cidade. Ele estava em New Haven havia muito tempo: àquela altura, quase oito anos. Um dos programas em que ele se inscreveu — o que mais o empolgava — era o Workshop de Escritores em Iowa. Apesar de nunca ter pensado em me mudar de volta, parecia audacioso e maravilhoso imaginar nós dois nos mudando juntos, largando tudo para começar uma nova vida. Eu tinha acabado de vender meu romance, e a gravidade parecia estar alterando suas regras. Meu agente me deu a notícia enquanto eu estava na cozinha de Dave, percorrendo com os dedos as garrafas de bebidas especiais, que estavam quase cheias porque não estavam sendo entornadas loucamente. Era surreal, algo impossível — pensar que o mundo queria o romance que eu tinha começado durante aqueles dias solitários, quando minha avó estava morrendo.

Dave e eu começamos a conversar sobre nos mudarmos por um ano para a Nicarágua se ele não entrasse em Iowa, para ele escrever poemas e eu escrever um romance sobre a revolução sandinista. Quando dei aulas na Nicarágua, uma senhora de idade na Calle Calzada me contou sobre os primeiros anos dos sandinistas me olhando direto nos olhos, com as mãos dobradas sobre o linóleo xadrez. A ideia de escrever algo distante de minha própria vida me atraiu — escrever sobre gente que comprometeu suas vidas com algo muito maior do que emoções particulares ou felicidade pessoal, forças motivadoras que eu tanto obedecia.

Não demorou muito tempo para Peter descobrir sobre mim e Dave; foi numa festa na antiga fábrica de espartilhos ao lado dos trilhos do trem, um enorme prédio industrial convertido em apartamentos residenciais. Peter me encurralou num canto e perguntou se era verdade o que ele havia ouvido, que eu estava saindo com Dave. Assenti e tentei explicar — mas ele não estava interessado, e o que havia para explicar? Era simples e doloroso. Era também vergonhosamente gratificante sentir a dor que causei nele. Para mim, aquela dor era uma medida de seu desejo.

Naquela noite na cama, Dave me contou que ele não tinha de fato lembrança de mim do tempo em que nos encontramos no colégio. Ele estava tocando violão no saguão e eu estava — como sempre temi — completamente invisível. Ou foi a história que contei a mim mesma: uma história sobre ficar à espreita nas sombras para justificar por que precisava de tanta autoafirmação agora.

No Dia de Ação de Graças daquele ano, viajei para um chalé no lago com meu irmão e minha cunhada. Me surpreendeu perceber que um de meus primeiros pensamentos sobre a viagem era de expectativa: seria bom beber sem Dave. Sem perceber, os sentimentos por outra pessoa estavam se tornando também os sentimentos pela bebida.

No lago, estocamos suprimentos para whisky sours e comecei a prepará-los ao meio-dia. O primeiro drinque reunia todas as pontas soltas do dia perfeitamente: o vento no lago ondulando a água; as folhas vermelhas reunidas como neve do lado de fora; a sensação de relaxamento em um lugar diferente; o álcool descendo como doce. Em *Debaixo do vulcão,* o cônsul percebe "o fogo da tequila escorrer por sua espinha como um raio atingindo uma árvore", então, "milagrosamente, desabrocha".[10] O uísque me iluminava. Essa nova coisa com Dave brilhava dentro de mim, um talismã. O brilho diminuía conforme a noite avançava. Bebi whisky sours até ficar com a língua amarela e a boca grudenta, checando o telefone constantemente para ver se Dave havia mandado mensagem. Quando vi que ele não mandou, interpretei como um veredito: ele era mais importante para mim do que eu era para ele ou, pelo menos, ele precisava menos de mim. Meu estômago doía e revirava. O açúcar do whisky sour era como uma camada de algas dentro de mim. Quando fiquei bem bêbada, me deitei na cama e fechei os olhos para evitar os giros, me enrolando em culpa por ter traído Peter, que era sombrio e familiar. Assim, fiquei em posição fetal.

Minha vida passava como um letreiro por trás dos meus olhos: eu era CULPADA, mas também estava ME APAIXONANDO e todos os meus sentimentos eram OS MAIORES SENTIMENTOS e existiam em LETRAS MAIÚSCULAS. A traição foi um ERRO, mas esse novo homem era INCRÍVEL e nossa nova coisa era IMENSA e eu era a PIOR pessoa, mas também a MELHOR pessoa, porque esse novo amor era INFINITO, mesmo que o preço do AMOR tivesse sido o PECADO, e o preço do PECADO seria a MISÉRIA. Tudo era o pior e o melhor. A individualidade era um maço de superlativos que eu ficava embaralhando. Não queria apenas parte de alguém, queria *tudo*. Eu não era apenas má, era a pior. Eu tinha o coração mais instável *de todos*. Eu era a escória do whisky sour da Terra. Alguma parte minha de fato curtia a culpa, que colocava minha vida comum em maiúsculas e concedia a ela a pura inflexão do grande drama. Se a perversidade era solúvel em arte, eu precisava da perversidade.

Na recuperação, anos depois, quando alguém descrevia a autodepreciação como o outro lado do narcisismo, eu quase ria alto pela verdade crua do que havia sido dito. Esse pensamento em preto e branco, esse tudo ou nada, era feito do mesmo material. Ser apenas um homem entre homens ou uma mulher entre mulheres, sem nada de extraordinário sobre defeitos ou erros — essa era a parte mais difícil de aceitar.

Um mês depois que Peter e eu terminamos, uma amiga minha me contou que havia passado uma noite com ele. Estava cheia de dedos para contar (*deveria estar mesmo!*, pensei, do meu precário solo moral elevado). Ela também me contou que ele não estava bem. Quando ficou com ela, tinha um olho preto por ter caído bêbado na noite anterior. Eu entendia isso. Fazia muito mais sentido do que levar meia hora para preparar um drinque.

Malcolm Lowry entendia o canto da sereia dos superlativos, e *Debaixo do vulcão* expõe seu anti-herói, o cônsul, como um homem dependente dos deuses gêmeos da bebida e do melodrama. O próprio Lowry estava fanaticamente comprometido com a ideia de escrever não apenas um romance sobre alcoolismo, mas o Melhor Romance Já Escrito Sobre Alcoolismo. Ele acreditava que seu alcoolismo só podia ser redimido se fosse transfigurado num épico, um escrito grandioso em uma tela dramática e arrebatadora. Foi essa a esperança que ele impingiu a *Debaixo do vulcão*: que iria redimir o naufrágio de sua vida. Como descreveu posteriormente, ele queria transformar "sua maior fraqueza… em sua maior força".[11]

Foi tudo ampliado — suas motivações, suas ambições, sua disfunção, sua trama —, e quando Jackson publicou *The Lost Weekend* em 1944, Lowry ficou arrasado e indignado.[12] Ele estivera trabalhando em *Debaixo do vul-*

cão por quase uma década, sustentado pela ideia de que iria escrever o primeiro relato realmente revolucionário sobre alcoolismo; e ficou devastado pelo fato de que Jackson havia passado na frente dele, sem mencionar que o romance de Jackson foi um sucesso instantâneo, chegando imediatamente às listas de mais vendidos. Lowry avaliou o livro de Jackson por suas camadas ausentes e Significado Superior — considerando a visão dele sobre o alcoolismo (entediante) um insulto à sua visão do alcoolismo (trágica) —, mas esse esnobismo era de pouco consolo: Jackson ainda havia diminuído sua obra-prima, tirando-lhe a originalidade. Lowry queria o controle da tragédia mesmo que seu romance expusesse a tolice da necessidade de um bêbado em fazer isso.

Publicado em 1947, *Debaixo do vulcão* se passa no Dia dos Mortos, enquanto o cônsul se embriaga no "veloz ocaso alcoólico perfumado de couro"[13] de uma cidade mexicana fictícia chamada Quauhnahuac (baseada em Cuernavaca, onde o próprio Lowry havia morado e se embriagado grotescamente o tempo inteiro). O cônsul havia sido deixado pela esposa, Yvonne, e passou o ano ansiando pela volta dela. Mas quando Yvonne chega, ele só consegue falar do porre que tomou em Oaxaca depois que ela foi embora. Ele esperava que a volta dela pudesse salvá-lo de si mesmo, mas apenas encerra a ilusão de que ele poderia ser salvo por alguma coisa.

A trama do romance, apesar do ritmo de sonho febril, é surpreendentemente fiel à pequeneza da vida de um bêbado: vemos o cônsul tentando não beber, bebericando uma preparação de estricnina de um médico, caçando o álcool escondido, tentando trepar com a esposa, fracassando em trepar com a esposa, tentando não beber, bebendo mesmo assim, desmaiando. Mais do que oferecer uma visão sentimental do lar que fazemos nas trevas, *Debaixo do vulcão* ilumina essas ilusões por dentro. O romance oferece o bêbado como mártir e símbolo, a bebida, uma comunhão sombria — o cônsul bebe como se "estivesse tomando um sacramento eterno"[14] e lamenta o mundo que "atropela a verdade e os bêbados junto!" — mas o melodrama do cônsul invariavelmente é exposto e censurado. Como outro personagem expressa: "Percebe que enquanto você luta contra a morte, ou o que quer que imagine estar fazendo, enquanto o que é místico em você está sendo liberado, ou o que quer que imagine que está sendo liberado, enquanto você aproveita tudo isso, percebe que concessões extraordinárias são feitas a você pelo mundo que tem de lidar com você?".[15]

Quando outros personagens criticam o cônsul, é também Lowry criticando a si mesmo pelas concessões extraordinárias feitas em favor dele. O livro é a grandiosidade de um bêbado esvaziada por um autor que quer exorcizar as fantasias que abastecem sua própria bebedeira. O corpo bêbado do cônsul constantemente interrompe suas indulgências líricas: "A vontade do homem é insaciável",[16] ele explica, então adormece. "De repente, ele é tomado por um sentimento e, ao mesmo tempo, por um ataque violento de soluços."[17] A bebida é um voo frustrado para a transcendência, como um cão acorrentado no poste latindo para o céu.

Quando o cônsul faz um monólogo rapsódico sobre o esplendor encantado de uma "taverna no começo da manhã", Yvonne o interrompe para perguntar se o jardineiro foi embora de vez. O jardim está uma bagunça. O cônsul permanece irredutível. Ele não tem nada além de músicas de amor para a divindade irregular da vida nos bares. "A não ser que você beba como eu, como pode querer compreender a beleza de uma velha de Tarasco que joga dominó às sete da manhã?"[18] Percebe-se que, para o cônsul, a mulher jogando dominó no bar ainda é bela às oito da manhã, e às nove da manhã, e às dez da noite. Percebe-se que o cônsul quer acreditar que ele é o único que consegue ver isso: "Ah, ninguém além dele sabia como tudo era belo, o sol, o sol, o sol inundando o bar de El Puerto del Sol, inundando os agriões e as laranjas".[19] O "ah" se torna uma placa de trânsito recorrente: "Cuidado, melodrama à frente". Mas a insistência do cônsul na singularidade de sua própria visão bêbada é perpetuamente minada pelas questões do mundo prático puxando sua manga: o jardim bagunçado, um ataque de soluços.

A tragédia do cônsul não é a tragédia de um Significado Superior, é a tragédia da ausência de significado — o fato de que seu sofrimento pode não significar nada mesmo. O crítico Michael Wood o chama de "um grande livro sobre a grandeza perdida, sobre a tragédia especializada que existe na indisponibilidade da tragédia que você quer".[20] O cônsul está constantemente imaginando as histórias épicas que podem incluí-lo: "Vagas imagens de dor e tragédia acendem em sua mente. Em algum lugar, uma borboleta nadava para o mar: perdida".[21]

Perdida! Dá para imaginar as manchetes de jornal passando como um letreiro na embriagada ideia de história do cônsul: "Pequena borboleta laranja sem saber ao certo para onde fica o norte; o homem fica bêbado e acha tudo profundo".

Debaixo do vulcão acabou concedendo a Lowry certo pedestal literário, obtendo uma aclamação duradoura que Jackson nunca recebeu, mas a bebedeira de Lowry só piorou depois que o romance o fez famoso. "O sucesso talvez seja a pior coisa que pode acontecer a qualquer autor sério",[22] ele escreveu para sua sogra. Estava em frangalhos quando foi para Nova York comemorar as críticas do livro. "Ele é o cônsul original do livro",[23] observou alguém que o viu naquela viagem, "uma pessoa curiosa — bonito, vigoroso, bêbado — com uma aura de gênio e uma eletricidade pessoal quase perigosa, possuída pelo demônio." Seu *delirium tremens* piorou tanto que ele não conseguia segurar um lápis. A inteligência de Lowry enxergava a bebedeira de qualquer ângulo, mas ele não conseguia encontrar uma saída.

"Um pouco de autoconhecimento é algo perigoso", diz o meio-irmão do cônsul, ele próprio não muito fã da sobriedade. Vemos esse autoconhecimento alojado no romance como um verme no fundo de uma garrafa de tequila. Não salvava ninguém.

Eu e Dave fizemos uma festa da fruta do milagre em janeiro. Significava que todo mundo recebia uma pilulazinha roxa que deixava tudo doce. Servimos limões, limas e toranjas. Dava para morder ela inteira, como uma maçã. Tinha gosto de bala. Estávamos na metade do inverno e minha cozinha estava quente com os corpos de alunos da pós. Eu bebi cerveja com gosto de chocolate e vinho com gosto de xarope e, num certo ponto, a noite apagou. As pessoas estavam lá e não estavam; éramos apenas eu e Dave na cama. Depois éramos eu e Dave na cama, mas de manhã. Foi o primeiro apagão real que tive com ele — a primeira vez que me deixei ir tão longe.

Depois de um apagão, a memória lida com pedaços da noite anterior como uma mão parcial de pôquer. Você recebe partes da situação, mas nunca sabe exatamente que jogada fez. Perguntei a Dave o que tinha acontecido:

passei vergonha na frente de todo mundo ou só ficou óbvio depois que eles se foram?

"Só depois que eles se foram, acho", disse ele. Era uma boa notícia.

"Fiquei assustado", ele disse. "Você não falava coisa com coisa."

Dave geralmente não dizia coisas como "fiquei assustado". Mas disse. Fiquei murmurando, chateada, incompreensível. Quando nos levantamos para limpar a cozinha, estava frio e o jardim estava coberto de gelo à frente das janelas do sótão, reluzindo na pura luz brusca do inverno. Um esquilo subiu no alto de um poste telefônico e parecia não conseguir descer de novo. Achei que estava aterrorizado. Dave achou que talvez ele se sentisse triunfante. A luz do inverno era linda, incisiva e cristalina, mas eu não achava que tinha direito a ela. Era como o cônsul, como Lowry o descrevia: "Ele havia perdido o sol: não era seu sol".[24]

Enquanto isso, a cozinha estava uma bagunça. Tudo que havia sido doce voltava a si novamente, murcho ou endurecido. Havia copos plásticos vermelhos por todo canto. Quando Dave suspendeu uma colher da mesa e o prato de plástico embaixo levantou junto, grudado com vinho, parecia que o prato estava flutuando. Dave viu o prato voando; eu vi a mancha de vinho. Ele queria tirar uma foto: *Levitação!* Eu já pensava: *Vou beber de novo esta noite?* E onde? E quando?

Quando visualizei o olho roxo de Peter, da queda, tentei imaginar como ele havia acertado o rosto, ou onde mais estava machucado, e me perguntei quem estava cuidando dele. Eu me perguntei se ele tirou uma noite de folga da bebida — talvez uma segunda-feira. Era como se Peter e eu ainda estivéssemos dentro de algo juntos, algo que tinha a ver com a bebida. Dessa forma, éramos mais parecidos do que eu jamais seria com o Dave.

Eu estava grávida quando demos a festa da fruta do milagre, apesar de ainda não saber. Quando fiz o teste de gravidez algumas semanas depois, no banheiro enfiado nos fundos dos corredores labirínticos de um enorme castelo gótico no campus, o sinal positivo fez algo desabrochar em mim: prazer e terror ao mesmo tempo. Dave me encontrou depois de um de meus seminários que eu passei me remexendo distraída, ouvindo outras pessoas falarem sobre o afastamento pós-colonial de formas líricas tradicionais. Era começo de fevereiro: céus pétreos sobre a pedra gasta, a grama pisada e destruída sob trechos de neve. Dave pegou minha mão enluvada em sua mão enluvada e perguntou o que eu queria fazer. Ele disse: "Estou com você não importa o que escolha".

Isso me surpreendeu: não que ele fosse ficar comigo, mas que tratasse do caso como uma escolha. Não conseguia me imaginar tendo um bebê — não naquele momento, poucos meses de amor, quando tudo estava apenas começando. O fato de Dave estar disposto, de dizer que iria assumir, uma vida inteira como pais juntos, tornou a possibilidade real: eu o imaginei ensinando um garotinho de cabelo lambido a tocar violão. Eu o imaginei ouvindo a história inventada da nossa filha, fazendo perguntas a ela: "Como o esquilinho aprendeu a ser menos medroso?". Depois de falar com ele, tive mais consciência da perda do que antes havia tido sozinha: a perda da criatura que havíamos criado com nossos corpos, e criada de novo com nossa conversa naquele dia no frio quebradiço, imaginando a possibilidade de uma vida compartilhada.

Quando percebi que estava grávida, fiquei enojada pelo quanto estivera bebendo. Imaginei um bebê ainda não inteiro feito de gim, com pezinhos de barbatanas e mãos de couve-flor em conserva dentro de mim. Mas não parei. Se iria abortar, que diferença fazia? Ainda me deixava enojada imaginar o feto como um cubinho de gelo minúsculo coberto de uísque. Estava nervosa com a recuperação — com medo de parecer carente, ou não atraente; com medo de ser menos desejada. Quanto tempo teríamos que esperar para fazer sexo novamente?

Na manhã que fiz o aborto, Dave segurou minha mão enquanto passávamos pelo pessoal em protesto na frente da clínica Planned Parenthood — idosos, com cadeiras de praia, segurando os mesmos cartazes que sempre seguram, uma rede bagunçada de tecido e sangue. Fiquei brava com eles, por todas as mulheres que assustaram e envergonharam, mas também senti uma tristeza que não conseguia precisar. Tinha a ver com a forma com que passavam tantos de seus dias nessas cadeiras de praia, enlutados.

Quando saí de lá, três horas depois, fiquei grata pela mão de Dave, grata pelo seu cheiro e sensibilidade — a aspereza de sua barba por fazer contra meu rosto. Ele me abraçou, forte, por longos momentos, no meio da sala de espera. Anos depois, ele escreveu um poema que terminava com aquela mesma lembrança de nossos corpos juntos: "Eles se beijam no meio de uma sala de espera e choram/ porque não estão pensando/ em como serão vistos". Não conseguia me lembrar de beijar na sala de espera ou de chorar, mas me lembrava precisamente de como havia sido: não pensar em ser vista. Conseguia me lembrar do abraço dele, envolvente, absoluto.

Um mês após o aborto, fiz uma cirurgia cardíaca para corrigir uma taquicardia persistente — episódios de batimentos rápidos, gratuitos, que ouvi dizer que iriam lentamente desgastar meu coração antes do tempo. Não iria cair morta se não fosse tratada. Mas poderia não viver tanto. Era interessante para mim: não estava salvando minha vida agora; estava dando mais anos para uma futura versão minha. Estava preservando-a. Foi a segunda vez que pedi a Dave para cuidar de mim logo após o aborto — após noites que passei deitada acordada na cama ao lado dele, me revirando com o nó quente de dor que não esperava sentir. Quando ele acordava, passava a mão nas minhas costas, cochichava no meu pescoço. Eu gostava dessa dinâmica: ser cuidada, ser entendida como vulnerável. Mas me deixava envergonhada achar qualquer parte disso atraente.

Na noite antes da cirurgia, tive o cuidado de só beber umas tacinhas de vinho. Parecia prudente garantir que não houvesse muita bebida perdida correndo pelo meu sistema quando fosse para a cirurgia na manhã seguinte. Antes de ir para a cama, disse a Dave que estava nervosa: e se não funcionasse? E se algo desse errado e eu terminasse com um marcapasso? Tinha ouvido falar que era improvável, mas possível.

Nunca tinha visto Dave com aquela expressão: um endurecimento, como se o sangue tivesse esfriado e se transformado em gel sólido sob a pele: "Não se preocupe", ele disse. "De que adianta?"

De repente, fiquei envergonhada, como se tivesse feito algo errado em me preocupar, ou sendo um peso para ele falando disso. Não disse mais nada.

Depois que acordei da cirurgia, o cirurgião me disse que não havia funcionado. Minha cardiologista foi à minha cama no hospital com um frasco de pílulas — um bloqueador beta chamado Sotalol — que eu deveria começar a tomar. O remédio era muito forte e eu teria que ficar no hospital por mais três dias enquanto eles rastreavam seu efeito no meu coração. Ao notar um copinho de martíni desenhado no frasco com um *x* sobre ele, imediatamente escondi o medo por trás de perguntas casuais. "Isso é era padrão?", perguntei, esperançosa. Apenas uma situação do tipo geralmente não é uma boa ideia beber sob medicação? Ou era sério? Queria que a cardiologista desse a palavra final: eu podia beber ou não?

A médica sugeriu que eu não bebesse por alguns meses e veríamos como seria. Claro. E talvez eu pudesse passar alguns meses sem usar as mãos. Fiquei frustrada não apenas pela ideia de não beber (*nada mesmo?!!*), mas também pela ideia de que talvez não fosse grande coisa, que podíamos apenas "esperar para ver".

Dave passou as noites comigo no hospital. Levou pudim de pão, nossos dois garfos plásticos espetando a massa trêmula de baunilha, e descobriu em que gaveta do posto das enfermeiras havia pacotes extras dos biscoitos que eu gostava. Ele tornou os dias no hospital sagrados. Mas havia certas coisas que me confundiam. Quando recebi alta e ele veio me pegar, por exemplo, ligou do carro. "Pode me encontrar aqui?", disse. "Não quero estacionar." Eu estava na cama de um hospital havia cinco dias, mas não queria pedir ajuda extra; era como se já tivesse pedido demais. Então, coloquei a sacola de lona no ombro e desci — tive que me sentar no elevador, no piso frio e sujo, para não desmaiar. Quando cheguei ao carro, não disse nada. Lembrei do olhar no rosto de Dave quando disse que estava assustada — antes da cirurgia — e não queria vê-lo novamente.

Quando cheguei em casa do hospital, decidi que o conselho da médica sobre não beber era apenas um *conselho*. Ela teria sido mais rígida e menos casual se não fosse. Foi um conselho que decidi não seguir. *Veremos*, pensei. Significava tentar diminuir a bebida um pouco, não conseguir diminuir a bebida e não tomar o remédio para o coração sempre que bebesse demais, o que parecia com a devida diligência. Também dei um Google em "Sotalol" junto a todo tipo de álcool que pensei para ver se encontrava a garantia de que ficaria tudo bem ou, então, um alerta sério o suficiente para me fazer parar completamente de beber.

Cerca de um mês depois, a cardiologista pediu algo chamado monitor Holter para verificar se a medicação estava funcionando. Era uma caixa que eu usaria ao redor do pescoço por vinte e quatro horas, presa a monitores ECG grudados em meu peito que mediam a frequência cardíaca. Disse a mim mesma que não beberia no dia em que usaria aquilo. Não queria foder com os resultados. Estava preenchida de sabedoria da internet: "Beber álcool afeta a eficácia do Sotalol", a Autoridade de Segurança de Medicamentos e Equipamentos Médicos da Nova Zelândia havia dito —, citando a empresa farmacêutica —, e acreditei neles. Se bebesse com o monitor Holter, imaginei que os dados seriam uma evidência incriminadora, com um pico na frequência cardíaca por volta da meia-noite. Mas, então, fui a uma leitura no campus e pareceu esquisito, quase ingrato não tomar uma tacinha de vinho depois — era de graça! —, e antes que me desse conta, estava sentada num bar do centro com uma amiga bebendo martíni com o estranho aparelhinho cardíaco pendurado no pescoço.

Uma semana depois, a cardiologista ligou para dizer que o Sotalol não estava funcionando. Tive que ficar no hospital por mais três dias enquanto eles testavam a nova droga, cujo frasco também tinha uma tacinha de martíni com um *x* em cima. Troquei de remédio, continuei bebendo, continuei no Google — dessa vez com um novo medicamento na barra de pesquisa: "flecainida + álcool + morte".

Na primavera, Dave descobriu que havia sido aceito no Workshop de Escritores e voamos para Iowa para procurar apartamento — eufóricos em pensar sobre os contornos de uma nova vida, numa nova cidade. Estávamos juntos havia cinco meses, e a aceitação parecia o destino endossando nosso entusiasmo. Para Dave, que cresceu nos bairros elegantes de Boston, era a primeira vez que iria para a região Oeste do Mississippi. Alugamos um apartamento no segundo andar de uma casa branca de fazenda no fim da rua da cooperativa local, a poucos minutos a pé de onde eu havia vivido cinco anos antes naquele primeiro ano de fogueiras e apagões. Era uma emoção diferente, organizar um lar juntos tão rápido — como fazer uma aposta grande num promissor jogo fraco de texas hold'em antes das estapas *flop*, *turn*, ou *river*. Eu estava pronta para voltar a Iowa com o que tinha desejado quando morei lá da primeira vez: um homem e um pouco de sucesso, duas medidas de valor que sempre compreendi como interligadas. Dave estava em êxtase com a ideia de passar dois anos escrevendo poesia — em vez de escrever *so-*

bre poemas, como vinha fazendo no doutorado — e empolgado de se mudar para uma cidade que não guardasse oito anos de seu passado.

Nessa época, eu estava editando meu romance, ainda bebendo, e ainda escrevendo minha personagem que bebia pesado como uma mulher com quem eu não tinha nada em comum. Minha editora disse que queria que o romance dramatizasse a possibilidade de recuperação — como tensão narrativa, mesmo que fosse frustrada. E se eu incluísse um encontro do AA, ou até mesmo uma fase de sobriedade?

Nunca havia ido a um encontro do AA e não conseguia realmente imaginar como era. Imaginava cadeiras dobráveis no subsolo de uma igreja, copos de isopor com café fumegante. Era isso. Mas não queria ir a um encontro para fazer pesquisa. Talvez alguma parte de mim estivesse nervosa com o que eu fosse ouvir. Então fiz um breve rascunho e escrevi sobre Tilly observando pessoas que faziam parte de algo — fazendo café, trocando números de telefone, compartilhando histórias de vida — e se considerando um fracasso em comparação a elas porque sua sobriedade consistia em memorizar a programação da TV e ficar de olho no relógio. Era tudo que eu podia conceder à sobriedade. Até as segundas-feiras sem beber haviam sido bem ruins.

Tilly vai a um encontro do AA com seu filho adulto, que sai na metade porque não quer estar lá. Eu também não queria estar lá, na cena ou escrevendo sobre a cena. Enquanto observa o filho saindo, Tilly ela pensa na diferença entre eles: ele pode sair da sala porque não vivia no mundo em que ela vivia, um mundo definido por um anseio incessante. Ainda não estava certa sobre o mundo em que eu vivia, se eu era alguém que podia ficar de pé e escolher meu lugar desconfortável entre cadeiras dobráveis, largar a bebida como um namorado de quem eu estivesse farta, ou se tinha que ficar na sala — uma sala cheia de gente que tinha que fazer algo sobre um desejo constante.

Em seu livro, *In the Realm of Hungry Ghosts* [No reino de fantasmas famintos], Gabor Maté — médico que trabalhou com viciados de bairros pobres em Vancouver — compara viciados com "fantasmas famintos" na Roda da Vida Budista: "criaturas com pescoços esqueléticos, bocas pequenas, membros emaciados e grandes barrigas vazias inchadas".[25] Seus corpos são expressões físicas do "vazio ansioso" que leva ao vício, que Maté descreve como a procura por "algo fora de nós mesmos para conter um apetite insaciável de alívio ou preenchimento". Mas, para Maté, os viciados não têm o monopólio da procura: "Eles têm muito em comum com a sociedade que os condena ao ostracismo. No espelho escuro de suas vidas, podemos traçar os contornos das nossas próprias vidas".[26]

Argumentar que o vício apresenta um espelho escuro para famintos mais universais não é a negação de seus mecanismos físicos — neurotransmissores e suas adaptações — ou a negação da dependência química como fenômeno discreto com uma realidade fisiológica própria. Simplesmente, é o reconhecimento de que os anseios operantes no vício não deixam de se relacionar com os desejos que aparecem em todos: o anseio de encontrar prazer, de entorpecer a dor, de encontrar alívio.

Por décadas, grande parte da pesquisa científica sobre o vício sugeria uma certa inevitabilidade em seus mecanismos — como se fosse operada fora do contexto, compelida por uma velocidade única própria. Do fim dos anos 1960 até o fim dos 1980, os estudos científicos que tinham mais divulgação na imprensa (e com frequência financiamentos melhores) eram feitos com animais enjaulados treinados a tomar drogas até a forma compulsiva.[27]

Uma piada de laboratório sustentava que a definição de droga era qualquer substância que, dada a um rato, resultava em um artigo científico.[28] Os ratos apertavam a alavanca da cocaína até morrer.

Esses artigos acabaram se transformando em sabedoria popular e em especiais extracurriculares: *Rato da cocaína* era o título de um vídeo de utilidade pública de 1988 que mostrava um ratinho branco mordiscando comprimidos desesperadamente até cair para trás de pernas para o ar, com as garrinhas se agitando, o pelo emaranhado sombreado pelas barras da jaula. "Isso se chama cocaína", dizia o locutor, "e pode fazer a mesma coisa com você."[29]

Mas o locutor não explicava que os ratos, que pressionavam a alavanca de cocaína até morrer, eram mantidos sozinhos em jaulas brancas vazias. Tinham aparatos de injeção implantados nas costas. Frequentemente passavam fome. Poucos cientistas acabaram se perguntando: E se tiverem companhia? E se tiverem algo mais a fazer? No começo dos anos 1980, os cientistas fizeram o Rat Park,[30] um habitat espaçoso de compensado pintado com pinheiros e cheios de plataformas para escalar, rodinhas para correr, latinhas para se esconder, pedaços de madeira para brincar e — mais importante — vários outros ratos. Nessa jaula, os ratos não pressionaram a alavanca de cocaína até morrer. Tinham coisas melhores a fazer. A questão não era o quanto as drogas eram viciantes, mas que o vício era alimentado por muitas outras coisas além da droga em si. Era alimentado pelo isolamento na jaula branca e pela alavanca como substituto de tudo mais.

A maioria dos viciados não vive em jaulas brancas vazias — apesar de alguns viverem, quando são presos —, mas muitos vivem em mundos definidos por estresses de todo tipo, financeiro, social e estrutural: o peso do racismo institucional e da desigualdade econômica, a ausência de um salário mínimo. A capa original de *Blueschild Baby* de George Cain tinha a ilustração de um homem negro prendendo o braço com uma faixa da bandeira americana, bombeando as veias para a próxima dose de heroína.

"O que foi que na verdade me tornou um consumidor de ópio?",[31] Thomas De Quincey se perguntou em 1821. "Miséria, desolação absoluta, trevas contínuas."

A maioria dos viciados descreve a bebida ou as drogas como o preenchimento de algo que falta. Uma vez, conheci uma mulher que se descreveu como um balde que vazava, e ela ficava tentando encher: com bebida, com autoafirmação, com amor. David Foster Wallace certa vez chamou o álcool de "a peça que falta no quebra-cabeça interior".[32] O balde vazando e a peça faltando são imagens do "ser autoconstruído como falta" de Sedgwick. Apesar de essas declarações circulares de causa — beber para preencher a falta, que a bebida só aprofunda — levantarem a mesma questão: de onde vem a falta?

Eu poderia contar mil e uma histórias sobre a minha falta. Histórias sobre os homens da minha família, como já comecei a contar — sobre meu pai sempre viajando, meus irmãos maravilhosos e a circunspecção poderosa deles —, e como um ser é moldado pela procura. Esse é o conto de fadas psicológico das profundidades, canhotos de passagens de avião como uma arma fumegante: *Ahá!* Mas sempre desconfiei da objetividade dessa história — psicanálise de 1,99 transformando feridas em cartas de tarô — ou de como pareciam atribuir a culpa do meu relacionamento com substâncias às pessoas que passaram a vida me amando. Minha infância foi mais fácil do que a infância da maioria e, mesmo assim, acabei bebendo.

Talvez, precise contar uma história diferente sobre a falta. Talvez não tenha tanta relação com a vida do meu pai na ponte aérea quanto com a transmissão de partes de seu código genético para mim, as variações cromossômicas compartilhadas que tornavam nossos sistemas neurais mais propensos a criar dependências. Pensei em rastrear nossa herança cromossômica através de gerações — meu pai, o pai dele, quem sabe quantos pais antes dele, todo o caminho de volta através dos galhos de nossa árvore genealógica carregados de uísque. Nesses anos todos, não dá nem para contar quantas doses de uísque ganhei de presente devido ao nosso sobrenome, como se meus ancestrais alcoólatras estivessem erguendo um copo em minha direção.

Ou, talvez, a falta seja sistêmica: nasci em meio a um capitalismo avançado, um sistema econômico que me vendeu a ideia de que eu era insuficiente para me vender a ideia de que o consumo era a resposta para a minha insuficiência. É verdade que as pessoas adoravam um porre bem antes do capitalismo, mas também é verdade que uma das promessas básicas do capitalismo — transformação através do consumo — é outra versão da promessa que o vício faz. *Faça algo de si mesmo*: é um dos artigos seculares de fé no evangelho americano da produtividade. Então, passei anos fazendo o máximo que podia. Mas, no final das contas — mais especificamente, no final de cada dia —, fiquei exausta de fazer tanto e queria silenciar o falatório dessas incitações. Por isso, o gim. Por isso, o vinho.

Se imaginarmos a história da falta como algo incrustado em nós, um projeto interno para a noção de ausência, então é uma história que ainda está sendo escrita. O Estudo Colaborativo sobre a Genética do Alcoolismo [Coga] é um projeto de pesquisa em andamento desde 1989 que entrevistou e pegou amostras de sangue de mais de 17 mil membros de mais de 2.200 famílias com o objetivo de esclarecer fatores genéticos específicos que colocam as pessoas em risco de alcoolismo e de evidenciar — num sentido mais amplo — a convicção do meu pai de que beber era mais perigoso para nós.[33]

O estudo Coga ligou certos fenótipos (características observáveis) a regiões específicas do DNA em vários cromossomos: o fenótipo de "baixo nível de resposta" (isto é, é preciso beber mais para sentir a mesma coisa) e o fenótipo de "dependência de álcool" eram ambos ligados à mesma região no cromossomo 1, enquanto o fenótipo de "número máximo de drinques consumidos num período de vinte quatro horas" (geralmente nove ou mais era sinal de problema) estava ligado a uma região no cromossomo 4. A evidência que sustenta a base genética do alcoolismo é praticamente inquestionável.[34]

O que quer dizer: somos todos dependentes, mas algumas pessoas são mais dependentes do que outras, e diferentes tipos de dependência deformam nossas vidas de maneiras diferentes. Meu alcoolismo tinha algo a ver com a família, e com meu cérebro, e com os valores que fui ensinada a venerar: excelência, encantamento, tudo superlativo. Todos esses contos do *porquê* são verdadeiros e também insuficientes. O estado de insuficiência faz parte do ser humano e respondi ao meu estado particular de insuficiência bebendo — porque eu estava programada e direcionada para isso, porque, quando comecei a fazer isso, o tipo de garantia física proporcionado foi muito eloquente: *Com isso, você vai se sentir suficiente.*

Beber prometia uma versão de consciência que significava não me debater infinitamente com minhas questões internas, confusa e agitada, querendo sonhar. A bebida prometia me libertar do estado padrão de precisar algo dos homens. Era um objeto que sempre estaria disponível. Mas quando a promessa foi quebrada, seguidamente, a carência que originou a ansiedade ficou mais intensa. Era a isca e a troca: prometia prazer e oferecia vergonha. Prometia autossuficiência e oferecia dependência. Também era *gostoso* pra caralho. Mas era sempre um voo temporário. Quando voltava a mim mesma a cada manhã, a fenda da carência apenas tinha se aprofundado, incrustada e ainda mais teimosa — como um salto, salto, salto na música.

No verão, antes de mudar para Iowa, fiz vinte e seis anos numa cidadezinha chamada Riomaggiore, na costa liguriana da Itália, onde Dave e eu estávamos gastando o dinheiro final da nossa bolsa estudantil — de forma impulsiva, romântica, pouco inteligente — num apartamentinho com vista para o

Mediterrâneo. Riomaggiore se organizava ao redor de uma única rua íngreme que ia das montanhas para o mar, onde barcos de pesca balançavam ao redor de uma plataforma de madeira projetada sobre as ondas. Casas altas e estreitas tomavam a rua como dentes tortos, em tons de fúcsia, creme, tangerina, menta e rosa. Por algum motivo, as venezianas eram pintadas de verde. Dave e eu nos sentávamos nas rochas ao lado do mar, torrando ao sol, e inventávamos histórias para explicar por que foram todas pintadas da mesma cor.

"Bem, definitivamente, tem a ver com uma mulher", Dave disse.

"Talvez um caso?", sugeri. Imaginamos uma mulher com olhos de pistache e o prefeito, que não podia ficar com ela — então ele inventou a lei de que todas as venezianas da cidade tinham que ser pintadas do mesmo tom dos olhos dela, como uma homenagem oblíqua ao amor secreto dele.

Aquela semana foi cheia de brincadeiras: pendurar bilhetes um para o outro no varal na frente da janela da cozinha, ao lado do meu biquíni incrustado de sal; cozinhar um prato local chamado polvo no inferno, feito com tomates, azeite e paciência. Os restaurantes da cidade serviam vinho em jarras, como os restaurantes nos Estados Unidos serviam água em jarra, e estar de férias num lugar bonito deixava menos esquisito ficar altinha toda noite. Nunca contei a Dave que não deveria beber por causa do remédio para o coração, então ele nunca se importou com isso. Mas, vez ou outra, deitada de noite depois de tanta bebida, meu coração ficava louco — martelando sob as costelas.

Dave adorava um bolo local chamado *torta di riso*, feito de arroz e casca de laranja, e se convenceu de que a velhinha que cuidava da padaria perto das docas iria ensinar a receita.

"Ela não vai convidar um estranho à cozinha dela", disse a ele.

"Vamos ver." Ele deu de ombros, sorrindo e, de repente, lá estava sobre uma mesa enfarinhada na ancestral cozinha da mulher aprendendo a ferver o arroz no leite com cascas de laranja e uma única fava monstruosa de baunilha. Dave achava que podia usar seu charme para tudo. Na maioria das vezes, podia.

Uma tarde, estávamos deitados na cama, depois de fazer sexo, conversando sobre o *Paraíso perdido*, de Milton — um dos livros que eu tinha que estudar para minhas provas orais de setembro — e eu estava defendendo Eva. Ela havia sido enganada.

"Bem", ele disse, "não se pode dizer realmente que Eva não *foi* responsável pela queda."

"Se você fosse feito da porra de uma *costela* de alguém", eu disse, "você também poderia querer comer da árvore do conhecimento."

"A serpente estava se aproveitando da vaidade dela", ele disse. De alguma forma, nossas vozes ficaram mais inflamadas. Não gostei de estar pelada e puxei os lençóis mais firme ao redor do corpo. Era menos por causa da discussão — Eva era culpada, Adão era culpado, a serpente era culpada; ninguém estava limpo, essa era a questão — e mais porque nenhum de nós dava o braço a torcer. Nós dois precisávamos estar certos.

De aniversário, Dave disse que iria me ensinar a andar de bicicleta. Desde que soube que nunca aprendi, estava determinado a me ensinar. "Vai ser incrível", ele disse. "Você vai sempre se lembrar desse aniversário como aquele em que aprendeu a andar de bicicleta."

"Tá", eu disse, porque não queria decepcioná-lo. Mas, na verdade, não queria passar meu aniversário aprendendo a andar de bicicleta. Queria ficar deitada nas pedras, no sol, e criar histórias sobre venezianas bebendo vinho tinto de jarros de cerâmica.

Alugamos uma bicicleta e a levamos por uma trilha de terra nos morros acima da cidade. O sol estava a pino e por horas fiquei tentando e caindo, tentando e caindo. Dave estabilizava a bicicleta e me empurrava por trás. "Só pedale!", disse ele. "Só confie!" Mas eu não conseguia confiar. "Ter medo de cair é o que te faz cair", ele disse, o que só fazia com que a coisa toda parecesse o veredito da minha personalidade.

Tentamos por uma hora: eu pedalando, a bicicleta caindo, ele pasmado e espantado. Meu nervosismo se transformou em frustração física bruta que acabou me fazendo chutar a bicicleta como uma criança fazendo birra.

Comecei a chorar. "Podemos parar?", eu disse.

"Te frustra não estar no controle", ele disse, completamente calmo.

"Só quero parar", falei.

"Depois de mais algumas tentativas", ele disse, com a decepção flagrante em seu rosto.

Quando eu olhava para a situação da perspectiva dele, minha reação parecia absurda: ele havia planejado a tarde inteira para comemorar meu aniversário e eu tinha estragado tudo ficando chateada. Mas meu medo de decepcioná-lo era um pânico bruto, instintivo — não era algo que conseguia controlar. Só queria que ele tivesse dito: "Você odeia isso. Vamos parar". Muitas das nossas brincadeiras — as histórias que inventamos, os bilhetes que trocamos, as briguinhas por causa de livros — se baseavam em impressionar um ao outro. Às vezes, era exaustivo.

Na nossa última noite, nos sentamos em cadeiras bambas de madeira e comemos melão embrulhado em prosciutto gordo, pontilhado de sal marinho; bebemos vinho em canecas; observamos raios caírem como lâminas afiadas e repentinas sobre a água. A aula de bicicleta foi só um absurdo olhando pelo espelho retrovisor. Por que eu chorei? Havia música vindo de uma igreja no morro. Nos levantamos e dançamos, tiramos nossas roupas, sentimos o ar frio salgado e o calor do corpo um do outro.

Em Milão — a caminho de casa —, bebemos martínis nos canais verdes, passeando por lojas de antiguidades que vendiam gaiolas douradas descartadas e cafés onde as mulheres fumavam cigarros compridos nos lábios cobertos de rosa enquanto, de alto-falantes escondidos, Serge Gainsbourg cantava. Bêbada e tonta — grata com o mundo como cenário e trilha sonora para nosso amor —, tinha certeza de que nos casaríamos um dia e nossa vida seria feita de noites como essas.

Era essa a sensação de beber quando ainda era bom. Era gostoso beber pastis turvo num pub no verão, jogando carta com Dave e seus irmãos, manchando nossas bocas de carmim com o vinho barato da casa. Era gostoso dirigir até o chalé de um amigo e dividir uma garrafa de uísque ao redor da fogueira assando marshmallows nas chamas e envolvendo pão de alho em alumínio para deixá-lo borbulhante de quente. Era gostoso beber cerveja Red Stripe gelada na varanda do nosso novo apartamento em Iowa, beber vinho branco na cozinha úmida, nossa cozinha úmida, enquanto eu enfeitava pratos de risoto, o primeiro prato que cozinhei para ele naquela noite em que fatiei o dedo. Eram essas as noites — na varanda, no pub, na fogueira, carregava-as como prova: *Veja, pode ser perfeito*, querendo tanto acreditar que a bebida podia eletrizar tudo sem cobrar um preço.

Inicialmente, a vida com Dave em Iowa era luminosa: noites de final de verão na varanda de madeira comendo milho verde e tomates verdes misturados às folhas cruas e perfeitas da salada, com queijo de cabra amish e pedaços rasgados de baguete. Passamos tardes jogando pinball em bares escuros, com suaves bigodes de espuma de cerveja enquanto bolas prateadas zuniam pelas horas silenciosas e grudentas. Fomos tomar *brunch* no chalé de um amigo ao lado do rio, ele estava fritando bacon na cozinha, fumando um cigarro sobre o fogão. Aquela manhã tinha cheiro de café e fumaça, gosto de bacon salgado, quente e crepitante, brilho do sol no rio.

Dave adorava o mundo de escritores de Iowa City, a comunidade e a atração boêmia — a qualidade transitória de Iowa, como se expandia para preencher o tempo que se quisesse —, as conversas se derramando pelos cantos das horas, as noites terminando onde não se esperava: acompanhando o poeta visitante de volta até onde ele estava hospedado enquanto o dia nascia sobre a rua Dodge, ou jogando parataxes no sofá despencado de veludinho marrom de alguém. Dave havia deixado os corredores secos, sem o ar da academia, para viver uma vida mais expansiva, para viver outra versão do começo de seus vinte anos que ele havia passado de forma mais doméstica, num relacionamento de quatro anos com uma mulher mais velha. Mas eu estava ficando cansada das conservas caseiras de vegetais e dos recitais bêbados de poesia. *Essas festinhas são ridículas*, eu pensava. Quem consegue frequentar tantas numa semana? Parte de mim apenas se sentia excluída. Os poetas apresentavam seus seminários às margens do rio e iam ao bar de noite depois da aula — e eu tinha turnos cedo na padaria onde comecei a trabalhar, três ou quatro dias por semana, para pagar minha parte do aluguel. Acordava às seis da manhã e caminhava um quilômetro e meio até a casinha amarela ao lado do trilho do trem, de uma mulher chamada Jamie: engraçada, eficiente, exigente; alguém sem tempo para baboseira. Quando fui pedir emprego e ela perguntou se eu tinha experiência com panificação, eu disse: "Não muita", na verdade, "Nenhuma mesmo", e ela me contratou mesmo assim.

Na cozinha apertada com forno duplo de três metros e câmara frigorífica estocada com placas congeladas de massa, fazíamos bolos de chocolate com framboesa e pãezinhos grudentos, pão de banana, nossos corpos inteiros se movendo numa coreografia fluida entre os balcões de preparação e a ilha de bolos. O batedor de massa era da altura de um homem pequeno e tinha quatro velocidades e uma marcha, como a de um carro. "É uma Hobart", minha chefe falou, como se eu soubesse o que significava. Minha jurisdição eram os biscoitos de açúcar em formas da estação — folhas e abóboras durante os primeiros meses — assim como a frente da casa: cuidar do caixa, das mesas ocupadas, servir doses de expresso. Eu adorava o trabalho. Jamie me intimidava — ao redor dela eu me sentia tímida e fraca —, mas era legal ter um lugar onde eu era necessária, ainda que não exatamente qualificada.

A padaria também me introduzia a uma versão de Iowa City diferente da que eu havia conhecido da primeira vez, quando não tinha um único número no meu celular com o prefixo 319, o código de área local, porque todo mundo da minha vida era de outro lugar. Agora, eu recebia mensagens de textos da minha chefe pedindo para cobrir turnos ou do padeiro-chefe — um cara da minha idade com uma enorme tatuagem inacabada no bíceps, um senso de humor que ficava entre o sarcasmo e a cafonice, dois filhos, um pequeno e um bebê — que me mandava fotos de seus merengues perfeitos para se vangloriar. Quando minha chefe levava sua filha de cinco anos para a padaria, eu puxava um banquinho e pedia que ela me ajudasse a lavar pratos na pia industrial de três torneiras nos fundos; nós duas ficávamos com os braços totalmente ensopados.

No workshop, todo mundo tinha basicamente entre vinte e dois e trinta e cinco anos, eram estilosos e afiados, mas o pessoal do meu mundo na padaria usava menos preto e sorria mais. Conheci o casal de cinquenta e poucos anos que vinha todos os dias às sete e meia e pedia café com gostosuras matinais — como bolinhos com um pingo de geleia de morango — e perguntava como ia meu livro, e eu mentia e dizia "ótimo", quando, na verdade, nem havia começado.

Em casa, em nossa casinha de fazenda branca na esquina da rua Dodge com a Washington, a vida com Dave não estava exatamente se desenrolando como um desfile de piqueniques de estação de trem à meia-noite. Frequentemente, passávamos o tempo discutindo algo na cozinha, como onde colocar a lava-louças com apenas três rodas, aquela que Dave insistiu em trazer conosco; ou quem deveria lavar a pilha de pratos na pia, porque era trabalhoso demais enfiar a lava-louças em qualquer canto (só tinha três rodas!). Passávamos o tempo agendando visitas com o cara da internet e examinando os documentos certos para me colocar como relação estável para o seguro-saúde. A vida era o aluguel e o aspirador temperamental, e a penetração lenta do silêncio, um silêncio que eu queria entender como intimidade, mas não podia evitar de ler como decadência ao nos sentarmos quietos na mesa da cozinha comendo tomates divinos: *Não tínhamos mais nada a dizer?* Essas mudanças eram apenas comuns, mas nunca havia permanecido num relacionamento para ver o amor se tornar diário.

Eu tinha medo de que Dave se arrependesse da vida que fizemos juntos, medo de que não conseguisse constantemente proporcionar uma versão de mim mesma que ele gostasse o suficiente para escolher em vez de escolher outra pessoa — que eu acreditava que era uma exigência do amor. Não era essa a diferença entre amor e compromisso? Quando eu bebia, meus medos se prendiam a objetos de fixação que pareciam mesquinhos quando eu falava em voz alta: Dave flertando com outras meninas; Dave fazendo planos sem mim. Toda vez que Dave ficava fora até mais tarde, ou parecia distante ou entediado, ou simplesmente ficava *quieto*, eu ficava nervosa. Era um sinal de que ele estava menos interessado do que antes? Divertia-se um pouco menos? Eu ficava assombrada com as palavras que ele usava sobre seu último relacionamento: *ranhuras da domesticidade. Claustrofobia.* A única pessoa da minha família que nunca havia se divorciado era o único tio que vivia numa fazenda no Novo México, onde sua esposa adestrava cães pastores e o pôr do sol atingia os fardos de alfafa com luz escarlate. Mas eles pareciam super-humanos. Dave não era fazendeiro e eu não adestrava cachorros. Mal conseguíamos levar a lava-louças pela cozinha até a torneira.

Passamos grande parte daquele primeiro outono em Iowa viajando para o casamento dos outros onde, inevitavelmente, perguntavam sobre quando planejávamos nos casar — como se tivéssemos entrado na área de caça da estação. Comprávamos as passagens de avião mais baratas que encontrávamos e terminávamos em aeroportos desertos do Meio-Oeste em horas terríveis. Levei um tombo no final de uma esteira rolante em St. Louis às quatro da manhã e Dave me ajudou a levantar, os dois rindo. Estávamos dentro de algum bolsão

A REABILITAÇÃO *159*

de tempo e espaço que era apenas nosso, cheio de esteiras rolantes vazias —
um sonho estranho que estávamos construindo juntos.

Durante aquele primeiro outono em Iowa, eu observava Dave atrás de
sinais de que nosso relacionamento havia sido maculado pela proximidade
e pelo tédio. Observava seus poemas me perguntando se *ela* era sempre eu.
Olhava para o seu celular me perguntando quem mandava mensagem para
ele. O workshop em si se tornou um rival, algo que ele talvez amasse mais
do que a mim.

Uma tarde, quando ele estava no chuveiro, finalmente fiz o que me
imaginei fazendo por semanas: peguei seu celular — com a mão suando,
com medo do que iria encontrar ou de que ele me pegasse olhando — e
passei pelas mensagens. Tudo o que eu queria era o inventário completo de
seu coração e mente — era isso, nada mais. "Preciso' de um encanamento
direto do meu cérebro para o seu", ele me disse uma vez. Eu também queria
isso, para que pudesse me convencer de que nunca teria que duvidar de
nada — que a incerteza não era nativa do amor e que nunca teria que ajustar
contas com ela.

Encontrei uma longa série de mensagens que ele havia trocado, durante várias semanas, com uma garota do workshop chamada Destiny.
Ela tinha vinte e dois, ou algo próximo disso, a mesma idade que eu no
workshop, cinco anos antes, e quando vi um poema que ele mandou para
ela, frase por frase, fiquei enjoada. Ele havia acabado de escrever — eu
sabia porque ele tinha lido para mim —, mas achei que fosse a única com
quem ele o havia compartilhado. As mensagens entre eles eram diárias
e afetivas e, às vezes, dava para perceber, eles se encontravam: "No Java
House agora?". Depois: "Estarei lá em dez minutos! Ou: Te vejo no G esta
noite?", com uma carinha no fim: ☺. A vivacidade deles, os cotidianos, a
energia que trocavam me atingiu como um tapa, uma confirmação dos
meus medos: ele sempre iria cobiçar a sensação formigante de se apaixonar
por alguém em vez de tê-la.

Foi o que disse a mim mesma naquela hora quando era claro que eu
temia que eu precisasse dessas coisas — precisava de novidade e emoção. É parte do motivo pelo qual eu imaginei que ele não poderia viver
sem isso.

Quando Dave saiu do banho, fiquei de cara fechada, em um silêncio miserável até ele finalmente perguntar se deveríamos conversar. Nos sentamos nos degraus da varanda da frente, lado a lado, encarando o pequeno gazebo no parque do outro lado da rua. "Olhei seu celular", disse a ele.

Ele me olhou de soslaio. "Encontrou o que estava procurando?"

"Vi suas mensagens para Destiny." Fiz uma pausa. Ele não disse nada. "Você mandou seu poema inteiro para ela." Aos meus ouvidos, minhas palavras soavam lastimosas, patéticas.

"Por que estava vendo meu celular?"

"Sinto muito", eu disse, e sentia. Mas também achava que tinha sido merecido — como se ele devesse se desculpar comigo. "Não deveria ter feito isso", eu disse. "Eu sei, mas…"

"Mas o quê?", ele disse. Sua voz tinha um tom de irritação.

"Mas eu estava certa", eu disse, e comecei a chorar. "Quero dizer, que havia algo acontecendo."

"Não tem nada acontecendo", ele disse. Sua calma era intencional e segura.

"Quando você flerta assim com alguém", eu disse, "algo está acontecendo."

"Tenho o direito de ter amizades", ele disse.

"Eu te garanto", eu disse, "que ela não encara isso só como amizade."

"O que for que ela pense, sei quais são os limites", ele disse. "E não os ultrapassei."

"Lembra como você me mandava mensagens?", eu perguntei. "Antes de ficarmos juntos?"

Naquelas semanas antes de Dave finalmente me beijar, nossas mensagens me empolgavam — a troca constante, como telefones de latinha estendidos entre dois quartos. Eu me lembrava de sair da cama do Peter para respondê-las.

"Não era eu que estava num relacionamento", ele disse, e claro que estava certo. "Agora estou com você."

"Exatamente!", eu disse. "Quando você está com alguém, não deveria ser assim com outra pessoa."

"*Assim*? Assim como exatamente?"

Sua voz estava fria, dura, quase como um escudo, como se estivesse se escondendo atrás dele. Quanto mais frio ficava, mais aguda minha voz se tornava. "Flertando assim! Mandando mensagens todos os dias. Fazendo ela…"

"Você chama de flertar, eu chamo de amizade. Como você define flertar, afinal?"

"Você sabe bem! Sabe quando está fazendo isso."

"A verdadeira questão", disse ele, "é por que você quis ler minhas mensagens?"

Não respondi, nem conseguia olhar para ele — baixei a cabeça olhando para a madeira lascada nos degraus da varanda abaixo de nós, mas nós dois sabíamos: eu estava com medo.

"Cuidado", disse ele. "Seu medo vai fazer com que as coisas que teme se tornem realidade."

A briga que tivemos naquela noite foi como muitas das brigas que se seguiriam, rodeando algumas questões — O *que contava como flerte?* —, transformando-se em nosso jeito de falar sobre liberdade e medo. "Dá para sentir!", eu repetia, gritando dessa vez, sabendo que soava ridícula, mas pensando: *Você não percebe?* Eu me lançava contra a recusa dele de se desculpar — me desculpando eu mesma por invadir sua privacidade, apesar de minhas desculpas sempre retornarem para algum *porém*: ele não entendia por que uma mulher não iria querer que seu namorado mandasse poemas, frase por frase, para outra mulher?

Ele acabou dizendo que deveríamos tentar dormir. Eram três da manhã. Estávamos brigando havia horas. Joguei água fria no rosto — vermelho como melancia, inchado de chorar — e tentei imaginá-lo olhando para esse rosto degradado pela insegurança e pela carência, e amando-o mesmo assim, e não consegui mesmo imaginar.

Na cama, Dave adormeceu rápido. Brigar o deixava cansado. Mas eu estava bem acordada, bem alerta devido ao conflito, e odiava sentir a dureza do corpo dele ao lado do meu, a fenda entre nossos membros. A briga me enviou uma onda de adrenalina quando tudo o que eu queria era descansar da consciência por um tempo. Fui para o escritório beber porque não conseguia dormir e continuei bebendo até ficar anestesiada. As coisas ainda estavam feias, mas a feiura não me incomodava.

A situação começou a se repetir como um padrão: beber sozinha, no escritório, depois que Dave adormecia. De manhã, eu verificava a pasta de Enviados para ver se eu tinha mandado e-mails durante os apagões. Uma vez vi que tinha escrito para minha cunhada:

> Já se sentiu como se estivesse completamente fora fora da nossa vida? Me sinto tão solitária. Isso faz sentido para você? Provavelmente, não. Não faz sentido para ninguém tão mal como estou. Quero tanto que entenda esse lugar. Te amo.

Sempre que ficava bêbada, o que estava em jogo era *enorme* — todos os sentimentos em letras maiúsculas. Minha escuridão era a mais escura. *Fora fora*: tão verdadeiro que quis dizer duas vezes.

Em outubro, fomos ao casamento de uma das minhas melhores amigas, em Nova York — no jardim do seu prédio de *brownstone*, cheio de gente descolada indo dos hambúrgueres vegetarianos aos espetinhos de cenoura servidos pelo restaurante da horta-à-mesa de seu marido. A mesa de frios e de queijos era absurda, como naturezas-mortas holandesas, e Dave foi encher nossos pratos enquanto eu me sentava numa escada com uma amiga. Cerca de vinte minutos depois, minha amiga perguntou: "Aonde foi o Dave?".

Quando vasculhamos o local, o vimos numa conversa animada com a mulher que tripulava a mesa de queijos, que ria de algo que ele havia dito. Ela era linda, mesmo em seu ridículo uniforme de avental, com um coque desarrumado.

"Eu teria surtado se meu namorado passasse vinte minutos conversando com outra mulher assim", minha amiga disse. "Você é uma santa."

Mas eu não era uma santa. Estava envergonhada. Olhei várias vezes para Dave — sem parar, apesar de tentar não fazer isso — e fiquei tomando goles teimosos e rápidos de vinho. Odiava a ideia de que de alguma forma eu me tornava a mulher cujo namorado estava sempre flertando com outras mulheres. Quando finalmente ele voltou, me apresentando triunfante um prato de gouda envelhecido em caverna e manchego de leite de cabra, eu tinha virado a chave. Estava pronta para a briga.

"Vamos dar uma saidinha", eu disse. "Precisamos conversar."

Ficamos na calçada — numa noite fresca de outono, num prédio de *brownstone* pardo como o cenário de um filme —, e meu hálito de vinho produzia nuvenzinhas no ar frio quando falava. "Sabe como é vergonhoso para mim?", eu perguntei. "O jeito que você flerta?"

Ele se ouriçou com a palavra "flerta", e seu corpo endureceu. "Não quero ser vigiado", ele disse.

Fui insistente, quase louca. "Não sou só eu!", disse, relatando o que minha amiga havia dito, que isso a teria feito surtar.

"Isso não é problema dela", ele disse, "é seu."

Estou sendo ridícula?, pensei. *Estou totalmente insana?* Mas não conseguia tirar a imagem deles da minha mente — os dois rindo, o coque bagunçado dela, aquele enorme monte de gouda cor de pergaminho se erguendo atrás deles, a coisa toda como um encontrinho fofo em uma comédia romântica. Imaginava a locução: *Eu estava num casamento com minha namorada, que estava bem bêbada...*

"É o casamento da minha melhor amiga!", eu disse. "Não quero passá--lo na calçada brigando com você."

"Você que teve a ideia de sair", ele disse — o que era loucamente verdade.

Quando voltamos à festa, a primeira coisa que avistei foi um balcão de bar repleto de fileiras de taças cheias, grandes e frias, com gotinhas de umidade. Peguei uma imediatamente.

"Tem certeza de que é disso que você precisa?", Dave perguntou.

E, sim, eu tinha. Era disso que precisava.

Numa festa que demos em Iowa naquele outono, fiquei tão bêbada que tive que me trancar no quarto e me dar uns tapas — fortes, na bochecha — para me desembebedar. Não funcionou. Sentei encostada na parede olhando para a cama cheia de casacos de outono e respirei fundo entre soluços que nasciam sob minhas costelas. Fui para a varanda da frente e encontrei Dave recebendo as pessoas — rindo, animado, gesticulando, com uma cerveja três quartos cheia que ele não havia se preocupado em beber — e me vi com saudades de Peter, que era irritantemente inseguro enquanto estávamos juntos, mas agora parecia compreensível, um ser humano cheio de fendas e carências, enquanto Dave parecia terrivelmente imperturbável. Era a própria encarnação humana do desprendimento. Eu estava bem bêbada. Queria ir para casa, mas aquela era minha casa.

Segurando um copo plástico bem grande, com uísque até a borda, caminhei pela rua — para o gazebo no parque —, onde me sentei no chão frio de pedra e liguei para minha mãe. Ela escutou pacientemente enquanto eu contava sobre os descuidos de Dave, como provavelmente ele estava lá flertando com essa poeta de vinte e dois anos amiga dele. Provavelmente *naquele momento mesmo.*

Onde eu estava exatamente? Minha mãe queria saber. Ela disse que eu deveria ir para a casa.

"Mas minha casa está cheia de *gente*", eu disse a ela. Ela disse que eu poderia mandar as pessoas embora.

Dei outro gole de uísque — que desceu queimando, segurei, então tomei outro, sentindo a pungência azeda da valentia em minha garganta. Minha mãe claramente não entendia a dificuldade da minha situação, as forças conspiratórias, os obstáculos inamovíveis. Todo mundo estava *feliz* ao meu redor.

Os soluços voltaram — fazendo meu corpo sacudir inteiro, transformando meus obstáculos em pastelão. Disse à minha mãe que tinha que desligar, desliguei e me sentei ali no escuro, respirando o mais fundo possível, absorvendo o ar. Acabei cruzando a rua. Quando me aproximei da minha própria casa saindo da escuridão do parque, alguém na varanda perguntou aonde eu havia ido. "Recebi uma *ligação*", eu disse, como se estivesse negociando o controle de uma empresa.

Na manhã seguinte, o resto da noite havia se despedaçado num apagão remendado: uma fuga para o banheiro, chorando na privada, vomitando ou querendo vomitar, vozes no corredor e depois nenhuma voz no corredor.

Pedi "desculpas" ao Dave e perguntei o que havia acontecido.

"Você ficou dizendo 'desculpa'", ele disse. "Você disse 'desculpa, desculpa, desculpa.'"

Fizemos café e Dave fez sua receita de ovos mexidos, com ervas e queijo e a quantidade certinha de leite. Mas meu rosto estava inchado.

Minha boca estava áspera de nicotina, como se estivesse colocando com delicadeza os ovos mexidos num cinzeiro. Não merecia beleza. "Pois a vergonha é seu próprio véu",[35] Denis Johnson escreveu, "e venda o mundo assim como o rosto."

Apesar de *Blueschild Baby* ser um romance sobre um viciado em heroína chamado George Cain saindo dessa, George Cain usava heroína durante o tempo todo que escrevia. Entende-se como um ajuste de contas por um livro todo de dependência e rebeldia, uma tentativa de exorcizar com a ficção o que Cain não conseguia expurgar de seu corpo.

O romance se passa em Manhattan durante os protestos de Newark no verão de 1967, evocando Nova York como uma orquestra de ruído, carência e possibilidades, todas barulhentas e opressoras: atividades fervilhando de vendedores ambulantes e cortinas batendo e sininhos dos carrinhos de sorvetes; ao vivo à noite com drogados tentando faturar e jovens casais se beijando nas sombras das portas; Sam Cooke cantando no rádio da cozinha: "Tem sido difícil viver, mas tenho medo de morrer". O romance é uma canção de amor ao Harlem e também um grito primal de desespero, um picaresco sobre obter e tentar fugir das drogas. George procura "Sun o Traficante" em seu esconderijo perto da avenida Amsterdam e injeta no banheiro de um fórum em Newark pouco antes de encontrar o oficial da condicional, caminhando pelas "marcas da rebelião" na avenida Springfield, vitrines escurecidas e vidros quebrados. Ele passa a noite com a filha pequena e sua mãe branca em Greenwich Village antes de encontrar por acaso com uma velha amiga chamada Nandy, levando-a para um clube de jazz e decidindo que quer ficar limpo para ela (o oficial da condicional também ameaçou mandá-lo de volta para a prisão se ele não passasse num teste de urina dali a setenta e duas horas).[36]

O romance termina com George se lembrando da primeira noite que injetou heroína, quando uma "estranha lua se pendurou no céu"[37] e pela primeira vez ele foi engolido por aquela "calma, terrivelmente repentina e infinita", antes de renunciar a ela de vez. Cain resiste à política de respeitabilidade a cada virada — ao apresentar um personagem que é esperto e cheio de anseios, mas que, com frequência, age agressivamente, até com insensibilidade — para sugerir que alguém não precisa ser irrepreensível para merecer cuidados.[38]

O arco de *Blueschild Baby* encena um conflito entre várias narrativas de vício — vício como retórica política repressiva; vício como rebelião social —, mas nunca esquece do vício como realidade física: irritabilidade e pele seca, corpos esqueléticos e suor, a sensação de "ossos raspando uns contra os outros por dentro".[39] Ao longo do romance, Cain dramatiza o distanciamento de suas velhas justificativas políticas para o uso — como um foda-se para a ordem social, uma forma de "viver sem amarras"[40] ao se rebelar contra as estruturas de poder branco ou as exigências tirânicas de ascensão racial — e finalmente resiste ao canto da sereia do enaltecimento do vício como protesto social. Quando George vê uma multidão de "drogados cambaleantes" na rua escutando um homem que está pedindo apoio para "as vítimas da rebelião de Newark", ele os vê "não mais como os escolhidos levados à destruição por sua conscientização e frustração, mas apenas como vítimas perdidas, fracas demais para lutar".[41]

Se o romance de Cain resiste a essas alquimias fáceis que fetichizam o vício como rebelião, se recusando a ignorar o custo humano, então sua própria vida frustra o impulso de narrar a autoconsciência como salvação. O vício vivido por Cain reuniu várias forças motivadoras — a atração do artista torturado que transforma escuridão em ouro e o estresse de ser um homem negro num país que endossou a ideia de sua criminalidade antes mesmo de ele nascer —, mas dissecar essas motivações em seu romance não foi o suficiente para liberá-lo dos imperativos físicos da dependência em si.

Quando perguntei à ex-mulher de Cain, Jo Lynne Pool, se ela tinha alguma vez tentado fazê-lo parar de se drogar, ela disse simplesmente: "Eu sabia que não era possível".[42]

Pool ficou até surpresa de eu a ter localizado, surpresa que alguém ainda se importasse com seu marido — cuja genialidade tinha caído na obscuridade havia muito tempo conforme sua vida se dissolveu no vício —, mas ficou feliz de falar comigo sobre seu problemático brilho. Pool me disse que ele começou a injetar heroína depois de largar a faculdade, operando sob a noção de que "escritores precisavam de conflito e adversidade", como ela expressou. "Então

A REABILITAÇÃO 167

ele foi intencionalmente procurar isso." Depois de largar a Iona College, uma faculdade católica em Nova York onde ele recebeu uma bolsa pelo basquete, enaltecido como triunfo de mobilidade ascendente de uma forma que ele achou sufocante, Cain se dirigiu para o Oeste pelo Texas e acabou passando seis meses numa cadeia mexicana condenado por posse de maconha. Quando saiu da cadeia, Pool disse, "ele tinha a base de um livro".[43]

Quando Pool conheceu Cain, no final dos anos 1960, ele já era completamente viciado, apesar de Pool não perceber. De Texarkana, Texas, ela tinha ido a Nova York para estudar na Pratt e nunca havia conhecido "um fissurado em drogas ou um viciado em heroína ou qualquer tipo de drogado". Imediatamente, se sentiu atraída por Cain, seus "grandes olhos de cobra" e sua evidente e extraordinária inteligência. Ele sempre andava por aí com dois ou três cadernos de escrita enfiados debaixo do braço, cheios de notas para o romance. "Nunca os deixava fora de vista", disse ela. Até os levava para o Harlem sempre que ia para a cidade alta comprar drogas.

Depois que Pool e Cain tiveram o primeiro filho, era como se ele tivesse duas vidas. Numa vida, tentava ser um pai mais presente. Tornou-se muçulmano sunita e ingressou em uma mesquita, que era como a segunda família. Mas desparecia por dias seguidos — ia até o Harlem e voltava vidrado. Apagava no meio do jantar. Uma vez, recebeu alguns amigos, e enquanto Pool estava no banheiro, os amigos saíram com metade das roupas dela e os braços cheios de suprimentos do bebê. Cain teve que ir atrás deles na rua para pegar tudo de volta.

Quando *Blueschild Baby* foi publicado, o *New York Times* chamou "o trabalho de ficção mais importante de um afro-americano desde *Native Son*".[44] Em sua crítica, Addison Gayle Jr. interpreta a história de recuperação de Cain como uma narrativa de autoexposição racial conforme ele se "redime nas 72 horas de inferno em vida" que constituem sua abstinência. "Nesse período", Gayle escreve, "George Cain, ex-viciado, emerge das cinzas como uma fênix, como George Cain, homem negro."[45] Nessa interpretação, a sobriedade — mais do que o vício — é o modo de resistir à opressão branca.

A publicação de *Blueschild Baby* trouxe a Cain a glória e o reconhecimento pelos quais ansiava — o sentimento de ter chegado lá. Sua editora, McGraw-Hill, deu a ele uma festa num belo loft no SoHo. Alguns dias depois de receber o primeiro cheque por direitos autorais, encontrou na rua o irmão caçula de um de seus amigos e o levou a uma loja de discos próxima — falou para ele escolher todos os discos que quisesse, pois Cain os compraria para ele.[46] James Baldwin se convidou para jantar, exigiu frango frito, apesar de nunca ter ido. "As pessoas supõem que mulheres negras sabem cozinhar", Pool me contou, "então, pensei: 'Preciso descobrir como fazer frango frito'." Todo mundo adorou o livro; a mãe de Cain só ficou decepcionada de não poder recomendar para os amigos da igreja. O reconhecimento dessa recepção acalmou algo em Cain e, por alguns anos, pelo menos, ele se drogou um pouco menos.

Mas, na época que foi indicado para uma residência temporária no Workshop de Escritores de Iowa, pelo mérito do livro e por seu sucesso, e se mudou para Iowa City com Pool e sua filha pequena, Cain ficou agitado sem o acesso fácil às drogas. Começou a voar de volta a Nova York todos os finais de semana. Quando Pool disse a ele que não podiam pagar por essas viagens, ele pegou um ônibus para Davenport — a cerca de uma hora de distância, às margens do Mississippi — e não voltou por dias. Finalmente, Pool pegou um ônibus ela mesma, com o bebê no colo, e quando pediu a um taxista para levá-la a uma parte de drogados da cidade, ele parou num prédio detonado onde ela encontrou George e "o arrastou para fora pela orelha".

Mas seu consumo foi piorando. De volta ao Brooklyn, depois que a residência temporária em Iowa terminou, Cain ficou tentando engrenar um segundo romance. Não queria cair na armadilha de "escritores de um livro só" a que tantos autores pretos, ele achava, haviam sucumbido. Estava se drogando mais porque a escrita não estava indo bem, e a escrita não estava indo bem por causa de tanta droga. Estava fazendo malabarismos com o cargo em tempo integral de professor no Staten Island Community College e o vício em tempo integral, um filho pequeno, além da filha criança. Para Pool, o casamento deles terminou na noite em que ela pegou o telefone e ouviu uma mulher dizer que Cain a havia engravidado; conforme Cain lhe contou, ela morava com sua irmã.

Pool deixou Cain sem dizer aonde ia — ela precisava de distância — e terminou se mudando para Houston com os dois filhos. Após anos, Cain a encontrou e foi visitá-la. Mas não gostou de lá. "Disse que o céu era muito aberto", Pool me contou. "Ele sentia que Deus podia vê-lo."

Quando falava sobre Cain, a voz de Pool era cheia de respeito e até ternura. Era evidente que havia passado por muita coisa com ele, *por* ele, mas não se arrependia. Lamentava principalmente o fim da vida dele. Morreu pobre, com sua obra basicamente desconhecida. Ela me contou sobre o último apartamento dele, no Harlem, onde seus dois filhos ficaram hospedados — apenas uma vez, adolescentes. Era uma unidade no subsolo com cheiro de esgoto.

O dr. Kaplin me contou que quando encontra pela primeira vez um paciente lutando contra o vício, ele pergunta: "Como você era quando estava bem? Não quer ser aquela pessoa novamente?".[47] Quando Cain estava bem, tinha a companhia de seus heróis; estava na irmandade da mesquita, carregava seus cadernos para todo lado. Mas quando o *New York Times* fez o obituário de Cain depois que ele morreu de complicações de uma doença do fígado, pouco depois de seu aniversário de sessenta e sete em outubro de 2010 — quarenta anos após a resenha gloriosa de seu romance no jornal —, o artigo descreveu Cain como uma voz promissora cujo potencial nunca foi cumprido: "As drogas frustraram essas esperanças".[48]

Quando conversei com Pool, ela me disse que o amigo mútuo que os havia apresentado se sentiu culpado por juntar "uma garota interiorana de alma pura" com um drogado do Harlem, mas ela lhe disse que não havia nada do que se desculpar. "Quantas pessoas são convidadas para cozinhar para James Baldwin?", ela me perguntou. Em nossa conversa sobre Cain, ela usou a palavra "gênio" inúmeras vezes. Não era amarga pelo casamento. Apenas havia feito o que tinha que fazer.

"Não estou chateada", ela me disse. "Só precisava garantir que sobreviveríamos ao George."

Da primeira vez que disse a Dave que talvez eu precisasse parar de beber, ainda morávamos em New Haven. Tinha acordado de um apagão comum, cansada disso, e considerei a possibilidade em termos restritos: talvez, só por um tempinho. Sabia que havia algo de errado dentro de mim e temia que outras pessoas pudessem farejar isso — como um dente podre que dá para sentir levemente quando alguém abre a boca para rir, ou que você sente quando a beija.

Dave disse que confiava em meu discernimento: se achava que tinha que parar, deveria parar. Mas ele tinha o cuidado de não me dizer o que fazer, e interpretei esse cuidado como um sinal de que eu não era uma *verdadeira* alcoólatra. Era um alívio. Significava que eu poderia beber novamente, talvez depois de algumas semanas, sem ter que convencê-lo de que estava tudo bem. Ao parar por um tempo, eu provaria — para ele e para mim mesma — que não precisava disso, o que justificaria começar de novo, e bebi novamente após três dias.

A segunda vez que tentei parar de beber foi seis meses depois, durante aquele primeiro outono em Iowa, pouco antes de dirigir de volta para New Haven para fazer minhas provas orais. Os exames eram meu canto do cisne na academia antes de deixar o programa de doutorado trancado por dois anos e mergulhar na nova vida com Dave no meio do país. Eu me sentaria numa sala cheia de professores disparando perguntas sobre Shakespeare, modernismo americano e o "Parlamento dos Pássaros", de Chaucer. Ficava triste de pensar em passar nos exames sóbria, porque não tinha ideia de como comemorar.

Quando disse a Dave que precisava parar de beber novamente — talvez agora de vez —, até dizer as palavras em voz alta foi aterrorizante: *de vez*. O futuro sóbrio parecia com um limão espremido até a última gota, todo o suco esvaído, apenas uma bagunça enrugada deixada para trás. O olhar de Dave pareceu diferente do que da primeira vez. Tinha a lembrança de mais noites bêbadas, mais brigas bêbadas. Eu me perguntava se também guardava uma desconfiança: *Você não pode apenas beber melhor?* Ele disse que era possível outras formas de moderação. Talvez eu pudesse me limitar a dois drinques por noite. Soou como o inferno.

Dirigindo de volta pela costa Leste, sóbria e à flor da pele, enviei a Dave listas de maravilhas diárias que havia visto — para me lembrar que o mundo sem bebida não era champanhe choco. Contei a ele sobre um caminhão cheio de lâmpadas. Contei sobre a mulher no posto de gasolina com olhos azuis falsos da cor de safiras. Contei a ele sobre o encontro com uma mulher de noventa anos que mantinha cadernos de recortes cheios de obituários ao lado dos avisos de casamentos — das mesmas pessoas — que ela havia colado cinquenta anos antes. Meus relatos para Dave eram carregados de um desejo não liberto, como esponjas encharcadas, desesperados para

A REABILITAÇÃO 171

encontrar algo bom o suficiente para substituir o quanto tinha sido bom beber. Quando tentei explicar como sentia falta do álcool — mesmo só com um dia sem —, Dave disse que minha honestidade era como ar puro. "Fique de olhos abertos para essas maravilhas", ele disse.

Depois que passei pelos exames orais, fui a uma festa onde andei de um cômodo a outro, miseravelmente, vendo as pessoas beberem. De que valia arrasar na autocriação de Satã se você não pudesse desaparecer depois? Era como servir no céu enquanto eu queria reinar no inferno.

Depois dos exames, fiquei sozinha no apartamento do meu irmão em Boston — ele estava fora da cidade — e não vi outro ser humano por dias. Deveria começar o romance que planejava passar dois anos escrevendo, mas a cada manhã, acordava e pensava: *Não beba. Não beba. Não beba.* Então, não bebia por uma hora, então não bebia por outra hora. Nada era escrito. Eu me sentava no sofá verde do meu irmão e chorava. Liguei para Dave, que me disse que havia ficado fora até as duas da manhã cantando no karaokê. Chorei mais. Ele me perguntou por que eu estava chorando, a voz cheia de amor e confusão. Não sabia como explicar a dificuldade que era passar um único dia sem beber, que dirá considerar a possibilidade de passar todos os dias sem beber. Cada hora. Outra hora. Achei que fosse surtar.

Num museu que visitei, principalmente para me afastar de mim mesma, assisti a uma instalação de vídeo enfiada atrás de uma cortina: mostrava uma mulher dando à luz, e a filmagem pegou bem de perto o sangue entre suas pernas. Ela gritava, mas pelo menos sua dor fazia algo de útil. Pensei: *Se não tivesse feito o aborto, estaria tendo o bebê neste mês.*

Na seção de vícios de uma livraria em Harvard Square — a mesma livraria onde eu passava horas durante a faculdade lendo livros para me distrair do quanto estava faminta —, peguei um livro de memórias que tinha uma taça de vinho na capa e me sentei no chão, consumindo-o: a obsessão com a umidade na taça de vinho, as noites sozinhas fatiando maçãs verdes finas como papel. Sentia tanta falta de beber que quase saciava minha sede ler sobre isso. O livro tinha o subtítulo *Uma história de amor.*[49]

O caixa na saída era um homem de meia-idade ficando careca, com uma voz suave. "O que é isso?", ele perguntou, rindo nervoso. "Uma ode ao alcoolismo?"

"Acho que é mais como um aviso", eu disse. Algo no meu tom, no meu rosto, fez com que ele trocasse olhares comigo. Alguma voltagem estranha passou entre nós.

"Talvez, da próxima vez que vier à livraria, você possa me contar o que acontece", disse ele. Parecia que tentava dizer: "Sei por que está lendo isso, porque também quero ler". Era como se ele me reconhecesse, como se minhas horas insanas sozinha no apartamento, *sem beber, sem beber, sem beber* tivessem deixado algum resíduo visível.

Quando Dave voou para Boston — para que pudéssemos dirigir até Vermont para o casamento de um amigo de Dave da banda da faculdade —, fazia dez dias que não bebia. Depois de uma hora dirigindo, disse ao Dave que estava segura de que podia começar a beber novamente. Na verdade, estava bem certa de que poderia começar a beber de novo naquela noite. Era mais fácil dizer essas coisas sem olhar para ele nos olhos, enquanto olhávamos a estrada. Já podia imaginar o casamento: champanhe, vinho tinto, danças, alívio. Seria o fim daquela semana terrível.

"Posso fazer isso", disse ao Dave. "Não é um problema." E não foi, naquela noite.

Mas, logo mais, de volta a Iowa, voltamos a ter brigas feias — eu o acusava de se entregar demais para o mundo e não tanto para mim. Descrevendo Dave para um amigo, evoquei aquela cena de *Entre dois amores* em que outro personagem explica o que é encantador e irritante em Robert Redford como grande caçador e amante incansável: "Ele gosta de dar presentes, mas não no Natal".

Dave disse que seria mais fácil me dar o que eu queria — atenção, afeto, tempo — se não exigisse com tanta fúria. Certos paralelos me assombravam: se não precisasse tanto da prova do seu amor, eu o teria generosamente; se não precisasse tanto beber, eu beberia direito.

O relacionamento com Dave foi também o primeiro em que me deixei ser conhecida com tédio, chateada e irritada, naqueles momentos em que me sentia cansada e sem vida — e a bebida facilitava confundir exposição com danos. "Ano passado, nossas brigas sob o efeito de álcool não tiveram explicação", Robert Lowell certa vez escreveu, "exceto tudo, exceto tudo."[50]

A reabilitação 173

Após cada briga feia em que eu estava bêbada, passava a manhã seguinte compondo o bilhete de desculpas mais eloquente possível. Com frequência, terminava desmentindo tudo o que havia dito na noite anterior, não porque não falava sério, mas porque tinha vergonha de como havia dito aquilo bêbada. Se ao menos conseguisse me *explicar* bem o suficiente, se conseguisse entender essas brigas — extrair certo significado delas, *elucidar a questão* —, daí ficaríamos bem. Mas as brigas não estavam elucidando nada. O conteúdo específico de nossas brigas — o quanto ele paquerava ou não paquerava, o quanto planejávamos nossas agendas em função um do outro — era menos essencial do que o fluxo das marés por baixo delas: eu estava sempre querendo mais de Dave, ansiando por algo. Ele me disse uma vez que parecia que o coração dele estava indo embora pelo ralo: nunca era suficiente.

Minha primeira lembrança de Dave me assombrava, ele tocando violão com um grupo de pessoas reunidas ao redor, e as verdades redutivas que extraí disso: que ele era mais feliz no centro de um olhar coletivo de adoração, e que eu não poderia ser aquela plateia, múltipla e sempre nova. Mas esse mito de origem colocava Dave num papel limitado — o cantor, o encantador, cheio de si, que pressionava todos os meus hematomas — e dificultava enxergar que ele tinha suas próprias inseguranças. Ele apenas não as expressava como eu, que bebia feito louca, como se fosse a única moeda emocional que conhecesse. Suas fontes de ansiedade eram mais silenciosas: trabalhar num projeto por meses — uma resenha, um poema —, perder um prazo de entrega após o outro. Ele era exigente e perfeccionista, predisposto a revisões e atrasos. Uma vez, ele me mostrou uma anotação que a psicóloga de sua escola escreveu quando ele tinha sete anos: "Como ele considera muitas possibilidades, frequentemente leva mais tempo para terminar o que deveria ser uma simples resposta".

Quando meu coração acelerou após uma noite de muito álcool, fiquei pensando se era a bebida interferindo na medicação ou apenas ansiedade em relação à suposição do que seria. Comecei a sonhar com um homem de cabelo vermelho que apontava para um copo plástico em minha mão e dizia: "Sei o que você é". Definitivamente, eu era: uma mulher com o rosto e os olhos inchados às sete da manhã para meu turno de trabalho na padaria; e bêbada na cozinha de casa, como um programa pastelão de culinária, fatiando acidentalmente pedaços de mim com a mandolina, ou furando a mão com a ponta afiada de uma tampa de lata de atum, verificando se tinha sangue na comida.

Como eu tinha mencionado o quanto a bebida havia se tornado ruim para mim, era mais difícil beber tanto. Se Dave ia chegar em casa às sete e eu voltava da padaria às seis, poderia ser assim: tomaria o máximo de gim sem que fosse perceptível, só o suficiente para ficar bêbada sem parecer bêbada, depois, ficaria de olho na chave dele abrindo a porta, que me daria tempo apenas de engolir o que estivesse no copo e me enfiar no banheiro. Então, escovaria os dentes muito bem, faria um gargarejo com Listerine até doer. Era satisfatório, como queimar as provas da culpa no incinerador — tacar fogo no corpo. Eu saía e o beijava rapidamente, sem abrir a boca. Então, cada um beberia uma taça de vinho, como não alcoólatras razoáveis, e eu contaria a ele sobre as maravilhas do dia.

Em 1939, um homem chamado Ervin Cornell se sentou e escreveu uma carta endereçada ao Escritório de Narcóticos dos Estados Unidos dizendo ao governo o quanto ele queria parar de se drogar:

> Prezado senhor,
>
> Esta é uma carta engraçada, porque não sei para quem estou escrevendo. O médico queria que eu escrevesse ao senhor para ver se poderia me mandar para [o] hospital de Kentucky. Seria possível para o senhor ligar para minha casa e me explicar o que tenho que fazer? Gostaria muito de me afastar desse hábito da morfina. Se possível, queria que me informasse imediatamente. Obrigado por sua gentileza.[51]

"Hospital de Kentucky" era outro nome para a Narco Farm — a infame prisão-hospital para viciados que abriu perto de Lexington em 1935 —, e Cornell estava desesperado para entrar lá. Ele não era o único. Nesse sentido, era uma prisão estranha: apesar das janelas gradeadas e dos regimes rígidos, quase 3 mil pessoas compareciam anualmente às suas portas trancadas pedindo para entrar. As fotografias as mostram caminhando até os portões principais da prisão, segurando suas malas, o sol brilhando atrás deles.[52]

A REABILITAÇÃO 175

Em certo ponto do ciclo de vida de um vício, o desespero se manifesta desse modo: implorando por qualquer coisa que possa livrá-lo dos piores impulsos, mandando mensagens em garrafas. *Já se sentiu como se estivesse completamente fora da nossa vida?* "Se há alguma forma no mundo para ser curado, eu quero tentar",[53] escreveu J. S. Northcutt, do Mississippi. Milton Moses foi ainda mais urgente:

> Fumo cigarros de maconha há seis anos. Baltimore City está cheia desses cigarros e sei onde encontrar todos. Imploro que venham me ver. Com certeza eu gostaria de ir para a fazenda de narcóticos para ser curado.... Pelo amor de Deus, tenham coração e façam algo por mim, estou sofrendo mesmo neste lugar. Espero poder contar com vocês, e por favor não me deixem na mão.[54]

Paul Youngman, de Chicago, escreveu em 1º de dezembro de 1945:

> Prezado senhor,
>
> Gostaria muito que me mandasse os papels [sic] para que eu pudesse ir a Lexington, Ky. (correio) para fazer o tratamento para o vício em tóxico já que estou farto disso e darei o máximo para ficar longe disso já que é muito difícil conseguir comprar e farei de tudo para largar de vez e farei de tudo para largar de vez.
>
> Grato desde já.
> Sinceramente, Paul Youngman.[55]

O desespero de Youngman é palpável na repetição e na contradição. Os tóxicos estão ficando difíceis de achar, ele diz, e quer ficar longe deles.

Chester Socar não teve a paciência necessária para o serviço postal. Enviou um telegrama:

> Favor mandar formulário de inscrição para ingresso em fazenda federal de narco Lexington Ky o quanto antes.[56]

O projeto Narco Farm levou quase três anos para ser construído e custou quatro milhões de dólares: uma prisão *art déco* com portas trancadas e uma pista de boliche. Para satisfazer reformistas progressistas, oferecia um programa de reabilitação. Para satisfazer alas frustradas, oferecia vagas para viciados que estavam lotando as prisões federais. A imprensa chamava a Narco Farm de "novo acordo para o viciado em drogas" e, de forma menos entusiasmada, "pensão de um milhão de dólares para drogados".[57] Antes de abrir, um jornal de Lexington fez um concurso para receber sugestões de residentes locais sobre que nome deveria ganhar, e as sugestões variavam das impressionantes "Hospital Coragem", "Fazenda Benéfica" às totalmente irônicas "Fazendona dos Figurões", "Castelo dos Sonhos" e "Sanatório Maior Presente Americano para Elevar a Humanidade".[58]

Na verdade, a prisão-hospital-castelo-dos-sonhos-dos-figurões ainda estava tentando descobrir *o que* era.[59] Para começar, era uma fazenda operante, com noventa vacas leiteiras (o trabalho físico era considerado bom para viciados em recuperação.) Para os internos transferidos, era um degrau acima da prisão federal. Um interno de Leavenworth disse que o "tratamento cortês que encontrou na fazenda parecia bom demais para ser verdade",[60] e uma fotografia mostra uma equipe de belas enfermeiras jovens cuidando e cortando as unhas de viciados de idade — endurecidos por anos de vício. Manicures e pedicures eram parte da "cura" pela qual Lexington ficou famosa: uma mistura de tratamento físico, terapia oral, recreação estruturada e trabalho terapêutico. Os internos tinham direito a tratamento odontológico para cuidar dos dentes que o vício em heroína havia destruído (4.245 dentes foram extraídos só em 1937) e a treinamento vocacional. Trabalhavam como alfaiates, confeccionando "ternos de voltar para casa" para os caras que estavam justamente voltando, e colhiam tomates — enchendo mil e quinhentos galões num único dia.

Os pacientes também se divertiam. Ou, pelo menos, deveriam. Era essa a ideia. Era essa a retórica. Um tipo estranho de diversão: diversão institucional. Significava que a instituição estava moldando e mantendo registro disso. Quando um mágico chamado Lippincott se apresentou na Narco Farm, "praticamente toda a população de 1.100 pacientes" foi se divertir, disse um recorte de jornal afixado no topo de um relatório mensal enviado ao chefe da saúde pública, como para se vangloriar: *Veja! Esses caras estão adorando.* Em 1937, o hospital registrava 4.473 horas coletivas de pacientes jogando ferradura e 8.842 horas de boliche. Assim como havia certa dissonância cognitiva sobre quem ia à Narco Farm (prisioneiros ou pacientes?), havia certa dissonância cognitiva sobre o que deveria acontecer com eles quando chegavam lá. Deveriam se esforçar para se endireitar novamente ou deveriam redescobrir o prazer?[61]

Kentucky Ham, a novel about life at the Narcotic Farm [Presunto de Kentucky, um romance sobre a vida na Narcotic Farm], escrito por Billy Burroughs Jr. — cujo famoso pai "não redimido" havia passado um tempo lá antes dele —, descreve os prazeres não oficiais da resistência. A "epidemia de fumar banana"[62] do romance, por exemplo, leva os guardas da fazenda a tirarem a banana do cardápio ao mesmo tempo que testam se elas podem de fato deixar alguém chapado. Depois disso, os prisioneiros começaram a fumar "tudo o que odiávamos, como couve-de-bruxelas".

Tantos músicos terminaram em Lexington — Chet Baker, Elvin Jones, Sonny Rollins — que virou uma academia de jazz informal.[63] Num determinado momento, havia seis conjuntos diferentes de jazz tocando lá dentro. Certa noite, uma orquestra composta por pacientes da Narco Farm se apresentou para a nação no *The Tonight Show*.

Apesar das pretensões transcendentes, a Narco Farm foi profundamente envolvida em uma das primeiras guerras contra as drogas, que era punitiva e desumana — a cruzada de três décadas de Harry Anslinger para demonizar o viciado —, e a "cura" também era um cavalo de troia escondendo um impulso mais sombrio: conter o vício sem chamar de prisão. A retórica da Narco Farm prometia que era possível pegar um homem acabado e trazê-lo de volta ao mundo como alguém inteiro, mas a linha entre reabilitação e reprogramação era porosa. "Na maioria das vezes, o tratamento é um rearranjo habilidoso de situações intangíveis que criam a existência humana", dizia um artigo no *Chicago Daily News*.[64] "Um homem vai a eles com um destino. Eles descobrem seu valor de troca e lhe entregam um novo destino. É simples assim." Era uma estranha definição de simplicidade: pegar tudo de intangível que compunha um homem e rearranjar; jogar fora o antigo destino e entregar um novo.

O romance de Clarence Cooper sobre seu período em Lexington, *The Farm* [A Fazenda], inclui uma cena na qual o narrador (também chamado de Clarence) se recusa a aceitar o roteiro da reabilitação. Quando o médico pergunta como ele se sente, Clarence diz: "Não muito", e quando o médico tenta encorajá-lo a dizer a frase certa — "Você quer dizer 'Não muito bem'" —, Clarence insiste: "Quero dizer não muito".[65]

Alguns viciados odiavam a hipocrisia da Narco Farm enquanto outros ansiavam pela cura prometida. Alguns sentiam as duas coisas: o anseio e a traição. Mesmo se houvesse algo falso sobre as promessas da Narco Farm, não havia nada de falso no desespero daqueles que ansiavam pela reabilitação prometida: *Se tem alguma maneira no mundo para ser curado. Estou mesmo sofrendo neste lugar.*

Em suas contradições institucionais, sua confusão categórica e até sua arquitetura, a Narco Farm manifestava uma versão mais perceptível da mesma dissonância cognitiva que definia o relacionamento da América com o vício. O formulário de admissão de cada "vol" mapeava o arranjo do intangível, um paciente que tinha que se apresentar como se buscasse rearranjo.

> Nome: Robert Burnes
> Local de nascimento: Hallettsville, Texas.
> Descrição pessoal: Idade, 47; Constituição, esguio. Olhos verdes, bem-
> -vestido.
> Meios de subsistência: Vendedor.
> Motivo do vício: Evitar a monotonia da vida.[66]

Era outono no cinturão do milho e eu pensava o tempo todo em beber. Acordava tentando descobrir se seria uma noite fácil para ficar bêbada ou uma noite difícil para ficar bêbada: havia uma festa? Eu veria uma amiga? Era uma amiga que gostava de beber? Às seis da manhã, entrava no chuveiro e pensava no alívio. Às seis e quarenta e cinco, colocava o avental no banheiro da padaria e pensava no alívio. Às sete e quinze, amassava a massa dos cookies — passava pela máquina, passava de novo, de novo, de novo — e pensava no alívio. Às oito, sovava os esquilos e pensava no alívio. Às nove, glaceava os mesmos esquilos — caudas com uma onda marrom, bigodinhos brancos — e pensava no alívio. Ao meio-dia, comia um sanduíche e pensava no alívio. Às seis da tarde, enquanto esfregava o chão, quase podia sentir o gosto do alívio. O dia era uma casca apertada que apenas a bebida iria me ajudar a tirar.

As noites se transformaram em cálculos infinitos: quantas taças de vinho cada pessoa da mesa bebeu? Qual foi o máximo de alguém? Quanto posso beber, do que sobrou, sem exagerar? Para quantos sirvo, e quanto sirvo, para sobrar o bastante para mim? Quanto tempo até o garçom voltar e qual a probabilidade de alguém mais pedir outra garrafa?

Alguns meses depois de mudarmos para Iowa, Dave me mostrou um poema que fez para o workshop. Senti um frio na barriga com a dedicatória, *para Leslie*, então senti um nó de vergonha pela forma que começava: "Na noite passada contei histórias. Os outros/ eram parquímetros marcando o tempo em silêncio com vagos/ sorrisos, enquanto você bebia sozinha atrás da casa". Nem pude prestar atenção em como o poema continuava — com o narrador colocando pimenta chipotle na massa de rabanada, ou passando pela locadora de vídeo para pegar o filme de caubói que a namorada queria — ou como terminava, com um convite: "Ei, parceira, qualquer que seja a história que esteja prestes a contar, nunca a ouvi antes. Meu guarda-chuva/ é pequeno, barato e assino embaixo".

Para mim, o poema parecia ser sobre duas pessoas apaixonadas, mas também solitárias — desconectadas, mesmo se esforçando para não serem. Dave me disse que a intenção do poema era o reconhecimento do nosso relacionamento e a intenção do final era sugerir que ele me amaria mesmo se já tivesse ouvido todas as minhas histórias; que compartilharia seu guarda-chuva, mesmo se fosse pequeno e barato. Mas a vergonha venda o mundo tanto quanto a face, e eu só conseguia ver o que me envergonhava: beber sozinha atrás da casa.

Toda vez que falava com alguém sobre qualquer coisa que não fosse bebida, sentia que estava mentindo. Mas eu estava oprimida pela dor antecipatória sempre que tentava imaginar a vida como uma procissão de noites sóbrias — vazias, sem gosto, implacáveis: eu e Dave sentados na mesa da cozinha, bebendo a porra do *chá*, tentando pensar em coisas para falar.

Uma noite em New Haven, depois de alguns meses de relacionamento, eu estava num péssimo humor quando voltamos de uma festa: bêbada e insegura, descontando em Dave, sentada no futon abraçando as pernas contra o peito. "É como se por baixo de todos os meus esforços de desempenho", disse a Dave, "se eu deixasse todos caírem... não haveria nada."

Naquela noite, ele colocou os braços ao redor das minhas pernas e disse: "Quero entrar na sua cabecinha e lutar com essa forma de pensar até que um de nós morra".

Em Iowa, ficava pedindo que nossas vidas fossem mais entrelaçadas — me fixando naquela palavra, "entrelaçadas", para descrever a sensação de conexão que nos faltava —, mas esse pedido era motivado tanto por medo quanto por desejo: o medo de ser deixada, ou considerada insuficiente. E, na verdade, outra parte de mim havia parado de querer o entrelaçamento completo, tinha começado a preferir as noites que passávamos separados. Se Dave vinha tarde para casa, eu podia beber sozinha; ou se ele estava dormindo quando eu voltava para casa, eu podia beber sozinha, sem ter que explicar o motivo de estar tão bêbada ou por que eu queria continuar me embebedando. Beber era mais fácil no cômodo que chamávamos de meu escritório, onde ele não podia entrar sem ao menos uma batidinha na porta. Eu amava Dave mais do que jamais amei alguém. Só queria que ele estivesse do lado certo da porta e eu e meu uísque, do outro.

Aquele outono significou uma série de avanços de uma noite bêbada indigna de nota para outra. O ar era fresco. O vento farfalhava as folhas amarelas secas e as distribuía em cobertas pela grama. Eu estava enjoada da vergonha. A cada manhã, aparecia para trabalhar às sete com o rosto inchado e tirava o uniforme do armário, sovava trezentas folhas de uma camada fina de massa de cookie e reestocava sacos gigantes de açúcar do andar de baixo. Às vezes, essas viagens ao andar de baixo eram oportunidades convenientes para chorar. Às vezes, Jamie, minha chefe, via o olhar no meu rosto e perguntava "do que você precisa?", e eu respondia que precisava banhar duzentos fantasmas em chocolate branco derretido e não dizia mais nada.

Meu primeiro outono no workshop, cinco anos antes, ainda reluzia em minha memória: fumar cigarros de cravo na varanda de madeira, usar jaquetas finas com forro de pele e imaginar minhas noites se desdobrando como

A reabilitação *181*

uma fileira de interrogações brilhantes, coçando com todo o drama estalando no ar gelado ao meu redor: fofocas, conversas sobre a quebra de linhas dos poemas de fulano de tal, conversas sobre bolsas de estudo, os olhares dos homens. Olhando para trás, tudo parecia estúpido e perfeito.

Beber não era mais elétrico. Era uma rotina embolorada, pouco mais do que um truque claustrofóbico: Vai ter briga no final deste dia ou não? Continuei bebendo vinho até os dentes ficarem vermelhos; continuei bebendo uísque até a garganta queimar; continuei com soluços me agachando em banheiros, a visão líquida borrada, as costas apoiadas em papel de parede frio, joelhos apertados contra o peito, pensando: *Quando isso vai parar?*

A noite final foi apenas a última carga de pressão em algo já quebrado. Voltei para casa de um bar — já bêbada, mas querendo levar o porre ainda mais longe, para cair direto no chão — e Dave estava dormindo. Fiquei aliviada porque não precisava me recompor para ele. Só queria continuar sentindo a devida tristeza pelo que eu havia me tornado e continuar sentindo isso sozinha. Então, enchi um copo vermelho grande com uísque puro, talvez umas oito doses, e levei para meu escritório.

Depois disso, há períodos de que não me lembro. Eu me lembro de entrar em pânico quando o ouvi batendo na porta. Eu me lembro de colocar o copo atrás do futon, onde ele não poderia ver. Mas era óbvio que eu estava bêbada, sentada no futon com os braços em volta dos joelhos. Não dava para esconder o que eu estava fazendo e estava cansada demais para tentar. Ele me perguntou o que havia de errado e, em vez de tentar explicar, só peguei o copo de trás do futon. Foi muito bom mostrar para ele que estava lá.

VI

RENDIÇÃO

NA NOITE DA MINHA PRIMEIRA REUNIÃO, atravessei o rio dirigindo para um endereço perto do hospital, chorando durante todo o caminho pela ponte da rua Burlington, lágrimas manchando os postes da rua de uma chuva branca brilhante. Era quase Halloween: teias de aranha nas varandas, fantasmas pendurados feitos de lençóis estufados, abóboras entalhadas com sorrisos tortos. Ficar bêbada era como ter uma vela interna. Já sentia saudades.

Nas duas primeiras vezes que parei de beber, não tinha ido a reuniões porque parecia uma fronteira irreversível. Alguma parte de mim sabia que eu beberia novamente e não queria as vozes dos encontros me censurando. Mas, dessa vez, queria cruzar a fronteira; dificultar a volta atrás. Era como fazer um seguro contra uma versão de mim mesma — dali a dias, dali a semanas, dali a meses — que sentiria tanta falta da bebida que diria: "Quero tentar de novo".

Não estava largando porque queria largar. Tinha acordado naquela manhã, como em todas as manhãs, querendo beber mais do que qualquer coisa. Mas largar parecia ser a única forma de chegar numa vida na qual beber não fosse a coisa que eu mais queria fazer quando acordava. Quando pensava em uma reunião, imaginava homens grisalhos no subsolo de uma igreja falando de desintoxicação e dos tempos em clínicas de desintoxicação, segurando copos de isopor com mãos trêmulas. Imaginava o que havia visto na televisão — palmas lentas e cabeças assentindo, murmúrios sinceros. Mas não sabia mais o que tentar.

Quando cheguei ao estacionamento com chão de cascalho do endereço que tinha anotado, era apenas uma casa de madeira, não uma igreja. Mas as luzes estavam acesas. Fiquei por dez minutos sentada sem desligar o motor, ar quente ligado, limpando o nariz com as costas do punho, enfiando as mãos fechadas nos olhos para fazê-los parar de chorar. Estava buscando uma história que pudesse contar a mim mesma que me levaria de volta para casa: *Talvez eu voltasse no dia seguinte, talvez não precisasse ficar, talvez pudesse fazer isso sozinha, talvez não tivesse que fazer.*

A reunião em si — quando me convenci a sair do carro, no frio, e entrar pela porta iluminada — era só um bando de estranhos ao redor de uma enorme mesa de madeira, depois da cozinha com marcas de pegadas, o linóleo velho enrolando nos cantos da sala. As pessoas sorriram como se estivessem felizes em me ver, como se estivessem esperando que eu viesse. Um bolo de assadeira na mesa estava coberto com tons tênues do pôr do sol. Um homem chamado Bug comemorava uma quantidade de tempo impensável sem beber. Eu me enfiei quietinha num canto. Não tinha certeza do que dizer além do meu nome. O que era o suficiente, como se revelou.

Bug contou que ficou em seu apartamento por quarenta dias seguidos — sem sair, sem ir a lugar nenhum, como Cristo no deserto de um apartamento de aluguel barato em Iowa — recebendo grandes estoques de vodca em sua porta. Pensei: *Nunca fiquei tão mal assim.* E então: *Entrega de vodca parece bem legal.* Quando Bug descreveu como havia chegado lá — começando com o ritual de uma vodca tônica com o jornal das seis, o dia todo construído ao redor disso, pensei: *É.* Quando recebi uma fichinha branca para marcar que eram minhas primeiras vinte e quatro horas de sobriedade, me vieram à cabeça os barracos marcados com bandeiras brancas na Bolívia: a antecipação empolgante de saber o que vendiam. Imaginar o resto da vida sem aquele alívio me deixava enjoada.

Mas naquela sala, senti um alívio diferente, só uma insinuação: a estranha urgência de me ouvir falar em voz alta. Essa gente não sabia nada sobre mim, mas conhecia uma parte de mim — a parte que pensava em bebida o dia todo, todos os dias — melhor do que qualquer um. Enquanto estava do lado de fora me dizendo que não precisava estar lá, que talvez pudesse fazer isso sozinha, que talvez não precisasse fazer, alguém lá dentro estava dizendo: "Eu me lembro o quanto tentei me dizer que 'talvez não precisasse estar aqui, talvez pudesse fazer isso sozinha, talvez não precisasse fazer nada'".

Não importa por quanto tempo você se senta no carro, alguém está esperando naquele prédio de madeira. Talvez, ele te diga, através de seu bigode grisalho: "Sua doença é paciente, mas também somos". Talvez, ele pareça um fazendeiro, ou um publicitário com terno vincado; ou, talvez, ela pareça com a irritante garota da irmandade, que vive no final da rua, ou uma caixa de supermercado que rói as unhas. Talvez, ele se chame Bug ou, talvez, tenha um nome que você não consiga pronunciar. Talvez, ele goste daquele bolo do pôr do sol ou, talvez, não o suporte. Talvez, ele só seja outro antiquado que você confunde com todos os antiquados, exceto pelo momento em que ele abre a boca e diz algo que te defina completamente.

Naquele primeiro inverno, sobriedade era o cheiro de laranja e fumaça de lenha. Era o brilho raivoso, perigoso do sol na neve, e o calor do ar quente do carro. Era insônia. Era uma mulher na reunião me dizendo que conseguiu a custódia do filho mas ainda vão morar na van, e eu parada lá, sofrendo por ela, grata pelo valor comum da frase "um dia de cada vez", que parecia idiota até não parecer mais. A sobriedade era frágil e desconfortável, e também era a única coisa que não tinha tentado a longo prazo, então, estava tentando. Desnudava o mundo numa série de horas pelas quais eu tinha que passar. Me deixava exposta. Meus nervos à flor da pele. Comerciais de rádio me faziam chorar.

Sempre vou associar sobriedade com aquele tipo de luz que só vi nos amplos horizontes invernais de Iowa: dura, extensa, reveladora. Vinha de céus grandes e congelados, o azul que apequenava e o cintilar de morros de neve do tamanho de quartos. Nessa paisagem, eu não era nada além de vazia — um brilho tão limpo e desanuviado que chegava a doer.

Naqueles primeiros anos, fui grata pela configuração do trabalho na padaria. A regularidade oferecia alívio. Não tinha que ser prazeroso, só precisava acontecer. Toda manhã, não importava como me sentia, havia uma lista de produção colada no refrigerador com o meu nome. Na maior parte do tempo, eu ficava tão perdida na minha cabeça, tão agitada e queixosa sem a bebida, que só *fazer* algo — congelar uma abóbora, ou uma centena — me oferecia uma saída, por um momento, em pé, de avental, colocando a massa na máquina, indo e vindo, cada vez mais fina, moldando formas que estranhos poderiam gostar.

Nos dias de folga da padaria, eu ia para o segundo emprego, no hospital, onde trabalhava como atriz médica — interpretando várias moléstias para estudantes de medicina diagnosticarem. Invejava os atores que interpretavam vítimas de acidentes de carro que dirigiram bêbadas, que se molhavam de gim como se fosse perfume, quando tudo o que eu tinha era uma apendicite falsa.

Nos dias que estava de folga dos dois empregos, tentava escrever e, geralmente, não conseguia. Então, fazia longas viagens de carro através de milharais ou por galerias comerciais horríveis de frente para o rio — um exílio autoimposto. Tinha ficado farta do quanto era melodramática quando estava bêbada, mas agora a sobriedade parecia ser um melodrama próprio: eu era uma mártir. Por qual causa maior, não sabia ao certo. Minha respiração enroscava num céu tão frio que parecia um insulto. Naqueles dias, eu levava tudo para o pessoal, até o clima.

Dave ficou feliz que eu tinha começado a ir aos encontros. Era a terceira vez que eu tinha dito que precisava parar de beber e a segunda que ele tinha me visto bebendo novamente. Ele via que a bebida me levava a lugares terríveis, apesar de ser difícil explicar para ele o quanto me sentia *impotente*, aquela palavra que os encontros me deram — difícil trazê-lo para dentro de sua constância destruidora.

Tentei carregar a sobriedade com energia. Para o Halloween, uma semana após parar de beber, fiz um bolo de caixão com pudim de chocolate e terra de Oreo esmagado e lápides de cookie e minhocas de bala se alimentando do túmulo. Mas tudo parecia sem gosto e. seco, como receber um beijo de lábios ressecados. Reformei minha fantasia anual de bandeirante com distintivos transformando-a em adereços de caixão e drinques de sangue para uma festa à fantasia que Dave e eu fomos vestidos de vampiros. Mas eu fervia de ressentimento o tempo todo, tirando uma Pepsi diet de cereja silvestre da bolsa, com vergonha de mostrar, observando Dave do outro lado da sala entretido numa conversa com Destiny ou prestes a se entreter numa conversa com Destiny. Para mim, parecia que ela estava sempre à espreita logo ali fora da cena, seu corpo uma embarcação para medos comuns — de ser deixada, ou de não ser mais amada — que não tinham muito a ver com ela.

Com Dave, tentava prender meu vasto desejo a pedidos particulares: noites juntos em casa, mandar mais mensagens, planos conjuntos, não nos separarmos em festas ou nos perdermos no salão. Esses pedidos pareciam triviais quando eu os fazia, tentando manter um controle ou uma lógica, mas eram as únicas formas que conhecia de pedir que ele me ajudasse a me sentir menos solitária agora que tinha perdido o que tornava possível estar consciente ("Preciso de você por três dias, preciso de você a cada minuto", George diz a Nandy quando está ficando limpo, "não posso ficar fora de vista por nenhum tempo porque não sou forte o suficiente sem você"). Meus pedidos estavam apenas raspando a superfície do que eu realmente queria, de todo modo — uma garantia de que Dave nunca deixaria de me amar. Uma promessa que nunca terminaria.

Três ou quatro dias por semana eu ia para uma reunião ao meio-dia, cheia de ciclistas e donas de casa, executivos na hora do almoço, alguns fazendeiros. Participar era chamado de "compartilhar" ou "qualificar". O verbo em si, "qualificar", me deixava ansiosa. Meu alcoolismo havia sido ruim o suficiente? Eles chamavam a fala de "conquistar seu assento", mas também diziam que para merecer seu assento bastava acreditar que precisava.

As reuniões eram sempre diferentes. Algumas tinham um orador que contava sua história, então outras pessoas compartilhavam em resposta. Outras começavam com todo mundo se revezando na leitura de parágrafos de uma história de alcoólatra do Livro Azul, ou com alguém escolhendo um assunto: *vergonha; não esquecer o passado; raiva; mudança de hábitos*. Comecei a perceber a importância de ter um roteiro, um conjunto de movimentos para seguir: primeiro, vamos dizer essa evocação. Depois, vamos ler esse livro. Então, vamos levantar as mãos. Significava que não se precisava construir os rituais da irmandade do nada. Você vivia nas cavernas e tocas do que funcionara antes. Você não era responsável pelo que era dito, porque todos eram parte de uma máquina maior do que qualquer um, e mais antiga do que a sobriedade de qualquer um. Os clichês eram o dialeto da máquina, sua antiga língua: *sentimentos não são fatos. Às vezes, a solução não tem nada a ver com o problema*. Talvez, parar de beber não tenha a ver com introspecção, mas com prestar atenção em tudo.[1]

Descer as escadas para subsolos de igreja me fazia lembrar daquela primeira festa num subsolo em Iowa — quando nos reunimos num círculo e apresentamos nossas vidas um para o outro, quando fiz a mímica de cavalgar num cara e só recebi umas risadas. Isso era outra concepção de contação de histórias, não baseada na glória, mas na sobrevivência. Porém, nas reuniões de cada um por si, nas quais compartilhávamos experiências num círculo, eu ficava ansiosa de estar sentada ao lado de alguém que geralmente participava com entusiasmo — não ressentida, exatamente, mas ciente de tentar imitar palavras poderosas com minha própria oferta remendada.

No final da maioria das reuniões, alguém ficava de pé e passava fichas de pôquer para aniversários de sobriedade: trinta dias, noventa dias, seis meses, nove meses. Era poderoso ver homens e mulheres idosos irem para dezesseis anos — ou vinte e sete, ou trinta e dois — e saber que já tinham sido a pessoa que caminhou para os sessenta dias, o cara que tinha acabado de agradecer seu apoiador e depois o abraçou sem jeito, flanela contra couro, braços apertados firmes e sem equívoco.

A cada noite de domingo, eu ia para uma reunião de sorteio, em que pegava uma ficha de pôquer com um número. Funcionava como um bingo: talvez, seu número fosse chamado para ir até o pódio e compartilhar uma história, ou talvez não. Era difícil para mim porque eu preferia saber quando ia falar, e era bom para mim porque eu preferia saber quando ia falar. Sempre ficava com medo de não ter nada de útil para dizer, mas geralmente algo surgia e eu me expressava: "Eu temo todo dia que nunca vá existir nada que seja tão bom quanto a bebida", disse uma vez, disse isso mais de uma vez. E toda vez eu ouvia alguém dizer: "Estou tão nervoso de falar hoje de noite, talvez não tenha nada a dizer", e eu pensava: *Obrigada por dizer isso.*

Bill Wilson, o fundador do AA, era um homem cuja vida se tornou um mito — um corretor de ações que virou um beberrão de gim que virou um salvador sóbrio —, mas ele não confiava em sua própria mitologia. Se sentia desconfortável com a lenda polida em que sua vida se transformou, quando atrito e dificuldade ficavam de fora, mesmo quando entendeu como poderia ser útil para um movimento de recuperação ter um conto de origem em que se ancorar. Ele nunca quis que sua própria história se tornasse mais importante do que as histórias dos outros, mesmo que o fato permanecesse: sua sobriedade era a lenda original.

Sua história foi o primeiro capítulo dos *Alcoólicos Anônimos*, o Livro Azul, publicado pela primeira vez em 1939. A narrativa acompanhava seu mergulho no alcoolismo crônico como agente da bolsa, bebendo em sua passagem pelo próspero mercado da metade dos anos 1920, depois a falência com o desemprego e a dependência vinte e quatro horas depois da Terça-Feira Negra, em 1929. Sua história confessa muitas tentativas de parar de beber, sem sucesso: a força de vontade não o fazia parar, o amor não o fazia parar, a medicina não o fazia parar. Quando ele foi ao hospital e a doença finalmente foi explicada, ele estava certo de que "essa era a resposta — o autoconhecimento".[2] Mas não era. Ele continuou bebendo mesmo assim.

O que acabou salvando Wilson foi a chegada de um velho amigo chamado Ebby, cuja sinceridade sobre a própria bebedeira e a recém-descoberta espiritualidade proporcionou a Wilson a possibilidade de crença. Inicialmente, Wilson não ficou convencido. "Deixe que ele ralhe!", ele pensou. "Meu gim vai durar mais do que a pregação dele." Mas algo mudou durante a conversa deles e, depois que terminou, Wilson foi ao hospital para "se separar do álcool pela última vez". Como ele escreveu no Livro Azul: "Estou sem beber um drinque desde então".

A mudança para o *presente* — "Estou sem beber" — é como seus leitores sabem que *dessa* vez foi diferente de todas as outras vezes que ele parou. As outras vezes estavam todas condenadas pelo pretérito, o ciclo infinito: *achei que ainda poderia controlar a situação... houve períodos de sobriedade... Pouco depois, voltei para casa bêbado... Escrevi muitas promessas doces... Logo, eu estava caído no bar me perguntando como havia acontecido... Disse a mim mesmo que iria lidar melhor da próxima vez...*

No hospital aonde ele foi para largar o copo, Wilson teve um momento de intensa conexão com Deus: "Eu me senti elevado, como se o nobre vento puro de uma montanha soprasse sem parar".[3] Mas o Livro Azul não identifica o momento de sublimação de Wilson como a virada para a sobriedade — o momento visionário de ser soprado pelo vento da montanha. Identifica o ponto de virada como a conversa com Ebby, quando ficou cara a cara com o amigo na mesa de sua cozinha. É a moral da história: foi a comunhão que tornou possível o vento da montanha.

O AA em si não começou quando Wilson ficou sóbrio, mas quando ajudou outro homem a ficar sóbrio, um médico de Akron chamado dr. Bob, que se tornaria famoso também — como o estranho que Wilson salvou, o primeiro de muitos.

No começo da minha sobriedade, conheci uma estranha que quis salvar. Eu e Dave recebemos poucas pessoas uma noite e eu estava me esforçando para ser uma boa anfitriã, descarregando caixas rosas do trabalho, cheias de bolinhos escorrendo geleia e rolinhos de canela com caramelo que estavam grudentos no café da manhã, mas duros depois, parecendo papelão em comparação a como estavam de manhã.

Quando voltei da cozinha com os docinhos arranjados em pratos, tinha uma garota perambulando pela sala num macacão de lycra. Todo mundo supôs que alguém a conhecesse, mas ninguém a conhecia. Nós todos a estávamos conhecendo ali, ou pelo menos estávamos descobrindo que ela procurava por uma festa onde sua amiga deveria estar. Estava bem bêbada. Passou pela nossa porta da frente destrancada e entrou. Ouviu vozes e achou que talvez essa fosse a festa que procurava. Seu macacão de lycra era bem incrível.

"Estamos jogando um jogo de tabuleiro", alguém explicou. Mas ela não estava interessada no jogo de tabuleiro. Estava interessada na festa da amiga. A expressão de seu rosto estava vidrada, os olhos revirando como bolinhas de gude. Eu me ofereci para levá-la em casa, já imaginando como seria: teríamos uma conversa no carro — sobre bebida, aonde a havia levado, aonde havia me levado. Talvez eu a levasse para a reunião de domingo à noite, ou talvez só contasse a história dela lá. Seria meu primeiro ato de heroísmo sóbrio. Fui ao quarto pegar minha chave.

Mas, quando voltei, ela havia partido. Tinha ido embora, os outros disseram. Assim como tinha chegado. Entrei no carro mesmo assim e passei pelas ruas escuras procurando pelo traje dourado brilhante dela cambaleando pelas sombras. Mas nunca a encontrei.

Cada reunião era um refrão. Você acabava conhecendo os frequentadores. Um homem chamado Mitch se lembrou de uma vez acordar de manhã — depois de um porre, num carro que não era o dele, no meio de um campo — e ver uma vaca enfiando o nariz por uma janela aberta. Uma mulher chamada Gloria descreveu que dava longos "cochilos" quando sua filha era pequena; bebia sozinha no quarto e respondia grogue e irritada sempre que a menina batia na porta. Um homem chamado Carl se lembrava de beber uma garrafa térmica atrás da outra de café solúvel — compulsivamente, num limbo de ansiedade — no ensino fundamental quando era garoto. Um homem chamado Keith, com roupa de academia de poliéster, geralmente ficava quieto, mas um dia disse simplesmente: "Quando bebo, a esperança morre em mim". Um homem chamado Felix, viciado em heroína já mais velho, de gorro vermelho, disse que adorava sentir forme. Era seu corpo dizendo a ele que queria viver.

Uma mulher chamada Dana tinha raspado metade do cabelo, deixando mexas roxas na outra metade. Ela raramente sorria nos primeiros meses depois de largar a heroína. Tinha certeza de que ela me achava cansativa e sem graça pela forma como olhava para mim às vezes. Mas, um dia, riu muito quando contei que ligava o rádio do carro na NPR antes de desligar o motor para que quando Dave ligasse o carro pensasse que eu ouvia a NPR, porque achava que *deveria* ouvir a NPR em vez da música pop ridícula que eu ouvia. Era algo trivial, mas também não era; era mentir para dar ao mundo o que o mundo queria ver.

"Sou eu", Dana disse. "Sou totalmente assim."

Quando comecei a dar caronas a ela para as reuniões, nunca ouvimos a NPR. Após alguns meses limpa, ela realmente desabrochou: dava para ver em seus olhos e em seu corpo como ela abraçava forte as outras mulheres. Uma manhã eu a peguei durante uma enorme nevasca, as estradas estavam quase vazias. Meu carro era uma merda na neve. Liguei o aquecedor no máximo e segurei a direção. Derrapamos o caminho todo até a reunião.

Havíamos tido um momento, nós duas. Tínhamos uma história: *aquele dia em que dirigimos pela neve; aquele dia em que não tínhamos certeza se conseguiríamos, mas conseguimos.*

Bill Wilson contava a história sobre sua sobriedade de formas diferentes dependendo de onde contava, ou para quem. Enquanto a versão do Livro Azul apresentava sua conversa de mesa com Ebby como uma epifania inequívoca — "Minha noção de milagre foi drasticamente revista *naquele momento*" —, sua autobiografia confessava algumas farras a mais depois da visita. Só depois do vento na montanha que ficou sóbrio de vez, ele disse.[4]

A disjunção entre essas duas versões era mais uma questão de pragmatismo do que de vaidade ou autenticidade. No Livro Azul, Wilson queria enfatizar a importância do que o AA oferecia, a identificação e a irmandade mais do que prender a sobriedade ao tipo de experiência espiritual intensa que algumas pessoas poderiam nunca ter.[5] Ele não alterou sua história por preocupação própria, mas por um impulso quase oposto — entendia a própria vida como uma ferramenta pública mais do que um artefato particular.

A história de Wilson era uma ferramenta complicada porque criava certas pressões próprias. E quanto ao leitor que não ficou sóbrio de vez depois de sua própria conversa com um amigo sóbrio? Talvez aquele leitor tenha recaído umas seis vezes mais, ligado bêbado para o amigo sóbrio e dito: "Desculpe por não poder ficar sóbrio como esse cara do Livro Azul".

Foi por isso que Wilson quis lançar um livro que refletisse a estrutura de um encontro — que tivesse as histórias dos outros, não apenas a sua. Ele deu ao Livro Azul um subtítulo oportuno: *a história de milhares de homens e mulheres que se recuperaram do alcoolismo.* A história única do livro considerava a população plural de muitos casos. Wilson não queria que sua história se tornasse o arquétipo compulsório ou uma legislação narrativa: *você precisa ser sóbrio assim.* Queria dar espaço para todos que não haviam encontrado ventos nobres no topo da montanha ou a salvação numa única conversa. Queria "dar menos importância à fundação de seu movimento" porque achou que funcionava melhor "sem muita aprovação do alto".[6]

Wilson não queria se tornar um santo, mas foi "o homem número um"[7] num movimento que ele esculpiu com o objetivo de resistir à noção de ser o número um em qualquer coisa. Na conferência do AA em 1959, ele disse ao público: "Sou como vocês... Também sou falível".[8] Escreveu uma carta para uma afiliada do AA chamada Barbara explicando que havia sido construído um posto para ele que nenhum humano poderia ocupar.[9] Era parte do motivo pelo qual ele odiava a ideia de escrever uma autobiografia: o medo de que elevaria ainda mais seu posto. "Claro que sempre fui muito avesso a qualquer autobiografia impressa",[10] ele escreveu no prefácio de uma autobiografia que acabou sendo publicada após sua morte. Intitulada *Bill W.: My First Forty Years* [Meus primeiros quarenta anos], foi de fato uma série de conversas transcritas que Wilson conduziu com um colega sóbrio chamado Ed Bierstadt em 1954. Com a conversa sobre irmandade, a estrutura do livro substituía o padrão de exibição de memórias de um homem só.

O livro em si se apresentava como uma vacina — uma tentativa de evitar as hagiografias que poderiam se seguir — e, durante as conversas, Wilson constantemente trata da questão do próprio ego. Ele se preocupava em como contar sua história, em inflá-la, em sentir orgulho demais dos próprios pecados ou de sua nova redenção. "Ed e eu apenas rimos muito sobre os dias de Wall Street no último registro", ele confessa num ponto; "fica bem claro que tive uma recaída de comportamento. O tom todo da conversa soa como se eu estivesse num bar, esmurrando o balcão, falando de grandes negócios, onipotência financeira e poder."[11]

É uma recaída narrativa. Por um momento, a voz de Wilson perde a sobriedade e volta à autoexaltação da embriaguez — se gabando das aventuras financeiras. Por um momento, a autoexposição recai em seu alter ego mais sombrio: a autopromoção. Esse é um risco do trabalho quando se trata de narrativas de conversas. E se o prazer em contar histórias sobre os velhos dias pródigos trair aquela parte sua que ainda quer voltar a eles? Mas Wilson confessa — o deslize, a bajulação do orgulho — e, ao confessar que o antigo ego bêbado tomou momentaneamente conta da história, ele confia que pode controlá-lo.

O artigo de Jack Alexander de 1941 para o *Saturday Evening Post*, uma das primeiras grandes matérias sobre o AA, era cético sobre os dramáticos hábitos narrativos de seus membros. Eles "se comportavam como um bando de atores enviados por uma agência de elencos da Broadway", Alexander escreveu.[12] Mas ele rapidamente reproduziu uma lista de causos:

> Eles contam sobre garrafinhas de gim escondidas atrás de quadros e em nichos do porão ao sótão; sobre passar dias inteiros em cinemas para afastar a tentação de beber; sobre sair de fininho do escritório para tomar golinhos durante o dia. Falam sobre perder empregos e roubar dinheiro da bolsa das esposas; sobre colocar pimenta no uísque para dar um gosto ruim; sobre se embriagar com cerveja preta ou sedativos ou enxaguante bucal ou tônico para cabelo; sobre ter o hábito de acampar do lado de fora do bar do bairro dez minutos antes de abrir. Descrevem estar com a mão tão trêmula que não conseguem levar um copinho de licor aos lábios sem derramar o conteúdo; beber de um caneco de cerveja porque podem segurar com as duas mãos, apesar do risco de lascar o dente da frente; prender a ponta de uma toalha no copo, enrolar a toalha atrás do pescoço e puxar a outra ponta com a mão livre, como uma polia, para levar o copo à boca; mãos tão trêmulas que parecem que vão quebrar e voar pelo espaço; sentar sobre as mãos por horas para evitar que façam isso.

O que Alexander começa a perceber, ou pelo menos identifica como percepção em seu artigo, é que esses homens sóbrios não estão contando suas histórias como atuações — interpretando papéis de diletantes ineptos ou altruístas farisaicos. Estão oferecendo suas histórias como curas, para outras pessoas e para si mesmos. Claro que não é uma coisa ou outra. Alguém pode tentar seduzir uma plateia e ao mesmo tempo salvar suas vidas; pode querer a glória e a eficácia sincera ao mesmo tempo. Alexander insiste que os membros do AA são como diabéticos, "salvação de um bêbado" como a insulina. Ele não os constrói como santos abnegados, mas como gente cuja autopreservação implica se tornar útil. Eles não apenas contam suas histórias como piadas de festa (*Olha só o que passei!*) ou emblemas de sofrimento (*Veja o que sofri!*), mas de uma forma que possam fazer sentido para quem precise delas.

Sarah Martin, por exemplo, saltou (ou caiu) bêbada de uma janela, caiu de cara na calçada e sofreu por seis meses consertando os dentes e fazendo cirurgia plástica. Agora ela "passa muitas de suas noites", Alexander observa, "em função de bêbadas histéricas para evitar que elas mergulhem pela janela".[13] Sarah fala sobre saltar da janela não porque isso a distingue, mas porque não a distingue.

O artigo de Alexander foi escrito com ajuda de Bill Wilson e foi publicado com seu endosso e gratidão. "Por muito tempo", Wilson escreveu, "você será o brinde do AA — com Coca-Cola, claro!"[14] Nos primeiros doze dias depois que o artigo foi publicado, o AA soube de quase mil alcoólatras que queriam ajuda. No fim de 1941, o programa tinha mais de 8 mil membros. Em 1950, tinha 100 mil. Em 2015, tinha mais de 2 milhões.[15]

O que significa o conceito de recuperação? Pode significar cura, reparo, mudança, reclamação ou reabilitação. A filósofa francesa Catherine Malabou propõe três imagens diferentes para a recuperação, ligando cada uma a um animal: a fênix, a aranha e a salamandra. A fênix representa a versão de recuperação na qual a ferida é completamente apagada — "a anulação do defeito, da marca, da lesão" —, exatamente como a fênix renasce das cinzas perfeitamente imaculada, precisamente como era antes. É como a pele curando sem cicatriz, e é algo próximo do oposto psíquico do AA, em que as feridas não são esquecidas, e sim fundamentais, a narrativa é a cola que prende cada Sarah Martin a seu rebanho de novatos.[16]

O AA vive em algum lugar entre as outras criaturas de Malabou: a aranha oferece um modelo de recuperação que implica o acúmulo infinito de cicatrizes tecidas numa rede, como um texto "coberto com marcas, cortes, rabiscos" que recusa a possibilidade de "obter uma nova pele" sem marcas — enquanto a salamandra, a terceira mascote da recuperação de Malabou, desenvolve um novo membro que não tem cicatriz nem é idêntico ao que havia antes.[17] O novo membro não é a teia infinita de cicatrizes da aranha, mas também não é a ressurreição ao estilo fênix, recuperando a imagem inalterada do antigo ser, porque o novo membro da salamandra tem tamanho e peso diferentes. "Não há cicatriz, mas há uma diferença", Malabou escreve: "A diferença não é nenhuma forma de vida superior nem uma fenda monstruosa".[18]

A imagem de regeneração do AA propõe uma identidade sóbria que não é nem a réplica do antigo ser, com a bebida extirpada como um tumor, nem uma versão desse ser coberto com calosidades e cicatrizes, mas um novo órgão. A transformação não é nem sagrada nem atroz. É só uma estratégia de sobrevivência. Os doze passos do programa se tornaram famosos, indo da rendição à confissão: admitindo que sua vida se tornou inadministrável no Primeiro Passo; rendendo-se a um Poder Superior no Terceiro; compartilhando um inventário de ressentimentos e defeitos de caráter no Quinto; acertando as contas com aqueles que você feriu no Nono; e buscando ajudar outros no Décimo Segundo. *Com o despertar espiritual como resultado desses passos, tentamos levar essa mensagem para os alcoólatras. Dessa forma — nesse processo —, os passos nunca terminam.*

Quando ouvi pela primeira vez a expressão "autoridade de testemunha" foi como ouvir alguém dizer "monóxido de di-hidrogênio", e depois pensar: *Claro. Água.* A dra. Meg Chisolm, psiquiatra na John Hopkins, me dizia que ela recomenda o AA para pacientes principalmente pela infraestrutura social e autoridade de testemunha, que significa como outros membros do AA oferecem — ao compartilhar suas experiências — uma autoridade vivida distinta da dela.[19] *Então é assim que se chama,* pensei. Eu já estava vivendo naquilo por anos: Bug me entendendo na primeira noite, ou Dana dizendo "Sou eu", como se tivesse passado a vida toda escutando a estação de rádio errada. O dr. Kaplin me disse que seus pacientes com frequência dizem a ele: "O senhor estaria usando heroína também, doutor. Não sabe o que significa caminhar um quilômetro na minha pele".[20] Ele trabalha com viciados de Baltimore, cujas vidas, com frequência, diferem drasticamente da sua própria, e parte do que esses pacientes encontram na recuperação é reconhecimento.

Tanto o dr. Kaplin quanto a dra. Chisolm me contaram que a recuperação em doze passos pode ser um mecanismo de liberação para tratamentos comportamentais efetivos — como reforço positivo e apoio dos pares —, mas não tem controle sobre eles. Ensina estratégias de enfrentamento, facilita a comunhão e recompensa a abstinência com fichas de pôquer e bolos de aniversário, com uma sala cheia de gente batendo palma por seu nonagésimo dia, seu primeiro ano, seu trigésimo. "As reuniões são particularmente úteis para quem precisa ouvir a si mesmo confessando", o dr. Kaplin disse.[21]

Quando escuto a energia sinuosa e resplandecente de recuperação oferecida a mim nesses termos clínicos — "administração de contingência" e "reforço de comunidade" —, tenho uma sensação de *déjà vu*.[22] Não é tão diferente de ouvir sobre o bloqueio do transporte de dopamina responsável pela minha viagem de cocaína. Nada era falsificado ou barateado, apenas traduzido e especificado — mapeado como uma viagem de navio num tipo diferente de mapa.

Quando a dra. Chisolm me disse que às vezes ela dá um aviso quando encoraja certos pacientes a procurar o AA, não me surpreendeu. "Você é bem esperto", ela diz a eles. "Pode funcionar contra você."[23] A ideia de ser "esperto demais para o AA" imediatamente ressoou em uma parte de mim que acha seus truísmos muito reducionistas ou suas narrativas simples demais. Mas eu também tinha consciência de que ser "esperta demais para o AA" podia se tornar meu próprio alerta ao ego: considerar-se a exceção da história comum, isento de qualquer aforismo — com uma consciência complicada demais para ter coisas em comum com qualquer um. Eu até tinha consciência de que minha rejeição a essa *egotrip* era de certa forma também sua revisão: fiquei tão orgulhosa de não me sentir esperta demais para o AA, como se merecesse uma medalha de ouro por resistir àquela arrogância.

Nos primeiros dias de sobriedade, Charles Jackson desprezou o AA com todas as forças, chamando-o de grupo de "almas simples" e "fracotes" fundados num monte de "blá-blá-blá místico".[24] Ficou bravo quando um livreiro local ("um puta tédio") empurrou o AA para ele à força. "Seu FDP!", Jackson pensou. "Se acha que ainda não sei o que estou fazendo, *após oito anos de sobriedade sozinho*, então você não sabe de nada."[25] Não surpreende que *The Lost Weekend*, escrito no auge do ceticismo de Jackson em relação ao AA, não apresente um retrato otimista de recuperação baseada em irmandade. Numa carta de 1943 a seu editor, um ano antes de o livro sair, Jackson descreve o relacionamento do romance com a possibilidade de uma "solução": "é oferecida, por assim dizer, então levada embora, não é usada".[26]

Do ponto de vista da recuperação, o problema com o anti-herói de Jackson, Don Birnam, não é simplesmente que Don não pode parar de beber, é que ele fica contando o tipo errado de história. Ele está mais interessado no humor da piada do que na dolorosa autoexposição. Depois da tentativa fracassada de penhorar a máquina de escrever, por exemplo, enquanto cambaleia cem quarteirões pela Terceira Avenida, o primeiro impulso de Don é redimir a experiência transformando-a num "causo". Ele imagina que sua plateia só iria querer rir; não iria "querer conhecer ou ouvir os detalhes reais, desconfortáveis e dolorosos por trás da piada".[27] Se a recuperação se sustenta na necessidade de compartilhar "detalhes cruéis e dolorosos" da experiência de alguém, então o bêbado Don se revela como um contador de histórias anti-AA: histórias que valorizam a diversão da piada acima da exposição da dificuldade autêntica.

Quinze anos após ter publicado o romance, Jackson tomou a frente em uma reunião do AA em Cleveland e tentou contar um tipo diferente de história. Ao dizer que estava cansado de ser seu próprio herói e ao contar a uma sala cheia de estranhos que seu "retrato definitivo" não havia feito bem nenhum a ele, Jackson estava, é claro, participando do ato de contar histórias mesmo questionando-o. Mas contar histórias numa irmandade de recuperação não é a mesma coisa que contar histórias como seu romance campeão de vendas. Deveria ser menos centrado em si mesmo e mais nos outros. "Não conseguia sair de mim mesmo", ele disse ao grupo. "Acho que essa é a coisa que prejudica tanto o alcoólatra... Eu era muito autocentrado, narcisista, e bebia."[28]

Quando se dirigiu a esse grupo do AA em 1959, Jackson havia percorrido um longo caminho desde suas primeiras recusas. "Te digo, garoto", ele escreveu a um amigo, "há muito, muito mais no AA do que mera sobriedade; há felicidade e uma nova forma de viver."[29] Jackson começou a ir às reuniões aos quarenta e poucos anos — não como membro, mas como palestrante, meio relutante, a pedido de seu editor, para divulgar *The Lost Weekend*. Porém, numa assembleia do AA em Hartford, ele não pôde evitar tentar ganhar uma plateia de seiscentas pessoas admitindo que a irmandade do AA poderia ser bem o que Don Birnam precisava.[30]

Só quando Jackson chegou ao fundo do poço em 1953, um dos vários poços, que ele finalmente quis fazer parte do AA. "Aquelas pessoas me *conheciam*", disse, "aquelas pessoas estiveram onde eu estive e tiveram algo que não tive. E eu queria."[31] Isso foi durante um período na Clínica Saul, uma ala para alcoólatras na Filadélfia administrada por um médico que, anos antes, havia escrito a Jackson uma carta pessoal implorando que escrevesse uma sequência descrevendo a recuperação de Don: "Estou pensando apenas na responsabilidade que é sua e no bem maior que pode fazer", o dr. Saul escreveu, "já que cada alcoólatra, seus amigos e sua família esperam a sequência de *The Lost Weekend*".[32] Mas quando Jackson chegou à Clínica Saul nove anos depois, a ironia era palpável: Jackson pedia ajuda ao médico que queria que ele tivesse ajudado outros escrevendo a história de como ele mesmo havia feito isso.

Inicialmente, Jackson se preocupava que no AA não estaria entre "pares intelectuais",[33] mas conforme passava mais tempo nas reuniões, ficava menos convencido de que afinidade intelectual era o que mais importava. Quando procurou uma unidade do AA em Montpelier, Vermont, para mais informação, perguntaram se ele queria participar como palestrante — e ele disse que preferia ficar quieto e escutar.[34] Através de seu padrinho, ele ficou cada vez mais apaixonado por uma citação de G. K. Chesterton: "Como seria maior a sua vida se você pudesse se tornar menor nela. Você se veria sob um céu mais livre, numa rua cheia de estranhos esplêndidos".[35] Jackson encontrou uma turma de estranhos esplêndidos, ou esplêndidos o suficiente, sentados em cadeiras dobráveis em subsolos de igreja por toda a Nova Inglaterra, compartilhando histórias, trocando a perdição da embriaguez por outro tipo de liberdade.

Um final de tarde em pleno inverno, fui a um encontro de moças sóbrias numa casa grande em meio a um loteamento em Iowa. A casa pertencia a uma mulher chamada Nell, e era imaculada — um conjunto de sofás de couro marrom na sala e um tapete felpudo branco. Era sinistra a limpeza e a arrumação de tudo, as panelas de metal penduradas reluzindo nos ganchos. Parecia lindo. Pelo que havia compartilhado nos encontros, o marido de Nell estava tendo dificuldade com as recaídas dela.

Era noite de jogos. Alguém levou *Balderdash*. Alguém levou *Apples to Apples*, em que um participante apresentava uma carta com um adjetivo (*caro, útil, rico*) e os demais tinham que apresentar um substantivo de suas cartas em mãos (*Suíça, iglu, ladrão de banco*). Uma mulher chamada Lorrie fez muffins de banana, que estavam ainda fumegantes na cesta, envolvidos em um pano. Uma mulher chamada Ginger fez torta de peru, e Val fez algo chamado Surpresa de Frango, com cinco tipos diferentes de bege: creme disso, creme daquilo, leite e queijo ralado e maionese.

Eu me lembrava de suar rum nos lençóis, beijando um homem ao amanhecer, cocaína fritando nas veias, ficando tonta num gramado cheio de vagalumes. Isso era *viver*, eu tinha certeza. Nessa noite, tinha vários tipos de ensopado.

Eu levei cookies da padaria — aonde quer que eu fosse, levava cookies da padaria —, numa caixa rosa salpicada de pequenos arquipélagos de gordura. Nell os pegou de mim, empolgada, e me senti como uma criança, tão alegre com o prazer dela, com a excitação primária da comida passando da minha mão para a dela. Era bom ser útil, mesmo minimamente.

O marido de Nell era advogado, trabalhava muito e sempre quis um filho, apesar de ser difícil para eles pensarem nisso devido ao alcoolismo de Nell. Enquanto Nell me mostrava a casa, apontava os antigos esconderijos de garrafas: um saco de papel debaixo da pia da cozinha, atrás dos produtos de limpeza, um velho saco de acampamento na garagem, onde ela colocava as garrafas enroladas em cobertores. Eu me lembrava de ficar escutando a chave de Dave na fechadura, tomando o resto do gim, escovando os dentes tão forte que as gengivas sangravam.

Naquela noite, brincamos de charadas. Jogamos para valer. Jogamos *Apples to Apples*. Tirávamos *confiável* e alguém colocava *canadenses*, então alguém ganhou com *uísque*, um coringa que havia sido acrescentado, escrito à mão. Tirávamos *desesperado* e eu queria colocar *jogos de tabuleiro*. Servíamos nossas Cocas diet de garrafas grandes. Mulheres de meia-idade com suéteres em cores pastel falavam sobre injetar heroína em partes do corpo que eu nem sabia era possível. Falamos sobre como passar um dia sem os velhos horizontes de alívio, e havia alívio naquilo — em ouvir outro ser humano dizer como era difícil pra caralho, para ela também, viver simplesmente no mundo sem nada para borrar as fronteiras. Quanto mais tempo eu passava na casa de Nell, mais incrível ela parecia para mim, se levantando a cada dia numa casa cheia de fantasmas das antigas garrafas escondidas, encarando o marido que ela havia decepcionado, tentando recuperar os pedaços de sua vida, tentando fazer *a próxima coisa certa* — como eu ouvia as pessoas dizendo nas reuniões.

Dirigindo para casa, me imaginei com todas essas mulheres, nos embriagando juntas em algum bar, totalmente desleixadas, fazendo o que nos conectava, mas que nunca fazíamos juntas. Queria encontrar as pessoas que essas mulheres haviam sido quando estavam bêbadas. O barulho e a farra daquela noite impossível eram como o ruído de outro cômodo, algo abafado atrás de uma porta.

Reconheci qualquer coisa em Nell que a fez querer apontar exatamente onde as garrafas haviam estado: *lá embaixo, aqui em cima, enfiado aqui*. Eu a imaginei de volta em sua casa vazia, no loteamento escuro — varrendo migalhas de torta, esfregando superfícies que já estavam limpas, lutando contra o silêncio engolidor. Uma parte de mim lamentava não poder apenas pegar uma garrafa de vodca da mochila de acampamento e afundar naquele estupor doce e limpo, mas outra parte acreditava nesse desenrolar, em seus acúmulos diários.

"Não parta antes de o milagre acontecer", outra mulher me disse, e eu pensei: *Claro, tá,* mas também queria saber: *Quando?* Queria saber a data exata do milagre — dia, mês e ano — para mim e para Nell, para que eu pudesse dizer a ela: "Apenas aguente até lá".

Pelo menos, tinha isso: quando eu e Dave sentávamos para comer salada de milho com tomate, eu não estava mais tentando esconder o animal selvagem da carência, não tentava me segurar para não dizer: "Vamos tomar outra dose, posso servir outra tacinha?". Agora bebíamos água com gás e limão. Como presente de sobriedade, Dave me deu um antigo aparelho de gaseificar, uma bela geringonça de vidro e metal que fazia refrigerante com xarope: framboesa, gengibre, baunilha. Eu o amei tanto por aquele presente, como ele iluminava a paisagem da imensa e eterna secura da sobriedade. Só precisávamos de uma pequena cápsula para gaseificar a água.

A reabilitação 203

Tentávamos mergulhar de volta na maravilha dos primeiros meses do relacionamento. Num dia claro e frio de inverno, dirigimos à procura de um lugar chamado Maharishi Vedic City, uma cidade fundada por um guru no meio do milharal, onde cada prédio era virado para o leste e tinha um pináculo dourado no telhado. Tinha até a própria moeda: o raam. Os halls de meditação transcendental eram chamados de câmaras iogue flutuadoras. Tinha visto na internet vídeos de flutuação iogue: pessoas quicando em tapetinhos com os joelhos dobrados. Parecia esquisito, mas prazeroso, e queria acreditar que a agitação de seus esforços, ao contrário de ausência, era um sinal de transcendência.

Dave e eu dirigimos por milharais cobertos de neve e ficamos atentos a pináculos dourados. Encontramos uma estrada de terra desolada, tomada pela neve não retirada, e um prédio da cor de creme azedo, onde serviam brunch vegano, com lentilhas e couve-flor ao curry, apesar de Dave não estar com fome, já que havíamos comido vários embutidos na estrada. Mas comemos mesmo assim, porque estávamos fazendo isso juntos. Ele apontou uma raposinha vermelha caminhando graciosamente pela neve dura, deixando um rastro de pegadas delicadas. Não tínhamos raam, mas deu para pagar com cartão de crédito.

Depois do brunch, satisfeitos de lentilhas, fomos procurar as câmaras iogue flutuantes. Quase batemos o carro em vários montes de neve. Estávamos nos esforçando muito para ter um dia legal. Quando encontramos as câmaras flutuantes, estavam vazias. Ficamos na soleira e espiamos para dentro. Onde deveriam estar os corpos em meditação, com os joelhos batendo como asas de pássaros, havia apenas silêncio e uma quietude tão solitária que me fez querer encostar no homem ao meu lado — localizador de raposas, copiloto —, então fiz isso, encostei nele e fomos embora.

Amar Dave era assim: era seu jeans contra minhas coxas quando nos beijávamos na cozinha, as mãos ainda ensaboadas da louça e a sirene de tornado tocando lá fora. Eram ovos e café no sofá laranja, com montes de neve do lado de fora da janela — acumuladas sobre os carros, em montes como montanhas no parque — enquanto tremíamos de gratidão por nossa casa, a sala, o aconchego. Era como oferecíamos o mundo um ao outro, como me contava sobre o pássaro picoteiro-americano aterrissando no final do quarteirão de casa, no meio de sua migração, o peito amarelo como gema misturada com leite, a crista como a ponta de uma flecha.

Amar Dave significava ir ao Gabe's, um clube no centro com cheiro de cerveja choca e suor, para ver uma mulher mixar batidas programadas do ukulele, escutar sua voz de contralto, cheia de textura e desejo, sentir Dave cantarolar empolgado ao meu lado enquanto a mulher capturava o próprio refrão com o pedal e tocava-o de volta de um jeito diferente; como ele ficava empolgado com o puro ato de criação. Significava ouvir uma adolescente na biblioteca falar com sua amiga — "Quando Brian e eu estávamos saindo e ele me encurralava, tipo, gosto tanto de você que nem sei dizer" — e saber com todas as palavras que eu havia encontrado alguém, mas ainda me sentia encurralada. Amá-lo significava ser jogada na cama e receber cócegas — nossa brincadeira fervorosa —, e depois ficar deitada na cama por horas, na noite seguinte, esperando que ele voltasse para casa, recolher seus cachos escuros no travesseiro para me lembrar de que ele dormia lá. Essa era nossa cama. Tinha o cheiro do cheiro do pescoço dele.

Dave me ensinou uma citação de Gertrude Stein: "Sujo é limpo quando há um volume" — e eu queria que significasse que havia algo do outro lado de toda a nossa fricção acumulada, como trombávamos um no outro então voltávamos para dizer: "É você que eu quero". Quando eu o via dormir, com um braço jogado sobre o rosto, o amor doía tanto em mim que eu tinha que enrolar os lençóis no meu punho.

Como um exercício de entrega do controle, Dave pediu a seus alunos para escreverem poemas colaborativos. "Quando isso acontece", ele escreveu uma vez, descrevendo a tarefa, "vocês podem sentir a fronteira entre o eu e o outro vacilar, cada um de vocês é um órgão de um ser maior." Ele me deu um poema que escreveu sobre uma revoada de pássaros levantando do parque do outro lado da rua: "Como se tocar o mesmo ser os fizesse parte do mesmo sonho." Apesar de nos vermos vivendo em modo binário — Dave queria ser livre e eu queria estar segura —, na verdade fazíamos as mesmas perguntas: o que significava deixar nossas fronteiras se dissolverem, sermos surpreendidos, tocar algum sonho ou sermos maiores do que nós mesmos.

*** *

A esposa de Charles Jackson, Rhoda, que supostamente tinha até maiores motivos para comemorar a recuperação de Jackson do que ele mesmo, escreveu com gratidão sobre a camaradagem que ele encontrou no AA: "É tudo tão fácil e natural, sem pose nem nada. Todo mundo gosta do Charlie, mas é tudo em pé de igualdade, e ele responde a isso com muita felicidade... Não tem ressentimento por não poder encontrar muitos dos outros membros em outros termos — que não são muito inteligentes, interessantes nem nada".[36] Rhoda reconheceu que a irmandade do marido no processo de recuperação não reluzia como suas companhias literárias, mas ela ainda comemorava o que dava a ele: igualdade, naturalidade, conforto.

Jackson se preocupava que as pessoas pudessem pensar que ele tivesse ficado chato na recuperação. Estava ansioso que talvez o deixasse opaco, o tornasse uma companhia terrível em festas, substituísse seu charme elétrico com o que ele posteriormente chamou de "saúde vegetal".[37] Num aparte com um amigo, quando escrevia o quanto amava ir ao AA, ele acrescentou um adendo ansioso: "Por favor, não torça o nariz".[38]

Mas Jackson também amava como havia sido abraçado pelo AA. Ir a uma reunião com ele, um amigo observou, era como "visitar uma clínica de controle de natalidade na companhia de Margaret Sanger".[39] Como Blake Bailey, seu biógrafo, observou, parte do zênite do envolvimento de Jackson com o AA — na segunda metade dos anos 1950 — também foi uma secura artística para ele. O subsolo da igreja do AA reafirmou-o como contador de histórias durante anos quando ele estava criativamente bloqueado. Jackson adorava aparecer atrasado em algum lugar e dizer aos amigos que estava falando numa reunião e "os membros simplesmente não o largavam".[40] Ele adorava ser o especialista e o "discípulo célebre" ao mesmo tempo. Era seu "novo vício". Adorava sair com os caras do AA para tomar um sorvete.[41]

Mas adorar essa admiração não impedia que fosse levado à recuperação por outros motivos — pela ideia de conexão e nivelamento que Rhoda descreveu. As pessoas não são nada além de múltiplos vetores de desejo, atraídas por comportamentos e comunidades por milhares de razões ao mesmo tempo. Jackson certamente tinha consciência de seu apetite por reconhecimento, e de como isso era parte do tecido de sua vida no AA, mesmo que trabalhasse contra o ethos da humildade do AA. Mas quando ele falava nas reuniões, confessava essas motivações veladas em vez de tentar negá-las. Sim, ele queria ser um astro do AA, mas também queria que o AA lhe proporcionasse uma forma de sair de dentro de si mesmo. Ambos os anseios eram autênticos: o AA abastecia seu ego e lhe oferecia alívio do mecanismo tirânico de seu ego.

Certamente era verdade que o sucesso de *The Lost Wekeend* era parte do motivo pelo qual Jackson era tão amado nos salões. Mesmo que o romance não fosse uma celebração ou a validação da recuperação, ainda era um retrato claro da doença. Como Bill Wilson escreveu para Jackson em 1961:

> Meu querido Charlie,
>
> Obrigado por sua consideração em me mandar a nova edição de *The Lost Weekend*. Ter uma cópia autografada por você é uma verdadeira lembrança — um lembrete também de sua demonstração nos anos últimos anos de tudo o que é o AA.
>
> Por favor, tenha certeza do meu constante afeto e amizade.
>
> Com eterna devoção, Bill.[42]

A carta de Wilson reconhecia gentilmente que Jackson nem sempre fora fã do AA. Mas depois de se envolver profundamente, no começo dos anos 1950, Jackson estava ávido por compartilhar publicamente seu entusiasmo. Apenas cinco meses depois de sua estadia na Clínica Saul, em dezembro de 1953, Jackson recebeu uma encomenda da *Life* para escrever um artigo de duas partes sobre o AA.[43] A Parte 1, a história de sua desastrosa embriaguez, saiu fácil. A Parte 2, chamada "Respostas possíveis", se provou mais difícil. Jackson tentou explicar a filosofia e a prática do AA, mas seu editor achou o artigo decepcionante e queria que Jackson "dramatizasse" mais, exatamente o que Jackson iria se censurar depois por ter feito demais nos primeiros discursos do AA. Para a *Life*, a história de um descarrilhamento alcoólico era mais interessante do que a história da redenção, e o artigo nunca foi publicado. Sua trajetória abortada foi a primeira manifestação do dilema criativo que assombraria Jackson pelo resto da carreira: seria capaz de contar outra história tão bem quanto a história que contou sobre desmoronar?

***

Durante os primeiros meses, a recuperação não parecia uma história instigante. Era como me mover pela água em vez de pelo ar. O esforço saturava tudo. "Sei o que vai acontecer se eu beber", outro alcoólatra sóbrio disse. "Não sei o que vai acontecer se eu não beber." Era uma promessa que eu precisava desesperadamente que o mundo cumprisse. Estava me esforçando tanto para encontrar algo maravilhoso no mundo, algo que eu não tivesse visto antes, para fazer a sobriedade valer a pena. No Art Institute, em Chicago, me motivando em direção à beleza, procurei nos vitrais de Chagall todos os corpos salientes curvados para cima em voo; e as estátuas de Giacometti, tão finas que desapareciam se comprimisse os olhos. Eu me agarrava a tudo, sem me importar de fato com nada. Eu me importava em *beber* e em como não estava bebendo. "Olhe esses flocos de luz do sol", escrevi sobre alguma pintura, "caindo de sóis de cores erradas."

Na padaria, com frequência me distraía, esquecendo os cookies no forno enquanto servia expressos na frente da casa. Tínhamos que jogar no lixo bandejas de biscoitos queimados, com papel-manteiga e tudo. Eu me perturbava facilmente com quase tudo. Pouco antes do Dia de Ação de Graças, entreguei o pedido de uma mulher — quarenta biscoitos de gengibre em formato de peru — e ela teve uma crise, bem no balcão: Deveriam ser biscoitinhos de açúcar, ela disse, perguntando: "O que vou fazer com isso?". Então, tive uma crise eu mesma, pedindo "desculpa" atrás de "desculpa" e não parecia que havia uma solução para a situação, a raiva dela e as minhas desculpas desamparadas; minha tentativa frenética de descobrir se tinha sido eu que anotei errado ou outra pessoa, e tentava desesperadamente determinar se as emoções dela eram válidas ou se minhas emoções eram válidas; queria dar um tapa nela ou me prostrar diante dela. Era como o apocalipse. Então minha chefe saiu da cozinha e disse à mulher que iríamos arrumar os biscoitinhos de peru com açúcar em algumas horas. Pensei: *Ah. Era outra forma de responder ao momento.* Toda vez que me imaginava indo para casa e tomando uma taça de vinho, eu me lembrava que não podia. A nostalgia já estava começando. Beber havia sido o mel do sol do fim do dia, suavizando tudo com seu âmbar.

Em dezembro, meu irmão mais velho planejava participar de uma corrida de cem quilômetros chamada Hellgate. Deveria começar à meia-noite na Virgínia e eu decidi correr com ele — não na Virgínia, mas em Iowa —, ajustando minha corrida para alinhar com a partida dele. Seria um ato de solidariedade. Imaginei minha nova vida sóbria como algo que talvez fosse alegre e inspirador: *Ah, costumava me embebedar todas as noites, mas agora você não sabe o QUE vou fazer! Vou fazer uma corrida noturna no inverno ártico!* Estava convencida de que se eu fizesse coisas que não havia feito antes de ficar sóbria, a sobriedade valeria a pena. Jamie, minha chefe na padaria, disse que ia colocar uma garrafa térmica de chocolate quente no quintal para mim.

Eu me encapotei: legging, calça de moletom, calça corta-vento, blusa de moletom e uma jaqueta de esqui. Dave estava recebendo uns amigos e contei a eles o que ia fazer e eles disseram "Tá", mas percebi que ficaram um pouco confusos. Na minha mente, ficaram tentando descobrir se o plano tinha algo a ver com a sobriedade, mas, na verdade, provavelmente nem perceberam que eu tinha parado de beber ou não se importavam, porque a maioria das pessoas não era obcecada por beber ou não beber como eu era.

Quando comecei a correr, a música empolgante que imaginei como trilha sonora não começou. Meu nariz estava tão frio que ficou dormente quase na mesma hora. Tinha consciência de mim mesma como alguém a se evitar cruzando a rua. Eram onze da noite e eu corria no frio vestida com várias camadas, a calça esportiva chiando a cada passo, os dedos dormentes sob as luvas, pensando: *É ótimo, certo? É mesmo INTERESSANTE, certo?*

Quando cheguei à garrafa térmica no quintal da minha chefe, três quilômetros mais tarde, dei um gole e percebi que o chocolate tinha álcool. Cuspi na neve.

Quando encontrava outros alcoólatras para tomar um café ou comer docinhos, os vícios ainda disponíveis para nós, comecei a passar esses momentos imaginando como a bebida poderia funcionar um pouco melhor do que antes. Comendo muffins em promoção e lendo o Livro Azul com outra mulher, tramava um plano secreto: se bebesse de novo, só beberia três noites por semana. A restrição me faria parecer funcional a Dave e, com sorte, manteria a tolerância baixa o suficiente para ser capaz de ter a onda certa com apenas três drinques (talvez, às vezes, precisasse de quatro) e, talvez, a onda pudesse ficar posicionada lá, no nível certo, e essas outras quatro noites seriam grandes noites, noites de sobriedade — *nobres noites de sobriedade! —*, e nessas nobres noites de sobriedade eu esperaria pelas noites sem sobriedade, claro. Se outras pessoas se perguntassem sobre meu alcoolismo, eu apenas mencionaria as noites sem beber, como *não eram* grande coisa, como eu as curtia. Parecia que o plano funcionaria. Parecia mesmo bem objetivo.

Foi quando chegamos ao começo do capítulo seguinte do Livro Azul: *A ideia de que, de alguma forma, algum dia vamos controlar e aproveitar a bebida é a grande obsessão de cada beberrão. Sim, isso. Verificado.*

Não foi só o Livro Azul que me fez sentir exposta e limitada. Quando uma amiga sóbria, Emily, me enviou um poema de Carver sobre alcoolismo chamado "Luck" [Sorte], eu me vi refletida no narrador, um garoto de nove anos vagando por uma casa sem pessoas cheia de drinques pela metade na manhã seguinte a uma das festas dos pais. O garoto bebe os restos de um uísque tépido, depois outro. É um maná inesperado, todo esse álcool sem ninguém para impedir que ele bebesse:

> Que sorte, eu pensei.
> Anos depois,
> Ainda queria abrir mão
> de amigos, amor, céus estrelados
> por uma casa onde não houvesse ninguém
> em casa, ninguém chegando de volta,
> e tudo o que eu pudesse beber.[44]

Essas frases comunicavam o anseio contido no meu cerne, o desejo de desaparecer nas profundezas aveludadas de uma bebida solitária sem ninguém por perto para me deter. O poema dizia isso de maneira tão simples, sem pretexto ou explicação. Apenas *é claro*. Aquela sede. Me fez pensar em Bug e sua vodca sendo entregue em casa. Nunca cheguei a esse ponto. Parte de mim ainda queria.

***

Bill Wilson reconhecia que cada alcoólatra sóbrio podia chegar a um estágio em que quisesse começar a beber novamente. "Os alcoólatras chegam a um ponto no programa em que precisam de uma experiência espiritual", ele disse a Betty Eisner, uma psicóloga, "mas nem todos são capazes."[45] Isso aconteceu depois de vinte anos de sobriedade de Wilson e, com ajuda de Eisner, ele havia tido sua segunda viagem de ácido — em fevereiro de 1957, na casa de Eisner em Santa Monica —, um experimento que fez parte de uma exploração mais ampla das várias formas que o LSD poderia ser útil na recuperação.

Descrevendo sua primeira viagem a um amigo, Wilson comparou-a às visões iniciais do AA como uma "corrente de bêbados ao redor do mundo, todos ajudando uns aos outros".[46] Para Wilson, o ácido evocou visões de coletividade e possibilidade, dissolvendo fronteiras e conectando-o a forças além de si mesmo. Ele vivenciou sua primeira viagem de ácido como a "irmã gêmea" da experiência espiritual que teve no Towns Hospital de Nova York, duas décadas antes, a visão do topo da montanha que catalisou sua recuperação. Como o ácido o "ajudou a eliminar muitas barreiras erguidas pelo self, ou ego, que permaneciam no caminho das experiências diretas de alguém com o cosmos e Deus",[47] Wilson imaginou que poderia fazer o mesmo por outros — especialmente "alcoólatras céticos"[48] que não tiveram as próprias visões.

O resto do AA não abraçou exatamente a exploração de alucinógenos de Wilson. Como sua biografia oficial expressa: "A maioria dos AA foi violentamente contra o experimento dele com uma substância que alterava a mente".[49] Mas a fascinação de Wilson com o ácido era uma extensão orgânica de seu comprometimento com um dos princípios centrais da recuperação do AA: a eliminação do ego, a barreira entre o ser e tudo mais além.

Por volta daquela época, Wilson encontrou outra forma para driblar o ego — através de uma prática espiritual chamada escrita automática. Durante essas "sessões fantasmagóricas",[50] Wilson acreditava que recebia ditados de espíritos visitantes, um processo que efetivamente permitia que ele habitasse sua própria voz e escapasse dela na hora. A escrita automática permitia que o "homem número um" relutante se tornasse um veículo ordinário — ou, pelo menos, um veículo mais passivo. Um ouvinte.

Em uma carta de 1952 para Ed Dowling, um padre que acabaria se juntando ao salão informal de consumo de ácido que Wilson organizou em Nova York, Wilson descreve ter recebido ajuda de espíritos ao escrever *Doze passos e doze tradições*, seu esboço prático estendido ao programa do AA. "Um dia, um homem estudado", que sabia "muito sobre estruturas, apareceu dizendo que se chamava Boniface", ele escreveu.[51] O AA não era nada além de uma estrutura, e o fato de Wilson conceder crédito a Boniface era a lógica humilde da recuperação em grande escala, pelo plano astral, creditando a voz de outros em vez da sua mesma (Wilson também disse que Boniface "se saiu muito bem na Enciclopédia"). Wilson gostava da ideia de que a sabedoria não vinha da própria mente. Encaixava-se com o ethos de interdependência, que era central para sua compreensão de recuperação. "Tenho uma boa ajuda, disso estou certo", ele disse a Dowling. "Tanto aqui quanto lá."

Registros dessa ajuda permanecem nos aforismos do AA escritos em pedaços de papel deixados depois das sessões fantasmagóricas de Wilson: "Vamos <u>começar</u> do <u>começo</u>", "Deus me conceda <u>serenidade</u>", "Vá com calma".[52] Na escrita automática, Wilson encontrou um primo do "Entregue-se" do Primeiro Passo. Cada sessão envolvia a lógica de um apagão transplantado para a sobriedade: deixar o corpo se tornar o veículo para uma ação que ele não podia tomar para si. Era um desejo dirigido à *alteridade* — não às outras vozes de uma reunião, mas vozes ainda mais distantes, vozes totalmente além da sala. Um dos fragmentos mais longos ainda permanece atrás da página 164 datilografada do Livro Azul:

> Vai parar de fumar. Por favor pare Bill já que está sendo preparado como um <u>canal</u> para coisas importantes. Precisa acreditar em nós quando dizemos que você está destinado a um desenvolvimento tremendo. Por favor, por favor, Bill, faça isso e não falhe conosco. Muito mais depende de sua atitude e de suas ações. Você é um elo numa longa cadeia e não pode ser o ponto mais fraco. Não tema o contato conosco... Vá se deitar mas por favor não fume mais.[53]

Wilson foi fumante a vida toda — com fervor ainda maior, ele manteve o vício do cigarro durante a sobriedade —, e havia uma sinceridade trágica contida no momento de sua ventriloquia autoconsciente. O próprio impulso de sobrevivência de Wilson se anunciava de uma distância celestial. Ele escutava uma voz tentando persuadi-lo a parar de fumar, uma voz que ele tentava se convencer de que pertencia a outro.

As sessões fantasmagóricas de Wilson, as viagens de ácido e o vício em nicotina não são as partes da história dele que se encaixam com mais conforto em sua lenda, mas, para mim, elas não minam a sua história de sobriedade, elas a humanizam. Comunicam a irregularidade de sua recuperação, ou a de qualquer um — as formas de recuperação podem sempre ansiar por algo mais.

Você está destinado a um desenvolvimento tremendo. Vai parar de fumar. Ele não parou e morreu de enfisema aos setenta e cinco anos de idade.

Wilson tentou projetar a autoridade para outro canto, nessas vozes astrais, mas acabou voltando para a confirmação de sua própria singularidade: *Você está destinado.* Era um dos paradoxos peculiares embutidos em sua sobriedade que, no final das contas, não era como a de todo mundo — não importava o quanto ele quisesse que fosse.

Em fevereiro de 1957, o escritório geral da sede do AA estabeleceu um "roteiro padrão" para aparições em rádio e televisão. Era um roteiro para qualquer "John" do AA seguir, enfatizando que ele deveria se limitar a pontos gerais sobre o alcoolismo e a irmandade, incluindo apenas um breve interlúdio pessoal: "Sugeria que, nesse ponto, 'John' falasse de modo improvisado por cerca de dois minutos, se qualificando como alcóolatra, assim como faria num Encontro Aberto do AA. Sugeria também que, para minimizar 'divagações', os comentários se restringissem ao tema de como os alcóolatras prejudicam os outros quando bebem".[54] Num determinado ponto, o roteiro até incitava John a dizer: "Naturalmente, só posso falar por mim", mesmo que John estivesse seguindo um roteiro — um roteiro que deveria traduzir sua história em algo que pudesse se aplicar a qualquer bêbado que a ouvisse.

Quando vi pela primeira vez o Roteiro Padrão, parecia cristalizar tudo de problemático sobre narrativas de recuperação, suas convenções pré-

-fabricadas e a tirania de sua estrutura tríptica: *como era* (sua bebedeira), *o que aconteceu* (por que você parou), *como é agora* (sua sobriedade). O outro lado da ressonância provocada nos encontros era a suspeita de que tal ressonância fosse simplesmente uma autoprofecia que se cumpria — que convencíamos a nós mesmos de que nossas histórias eram todas iguais, então pressionávamos uns aos outros para contá-las da mesma forma. Talvez, nossos clichês fossem apenas como cães pastores nos conduzindo a grupos organizados de disfunções demasiado simplificadas. Éramos todos igualmente egoístas, igualmente temerosos, igualmente escapando de nossas próprias vidas.

Os clichês eram uma das partes mais difíceis durante o início da recuperação. Torcia o nariz para suas cadências cantaroladas. *Conseguir é encontrar quem conseguiu. É o primeiro drinque que te deixa bêbado. Tire o algodão dos ouvidos e coloque na boca.* Nos encontros, odiava quando outras pessoas abandonavam a singularidade narrativa de suas histórias — *Acidentalmente esmaguei a tartaruga de estimação da minha irmã depois de tomar absinto demais* — pelo pudim sem gosto da abstração — *Estava farta de estar farta.* Queria tartarugas esmagadas e absinto. Os clichês eram como geada, recusas de claridade e nuances, insistência numa sabedoria borrada de cartões comemorativos: "Isso também passará", vi uma vez bordado em ponto-cruz no banheiro de uma reunião em Wyoming, seguido por "Já passou". Um tempo antes, havia aprendido que para me tornar escritora eu tinha que resistir aos clichês a todo custo. Era um dogma tão aceito que nunca me perguntei por quê.

Simplifique era um dos clichês com o qual tinha mais dificuldade de lidar. Nunca achei que houvesse nada de simples em mim, ou em qualquer um. A simplicidade parecia com desrespeito, uma evasão voluntária das rugas em cada psiquê humana, um defeito ao testemunhar totalmente a consciência. Se a vida não era simples, como você poderia mantê-la simples? A insistência da simplicidade parecia com uma parte maior da insistência do AA de que éramos todos iguais, o que basicamente era como dar um *foda-se* para todo o meu sistema de valores. Durante minha vida toda, fui ensinada que algo era bom porque era original — a singularidade era a força motriz do valor. *Recrie*, os modernistas disseram. Era impossível imaginar o que seria *ser*, como pessoa ou história, sem pensar em termos de diferença. Sempre entendi o amor também em termos de singularidade, uma suposição que mantive tão próxima que se tornou quase transparente: *Sou amada porque não sou igual aos outros*. Toda vez que alguém falava sobre amor incondicional nas salas de recuperação, sempre queria gritar: "Você não pode me amar! Você nem me conhece!".

Na verdade, quando se tratava de amor, eu tinha de certa forma desejos contraditórios. Queria ser amada incondicionalmente, pelo simples fato de ser eu, mas também queria ser amada por minhas qualidades: porque eu era x, porque eu era y. Queria ser amada porque merecia. Só que eu tinha medo de ser amada assim, porque e se eu *deixasse* de merecer?

O amor incondicional era um insulto, mas o amor condicional era assustador. Foi algo sobre o que eu e Dave conversamos — ser amado por qualidades ou então sem condições. Ele me ensinou a noção do amor concedido, *stam*, como dizem em hebraico, por nenhum motivo terreno: porque sim.

Dave e eu não estávamos mais brigando bêbados, mas estávamos brigando sóbrios — o que era ainda pior, porque eu não tinha mais a bebida como álibi ou desculpa. Sem o álcool para ser culpado, as brigas eram entre *nós* — ou entre ele e a versão quebradiça, vigilante de mim mesma que havia me tornado. Honestamente, já havia sido essa pessoa. Mas, sem a bebida, não tinha como me calar. A sobriedade era como uma sala de interrogatório impiedosa, cada detalhe iluminado numa fluorescência ofuscante. Eu examinava tudo o que Dave fazia procurando sinais de que ele estava cansado de mim, porque eu estava cansada de mim mesma. Quando uma amiga me disse que era difícil se imaginar com Dave, porque parecia que ele guardava seu charme e energia para os outros, confirmou meu medo de que eu havia me tornado mais do que um fardo.

Comecei a ficar em casa em vez de ir a festas, porque era péssimo ir sem poder beber. Estava cansada de ter uma Pepsi diet de cereja silvestre na bolsa. Mas ficar em casa não era muito melhor. Quando Dave saía, eu ficava acordada por horas me perguntando quando ele iria voltar. Olhava o relógio, tentava dormir para não ficar olhando o relógio; então acordava e procurava o corpo dele ao lado do meu, sentia a ausência e verificava o relógio de novo, miseravelmente acordada, sóbria como uma fatia de limão espremido num copo de água com gás choca. Um amigo de Dave apostou que ia raspar a própria barba se Dave conseguisse terminar uma resenha com a qual ele estava tendo dificuldade e, quando ele de fato fez isso — usando um barbeador elétrico no banheiro do Foxhead —, foi como outra noite épica da qual eu não tinha participado. Claro, também era a marca de Dave conquistando algo importante. Mas não pensei assim.

Dave inventou um gesto para os momentos em que eu ficava deprimida, colocando dois dedos contra minha testa para me lembrar de que o que eu estava sentindo acabaria passando. Era verdade o que seus dedos me diziam — e eu adorava a pressão contra minha pele, a sensação de proximidade, sua carga elétrica —, mas era difícil evocá-los como lembrança sensorial quando ele não estava.

Anos depois, quando um médico descreveu o clássico temperamento do viciado como teimosamente focado no momento presente, fiquei na hora convencida de que não tinha muito a ver com meu tipo de personalidade de viciada.[55] O que eu estava fazendo da minha vida se não estava teimosamente fixada no passado ou sonhando com o futuro? Mas quanto mais pensava nisso, mais percebia que era uma forma de descrever o que os dois dedos de Dave tentaram enfrentar: minha convicção de que nunca haveria um lado de fora para o momento presente.

Acho que era frustrante para Dave que nossos dias fossem consumidos por meus dramas contínuos: primeiro a tristeza trôpega dos porres, depois as nobres epifanias da sobriedade. Algumas manhãs, ele só queria se servir de cereal e se sentar à sua mesa para escrever enquanto eu batia incessantemente à porta com uma intensidade após outra: *Preciso fazer um aborto! Preciso fazer uma cirurgia cardíaca! Preciso ficar sóbria!* Era esse o filme que passava na minha cabeça: meus desejos como bárbaros na porta dele. Queria a garantia constante de que minhas necessidades não eram demais para ele — o que era outra necessidade que eu colocava diante dele, claro.

Quando houve o terremoto no Haiti em janeiro de 2010, lemos sobre pessoas colocando camisetas sobre a boca para não sentir o cheiro dos mortos e uma mulher ligando para o celular do irmão para ver se conseguia ouvir o som dele sob os destroços. Decidimos fazer uma festa de arrecadação para levantar dinheiro para trabalhos de assistência — parte da minha tentativa desesperada de redimir a privação da sobriedade com virtude. A padaria doou cem cookies e um bolo, que pensei em decorar, mas não decorei. Seria como fazer um prato de vaidade para uma catástrofe. O projeto todo era perturbado por meu desejo ridículo, frustrado de justificar minha vida sóbria: É *isso*? Fazer *o bem*?

Passei a maior parte da festa vendo Dave conversar com Destiny, seguindo o corpo dela pelo cômodo, bem ciente de cada momento que estavam juntos rindo. Nunca me senti tão primitiva, como um animal rastreando os movimentos de outro animal — uma rival de acasalamento. Nunca estive tão consciente do meu próprio ciúme, sem qualquer agente anestesiante por perto. Era como despertar no meio de uma cirurgia em que deveria estar inconsciente.

Depois que todos se foram, jogamos fora as ruínas do bolo e contamos quanto dinheiro havíamos levantado para o Médicos Sem Fronteiras. O tempo todo eu estava espumando até que, finalmente, desabei e perguntei ao Dave se ele percebia como estava paquerando abertamente. Do Médicos Sem Fronteiras a isso: difícil uma mudança de assunto ser mais embaraçosa que essa.

"É sério que estamos nisso novamente?" Ele pareceu decepcionado e, mais do que tudo, exausto. Continuamos limpando — colocando copos grudentos em grandes sacos de lixo brancos, limpando migalhas com nossas mãos — porque era mais fácil não olharmos um para o outro quando brigávamos.

"É humilhante", eu disse. "Ver você lá com ela, especialmente depois de…"

"Depois do quê?"

"É só uma sensação que tenho com vocês dois", eu disse. "Uma energia."

Foi quando ele se virou e olhou diretamente para mim, com a voz fria e questionadora: "Você leu meu diário?".

As moléculas se movimentaram no cômodo. Soltei o saco de lixo, que ficou aberto, mostrando copos plásticos vermelhos, guardanapos amassados, forminhas de cupcake ainda com migalhas grudadas.

"Preciso que seja honesta", ele disse. "Você leu?"

Meu estômago apertou. Nem sabia que ele tinha um diário. "O que tem lá?", perguntei, odiando meu próprio pânico. "Por que está perguntando?"

"Isso não é resposta", ele disse.

"Não li", disse a ele. "Nem sabia que você tinha um diário. Mas do que tem medo…"

"Não acredito em você", ele disse.

Depois de ter lido as mensagens de texto, não tinha direito de culpá-lo. Se soubesse que ele tinha um diário, provavelmente teria tentado ler também. Descobrir sobre um novo tipo de privacidade só me fez querer violá-la. Ficamos indo e vindo por quase uma hora. Eu implorando a ele para me dizer o que havia no diário; ele me dizendo que não tinha como acreditar que eu não havia lido. Se eu fosse ele, também não teria acreditado em mim.

"Eu nunca nem vi!", disse a ele. Mas parte de mim temia saber como era a aparência do diário — com medo de que, se soubesse, ficasse obcecada com a possibilidade de lê-lo, da mesma forma que fiquei obcecada com seu celular, que constantemente imaginava pegar, como imaginava constantemente pegar a garrafa de Bombay Sapphire no freezer.

"Está no meu computador", ele disse, e dava para ver que agora talvez ele acreditasse em mim, apesar de eu já estar pensando, compulsivamente, quando e como eu poderia ler: enquanto ele estava no banho, ou num bar. Como iria encobrir os rastros para não aparecer na lista de documentos abertos recentemente? Tentar conhecê-lo inteiramente era como tentar pegar mil grãos de arroz espalhados pela rua.

"Por favor, me diga o que você escreveu", implorei a ele. "Aconteceu alguma coisa, não aconteceu?"

"O único motivo pelo qual vou te contar", ele disse finalmente, "é que qualquer coisa que você esteja imaginando é muito pior do que a verdade."

Nós nos sentamos no sofá laranja e ele me contou que houve uma noite em dezembro, uma das noites em que fiquei acordada esperando por ele, sofridamente sóbria, quando ele e Destiny ficaram sentados num sofá, só os dois, às duas ou três da madrugada, eram os últimos da festa. Ela esperava que algo acontecesse, ele percebeu.

"Claro que esperava", eu disse, pensando: se são três da manhã e você está sozinha num sofá com um cara, e a namorada dele está em casa, algo provavelmente vai acontecer. Eu me lembro de me sentar no sofá com Dave, com meu namorado em casa.

"Disse a ela que algo poderia ter acontecido em outro mundo", Dave disse. "Mas não neste."

"Disse *o quê?*"

"Disse que nada iria acontecer."

"Não foi o que você disse."

"A questão é que coloquei um ponto-final."

Mas essa não era a questão para mim: Por que ele estava lá, em primeiro lugar? Por que havia algo a se encerrar? Para ele, a história era prova de sua fidelidade, para mim, era prova de que a vida estava acontecendo exatamente como eu temia: em sofás em outro canto, com garrafas ao redor. Enquanto eu estava sozinha em casa, sóbria, ciumenta e nervosa e com medo, ele estava testando os limites da possibilidade, buscando as fronteiras da transgressão. Isso me deixou louca, pensar que Dave e Destiny sabiam sobre esse momento — um segredo entre eles — e eu não.

"Por que não me contou depois que aconteceu?", perguntei a ele.

"Porque eu não queria isso", ou seja, a briga de três horas em que estávamos. Às três horas da manhã, no nosso sofá, não testávamos os limites do que podia ser. Esfregávamos a esponja sobre a superfície do que era.

Ele não podia apenas largar dessa amizade, perguntei a ele, porque era algo de que eu precisava?

"E quanto ao que eu preciso?", ele disse. "Nunca falamos sobre isso."

As necessidades dele — de se conectar com outras pessoas, de compartilhar a vida com alguém que não o acusava constantemente — eram reais, mas era duro ouvir acima do volume do meu medo, que rapidamente se tornou culpa.

Naquele ponto, eram mais de quatro da manhã.

"Seu medo não se baseia em mim ou nisso", ele disse. "É mais profundo."

Ele estava morto de cansaço e queria ir para a cama. Eu queria continuar falando até resolvermos. *Nunca vá dormir brigada*, eu tinha ouvido. Isso me faz sorrir agora. Como se fosse possível evitar. Ele foi para a cama brigado comigo, e eu sabia que não conseguiria dormir. Estávamos na metade do inverno, mas coloquei o casaco e as luvas e comecei a andar pelas ruas — passei a república das meninas na Washington com a Governor, passei a cooperativa fechada, com as abóboras à venda; passei o posto de gasolina vinte e quatro horas na Burlington, onde o universitário sonolento atrás da registradora piscou quando pedi Marlboro vermelho. "Sempre achei horrível", ele disse dando de ombros, mas para mim, naquela noite, era perfeito, e eu fumei no frio congelante — na rua, no parque, na nossa varanda — até ficar cansada o suficiente para deitar na cama com Dave, assustada demais para tocá-lo, apesar de querer muito.

Algumas semanas depois, estava ao telefone com minha mãe — abaixada contra o armário do meu escritório, onde tinha certeza de que não podia ser ouvida —, dizendo a ela que eu estava convencida de que Dave estava me traindo. Ela disse que não podia me dizer se ele estava ou não. Mas também disse: Toda vez que ela achou que meu pai estava tendo um caso, estava certa.

Minha paranoia sobre Destiny era um receptáculo tangível e humilhante para um conjunto de medos mais nebulosos sobre a opacidade das outras pessoas, a possibilidade de querer múltiplas pessoas ao mesmo tempo, a diminuição do amor com o tempo, e a possibilidade à espreita de ser largada. Mesmo nos dias em que acreditava que Dave não havia dormido com ela, ainda era assombrada pela possibilidade de seu desejo — pela forma com que suas longas noites mantinham uma eletricidade que eu não podia mais oferecer, certamente não com essas discussões claustrofóbicas.

Nunca compramos uma cápsula de gás para a máquina de refrigerante que ele me deu. Ficou lá, magnífica e intocada, enquanto eu ainda ansiava pelo álcool que iria me ajudar a viver sem ele.

VII

SEDE

CONFORME O INVERNO SE TORNAVA PRIMAVERA, continuei dirigindo longamente por galerias comerciais nos meus dias de folga, através de milharais onde a neve derretia formando áreas menores de branco sujo endurecido. Mas essas viagens pareciam vazias, minha vida sem beleza. Eu era apenas uma mulher colocando os dedos na saída do aquecedor do meu carro. Tudo que era lustroso, pilhado ou coradinho pela bebedeira em minha vida havia sumido. Restavam apenas galerias de lojas e aquele grande céu fodido de Iowa. Numa das minhas rotas, passei por um parque aquático coberto, com um único escorregador curvo projetado da parede de estuque e fantasiei sobre aquele espaço contido de calor e água corrente — aquela velocidade clorada, um oásis.

Quando tinha sete anos, disse à minha mãe que tinha certeza de que podia fazer uma farofinha de maçã melhor do que a dela: uma casquinha de açúcar mascavo assada com canela e noz-moscada. Ela apontou para a cozinha — impassível, sorrindo — e disse, "vá em frente". Fiz uma meleca com manteiga demais e, por algum motivo, macarrão cru, e então, orgulhosa demais para admitir que havia errado, fiquei sentada lá comendo a mistura na frente dela, fingindo que tinha adorado. A sobriedade parecia isso.

Tudo me fazia pensar em bebida. Saboneteiras vazias à venda na loja dos estudantes me fazia imaginar as alunas hipotéticas que um dia iriam usá-las para se aprontar para as festas das repúblicas, e eu invejava a bebida que teriam, ainda cheirando levemente a sabonete de baunilha. Quando pensava no meu sobrinho em São Francisco, na outra ponta da rodovia I-80, imaginava o álcool que ele beberia um dia. Ele tinha apenas um ano de idade. Uma tarde, um estranho no meu café de sempre, duas mesas à frente, sentou-se com uma cerveja pela metade por horas, e eu pensei: *Vai logo!* A mulher na fila na minha frente na cooperativa comprou uma garrafinha de vinho, metade de meia garrafa, e eu pensei: *Por quê?* Assistia a *Despedida em Las Vegas* e sentia inveja do Nicolas Cage porque ele podia beber o quanto quisesse.

A sobriedade estava tomando forma para manter precisamente o vazio que eu temia que manteria. Acordava todos os dias sem esperar nada, exceto a hora que passava virando o rosto para ficar mais perto da lampadinha azul de UV que deveria combater a melancolia do inverno. Era exaustivo ficar perto de qualquer um porque não tinha muita coisa dentro de mim — muita energia ou interesse —, então eu tinha que fracioná-los cuidadosamente para o dia. Falar era um esforço. O que havia para falar? Minha família achava que talvez eu estivesse clinicamente deprimida, o que também não era interessante para se falar.

A questão de ter conversas interessantes sobre sobriedade também sempre foi traiçoeira. Em *Junky*, William Burroughs descreve a Narcotic Farm como um lugar cheio de pacientes que não falam sobre nada além de drogas, "como homens famintos que não podem falar de nada além de comida".[1] Em *The Fantastic Lodge* [Alojamento fantástico], uma "autobiografia" publicada em 1961, formada por uma seleção de entrevistas gravadas, uma viciada chamada Janet chega a uma Narcotic Farm cheia de pacientes prisioneiros falando sobre as drogas de que sentem falta: "Não há nada a fazer, nada — exceto falar sobre tóxicos. Tudo se resume a tóxicos, e é isso, sabe; é assim que rola".[2] Até a gramática de Janet é saturada pela obsessão; ela fica dizendo a mesma coisa sem parar — sobre como realmente não há mais nada a dizer.

No fim de *The Fantastic Lodge*, Janet escreve um manuscrito sobre seu vício e recuperação, mas não faz bem nenhum a ela. "Ela ficou com muita esperança de que seu livro fosse publicado", diz seu psiquiatra num posfácio, e "levava o manuscrito aonde quer que fosse" numa sacola de compras de papel que quase rasgava com o peso.[3]

Nas reuniões, me disseram que contar nossas histórias nos salvaria, mas eu me perguntava se era sempre verdade. E se sua história fosse apenas um peso morto, um monte de páginas numa sacola de compras engordurada?

Quando os relatórios anuais da Narcotic Farm classificavam os pacientes que tiveram alta em termos de suas suspeitas probabilidades de recaída, as estatísticas faziam mais do que sugerir sua própria inutilidade: "Curado, prognóstico bom (3)/ Curado, prognóstico a se observar (27)/ Curado, prognóstico baixo (10)". Outro dizia: "bom (23); a se observar (61); baixo (2)". A categoria "a se observar" ainda era grande: 61 de 86 e 27 de 40. O prognóstico a se observar essencialmente significava: *Não temos ideia do que vai acontecer.*[4]

Eu tinha imaginado a lógica da sobriedade funcionando como um centro de redenção de reciclagem, aonde eu levaria a bebida que não estava bebendo e em troca pegaria de volta meu relacionamento como era no começo. Era essa a versão de contrato lógico da sobriedade: *se eu ficar sóbria, vou receber x em troca.*

Mas agora que estava sóbria, a diferença principal parecia ser que era muito mais difícil para mim dormir depois que Dave e eu brigávamos. Nossas brigas me deixavam com uma energia inesgotável — um tônico azedo de raiva e culpa —, e com frequência eu saía de casa às três ou quatro da manhã e ia caminhar como daquela primeira vez, muitas vezes para o mesmo posto de gasolina na Burlington. Era estranho sair tarde sem estar bêbada, caminhando para o posto de gasolina completamente sóbria às quatro da manhã, como se precisasse me explicar para o balconista: "Não estou na farra, só estou acordada". Num certo ponto, minha mãe — até se desculpando por dizer isso —, escreveu embaixo de um e-mail: "Se for possível eu e você termos uma conversa sobre seu relacionamento com Dave quando não for em resposta a uma crise pontual, eu gostaria muito".

Naquele inverno, após passar meses como num sonho zumbi torpe, acabei voltando para casa em Los Angeles e me sentei numa cadeira no centro de um consultório psiquiátrico. Ele perguntou se alguma vez me sentia como se estivesse vendo tudo através de óculos cor de merda. Eu disse: *sempre.* Ele me deu uma prescrição para um antidepressivo e disse que deveria aumentar a dose gradualmente e observar se ficava com brotoejas. Minha mãe e eu dirigimos até um convento onde a grama era cortada em fatias pelas faixas cinza dos caminhos de concreto. Escrevemos nossos desejos para o ano e os queimamos para que virassem realidade. Mas, quando tentei rezar, nada aconteceu. Era como tentar entrar numa conversa que já havia começado sem mim.

De volta a Iowa, nos dias em que não trabalhava na padaria, entrava no escritório em casa — o cômodo onde costumava beber sozinha — e tentava trabalhar no romance que queria estar trabalhando sobre a revolução sandinista. A sobriedade deveria significar ir além de mim mesma, e eu era atraída pela premissa do romance como uma forma de me arremessar o mais longe possível da minha vida. O romance era, na verdade, *sobre* o desejo de se dar algo maior do que sua vida privada: uma revolução.

Comecei a pesquisar com ímpeto frenético, das sutilezas dos debates doutrinários híbridos marxistas-sandinistas aos jarros de sangue jogados em protesto contra as fortalezas brancas dos bancos de sangue lucrativos de Somoza. Cobri uma parede do escritório com fotografias granuladas xerocadas: bandeiras da FSLN [Frente Sandinista de Libertação Nacional] pretas e vermelhas balançando sobre uma praça lotada; homens de boina dirigindo ônibus para Manágua com armas apontadas para o céu. Escrevi cenas inflamadas dos debates que aconteciam em pátios de paralelepípedo. A revolução dependia da mobilização dos camponeses ou do apoio da elite urbana? Pelo menos, eu tinha o pátio certo: velas enfiadas em fendas entre as pedras; a luz flutuando, oscilando; o fedor doce de mijo e flores; o silêncio murmurante das palmeiras ao vento à frente. Mínimos detalhes sensoriais eram o que minha imaginação podia conjurar, uma nostalgia sublimada para os dias de embriaguez na Nicarágua. Mas a prosa afundava sob o peso da minha pesquisa desesperada. *Não podemos esquecer a classe média em Manágua!* Era terrível. Dava aos meus personagens muito rum para beber, o mesmo rum que bebi anos antes, para aplacar o peso da palestra improvisada que impingia a eles. Imaginei o rum escorrendo em rastros apimentados e tenros por suas gargantas. Descreveria o rum por parágrafos, por páginas.

De tempo em tempos, eu me enfiava no banheiro, ficava de joelhos e pedia a Deus para me ajudar a escrever o livro. Então, eu me corrigia, pedia a Ele para me ajudar a realizar Sua vontade e, secretamente, esperava que Sua vontade fosse que eu escrevesse o melhor romance já escrito sobre a revolução sandinista.

Naquela época, eu rezava emburrada. Minha fé era cética e contratual. Não tinha certeza de que Deus existia, mas se Ele existisse, havia definitivamente algumas coisas que Ele poderia fazer por mim. Me sentia uma fraude de joelhos na frente do futon — bem ao lado de onde havia enfiado a garrafa de uísque, sob o estrado —, como se, ao me ajoelhar, fingisse ter uma fé que não podia invocar de fato. Para me convencer de que a sobriedade valia a pena, tentava escrever dia e noite. Mas, na maioria das noites, eu despencava e assistia a horas de programas de *reality*. Fiquei especialmente ligada em *The Gauntlet*, um *reality* em que ex-participantes de *realities* melhores iam para belas partes do mundo em desenvolvimento e participavam de competições gladiadoras absurdas. Mergulhavam em água gelada e se enterravam em caixões. Acabavam comendo sorvete misturado com o próprio vômito. Fiquei feliz em ver Trishelle sofrer um acidente de bicicleta porque ainda não a tinha perdoado por escolher Steven em vez de Frank em *Real World: Las Vegas*, apesar de ela acabar saindo com os dois ("Todo mundo é bonitinho depois de doze drinques", ela disse, e eu não podia discordar).[5] Às vezes, olhava para minha parede sandinista e achava que os revolucionários deviam estar olhando para mim, me censurando.

Quando meu primeiro romance saiu naquele inverno, as meninas da padaria fizeram um bolo decorado com uma versão da capa — uma mulher sem rosto num roupão cor de malva, não foi minha primeira escolha —, enfeitado com chocolate rosa e roxo. O livro não vendeu bem. O ponto alto foi o dia em que chegou a noventa e tantos na lista de alcoolismo da Amazon, muito abaixo do Livro Azul — traduzido para vinte línguas diferentes. Minha mãe ficou empolgada em vê-lo num ranking. Ela me mandou um e-mail sobre isso. "Obrigada por me avisar!", escrevi de volta, como se eu mesma não estivesse checando. Lia as resenhas on-line dos leitores obsessivamente, todas as dez. A mais apaixonada dizia que minhas descrições sobre álcool eram tão detalhadas que eu devia ser uma alcoólatra, e deu ao livro três de cinco estrelas.

Ainda estava tentando me esforçar o máximo que podia — para provar para mim mesma que a sobriedade valia a pena —, mas na maioria das vezes sentia que minha escrita era como cavalgar um cavalo teimoso, chutando-o com esporas até ele sangrar.

Em *O iluminado*, Jack Nicholson interpreta um bêbado seco, desesperadamente socando a máquina de escrever, num hotel vazio fora da temporada — a personificação da sobriedade ranzinza, seus labirintos de corredores acarpetados, assombrados pelos fantasmas sinistros de festas antigas. Jack mergulha no manuscrito, mas termina escrevendo apenas uma frase em cem páginas: "Muito trabalho e nenhuma diversão fazem de Jack um bobão", com variações apenas nas margens e erros de datilografia. É a sobriedade através de um copo escuro. Só trabalho e nenhuma diversão — nenhuma bebida — fazem de tudo uma chateação. A vida, a prosa, *tudo*.

Jack começa a beber novamente no filme, ou pelo menos quer tanto beber que tem uma alucinação sobre a própria recaída. Pega um copo baixo de bourbon do impassível Lloyd, um bartender fantasma no bar vazio do saguão. "Há cinco meses miseráveis abstêmio", Jack diz a Lloyd, "e todo o dano irreparável que isso me causou."[6]

O romance *O iluminado*, de Stephen King, no qual o filme de Kubrick é baseado, é a história de uma recuperação fracassada apresentada por uma visão distorcida da reabilitação: um homem sóbrio infeliz tem um recaída num hotel vazio situado no alto das Montanhas Rochosas do Colorado. Em vez da comunidade de reabilitação, é a vida num tanque de isolamento. Quando Jack Torrance aceita o trabalho no Overlook Hotel, ele não está mais bebendo, mas ainda está consumido pelo ressentimento e pela raiva que abasteceram sua bebida. "Ele teria uma hora", ele se pergunta, "não uma semana nem mesmo um dia, veja, mas apenas uma hora desperto [sem] querer um drinque?"[7]

Depois da primeira grande nevasca do inverno, as linhas telefônicas caem e a estrada que conecta o Overlook ao resto do mundo é obstruída. Jack e a família ficam completamente sozinhos, deixados à própria sorte. A neve se acumula nos muros do hotel, os quartos estão cheios de fantasmas apodrecidos, o papel de parede está manchado de sangue. Os arbustos esculpidos em forma de animais ganham vida. Os elevadores se enchem de confete e balões murchos, a ameaçadora pós-morte da farra. *O iluminado* não é apenas uma história de recaída; é uma história sobre a frustração de um bêbado seco — o termo usado na recuperação para alguém que não bebe mais, mas não está num programa de recuperação —, um homem literalmente se retorcendo pela vida. As mãos e os dedos de Jack aparecem constantemente nas seiscentas páginas do romance, "apertadas firmes em seu colo, esfregando uma na outra, suando", as unhas "fincando nas palmas como marquinhas a ferro", ou tremendo, ou fechadas em punhos firmes, contorcidas "pelo desejo, pela *necessidade* de ficar bêbado".[8]

Apesar de Jack estar seco há mais tempo no romance do que no filme — catorze meses, precisamente, não que ele esteja contando cada segundo disso —, ele está bravo por não ter recebido crédito suficiente por sua própria melhora. "Se um homem se ajusta", ele pergunta a si mesmo, "não merece ter esse ajuste creditado mais cedo ou mais tarde?"[9]

Tudo conspira para fazer Jack beber novamente. Ele imagina hóspedes bebendo nos jardins durante o verão: gin fizz e pink ladies. Passa o lenço nos lábios, ansiando. Começa a mastigar excedrin como costumava fazer para as ressacas. Acaba na frente de Lloyd no bar, pedindo vinte martínis: "Um para cada mês que passei abstêmio e um como chorinho".[10] Jack se senta na banqueta do bar contando a Lloyd, metaforicamente, sobre as atribulações de ficar a seco, os cinco meses que ele acrescentou à sobriedade durante o longo inverno: "O assoalho dessa carroça é de madeira de pinho, tão fresca que ainda solta seiva, e se você tirar o sapato, com certeza uma farpa vai entrar no seu pé".[11] A sobriedade é espartana, desconfortável, grudenta e infeliz. Ela incomoda a cada passo. O salão de baile atrás da banqueta do bar está cheio de fantasmas — criaturas monstruosas com a pele flácida usando máscaras de raposa, sutiãs de pedrinhas e vestidos de lantejoulas —, e estão todos incentivando sua recaída, "olhando para ele com expectativa, em silêncio",[12] enquanto o bartender diz a ele: "Agora beba sua bebida", uma ordem que todos os espíritos repetem, em coro.

A recaída de Jack existe num estranho purgatório entre alucinação e embriaguez real: "Jack levou o drinque à boca e virou em três longos goles, o gim disparando garganta abaixo como uma van num túnel, explodindo no estômago".[13] Ele realmente bebeu ou apenas imaginou ter bebido? Ele fica bêbado de qualquer forma.

Depois que a fantasia termina e as garrafas imaginárias desaparecem da prateleira, Jack se vê no bar com a esposa chorando e o filho traumatizado se perguntando: "O que ele estava fazendo no bar com um drinque na mão? Ele PROMETEU. Estava ABSTÊMIO. Ele LARGOU".[14] Soa como uma peça sobre abstinência — como meus antigos superlativos em maiúsculas ou o melodrama de Lowry — e para Jack também. "Como logo antes de fechar a cortina do segundo ato de algum teatro das antigas na época dos movimentos pró-abstinência", ele pensa, "tão mal montado que o cara dos objetos de cena esquece de guardar as prateleiras do Antro da Perdição."[15] Jack tem consciência de suas próprias tendências ao drama, mas também tem consciência — com verdadeira decepção, como um verdadeiro alcoólatra — de que todas as garrafas se foram. Seu filho, Danny, amaldiçoa telepaticamente o hotel: "Você tem que fazê-lo beber o Troço Ruim. É a única forma de pegá-lo".[16]

Tanto o romance como o filme *O iluminado* apresentam versões lúgubres do relacionamento entre sobriedade e criatividade. No filme, há um homem sóbrio sem uma história — a mente ociosa e atrapalhada, datilografando as mesmas palavras seguidamente —, mas o livro imagina um escritor seduzido pela *história errada*. Jack fica obcecado com a história do Hotel Overlook em si, sua história de depravação: assassinatos e suicídios e escândalos da máfia. Um dia, Jack está verificando a caldeira no subsolo — a arma tchecoviana do romance, avistada no primeiro ato e disparada no último — e descobre um caderno cheio de artigos sobre o passado violento do hotel. Sua fascinação rapidamente começa a parecer uma recaída enquanto ele examina o caderno "quase culpado, como se estivesse bebendo em segredo", sempre preocupado que a esposa "possa farejar a fumaça nele".[17] Quando Jack pensa em escrever a história do hotel, tem a mesma sensação "que geralmente tinha... com três drinques na cabeça".[18]

Esteja ele trabalhando numa história que não existe (no filme), ou comprometido em contar uma história de dissolução (no romance), o foco monomaníaco de Jack na criação é o que acaba com sua decência. No romance, ele recai porque está atraído pela história errada, não uma narrativa de recuperação, mas algo quase oposto: o próprio histórico sórdido de embriaguez do hotel. A farra sinistra acena, todos os fantasmas acenam: *Beba sua bebida.* É uma recaída em grande estilo. O que está em jogo é sobrenatural. Quando a caldeira explode e o hotel arde em chamas, não há recuperação triunfante, apenas conclusão: "A festa acabou".[19]

Quando Stephen King escreveu *O iluminado,* na metade dos anos 1970, ele escreveu "sem nem perceber... que estava escrevendo sobre mim mesmo".[20] No auge de seu consumo, King enchia latas de lixo com garrafas de cerveja e usava tanta cocaína que tinha que enfiar lenços nas narinas para não sangrar na máquina de escrever. *O iluminado* é um pesadelo escrito por um viciado aterrorizado pela sobriedade. King escreveu décadas depois: "Tinha medo de que não pudesse mais trabalhar se parasse de beber e me drogar".[21]

Quando queria me forçar a escrever, passava as noites no Java House, um café cavernoso cheio de cookies do tamanho de um punho — com frequência amanhecidos — que eu comprava com determinação ferrenha, tentando me convencer de que ainda era possível ter prazer. Abria meu laptop na janela da frente e via as pessoas entrando nos bares enquanto eu batia no teclado trabalhando num conto chamado "A recaída", que deveria ser uma vacina contra a recaída de fato.

A história começa com uma mulher chamada Claudia tomando um porre enquanto está grávida, assim mesmo. Quando escrevi sobre a doce bebida transparente envolvendo o feto, tive vontade de bebê-la. Tive vontade de ter guelras para poder nadar nela. Depois que Claudia decide parar de beber, ela encontra um homem chamado Jack numa reunião do AA. A trama era uma forma de dramatizar uma das minhas fantasias de recaída: que eu iria encontrar um homem no programa e iria jogar tudo fora com ele — meu relacionamento, minha sobriedade, tudo. Claudia e Jack trocam histórias de bebedeiras como outras pessoas flertam falando sobre seu passado sexual. Claudia não tem certeza se ela está usando o álcool como possibilidade de flerte com Jack, ou Jack como possibilidade de flerte com o álcool. Claudia diz a Jack que quer voltar a beber para que possa saber — sem dúvida — que perdeu totalmente o controle. Então ela será capaz de melhorar.

Na primeira versão que escrevi, Claudia e Jack ficaram bêbados juntos. Então achei que o final era previsível demais. Havia entregado no título! Aquela versão da história parecia uma versão patética da realização de um desejo, sem nenhum propósito maior à vista. Então, revisei: ela não recai. Fica sóbria. Mas toda a reviravolta, de versão em versão, era só outra versão do que eu estava fazendo todo dia na minha própria cabeça.

"A fantasia de cada alcoólatra", diz um livro didático, "é que há um mundo próximo, possível, no qual ele descobre um regime conveniente de dosagem e bebe como um perfeito cavalheiro ou dama perfeita."[22] Do porto seguro da sobriedade, comecei a criar uma lista dos meus melhores momentos bebendo. A sabedoria de recuperação diz que *não se pode transformar um picles de volta num pepino*. Mas eu estava ocupada me *repepinando*, marinando em nostalgia. Ainda me lembrava de beber na varanda com Dave enquanto o mar escuro espumava e se avolumava sob nós; ou cambaleando de volta para o dormitório no prédio alto de concreto do meu namorado de faculdade, soltando baforadas de hálito de gim no frio, caindo em sua cama de solteiro do décimo nono andar enquanto a torre alta estalava e gemia ao vento. Ainda me lembrava de ficar bêbada, durante uma viagem de trabalho para Xian, de uma bebida transparente que um escritor chinês me disse que era vinho branco. Mas não era vinho branco. Era fogo. Ainda me lembro de pegar um escorpião frito de uma pilha de escorpiões fritos sob o olhar atento de dois pássaros entalhados de nabo e fazer uma piada sobre meus pauzinhos, agindo como uma idiota total, mas sem me importar. Essa era a questão: não me importar. Como se tivesse sido liberada de um contrato. Beber era aconchegante e indulgente. Cintilava como vagalumes no quintal. Tinha cheiro de carne boa e fumaça. Já estava acontecendo no mundo próximo possível. Dizia: "Venha".

Naquele mundo, eu beberia como sempre quis beber, só que iria funcionar; estaria tudo bem. Definitivamente, não ficaria bêbada, encheria a cara de massa velha e dura da geladeira e diria a Dave que me deixava *louca* ver seu apego compulsivo à autoafirmação, algo sobre o qual estava claro que eu não sabia nada. Definitivamente, não iria começar a chorar e a esfregar a meleca do nariz com a mão e a perguntar por que ele não podia me consolar, por que ele tinha tamanha repulsa pela minha tristeza.

Numa reunião, quando compartilhei como era difícil participar de festas, uma mulher sugeriu que, nesse caso, talvez eu devesse não dar tantas festas em casa. Mas eu ia a encontros com menos frequência, e estávamos dando festas com mais frequência. Meninas de vinte e dois anos com maquiagem pesada viravam doses na minha cozinha. Numa delas, fui à geladeira e descobri que minha Pepsi diet de cereja selvagem, aquela que eu havia enfiado atrás do leite de soja para esconder, tinha sumido. Dave deu a um poeta visitante que estava sóbrio e com sede.

"Mas eu estou sóbria", disse a ele. "Eu estou com sede."

As duas coisas eram verdade. Mas também era verdade que eu podia ter dito: "Ei, que tal não ter sessenta pessoas bebendo em casa?". Mas tinha receio de impor outro limite. Já estava preocupada que ele se ressentisse com aqueles que tentei impor — e eu gostava de imaginar que não estava totalmente banida do reino das farras.

Depois de a festa acabar, trinta minutos depois de todo mundo ir embora, uma poetinha minúscula saiu do armário do nosso corredor. Estávamos recolhendo copos plásticos vermelhos, ainda grudentos de vinho.

"Onde está todo mundo?", ela perguntou. "Já acabou?"

E eu a invejei, porque ela estava bêbada.

Quando Sasha enfim decide beber até morrer em *Bom-dia, meia-noite* de Rhys, ela reflete sobre como é fácil desaparecer completamente: "Você está caminhando tranquila por uma rua. Tropeça. Cai na escuridão. É o passado — ou, talvez, o futuro. E você sabe que não há passado, há só a escuridão, mudando de leve, lentamente, mas sempre a mesma".[23]

Depois de publicar *Bom-dia, meia-noite* em 1939, a própria Rhys tropeçou c caiu na rua — como se o romance fosse uma profecia. Rhys desapareceu por uma década, sem publicar nada, e ninguém sabia aonde ela havia ido. Espalharam-se rumores de que ela havia morrido num sanatório; que havia morrido em Paris; que havia morrido durante a guerra.[24] Artigos ocasionais sobre sua obra se referiam a ela como "a falecida Jean Rhys".[25]

Em 1949, uma atriz chamada Selma Vaz Dias colocou um anúncio pessoal no *New Statesman*, um jornal semanal, para ver se Rhys ainda estava viva: "Alguém que saiba o paradeiro dela, favor comunicar".[26] Estava interessada em transformar um dos romances de Rhys numa peça de rádio. Mas, nesse ponto, Rhys estava casada (pela terceira vez) com um advogado proibido de advogar chamado Max Hamer, marido dedicado, mas instável, condenado por fraude pouco após o casamento com ela, em 1947. Quando Rhys viu o anúncio de Vaz Dias, estava morando sozinha perto do presídio Maidstone, em Kent, na Inglaterra, onde Hamer estava preso. A própria Rhys esteve na cadeia várias vezes por embriaguez e comportamento violento. Um jornal local recentemente tinha dado uma manchete sobre um desses percalços com a lei: "A sra. Hamer, agitada, só tinha tomado vinho argelino".[27] Quando Vaz Dias escreveu um artigo sobre "encontrar" Rhys, ela dispôs os quinze anos em que Rhys havia estado perdida no mundo como um mistério aberto: "Mas quem era JEAN RHYS e ONDE ELA ESTAVA?".[28]

Onde ela estava? Basicamente, ela estava em algum canto bebendo. Seus dias tocavam as mesmas músicas. Até sua biógrafa ficou cansada disso. Carole Angier escreveu: "A vida de Jean parece de fato as mesmas cenas reencenadas repetidamente". [29]A bebida deixou Rhys inchada, ou a fez escrever frases na parede, *"Magna est veritas et praevalet"*, ela escreveu com batom. "A verdade é maior e prevalece."[30]

Depois que Hamer saiu da prisão, ele e Rhys se mudaram para um chalé de veraneio em Cornwall, no meio do inverno, onde ela colocou uma placa dizendo às pessoas para ir embora: "SEM chá — SEM água — SEM banheiro. *Sem* fósforos. *Sem* cigarro. *Sem* chá. *Sem* sanduíches. *Sem água*. Não sei onde *ninguém* mora. Não sei de *nada*. Agora Cai Fora".[31] Acabaram se mudando para uma casa de campo detonada numa vilazinha chamada Cheriton Fitzpaine, onde vazava água do teto e as paredes estavam cheias de camundongos e os aldeões achavam que Rhys era uma bruxa porque uma vez jogou garrafas quebradas numa cerca no meio da noite.

Durante os anos de seu "desaparecimento", Rhys também começou a trabalhar no livro que acabaria deixando-a famosa. Era um romance sobre a louca no sótão do livro *Jane Eyre*, de Charlotte Brontë — uma tentativa de recuperar essa mulher da vilania e da insanidade, de escrever sobre seu passado como uma mulher exilada de seu lar caribenho, enganada por um homem. Nada parecido com Rhys.

"Estou me dedicando a uma coisa nova", ela escreveu a uma amiga.[32] "Que criatura cansativa eu era, ou ainda sou. Mas se conseguir escrever esse livro, não vai importar muito, vai?"

Na primeira primavera de sobriedade, tive um mês de férias da padaria para poder trabalhar num lugar chamado Yaddo — uma residência literária sofisticada no interior de Nova York. Metade de mim imaginava esse mês como um redemoinho criativo que poderia justificar o arrastar terrível da sobriedade, mas a outra metade imaginava que seria o lugar perfeito para começar a beber novamente: entre estranhos, longe de qualquer um para quem já houvesse dito que era alcoólatra. Tinham me descrito Yaddo como uma zona de indulgências — infidelidades e passeios bêbados pelos bosques — e imaginava recitais com falas enroladas de "O corvo" numa biblioteca lustrosa forrada de madeira que pareceria com o interior de uma noz, com cortinas franjadas de brocado e carrinhos reluzentes com bebidas. "Quase toda manhã estou bêbada em Yaddo", Patricia Highsmith escreveu.[33] "Sou a intoxicada por Deus, a intoxicada pela substância, a intoxicada pela arte, sim."

A sobriedade havia me decepcionado em quase qualquer aspecto que imaginasse: não resgatou meu relacionamento com Dave. Me deixava exaurida e tímida. Tornava minha escrita sem vida e forçada. Pensava dessa forma — como se fosse vítima da minha própria vida, como se a sobriedade fosse um vendedor de poções mágicas que fazia promessas que não cumpria. Ele havia tirado a coisa principal que eu esperava quando acordava de manhã. Havia me lançado numa série de dias cansativos cobertos por um tule cinza que apenas o antidepressivo era parcialmente capaz de levantar. Agora que a massa cinzenta havia cedido o suficiente para enxergar ao redor, dizia a mim mesma que a bebida não tinha que ser tão sombria.

Não houve um momento em que decidi parar de ir aos encontros. Fui me retirando, um pouco com culpa, rendendo-me *à falta de vontade* por vários dias seguidos, até que não ia mais havia meses. E, sem as reuniões, a sobriedade tornou-se um peso que eu carregava sem motivo algum.

Grande parte da viagem de trem para Yaddo, passei decidindo se deveria ou não beber lá. Finalmente, decidi que iria parecer muito sorrateiro. Se convenceria todo mundo na minha vida de que tudo bem beber de novo, não ficaria bem começar na surdina. Mas também não queria contar a ninguém na Yaddo que eu estava sóbria, porque tinha certeza de que *ia* começar a beber novamente, logo mais, e quanto menos gente soubesse que eu era alcoólatra, melhor. Então, dizia às pessoas que estava comemorando a quaresma tarde este ano, *depois* da Páscoa, e tinha parado de beber. Não que eu fosse *abstêmia* nem nada. As pessoas me olhavam confusas. "Tá, que ótimo." Algumas pessoas perguntaram: "Por que não fez isso *durante* a quaresma?".

Eu disse: "É meio complicado. Não se preocupe com isso". Com certeza, ninguém se preocupou.

Yaddo parecia um conto de fadas ilustrado — uma grande mansão com terraços com vista para amplos gramados verdes, salões formais estofados com tecido carmim, um conjunto de laguinhos reluzentes chamados "lagos--fantasmas", uma casa de pedra de gelo onde compositores faziam paisagens sonoras. Por pura força bruta, eu me arremessava no romance sandinista. Mas a escrita não tinha ritmo. Fiquei feliz de não ter acesso à internet, então não podia passar os dias verificando se meu romance tinha de alguma forma subido milagrosamente para o topo da lista de alcoolismo da Amazon. Como não havia sinal de celular em nenhum dos prédios, tinha que andar por uma rua de terra — até uma curva em particular — para ouvir a voz de Dave no celular, e então eu geralmente passava a conversa tentando descobrir se ele havia visto Destiny, tentando soar casual. "Você saiu com alguém depois da leitura?" A desconfiança era palpável em minha voz e eu odiava isso, assim como odiava a secura das respostas dele.

As noites eram duras e desconfortáveis. Enquanto artistas performáticos contidos transformavam seus estúdios em espaços de instalação e ficavam altinhos antes dos jogos noturnos de sinuca — uma variação chamada Pig, onde você tinha que saltar na mesa e empurrar as bolas com as mãos —, eu estava profundamente sóbria, profundamente frustrada e profundamente preocupada com carrapatos silvestres, morrendo de medo de pegar a doença de Lyme. Uma noite, me deitei na cama enquanto três artistas bebiam e riam na sala de estar perto da minha porta. Parecia que riam bem no meu ouvido. Eu estava encolhida no meu ressentimento. Nem parecia engraçado qualquer coisa que estavam dizendo, apesar de não conseguir ouvir direito. Tinha vergonha da minha vida ascética de santinha sem a bebida. Não me sentia tão isolada do mundo dos outros desde o final do ensino médio, quando ostentava suspensórios segurando uma saia floral que girava sobre as pernas não depiladas. Pensei em pedir aos artistas para ficarem quietos, mas não podia suportar a ideia de estragar uma festa para a qual eu não havia sido convidada. "Essa não é a menina que não bebe?" Eles ririam. "Vamos deixá-la dormir." Meus próprios desejos eram limitados e sem prazer: queria dormir cedo para acordar cedo para trabalhar, ou punir meu corpo correndo ao redor dos lagos-fantasmas na madrugada fria.

Um dia, voltei de uma corrida e avistei um carrapato preso na minha coxa. Em pânico, verifiquei o panfleto de "Prevenção contra carrapatos" no quarto. O carrapato estava parcialmente inchado ou totalmente inchado? Eu não sabia. Parecia *algum* tipo de inchado. Parecia com um botãozinho do mal, capaz de tudo. Tirei-o com pinças especiais de carrapato, suas patinhas estavam agarradas na minha pele, e fui em pânico para uma clínica médica local. Tomei antibióticos naquele dia, algo nem um pouco atraente para se falar no jantar, mas não me sentia atraente — com carrapatos ou sem. Eu era só uma hipocondríaca crônica que tinha acertado uma quantidade pequena, mas inesquecível de vezes. Os outros residentes eram contadores de histórias natos, que agitavam a galera cheios de causos, bebiam bom vinho nas refeições, na sala de jantar com tábuas de carvalho e, então, se dividiam em rodinhas menores para beber coisas mais pesadas.

Quando saí da Yaddo, estava determinada a começar a beber novamente. Passei grande parte da viagem de volta pensando em como apresentar essa decisão para Dave. "Foi bom ter parado de beber por um tempo", eu diria. "Mas acho que estou pronta para recomeçar." Precisava ser persuasiva. Mais do que tudo, precisava ser casual. Não podia falar como alguém que passou uma viagem toda de avião tentando pensar em como falar. Estava nervosa, mas ansiosa. Tinha certeza de que tinha a frase certa.

VIII

VOLTA

Minha primeira bebida de volta foi um manhattan. Era maio. O ar estava quente. Amei a promessa açucarada e fria do vermute doce flutuando garganta abaixo. Dave o fez para mim na cozinha e fiquei feliz por vê-lo prepará-lo com calma. Tinha esperado sete meses por isso; podia esperar mais meia hora.

Dave acreditou que eu podia beber diferente dessa vez porque eu disse que sim, e precisava da aprovação dele porque tinha vergonha do quanto estava desesperada para beber e de como criei com meticulosidade as desculpas para começar de novo. Foi bem como imaginei que seria beber normalmente: um único coquetel com o homem que amava, na cozinha com uma torradeira e uma lava-louças bamba de três rodas.

Logo antes do primeiro drinque, foi o último momento em que pensei: *Talvez não precise disso. Talvez eu só queira.* Então bebi, e precisava de novo.

Fiz questão de beber só um manhattan naquela noite. Foi milagroso ter uma onda com um só. Disse a Dave que não queria outro drinque, mesmo que tudo o que quisesse fosse outro drinque. Tipo, mais seis drinques. Mas queria me sair bem com esse primeiro drinque de volta — controlada. A mentira não era apenas dizer que não queria outro; era dizer casualmente, com indiferença calculada, quando eu não tinha a menor dúvida do quanto queria ficar bêbada.

Nos primeiros meses, tentei seguir algumas regras que criei enquanto sonhava durante as sessões do Livro Azul. Era claro desde o início que preferia ficar bêbada três noites por semana do que me restringir a beber "um drinque ou dois" todas as noites. Sem ficar bêbada, não havia sentido em beber. As noites em que não bebia nada eram troféus de contenção — créditos de sobriedade suficientes em meu bolso significavam que tinha conquistado uma noite chutando o balde.

Com presente de aniversário naquele junho, Dave me levou para um parque aquático em Wisconsin que se autointitulava o maior parque aquático dos Estados Unidos, onde rodopiamos no redemoinho a céu aberto de um escorregador em funil, com seu chiado de cloro e sua rapidez, depois brincamos com armas de laser, depois jogamos minigolfe e fizemos exatamente os mesmos pontos, o que, com certeza, era um sinal do universo — aprovando nossa aventura e minha decisão de beber novamente. Éramos novamente bandidos, criativos, conspiradores, juntos de novo. Ficamos numa pousada com dizeres entalhados em pedras decorativas de jardim e, de alguma forma, no meio de tudo isso, fiz vinte e sete anos. Nessa noite, tomei uma margarita. Claro que passei boa parte da noite me perguntando: *Vamos nos embriagar? Posso me embriagar se ele não se embriagar? O que ele vai fazer se me vir tentando me embriagar?* Mas não nos embriagamos e estávamos felizes mesmo assim. As coisas seriam melhores dessa vez, tinha certeza. Eu beberia como alguém que nunca pensa em bebida. No caminho de volta, paramos numa cidadezinha chamada Solon e comi um filé de carne de porco tão grande que os pãezinhos que o acompanhavam pareciam chapeuzinhos sobre ele. O mundo estava cheio de escorregadores aquáticos! Cheio de filés gigantes de carne de porco usando chapeuzinhos de pão!

Naquele verão, na padaria, eu fazia entrega de bolos de casamento. Todo sábado, depois do horário normal na cozinha, entregava bolos de três camadas em celeiros enfeitados com luzinhas de Natal, que refletiam suas cores de gemas preciosas em fileiras de canecas de vidro reluzentes. Nessas entregas, eu pensava principalmente em duas coisas: *Dave e eu vamos nos casar?* E: *Vou derrubar esse bolo?* Fiquei obcecada pelo vazamento de óleo da Deepwater Horizon, a continuidade, a florescência negra infinita na água: *agora mesmo, e agora, e agora.* Pensava no vazamento o tempo todo, estava acontecendo. A cada momento que não pensava no vazamento, ainda estava acontecendo. Até que finalmente taparam com barro suficiente, e cimento: uma morte estática.

Agora que tinha me desprendido da identidade de alcoólatra, sabia que deveria beber moderadamente, mas me sentia no direito de fazer justo o oposto: os meses de abstinência significavam que eu merecia beber tudo. Era como um experimento em que as crianças seriam recompensadas com marshmallow extra caso se contivessem — por um certo tempo — de comer o marshmallow na frente delas. Por sete meses, estive sentada na frente dos marshmallows. Agora, merecia uma recompensa especial, o dobro do que as outras crianças haviam recebido.

Dave iria para a Grécia em julho, numa residência literária, e eu estava secretamente empolgada que ele fosse viajar porque significava que poderia beber o quanto quisesse, sozinha no apartamento, sem ninguém de olho. *Uma casa sem ninguém, ninguém chegando, e o que eu conseguisse beber.* Que alívio não beber em bares. Que se fodam os bares. Que se foda o ritmo glacial do gim-tônica dos outros, que deixam o gelo todo derreter.

Mas também imaginei o que a viagem significaria para Dave: conversas longas até tarde da noite com outras mulheres, momentos em que elas interpretariam mal uma abertura, momentos que ele também interpretaria mal uma abertura. Sempre temi que meu castigo cármico por ter traído Peter seria sofrer uma traição. Levou anos para considerar que talvez o castigo fosse o medo em si.

Eu estava irritada porque minha mãe — que eu amava profundamente e com quem adorava estar — viria ficar comigo por uma semana, e consequentemente seria uma semana em que não poderia beber tanto quanto queria. Na noite antes de ela chegar, eu me sentei com duas garrafas de vinho, pronta para me fortalecer por uma semana de funcionalidade roteirizada: TEREI *o melhor tipo de embriaguez esta noite.* Os últimos vestígios de luz caramelada filtrada por nossas belas janelas com vista para o oeste e o Chardonnay me derretendo em nosso sofá laranja. O crepúsculo era como o vinho, com certa densidade e doçura entrando em meu sangue e murmurando através de mim. Às vezes, imaginava o álcool entrando em minhas veias como o cateter que usaram na cirurgia de ablação, seguindo do quadril ao coração, realizando seu trabalho milagroso, necessário.

Meu conto "A recaída", sobre uma mulher que não tinha recaída, foi publicado em julho, dois meses depois que eu tive uma recaída. Embora não considerasse a volta ao álcool como recaída naquela época, e sim como a correção de um erro de categoria: eu me avaliei errado. Agora, tinha entendido.

A expressão de recuperação *desistir* sempre me fez pensar num explorador do Ártico voltando à tundra sem bússola. Mas não acreditava mais nessas expressões de recuperação aplicadas a mim. Tinha deixado o circuito daquele sistema, e era verão — com entardeceres tardios e luz de vinho branco.

Enquanto Dave estava na Grécia, enviamos missivas um ao outro. Ele me contou que assistiu à Copa do Mundo projetada em muros brancos do antigo forte em Corfu. Contei a ele que recebi as meninas da padaria para uma salada de pesto e rosé em nossa cozinha, que minha chefe estava usando jeans branco rasgado e nos levou para ver um filme adolescente de vampiros no megaplex em Coralville. Ele me contou que memorizou a trilha dos labirintos de paralelepípedos para um restaurante de churrasquinho grego, que ele comeu na noite quente com suco de tomate escorrendo pelo queixo. Contei a ele que joguei bingo no festival Beef Days em Solon. Ele escreveu para dizer que nadou no mar, tarde da noite, e que espetou o pé num ouriço. Queria lavar seu pé, fazer um curativo e, talvez, também perguntar: "Com quem você estava nadando?".

Quando minha mãe viu o vinho na geladeira, ela disse: "Você não me contou que tinha voltado a beber", e eu disse, "Ah, achei que tinha contado". Tinha ensaiado essa conversa com ela tantas vezes na minha cabeça, era como se de fato tivéssemos conversado. Agora eu a via tentando não dizer a coisa errada. Odiava tentar justificar que tudo bem eu beber, já que a justificativa em si já sugeria que não era. Parar e começar de novo era uma história zoada. Significava que estava me chamando de mentirosa antes por ter dito que era alcoólatra ou agora por dizer que não era.

Parte da tremenda generosidade do livro de memórias de Lee Stringer, *Grand Central Winter*, é sua disposição em deixar a recuperação ser turbulenta. Pode se chamar a história de Stringer de a história de um sem-teto saindo das ruas, um viciado largando o cachimbo de crack ou um contador de histórias encontrando sua voz, mas certamente não é a imagem do cume da montanha, dividindo o mundo entre antes e depois. A cena de abertura talvez ofereça a promessa de uma conversão fácil — Stringer encontra um lápis no chão da sala da caldeira no subsolo enquanto tenta fumar o último resíduo do cachimbo de crack —, mas o resto do livro insiste em retratar sua recuperação em termos mais complicados.

Na primeira cena, o livro se propõe como conclusão triunfante do próprio arco narrativo: o cachimbo de crack trocado pelo lápis. Mas no dia em que acha o lápis? Ele ainda fuma o resto de resina. Mesmo depois de começar a escrever uma coluna regular para o jornal *Street News*, "havia *quatro* coisas que [ele] fazia todo dia. Arrumar dinheiro, comprar droga, se animar e escrever".[1] Para Stringer, houve uma sobreposição — ele escrevia e fumava. Não foi uma substituição fácil do primeiro pelo segundo. Ele se sentava ao computador com a mente fora da janela e a alma "no cachimbo".[2] Ele se lembra da "antecipação efervescente" da vontade, se lembra das pepitas cor de creme do tamanho do feijão-de-lima e sua "fumaça de caramelo e amônia", se lembra do "brilho amarelo-alaranjado" que "desabrochava, ondulava, recuava".[3]

Mesmo quando Stringer finalmente fica sóbrio, ele recai. Há o momento em que fica com vontade e vai ver um filme em vez de se chapar; mas há também o momento em que rouba quinhentos dólares de uma mulher idosa para financiar uma farra de três semanas com crack. Stringer até confessa que fez as farras com o livro já contratado; *talvez porque* o livro estivesse contratado. Quando um dos conselheiros de seu programa ambulatorial pergunta se ele está disposto a abandonar a escrita pela recuperação, Stringer percebe que tem a "ideia fixa de terminar *Grand Central Winter* como um homem naufragado se agarra a um recife".[4] Ele observa a faixa contínua de desejo passando por sua vida: não apenas o anseio pela droga, mas o anseio pela escrita como substituta. As margens irregulares de sua história de recuperação resistem ao fardo de fornecer um arco sem percalços: *Fica viciado. Conta a história. Fica melhor.* O livro confessa que a história não vai ter fim, mesmo depois de contada.

No verão da minha recaída, na maioria das vezes me embriaguei usando muletas. No mês seguinte à volta de Dave da Grécia, um carro passou sobre o meu pé direito e deixou a marca roxa do pneu no arco do pé inchado. Eu estava de chinelos. No pronto-socorro, eu me perguntava principalmente quais analgésicos iriam prescrever. Em casa, depois do acidente, tentei ser o mais autossuficiente possível — pegando as coisas para mim mesma, equilibrando café e pratos enquanto mancava — porque odiava a ideia de pedir de novo que Dave cuidasse de mim. Apesar de no fundo, claro, querer isso mais do que tudo.

Sempre que eu bebia de muletas, eu me sentia como uma personagem de desenho animado. Tropecei descendo a escada do Foxhead, uma noite — as muletas caíram enquanto minhas mãos me protegiam contra o asfalto —, e pensei no mágico de uma perna só da Nicarágua. Na época, pensei: *Você precisa se cuidar melhor.* Agora, eu é que estava saltitando, equilibrando as muletas nas mesas para ficar com uma das mãos livre para segurar a bebida.

Na maioria das manhãs, encarava os sandinistas fictícios de olhos inchados e boca seca, do lado oposto de uma cortina transparente. Esperava que escrever pudesse fazer desaparecer a ressaca — como o sol derretendo a neblina —, mas elas eram teimosas. O romance ainda estava parado, o que era um pouco mais do que a confirmação de solipsismo. Quando tentava escrever para além de mim mesma, parecia que não tinha nada a oferecer. Como Charles Jackson lamentou com um amigo sobre suas tentativas de escrever sóbrio, "fora" de si mesmo: "É só não me sentir capaz de ser <u>pessoal</u> que minha escrita despenca".[5] Eu chegaria ao fim do parágrafo e encararia o espaço em branco depois dele. *Poderia ir a qualquer lugar*, eu dizia a mim mesma, tentando me lembrar de quando *era possível*. Pensava no que tínhamos na geladeira: meia garrafa de Chardonnay, três cervejas PBR. Olhava o relógio. Quantas horas até escurecer?

Era impossível fazer o trabalho da padaria de muletas e sentia falta de ser útil de uma forma simples e básica. Jamie me trouxe um pequeno *tupperware* com chocolate derretido e cones de papel-manteiga para que eu pudesse fazer decoração de bolo em casa, onde me sentava no chão — do lado do ar-condicionado da janela, porque o resto do apartamento estava quente demais para o chocolate endurecer — e esculpia fileiras de margaridinhas.

Enquanto isso, tentava ressuscitar meu romance como realismo mágico, algo que jurei que nunca faria. Quem queria ver uma mulher em Iowa escrevendo uma história de realismo mágico sobre a revolução da Nicarágua? Eve Kosofsky Sedgwick descreve como o viciado projeta "consolo, repouso, beleza ou energia" em sua substância, que ela chama de "beleza ilusoriamente atribuída ao elemento mágico",[6] e eu estava fazendo isso na prosa e na vida, procurando um poder superior — pedindo que o álcool suprisse meu pulso, pedindo que meus guerrilheiros da selva avistassem colmeias luminosas nas árvores.

Passei longos períodos no apartamento quente tentando me convencer de que tinha resolvido a questão do alcoolismo. Tinha ficado ruim por causa da depressão, mas, agora, eu estava medicada. Ou tinha ficado ruim por minha causa e do Dave, mas, agora, funcionaríamos melhor. Ou tinha sido a recuperação em si, convencendo-me de que eu era alcoólatra com a fita de Möbius da lógica: *Se você não acha que é alcoólatra, então provavelmente é.* Que besteira é essa? Não tinha como escapar. Claro, *parecia verdade* que eu quisesse beber toda santa noite, mas, talvez, me sentisse assim só porque fui a um número suficiente de reuniões com pessoas que falavam sobre se sentir assim. Tinha assumido a identidade porque foi uma forma útil de resolver a noção de personalidade na época. Agora, tinha ressentimentos em relação às reuniões por poluírem meu relacionamento com o álcool. Era como a piada sobre dois bêbados que assistiram a *Farrapo humano*. Quando saíram cambaleando do cinema, o primeiro disse: "Meu Deus, nunca mais vou beber";[7] e o segundo respondeu: "Meu Deus, nunca mais vou ao cinema".

Havia uma vozinha em mim que considerava a possibilidade de que talvez existissem pessoas que não passavam horas por dia tentando decidir se o desejo desesperado de beber precedia as reuniões de recuperação ou se havia sido criado por elas. Mas isso me irritava, essa voz. Tentava não dar ouvidos.

O projeto de beber moderadamente era enlouquecedor. A primeira vez que ouvi a expressão "beber para ficar bêbada" achei de fato divertidamente tautológica. Claro que se bebia para ficar bêbado. Assim como se respirava para ter oxigênio. Por isso, em parte, que a moderação era como um contorcionismo constante.

Depois do trabalho uma noite, num pub chamado Sanctuary, as outras meninas da padaria pediram cerveja — o Sanctuary era conhecido por sua cerveja —, então pedi cerveja também em vez de algo mais forte. Mas verifiquei cuidadosamente o teor de cada cerveja do cardápio, para pedir a mais forte. "Sempre procuro um nome irônico", eu disse, explicando porque havia pedido a Delirium Tremens, e acrescentei: "Odeio cerveja", antes de pedir mais três.

Em agosto, organizei um jantar de aniversário para Dave numa fazenda fora da cidade onde uma expatriada francesa tinha um fogão a lenha em que assava pizzas com bolhas pretas perfeitas: nozes e sálvia, gorgonzola e cogumelos. Comemos na varanda dela enquanto uma tempestade de raios iluminava os milharais, e era insanamente lindo: aquela noite úmida respirando pelas telas, dedos estalando de eletricidade pelo céu, queijo quente e massa crocante em nossas bocas. Fui de muletas pelo piso rústico de madeira, quase caí de cabeça a caminho do banheiro, e me perguntei: *Por que preciso ficar bêbada para achar isso bonito?*

Por um longo tempo pensei na embriaguez como o oposto de anorexia, um desprendimento mais do que uma restrição. Mas começava a ver — durante os dias que tentava moderar — que meu relacionamento com a bebida era a extensão direta daqueles dias de restrição. Me matar de fome significava resistir a um anseio sem fim, e beber significava me submeter a isso. Mas ambas as vezes era a obsessão que me envergonhava, a noção de ser consumida por um desejo tão limitado a seu objeto. Quando restringia comida, ficava envergonha por não haver nada que eu quisesse mais do que comer — sem fim, afobadamente — e, quando bebia, ficava envergonhada por não haver nada que eu quisesse mais do que beber. Tentar controlar a bebida apenas iluminava o quanto esse desejo era profundo, como jogar uma pedra num poço e nunca ouvir ela chegar ao fundo.

Durante uma de suas farras, Jean Rhys jogou um tijolo na janela de uma vizinha. Em sua defesa, Rhys posteriormente disse que o cachorro da mulher, "um assassino brigão",[8] havia atacado seu gato. O mundo em que Rhys vivia, ou o mundo vivido por Rhys, estava sempre contra ela. Um amigo comparou sua autopiedade com uma agulha de gramofone num disco riscado, "passando sem parar sobre algum tipo de miséria".[9] Em 1931, numa resenha chamada "A busca pelo sofrimento em alguns dos novos romances", Rebecca West escreveu que Rhys "se provou apaixonada pela melancolia num nível absurdo".[10] Um perfil de Rhys no *Guardian* foi publicado com o título "Fadada a ser triste".[11]

248 *Leslie Jamison*

Mas Rhys não pensava em sua obra como particularmente triste. Só pensava que era a verdade. Ela se ressentia de que os entrevistadores sempre a encaixavam num "papel predestinado, o papel de vítima".[12] Com frequência, ela se fartava de si mesma. Assinou uma carta lastimável para uma de suas melhores amigas: "Chega de gemer no espelho".[13] Todo mundo via os personagens de seus livros como vítimas, ela disse a um entrevistador, "e não gosto disso. Todo mundo é vítima de certa forma, não é?".[14] Para Rhys, parecia mais que ela era a única disposta a falar abertamente: "Sou uma pessoa sem máscara num baile de máscaras, a única sem máscara".[15]

Ela acabou fazendo uma "Declaração de Direitos" contra seus entrevistadores:

> Não sou uma ardente Libertadora das Mulheres
> Ou uma Vítima (eternamente)
> Ou uma Idiota desgraçada.[16]

Rhys nunca quis ser vítima (eternamente). Adoro essa ressalva: ela ainda queria se reservar o direito de ser uma vítima às vezes.

A primeira biógrafa de Rhys, Carole Angier, a chamou de uma das maiores artistas da autopiedade do século, mas a segunda biógrafa saltou em sua defesa: "Não vejo autopiedade na obra ou na vida de Rhys", escreveu Lilian Pizzichini. "Vejo uma mulher raivosa que teve bons motivos para sentir raiva, e cuja visão era soturna."[17] Mas defender Rhys dizendo que sua vida e obra não tinham autopiedade é como defender uma aranha alegando que ela nunca faria mal a uma mosca. A graça da aranha é como ela *mata* a mosca, com sua rede intrincada, e a graça de Rhys não é a recusa da autopiedade, mas os retratos impiedosos que não escapam de suas garras — sempre cheios de invenção, nunca obstruídos por desculpas.

Rhys estava constantemente dissecando a autopiedade ao puxar os fios de seus álibis. Seus personagens femininos eram seu cilício: através deles, Rhys podia sentir pena de si mesma, ralhar consigo mesma, humilhar-se e martirizar-se. Ela ainda era a garotinha que havia esmagado o rosto de sua boneca e lamentado depois. Sua autopiedade não era uma agulha num disco riscado, porque a música sempre mudava. Uma de suas personagens imagina o próprio rosto como "uma máscara torturada e atormentada"[18] que ela pode tirar a hora que quiser, ou usar sob um "chapéu alto com uma pena verde".[19] Isso não é autopiedade servida pura, mas com um toque, com uma pena verde sobre os traços desagradáveis.

Defender a obra de Rhys insistindo que ela não tem autopiedade já aceita a premissa de que a autopiedade deve ser totalmente reprimida — outra versão da alegação de Lewis Hyde de que "The Dream Song" passa muito tempo no muro das lamentações do alcoólatra. Mas tanto Rhys quanto Berryman se recusam a ignorar a lamentação, sua feiura e vergonha, como parte da dor.

Começar a beber novamente não foi responsável por minha autopiedade — conseguia ter pena de mim mesma também sóbria —, mas a bebida certamente a estimulava e, numa festa naquele outono, ela explodiu em chamas. Foi pouco antes do começo de nosso segundo ano em Iowa. Estava sentada na escada da cozinha, com as muletas apoiadas nos degraus ao meu lado, falando com um poeta que olhava estranho para mim.

"Em que olho você quer que eu olhe quando falo com você?", ele perguntou.

"O quê?", eu disse. Ele estava bêbado e eu estava bêbada, ainda assim...

Ele entrou numa história da época em que morava em Boston e que havia um cara que ele conhecia que tinha um olho vesgo — todo mundo fingia que não percebia seu olho vesgo, o que só fazia piorar a coisa, e esse cara não queria fazer isso comigo.

"Mas não tenho um olho vesgo", eu disse.

Ele disse, bem simpático: "Não precisa ter vergonha".

Peguei as muletas e atravessei a sala até Dave, puxando-o para o banheiro. "Me diga a verdade! Tenho um olho vesgo? *Sempre* tive?" Eu me sentia traída. Fixei o olhar nele. "Meu olho está vesgo agora?" Então liguei para minha mãe da varanda, bêbada e chorando. "Você precisa me dizer! Você mentiu para mim a vida toda?"

"Do que você está falando?", ela perguntou. Então, depois de um tempo: "Onde você está? Você está bem?".

Apesar de não ter de fato um olho vesgo, fiquei convencida de que podia *sentir* o olho rolando na minha cabeça, como se fosse assim que se sentisse um olho vesgo. Talvez ficasse vesga só quando bebia bastante, como uma terrível jogadora de pôquer. Fiquei obcecada por isso por dias — o segredo que o mundo todo escondia de mim.

Odiava ver as pessoas das reuniões do AA pela cidade. Mas era uma cidade pequena, então acontecia o tempo todo. Eu atacava de modo cirúrgico as gôndolas de bebida da Hy-Vee, entrava e saía, para que ninguém das reuniões pudesse passar e me pegar lá: um fracasso abjeto, *só fazendo uma pesquisa*. É como as pessoas em recuperação te chamavam quando você começava a beber novamente. Uma noite na Java House, vi um cara das reuniões fazendo o trabalho dos passos com seu padrinho. Ou melhor, ele me viu. "Como você está?", ele me perguntou, e instintivamente corei ao ouvir: "Seu alcoolismo ficou ruim de novo?".

"Estou ótima!", eu disse, e percebi que minha voz estava alta demais — então fui mais suave, sincera. "Estou muito, muito bem mesmo."

Depois que *The Lost Weekend* se tornou um best-seller, todo mundo queria que Charles Jackson escrevesse uma sequência, um romance que explicasse como Don "saiu dessa". Como o antigo médico de Jackson expressou, essa sequência poderia "cair nas mãos de alguém a quem pudesse ajudar".[20] Jackson deu o título provisório da sequência de *The Working Out* [A solução], mas não estava muito entusiasmado. Como disse a um grupo do AA, anos depois, ele não achava que a literatura era feita para "resolver problemas psiquiátricos".[21]

Também havia o fato de que Jackson não tinha, ele mesmo, "saído" totalmente daquela. Ele começou a tomar remédio alguns anos depois de *The Lost Weekend* ser publicado, então recaiu no álcool em 1947 quando, finalmente, de férias nas Bahamas, se rendeu ao desejo por uma cerveja estupidamente gelada. "Quem diria", ele disse à sua esposa, Rhoda, "estou bebendo de novo".[22] Bud Wister, o conselheiro que orientou Jackson com o Método Peabody uma década antes, morreu durante um porre naquele mesmo ano depois de engolir cacos de vidro de uma garrafa de uísque cujo gargalo ele havia quebrado, bêbado.

Como autor celebremente sóbrio de um livro de incrível sucesso sobre alcoolismo, Jackson estava sob pressão para manter as aparências. "Nada vai me fazer tomar outro drinque", ele escreveu, um ano depois de sua recaída, num folheto promocional de 1948 feito por sua editora. "Minha casa pode queimar, meus sentidos podem falhar, minha esposa e filhos podem ser mortos e, mesmo assim, eu não beberia."[23] Mas a verdade veio à tona, para todo modo. "Autor de *The Lost Weekend* perde seu próprio fim de semana",[24] dizia uma manchete depois que Jackson, dirigindo bêbado, subiu na guia e bateu de frente em outro carro.

De certa forma, o sucesso do romance de Jackson sobre alcoolismo tornou mais difícil para ele manter a sobriedade. Depois de sua recaída em 1947, Rhoda escreveu desesperada para o irmão de Jackson, Boom: "Percebi ontem... como ele conseguiu parar de beber. Prendeu-se ao fato de que era um grande escritor e que iria mostrar a todos. Quando finalmente obteve fama, o que o sustentava o tempo todo se foi — e ele ainda não tem nada como substituição".[25] Claro, *The Lost Weekend* não havia prometido exatamente um final feliz. No fim do livro, Don se serve um drinque e vai para a cama: "Não dá para dizer o que vai acontecer da próxima vez, mas por que me preocupar com isso?".[26]

Jackson estava tão comprometido em encerrar a história de Don sem nenhuma garantia de salvação que lutou com veemência contra a última cena da versão para o cinema — a adaptação de Billy Wilder de 1945, ganhadora do Oscar —, que mostra Ray Milland sóbrio apagando o cigarro num copo baixo de uísque, pondo um fim no assunto, e sentando-se na máquina de escrever para começar a história que acabamos de assistir. Apesar dos prêmios que o filme recebeu — Oscar de melhor filme, de melhor ator para Milland, de melhor diretor para Wilder e de melhor roteiro adaptado para ele e Charles Brackett —, Jackson se sentiu ultrajado com o que mudaram: "Chas. & Bill basearam sua versão do filme bem menos no livro e mais no que sabiam que aconteceu pessoalmente comigo", ele escreveu a um amigo, "e é falso e inverídico, pela implicação de que superei o problema com a bebida escrevendo um livro sobre isso, colocando tudo para fora".[27] Jackson não apenas odiava o final feliz, mas seu significado. Odiava que o filme oferecesse a falsa fé na ideia da narrativa como salvação.

***

Naquele outono, quatro meses depois que comecei a beber novamente, fui para outra residência literária, em Wyoming. O alívio de beber longe de casa era quase eufórico. Perto de Badlands e de suas torres de rocha estriada, encontrei o paraíso: um motelzinho minúsculo de beira de estrada, com o neon de vagas aceso, sem nada por quilômetros, apenas a única coisa de que eu precisava, um pequeno bar do outro lado da rua. O bartender enchia meus copos baixos com doses duplas, sem eu pedir, numa sala iluminada, aconchegante, com falsas vigas de madeira de lenha, e eu não conhecia ninguém, só tinha que cambalear para o outro lado da rua rumo aos lençóis ásperos: sem precisar dar desculpas.

Em Wyoming, bebia com os artistas em seus estúdios — cambaleava para casa pelos pastos de vacas uma noite e tropecei nas barras de metal de uma porteira para gado — e bebia com os escritores num lugar chamado Mint Bar, cheio de placas de cedro com as raças de gado marcadas a ferro quente, um neon brilhante de caubói montado em um cavalo empinando, onde ninguém nunca tinha me ouvido falar *sou alcoólatra*.

Dirigindo de volta por Dakota do Sul, estava ansiosa por uma última noite bebendo anônima e livre antes de chegar em casa e encontrar Dave; por parar no mesmo motel e ir ao mesmo bar do outro lado da rua, com os bancos de couro e as lâmpadas verdes, os balcões de madeira lisos como xarope de bordo. Mas não consegui encontrar a saída certa e acabei num Super 8 em Chamberlain, onde os quartos davam para o estacionamento, e não tive vontade de caminhar para o único bar que havia visto mais de um quilômetro estrada abaixo. Então, dirigi até um posto de gasolina e comprei uma dúzia de Mike's Hard Lemonade, talvez porque fosse o que mais teria vergonha de beber com qualquer um que conhecesse.

A mulher da registradora olhou para os meus dois fardos de seis latas. "Não posso beber esse troço", ela disse. "Me deixa *enjoada* pra caralho."

"Meus amigos gostam", eu disse, dando de ombros.

Algo naquele diálogo tirou o disfarce da minha noite e expôs seu teor patético. Por que eu estava tão determinada a ingerir uma bebida industrializada de limão sozinha num hotelzinho vagabundo em Dakota do Sul? Levei a dúzia para o meu quarto, mas ela me olhava acusatória, um sinal de fracasso. Levei a dúzia de volta ao porta-malas do carro, só para provar a mim mesma que não precisava beber aquilo, não precisava beber nada.

Eu me sentei no quarto do hotel por cerca de cinco minutos antes de voltar para o carro, pegar as latinhas do porta-malas, levá-las até a metade do caminho e pensar: *Isso é loucura, por que não consigo me decidir?* Então, me virei e coloquei de volta no porta-malas. Então decidi que, se estava tão obcecada, deveria ir em frente e beber, então abri o porta-malas, levei as latinhas para dentro, liguei a TV do motel, coloquei a correntinha da porta e mergulhei no doce e enjoativo véu da embriaguez de um refrigerante alcoólico.

Naquele outono, fiz um esforço incrível para falar com minha terapeuta sobre tudo menos bebida. Contei a ela histórias sobre as brigas com Dave, mas driblava com cuidado o assunto da bebida, um tumor que eu havia extirpado. Também comecei a me cortar novamente, como os cortes que se faz na massa de uma torta para deixar o vapor sair enquanto assa. Um dia, Dave viu os cortes nos meus tornozelos e perguntou se eu queria falar sobre aquilo. Respondi que não.

As páginas do meu diário estavam se enchendo de rabiscos embriagados: "Creio que há coisas bonitas em mim. Quando será o bastante?". Então, mais abaixo, a escrita maior e mais bagunçada: "Sei que bebi uma garrafa e meia de vinho e…" e estava interrompido. Outra noite: "Eu só quero — não sei…", e não sabia.

Quando finalmente contei à minha terapeuta sobre a bebida, foi porque estava cansada de ficar dando voltas em torno disso. "Fica tão feio quando estou bêbada", disse a ela, e comecei a chorar sem conseguir parar. Já estava pensando em como nossa conversa ia poluir a embriaguez daquela noite, como um fio de cabelo no fundo da garganta. Perguntei o que ela via quando olhava para mim.

"Vergonha", ela disse. "Não há outra palavra para o que vejo em seu rosto."

Quando Billie Holiday finalmente despencou, tinha quarenta e quatro anos e passado do ponto de cura. Era verão de 1959. Enfraquecida por anos de uso abusivo de heroína e sofrendo severamente de cirrose, estava magra e coberta de velhas marcas de pico. Suas pernas estavam esburacadas de úlceras das injeções. Depois de dar entrada no hospital Metropolitan em Nova York, ela disse a um amigo: "Fique de olho, baby. Vão me prender nessa maldita cama".[28] E prenderam. Agentes dos narcóticos encontraram (ou plantaram) um saquinho de alumínio com heroína em seu quarto de hospital, e a algemaram à cama. Dois policiais foram colocados na porta. Tiraram sua foto de presidiária e as digitais naquele quarto de hospital.

Durante os anos anteriores, os últimos discos de Holiday foram recebidos com reações mistas. Alguns fãs achavam que sua voz recente era uma traição à sua antiga glória: "uma ferida aberta... cordas vocais esfoladas",[29] rouca por anos de fumo e de abusos. Outros acharam rústico e comovente, uma destilação da sua essência — sua forma mais pura. Mas quase todo mundo ouvia nessa voz tardia o registro de seu trauma, a gravação de tudo pelo que havia passado e feito a si mesma. Enquanto gravava o último disco, *Lady in Satin*, ela bebia gim de um jarro d'água. Antes de uma sessão de gravação, pegou um copo de meio litro e disse: "Agora vou tomar meu café da manhã!".[30]

Ray Ellis, que fez seus arranjos musicais perto do fim da vida dela, ficou decepcionado quando a conheceu:

> Eu havia visto fotos dela dez anos antes e ela era uma mulher bonita. Quando a conheci ela era uma mulher repulsiva... Parecia desgrenhada, meio suja... Fiquei pasmado porque eu tinha essa imagem mental, como se ela te excitasse e você quisesse ir para a cama com ela. Mas por nada achava que podia ir para a cama com ela naquele último estágio.[31]

Ela deveria ser bela e ferida, mas em vez disso — para Ellis —, seus danos haviam arruinado sua beleza. A autodestruição não era mais luminosa. Quando Studs Terkel a viu num clube na parte sul de Chicago, em 1956, notou que "os outros clientes também estavam chorando com suas cervejas e drinques"[32] e insistiu: "Algo ainda estava lá, algo que distingue uma artista de uma intérprete: a revelação do ser. Aqui estou eu. Não por muito tempo, mas aqui estou eu".

Mas o "eu" que Holiday revelava em suas músicas, o ser machucado e magoado que as pessoas ouviam, o ser que *queriam* ouvir e que, de certa forma, construíram para eles — aquela parte do ser era apenas parte dela. Havia outras partes também. Ela sempre quis uma família, havia fantasiado comprar uma fazenda no interior e adotar órfãos. Tentou amamentar o afilhado com seios que não tinham leite e tentou adotar uma criança em Boston.[33] Mas o juiz não permitiu por causa dos registros dela com drogas. Grávida quando adolescente, passou dezoito horas num banho de mostarda tentando acabar com a gravidez porque sua mãe não queria que ela tivesse um bebê antes de se casar, mas ela posteriormente disse a uma amiga: "A única coisa que eu quis foi um bebê".

Enquanto estava deitava e algemada à cama de hospital, manifestantes do lado de fora do Metropolitan seguravam cartazes: "Deixe a dama viver". E, em julho, no dia em que ela morreu, seis semanas depois de ser internada, Frank O'Hara escreveu: "Eu e todos paramos de respirar".[34]

Um ano depois da primeira reunião do AA, eu estava bêbada num box de banheiro, em Mexicali, cheirando cocaína na tampa lisa do suporte do papel higiênico. Era uma conferência literária. Nos últimos meses, foi onde bebi mais livremente — sentada em arquibancadas de metal sob o crepúsculo, passando uma garrafinha de um lado para o outro com meu novo amigo, um romancista peruano, dançando até três da manhã numa festa em um playground de asfalto com um cara discotecando ao lado dos balanços. Num determinado ponto, eu pensei: *Se tivesse ficado sóbria, teria completado um ano agora.*

Em casa, Dave e eu fizemos uma festa chamada Octopotluck. Era o mês de outubro. Era uma "potluck", cada um trazia um prato. Servimos "octopus" [polvo]. Compramos congelado num grande bloco de gelo e o servimos em copinhos de papel, como doses, cheios de tentáculos salteados. Fizemos a receita "polvo no purgatório", como aprendemos na Itália, lá no começo. Nós dois desde então fizemos vários peixes no purgatório: tilápia, linguado, peixe-relógio. Se fosse branco e sem espinhas, provavelmente os fazíamos no purgatório. Se Dave tivesse me pedido em casamento naquele primeiro verão, eu teria dito sim. Mas a Octopotluck era prova do mundo em desgraça. Agora, nossa cozinha estava cheia de meninas que ele paquerava, bebendo gim das minhas xícaras de chá especiais. "Essas xícaras são especiais para mim", eu murmurei para ninguém.

Bêbada, comecei a caçar as antigas mágoas com o míssil localizador de calor do meu coração temeroso: Dave me ignorando, Dave e outras mulheres, Dave *versus* o homem hipotético, impossível, que poderia tapar qualquer vazamento que surgisse em mim. Meu coração derrapava em acusações: *Você alimenta a adoração das suas alunas. Você alimenta a paquera delas. Você adora que suas palestras sobre poesia as ajudem a entender os relacionamentos delas com seus pais.* Nunca comi polvo algum.

Na manhã seguinte, acordei com a bagunça familiar de fragmentos: parede do banheiro, linóleo áspero, pescoço na porcelana fria da privada, corredor envergando como um trem-fantasma; eu e Dave no canto da cozinha cheia; eu o acusando de precisar tanto de elogios, minha voz pingando veneno; ele dizendo: "Acho que isso é coisa do álcool", enquanto eu tentava abrir a boca para explicar que não era.

Parte de mim ainda acreditava que as verdadeiras histórias de embriaguez exigiam grandes tragédias: mais narizes quebrados e sangue na rua, explosões tempestuosas que dava para ver claramente no horizonte. Minha embriaguez não era isso. Não havia colocado uma bomba no meio da minha própria vida. Apenas tinha ficado pequena e coagulada. Vivia com a vergonha como outro órgão enfiado em mim, inchado de arrependimentos banais: lembrando do frango que tinha deixado meio cru quando cozinhei bêbada na noite anterior, imaginando a carne úmida rosada no centro de cada peito, imaginando os esporos de bactéria crescendo em nossos estômagos; ou acordando cinco minutos antes do turno das sete da manhã na padaria e encontrando o para-brisa do carro coberto de gelo grosso, então tentando dirigir até o trabalho com a cabeça para fora da janela — feliz com o vento frio ventilando minha dor de cabeça.

Dave voltou para Boston para o Dia de Ação de Graças e eu fiquei para ajudar nas encomendas da padaria. Enquanto ele estava fora, frequentemente eu ia ao mercado comprar grandes quantidades de álcool. Sempre havia um motivo. Quando apareci na casa da minha melhor amiga para o Dia de

Ação de Graças, no começo da tarde, ela ficou preocupada por não ter bebida suficiente. Se eu podia sair para comprar alguma coisa? "Claro", eu disse. Mas talvez alguém devesse dirigir. Disse que tinha tomado uma tacinha de vinho enquanto cozinhava. Não disse que era um copão gigante e que havia deixado um pouquinho para não ter tomado "a garrafa toda" antes do almoço. Outra pessoa dirigiu. Compramos uma embalagem com trinta cervejas PBR. Fiquei feliz por comprarmos cerveja, porque eu nem gostava de cerveja e isso me fazia parecer menos alcoólatra, porque se fosse mesmo alcoólatra só compraria o álcool que iria beber; isso era só álcool para os outros — para que não bebessem o álcool que tinha comprado para mim mesma.

No almoço, quando estava levando outra garrafa de vinho para a mesa, derrubei minha taça e quebrei-a na minha comida. Caquinhos de vidro reluziam na farofa. Minha verdadeira eu — desajeitada, desesperada para estar mais bêbada — havia se revelado por um momento, como um animal selvagem espiando da moita, tola e desastrada. Peguei outra taça de vinho, mas não fiz questão de me servir de mais peru.

Quando fui pegar Dave no aeroporto, parei na caçamba de reciclagem para deixar todas as garrafas vazias, daí dirigi de uma vida para outra: do círculo frio e fedido dos lixões — com vidro quebrado sob meus pés e garrafas escorregando das mãos, quebrando lá dentro — para o aconchego do nosso carro, e Dave na parada do aeroporto, enrolado no cachecol com as bochechas vermelhas de frio. Adorava quando estávamos separados e sentíamos saudades, mas sabia que ele sentia saudades de uma pessoa diferente do que eu havia me tornado.

Na minha última noite de embriaguez, recebemos os alunos de poesia de Dave para jantar e eu bebi sem parar na cozinha, perdendo a conta de quantos cubos de caldo eu havia colocado na sopa de frango e *noodles*. Acabou mais salgada do que lágrimas. Uma aluna, que às vezes mandava mensagens ao Dave para ver em que bar ele estava bebendo ("Por que deu o número a ela?", perguntei uma vez), se sentou no sofá laranja e recitou "A canção de amor de J. Alfred Prufrock" inteira de cabeça. Eu estava empapuçada de bebida e indignação: *É tão previsível decorar "Prufrock"! Esse é o* MEU *sofá laranja.* Mal podia esperar para que os alunos fossem embora, mas não podia expulsá-los. Eles saíram um por um, mais lentamente impossível. Quando Dave levou os últimos retardatários para a varanda, para fumar, pensei: *Finalmente!* E carreguei um grande copo plástico de uísque para meu escritório.

Não sei quanto tempo fiquei lá antes de ele entrar. Eu lembro que ele me mostrou um e-mail que tinha acabado de receber de uma das alunas — claramente bêbada, tendo parado em algum lugar ao sair do nosso jantar e antes de chegar em casa — dizendo que estava deprimida. Precisava de ajuda. Tudo isso era turvo. Meses depois, essa mesma menina, bêbada, deixaria um recado no celular de Dave dizendo que estava apaixonada por ele e que queria se matar, e ele ligou para a emergência porque tinha medo que ela se matasse. Naquela noite, ele apenas escreveu de volta para ela — e para o coordenador de seu departamento — para dizer que estava preocupado. Não lembro se ele me perguntou o que deveria fazer, ou se apenas fez isso. Eu me lembro de pensar que algumas pessoas no mundo estavam gritando por socorro e outras pessoas estavam socorrendo — e eu queria ser uma das pessoas que socorriam, mas era uma das que pediam socorro.

Eu também queria que Dave percebesse que eu estava chegando ao fundo do poço e, de alguma forma, essa outra menina tinha roubado meu poço. Disse a ele que a bebedeira tinha ficado complicada novamente e não sabia o que fazer; que sentia muito pelo jeito como brigávamos — não queria brigar, odiava brigar —, e ele se sentou ao meu lado no futon e me abraçou e eu enterrei meu rosto em seu peito, o que parecia mais honesto do que tentar dizer qualquer coisa. Fiz sons estranhos de animais nele e tentei limpar meu nariz em sua blusa de flanela.

"Não estamos brigando esta noite", ele disse. "Você foi maravilhosa esta noite."

Às vezes me dói lembrar como fui egoísta, como estava no casulo e como ele era bom para mim.

O resto da noite seguiu turva. Em algum ponto, cambaleei pelo corredor. Em algum ponto, ele me contou que sua aluna estava bem. Eu pensei: *Ótimo.* Em algum ponto, me debrucei sobre a panela de sopa no fogão e comi *noodles* e pedaços de frango desfiado com os dedos, enfiando na boca, então me ajoelhei ao lado da privada por um tempo. Não tenho certeza se vomitei ou não. Sei que voltei ao escritório com mais bebida. Pensei: *Essa tem que ser a última noite*. Era igual à outra, a última noite que já havia tido — me enfiando num buraco com um grande copo de uísque. Só que, dessa vez, também levei a garrafa, só por segurança.

IX

CONFISSÃO

No primeiro dia da segunda sobriedade, bati o carro do meu amigo num muro de concreto. Tinha pegado seu carro emprestado porque o nosso não dava partida e eu precisava chegar para o turno da manhã no hospital para que os alunos de medicina pudessem diagnosticar minha falsa apendicite. Era um dia congelante de dezembro e eu estava assustada e nervosa, com ressaca e agitada: *Preciso parar. Não quero parar. Parar não resolveu da última vez.* Era difícil ficar com as mãos quietas. Então estacionei numa vaga e pisei no acelerador em vez do freio e bati direto no muro de concreto. Eu me lembro de pensar: *Ai, merda.* Então me perguntei se dava para fingir que não havia acontecido. *Tinha mesmo que contar a ele?* E, sim, tinha, porque o para-choque da frente estava pendurado como um curativo solto e um dos faróis tinha se estilhaçado. Meu impulso imediato foi simplesmente dar marcha a ré e parar em outra vaga, como se fosse retroceder as coisas.

Estava tentando *fazer a coisa certa*, afinal — ficar sóbria novamente —, e hoje deveria ser o grande divisor de águas, o primeiro dia do resto da minha vida. E a recompensa por essas intenções era a caminhonete batida? Estava indignada. Se iria parar de beber, deveria descobrir uma nova versão espetacular de mim mesma ou, pelo menos, recuperar a compostura e não acelerar para cima do muro. Mas a sobriedade não funcionava assim. Funciona assim: Você vai trabalhar. Você vai ligar para o seu amigo. Você vai dizer: "Sinto muito, bati seu carro no muro". Você vai dizer: "Vou arrumar". Daí arruma.

"Por que você merece outra chance?", um juiz de uma vara de entorpecentes perguntou ao réu, um viciado tentando explicar a última recaída.

"Há esperança", disse o acusado.

"O que te faz pensar que você tem esperança agora?"

O réu disse que ficaria limpo por seus filhos. Ele tinha que dar um motivo para ser diferente *desta vez*.

"De que jeito é diferente?"

"Tenho mais habilidades para lidar com problemas e escuto melhor."

"Você ainda sabe tudo?"

"Não. Estou com a mente aberta agora."

"Humilde?", o juiz perguntou. "Disposto a *escutar* agora?"

O réu riu e balançou a cabeça. "Tem sido um desafio pessoal", ele admitiu. "Achei que soubesse tudo."[1]

É um ritual desconfortável: o viciado pediu para apresentar sua humildade, tinha que considerar o juiz tanto terapeuta quanto carrasco. É apenas uma das muitas formas que as varas de entorpecentes para usuários — a principal concessão do sistema legal americano à possibilidade de que talvez haja algo a ser feito com os viciados além de apenas prendê-los — ainda vive de modo imperfeito dentro de seus ideais, uma das formas com que ainda se trata o vício como fracasso.

Na vara de entorpecentes, o juiz e o réu devem construir em colaboração a pessoa que o réu deve se tornar — não apenas alguém se recuperando, mas alguém que sinceramente *deseja* a recuperação. Mas os sociólogos acham que essas varas são cheias de "broncas" dos juízes: "Estou cansado de desculpas!", "Estou farto de você!".[2] Alguns acusados são tratados como "recuperáveis" enquanto outros são considerados "irremediáveis".[3]

Parte da comprovação de que você está realmente pronto a se recuperar — na vara de entorpecentes, numa reunião, num livro de memórias — implica admitir que você não sabe mesmo se pode se recuperar. Parte de entrar na narrativa certa implica admitir que não sabe qual vai ser o final. Como os relatos da Narco Farms: prognóstico a se observar. Em *Lady Sings the Blues*, Billie Holiday alerta seus leitores para não acreditarem em seu próprio final feliz provisório: "Não há uma alma nesta Terra que possa dizer ao certo que sua luta com as drogas terminou até estar morta".[4]

No posfácio de *Querido menino: a jornada de um pai contra a dependência química de seu filho*, um livro de memórias sobre a recuperação de seu filho Nic do vício em metanfetamina, o jornalista David Sheff confessa que Nic recaiu novamente depois de o livro ser publicado. "Nic teve uma recaída em 2010", ele escreveu. "Não tenho nenhuma vontade de escutar mais mentiras."[5] O posfácio não apenas perturba o final feliz provisório que acabamos de ler, perturba a possibilidade de qualquer final certo. São uma marca do gênero de livros de memórias sobre vício: o posfácio, o epílogo, a "nota do autor" confessando que desde a primeira publicação as coisas não seguiram totalmente como esperado. Mas confessar a incerteza abertamente — dizendo que *nenhuma alma na Terra pode dizer ao certo* — não é cinismo. Oferece uma esperança honesta que não depende de algo impossível: saber o final da história antes de acontecer. É mais precária do que a visão do cume da montanha de Wilson e é uma história mais frustrante de contar — assim como várias histórias que ouvi em reuniões, no decorrer dos anos, envolvendo infinitos ciclos e repetições. É assim que a humildade se constrói em esperança. Os alcoólatras das antigas, sóbrios há quarenta anos, dizem: "Com sorte, ficarei sóbrio até o fim de mais um dia".

Quando voltei para a primeira reunião, eu disse: "Quando comecei a beber de novo, prometi a mim mesma que nunca mais iria a um encontro. Agora. Aqui estou eu".

Iowa City é uma cidade pequena. Quando voltei às reuniões, sabia que veria as mesmas pessoas. Me deixava ansiosa. Eles se lembrariam de como eu havia entrado um ano antes, cheia de desespero e paixão, e depois larguei a solução deles. Agora, estava de volta: minha tristeza sem graça, meu caso comprometido. Me fez imaginar os desertores da Guerra Civil marcados com um D no quadril, ou forçados a usar placas de madeira proclamando sua covardia.

Mas todos estavam felizes em me ver. As pessoas diziam: "Que bom que voltou". Alguns disseram: "Foi assim comigo também". Uma mulher que eu conhecia desde a primeira vez se ajoelhou no chão ao lado da minha cadeira e disse: "Você nunca mais precisa beber de novo", e eu pensei: *Nunca mais* PRECISO? Beber era só o que eu queria. Queria ali, naquela hora.

Anos depois, olhando para trás entendi a verdade do que ela havia dito, que eu tinha dado um passo para longe daquele subsolo escuro cheio de tramoias infinitas e de desculpas, decidindo e redecidindo. Mas naquela primeira noite de volta, a armadilha ainda era o que eu mais desejava. E me deixou ansiosa porque a primeira coisa que ouvi não parecia nada verdade. Tinha sido um erro ridículo voltar? Mas eu chorava, estava em frangalhos, e a mulher viu que independente do que eu estivesse atravessando, estava desesperada por alívio.

O alívio veio ao me sentar e escutar. Naquela noite, um homem falou sobre a primeira vez que ficou bêbado, quando tinha doze anos, cuidando das irmãs menores uma noite, como ele abriu o armário de bebidas dos pais, comeu um saco inteiro de alcaçuz e acordou numa poça do próprio vômito preto. Contou como a esposa diabética havia morrido de uma infecção sanguínea seis semanas depois que ele a largou. Ela pisou num caco de vidro, bêbada — teve que amputar os dedos do pé, depois o pé. Daí morreu. Aquilo realmente mexeu com ele. "A culpa do sobrevivente", ele disse. Ele também sentia essa culpa por trabalhar no Marriott World Trade Center no Onze de Setembro. Depois de chegar em casa naquele dia, viu as notícias e bebeu uma garrafa inteira de vinho — então verificou quantas garrafas ainda tinha, caso o mundo estivesse acabando.

Ouvindo sua voz no subsolo da igreja por cima do arrastar dos pés das cadeiras de metal sobre o linóleo e do café filtrando na cafeteira, escutei a história como escritora — pelos temas e clímax —, mas escutei principalmente de outra forma: como uma mulher que ainda queria beber mais do que queria fazer qualquer coisa.

Durante o auge de seu envolvimento com o AA, durante a metade dos anos 1950, Charles Jackson começou a acreditar que a recuperação o inspirava a escrever de uma nova forma. Tinha um novo ângulo sobre o livro que escrevia, um enfoque comprometido com a simplicidade e a honestidade, e escreveu para um amigo que "ter deixado a bebida e [...] enorme interesse no AA" tinha "muito a ver com sua nova atitude".[6] Naquele momento, Jackson trabalhava no livro que imaginava que seria sua obra-prima: um épico chamado *What Happened* [O que aconteceu],[7] "um romance de afirmação e aceitação da vida" que iria contar a história de seu antigo anti-herói, Don Birnam, depois de deixar todos os finais de semana perdidos para trás.[8]

A primeira parte do épico, intitulada "Mais longe e mais selvagem" começaria com uma abertura de duzentas páginas construída ao redor do evento central da enorme reunião de família. Don "seria o anfitrião do encontro, todos viriam até ele e seriam seus convidados, e ele não apenas cuidaria de todos, mas seria capaz de cuidar de todos".[9] Jackson queria escrever um Don diferente daquele que o mundo conhecia de *The Lost Weekend*. Esse Don seria estável e rico, não apenas cuidando da família, *mas capaz de cuidar dela*. A sintaxe é pungente em sua repetição.

Jackson ficou empacado com o livro por anos — seu biógrafo Blake Bailey observou que Jackson era mestre em "trabalhar em qualquer coisa concebível, *menos* [nesse] romance"[10] —, mas nos meses após Jackson se envolver com o AA, em 1953, ele finalmente foi capaz de gerar mais de duzentas páginas. Como escreveu para um amigo:

> É de longe a melhor coisa que fiz, mais simples, mais honesta, e, pela primeira vez, desapegada de mim — isto é, não algo autotorturado, absorto ou eviscerado. Não, é sobre as pessoas... a vida, se posso dizer... Ter parado de beber e meu enorme interesse no AA, se me perdoa a expressão, têm muito a ver com essa nova atitude... bem, tudo a ver com isso, acho.[11]

O romance era ancorado na textura comum da experiência diária de um alcoólatra sóbrio. "Posso explicar melhor", Jackson disse a seu editor, Roger Straus, "dizendo que a história acontece, está acontecendo, se desenrolando, diariamente, em cada página."[12] Ele queria escrever um romance cujo conteúdo fosse altruísta — recorrendo aos assuntos de gente comum e da vida comum —, assim como o estilo, resistindo ao canto da sereia da performance virtuosa. Eram as duas formas de tentar escrever descolado de seu ego. Em outra carta para Straus, Jackson descreveu sua tática: "É mesmo maravilhoso, simples, objetivo, humano, a vida em si — nada na classe intelectual deslumbrante... e a não ser que você seja James Joyce, o romance 'descontraído' é bom o suficiente".[13]

Jackson queria acreditar que o romance poderia ser impressionante em relação à atenção à vida humana comum. Mas também estava preocupado.

É possível ouvir a dúvida penetrando em suas justificativas. Apesar de ter argumentado que o romance "faz apenas o que o agrada", e anunciado, "eu fico feliz que seja objetivo, como as pessoas comuns",[14] o "eu" sublinhado sugeria a frágil noção de sua própria prerrogativa. Como se a autoconsciência social em relação aos colegas do AA (que, como a esposa havia dito, "não eram muito brilhantes, interessantes nem nada") tivesse seu corolário em sua ansiedade sobre se o novo estilo pareceria ambicioso ou intelectual demais. Várias vezes ele confessou abertamente uma inquietação de que o enfoque na "vida se desdobrando momento por momento" pudesse parecer "descuidado e digressivo" ou apenas marcado por "total falta de originalidade"[15] — a própria falta de originalidade que o AA o ensinava a abraçar. A atitude conflituosa de Jackson em relação ao projeto tinha tudo a ver com a divisão que ele percebia entre as esferas da literatura e da recuperação. Como poderia escrever um romance que satisfizesse as exigências de ambos? Ele temia o julgamento de literatos rabugentos que não eram como o público das reuniões do AA, pessoas cujo ethos de irmandade pedia que ele se imaginasse nas vidas "cotidianas" deles e longe da sua própria.

Se Jackson ficou bêbado porque não conseguia sair de si mesmo, como ele dizia às plateias do AA, então sair de si mesmo no romance traduzia essa nova noção de propósito de sobriedade na prosa. Como escreveu para um amigo, ele queria "tudo isso fora de mim — fora!".[16] Era uma alegação curiosa, que esse projeto — outro romance semiautobiográfico — estivesse, de alguma forma, deixando sua própria vida para trás. O ethos do AA era a base dessas ambições paradoxais: a crença de que cada pessoa era simplesmente o veículo de uma história, e a fé que iluminava sua própria vida era a forma de ser útil para além de si mesmo.

Naquele primeiro inverno da segunda sobriedade, minha madrinha me deu um gráfico para preencher sobre o Quarto Passo, que implicava fazer o inventário de todos os meus ressentimentos.

"Só isso?", eu brinquei. "Quanto tempo você tem?"

Ela sorriu com paciência e disse: "Confie em mim, já vi piores".

Minha madrinha — Stacy — era uma mulher engraçada, generosa, que havia ficado sóbria antes de atingir a maioridade. Ela não tinha nada a ver comigo, exceto pelo fato de que não tínhamos interesse em beber a não ser para mergulhar na embriaguez. Ela era objetiva sobre as próprias experiências e escutava pacientemente meus monólogos digressivos, extensos, assentindo, mas não muito impressionada, com frequência direcionando-os às urgências centrais: "Então você tinha medo de ser abandonada?". Os direcionamentos não eram reduções. Capturavam algo útil para que eu enxergasse com clareza, sem o envoltório de tanto vocabulário. Toda vez que eu a agradecia profusamente por dedicar tempo para me encontrar, ela me dizia a mesma coisa: "Também me mantém sóbria".

Quando entrei no AA, me disseram para escolher uma madrinha que "tivesse o que eu queria". Desconfiei de que não significasse um Prêmio Pulitzer. Acabei escolhendo Stacy não porque ela me fazia lembrar de mim mesma, mas o oposto. Ela se posicionava no mundo com segurança — útil sem parecer justiceira, humilde sem desculpas em excesso. Parecia visceralmente gostoso estar perto da tranquilidade dela, como a seda contra a pele. Não tinha vergonha de confessar o tamanho do amor por seu lulu da Pomerânia. Compartilhávamos o mesmo senso de humor, rimos da parte da história de Bill no Livro Azul em que ele diz que nunca tinha sido infiel enquanto bebia, por "lealdade à minha esposa, auxiliado às vezes por um porre extremo".[17] Gostamos que ele também tenha confessado o motivo menos nobre.

Stacy e eu havíamos trabalhado juntas antes da minha recaída, e quando decidi ficar sóbria de novo, ela e seu noivo me levaram para a primeira reunião de volta. "Obrigada por me dar outra chance", despejei, achando que tudo estava baseado em nossa conexão.

"Claro", ela disse. "É assim que o programa funciona."

Quando chegou ao Quarto Passo, estava ansiosa com o formato da lista — uma planilha com colunas extremamente estreitas — porque não tinha certeza de como contar toda a história de cada item que eu listava. "Algumas das situações são bem complicadas", expliquei.

"Como as de todo mundo", minha madrinha disse. "Você vai conseguir."

O quarto passo deveria incluir todos os meus "males e ressentimentos", mas perguntei a Stacy se deveria listar as pessoas de quem eu tinha mágoa mesmo que não tivesse lhes causado nenhum mal. Ela sorriu. Obviamente eu não era a primeira alcoólatra a lhe fazer essa pergunta. "Qualquer um que te dê um aperto no estômago", ela disse. O gráfico tinha uma coluna que pedia para ligar cada um dos ressentimentos a um medo que o motivasse — *medo de conflito, medo de abandono* — e eu preenchi com zelo, sempre uma aluna modelo (*medo de inadequação*). Não havia feito um inventário durante a primeira sobriedade e fazia parte da tentativa de que as coisas fossem diferentes dessa vez. O inventário não se baseava em pedir absolvição por meus pecados; era trazer à luz o desconforto, todos os rancores tóxicos que pudessem me fazer querer beber novamente. Listá-los era como esvaziar uma gaveta atulhada.

Quando olhei de volta para o que tinha sido minha embriaguez, enxerguei alguém se jogando no mundo — pedindo que fosse devolvida com certa experiência. Eu me vi parada na porta de um homem, o corpo fritado de cocaína e já doendo de decepção, praticamente implorando que me beijasse. Minha cunhada uma vez me perguntou: "Você preferia não ter ossos ou não ter pele?", e primeiro me fez visualizar uma criatura sem ossos, uma bolha disforme de carne; então, uma criatura sem pele, uma escultura ágil de nervos e músculos reluzindo. Como você descreveria uma criatura sem ambos? Apenas totalmente fodida? Às vezes, suspeitava de que não tivesse estrutura; outras vezes, de que não tivesse fronteiras. Olhei de volta para a menina na porta, esperando ser beijada, e queria tapar a boca dela com a mão — tirar o pó do nariz dela e drenar a vodca do seu estômago e dizer: "Não diga isso, não beba isso, não precisa disso". Só que eu não podia, porque ela fez isso — disse aquilo, bebeu aquilo, precisava daquilo.

Ela não era a única carente. Isso fazia parte do inventário também, aceitar que eu não era a única vítima das minhas inseguranças. Num gráfico chamado "Inventário do Histórico Sexual", a coluna que mais denunciava era essa: "Quem eu feri?". Não denunciava apenas porque estava cheia de nomes, mas porque a maioria deles tinha pontos de interrogação depois. Raramente prestei atenção para saber se eu os tinha ferido ou não. A insegurança havia me convencido de que eu não tinha o poder de ferir ninguém.

Quando estava pronta para rever o gráfico com Stacy — esse era o Quinto Passo, falar sobre o inventário do Quarto Passo com outra pessoa —, foi logo após outra cirurgia, um procedimento para corrigir a lesão residual no nariz de quando apanhei. Contei sobre a cirurgia num encontro esperando solidariedade, mas o que mais ouvi foi: "Tome cuidado com os analgésicos". Acabou sendo um bom conselho. Fiquei surpresa em perceber o quanto ansiava pelas drogas que iriam me apagar e pelas que tomaria depois; por pensar obsessivamente na possibilidade de ter que usar gás hilariante ou Valium. A expectativa era como um frio na barriga — espontâneo e inesperado. Nos encontros, as pessoas às vezes diziam: "Sua doença está sempre esperando lá fora por você. Está lá fora fazendo flexões". Imaginei o alcoolismo como um homenzinho de bigode e regata.

Acontece que nem recebi o troço pré-operatório que esperava, óxido nitroso ou Valium. Tudo que a anestesia conseguiu foi me fazer vomitar depois da cirurgia num balde que Dave segurou ao meu lado. Ele estava lá comigo — de novo e de novo — e, sóbria, era cada vez mais fácil ver; mais fácil contar a ele que era grata pela sua ternura.

Na noite anterior a que eu deveria dar o Quinto Passo, meu rosto ainda estava enfaixado. Não tinha tomado nenhum Vicodin, assustada demais com o quanto queria tomar tudo — ou, pelo menos, o suficiente para fazer o mundo inteiro flutuar. Estava numa dieta de zero sal para diminuir o inchaço, subsistindo em grande parte devido a uma mistura de Cheerios, nozes e cerejas secas, como um esquilinho vaidoso. Mandei uma mensagem de texto para Stacy sugerindo que talvez devêssemos adiar a sessão por algumas semanas.

"Está fisicamente capaz de falar?", ela perguntou.

Eu disse que sim.

"Então vamos nessa", ela disse.

No dia seguinte, nos sentamos na frente uma da outra na minha mesa da cozinha. Servi uma tigelinha de Cheerios e cranberries. Servi copos d'água. Meu gráfico estava na mesa entre nós, com colunas pequenas e verdadeiras. Era útil olhar para os meus arrependimentos em termos de medo em vez de egoísmo. Talvez fosse apenas questão de enxergar com que frequência o egoísmo, meu e de todos, era motivado por medo.

Comecei a explicar a primeira situação do inventário em todas as suas nuances e complexidades, camadas de culpa, vergonha e...

"Apenas a versão resumida", ela disse. "Seja simples."

***

Durante as tentativas de ficar sóbrio, Berryman fez vários inventários pessoais:

> 1. O que mais me incomoda na vida sobre mim mesmo?
> Se serei um grande poeta ou não.
> 2. O que mais me incomoda atualmente?
> Falta de amor pelos outros.
> 3. O que mais me incomoda sobre mim mesmo em relação ao futuro?
> Se posso superar isso.[18]

Não é surpreendente que o último livro de poesia de Berryman se chame *Love & Fame* [Amor & Fama]. Durante os últimos quatro anos de sua vida, ele foi quatro vezes para a reabilitação, se desintoxicou em hospitais, foi a incontáveis reuniões e até presidiu uma reunião numa prisão local, convidando os prisioneiros a jantarem em sua casa quando fossem soltos (um deles aceitou).[19] Lia pilhas de literatura do AA. Preencheu gráficos e listas de verificação. Todos os seus inventários mensais de Hazelden [centro de tratamento para dependentes] estavam cheios de sinais de visto e de *x*. Ele colocava cruzinhas ao lado de "presunção", "desonestidade" e "falso orgulho". Ao lado de "ressentimento" ele escreveu: "Fere a si mesmo. Sempre imutável". Sublinhou o "imoral" em "pensamento imoral".[20] Estava imerso no chamado modelo de Minnesota (que agora chamamos de reabilitação) no coração de Minnesota, um tratamento residencial na terra dos 10 mil centros de tratamento.[21]

O Primeiro Passo do AA que Berryman completou na primeira vez que chegou ao hospital St. Mary em Minneapolis dá uma noção da terra arrasada em que sua bebedeira se tornou:

> A esposa me deixou depois de onze anos de casamento pq bebo. Desespero, bebendo pesado sozinho, sem trabalho, sem dinheiro... seduzi alunas bêbado... meu diretor disse que liguei bêbado para uma aluna à meia-noite & ameacei matar ela... bêbado em Calcutá, vaguei

pelas ruas perdido a noite toda, incapaz de me lembrar do meu endereço... muitos álibis para beber... severa perda de memória, distorções de memória. DT [*delirium tremens*] em Abbott, durou horas. Litro de uísque por dia por meses em Dublin, trabalhando duro num longo poema... esposa escondendo garrafas, eu mesmo escondendo garrafas. Molhei a cama bêbado no hotel de Londres, gerente furioso, tive que pagar por um colchão novo. Dei palestra fraco demais para ficar de pé, tive que sentar. Palestra mal preparada... defequei descontrolado no corredor da universidade, fui para casa sem ser notado... Minha esposa disse St. Mary ou então. Vim aqui.[22]

Há uma dor palpável não apenas na devastação provocada pelo alcoolismo de Berryman, mas em seu surpreendente arrependimento — não apenas por defecar no corredor, mas também por dar palestras sem estar preparado. Ele estava se preparando melhor para a recuperação. Por isso, as pilhas de leitura, os gráficos zelosos. Num Quarto Passo, ele fez uma lista de suas "responsabilidades":[23]

(a) Com Deus: Praticar diariamente, submissão da vontade, gratidão (concordo que seja uma das poucas virtudes da minha vida toda), desejar bem aos outros.

(b) Comigo: determinar o que quero (vida, arte); procurar ajuda... nunca me enganar. Olhar para as maravilhas + belezas.

(c) Com minha família: tratá-la com carinho. Eles querem meu amor, orientação.

(d) Com meu trabalho: "acima de tudo procurar equilíbrio",

"Aclamação pessoal é o veneno do alcoólatra".

(e) com o AA: "A Deus e ao AA eu devo minha libertação".

No fim da lista, ele escreveu instruções para si mesmo: "Seja cuidadoso com a forma como vive. Você pode ser a única cópia do Livro Azul que outras pessoas leem". Quando Berryman começou a considerar escrever um romance sobre recuperação, imaginou um livro que funcionaria não apenas como grande literatura, mas como um Décimo Segundo Passo — *Tentamos levar essa mensagem aos alcoólatras* —, levando a recuperação aos que ainda não a tinham encontrado.[24] Rabiscou ideias sobre como seria o livro: "faça um livro com essas anotações — uma obra útil como o décimo segundo passo —, provavelmente sem muita elaboração, apenas expandidas e ilustradas, com certo pano de fundo... em Hazelden e St. Mary na primavera passada".

Não era outro *Dream Song* lírico. Era outra coisa, *provavelmente sem muita elaboração*, sem a intenção de ser belo, mas útil. Ao considerar esse livro "uma obra útil como o décimo segundo passo",[25] Berryman seguia o desejo que articulou em seus inventários: substituir a ambição de ser um "grande poeta" por uma vida criativa comprometida com o "amor pelos outros". Pensou em chamar o romance de *Síndrome de Korsakov no túmulo*, mas descobriu que preferia *Sou um alcoólatra* ("Gosto mais", escreveu ao lado do título mais simples). Acabou chamando o livro apenas de *Recovery* [Recuperação]. Queria doar os lucros: "Dar metade dos direitos autorais para... quem? Não ao AA, não vão aceitar, talvez apenas emprestar em privado para o AA em desespero".[26]

Berryman fazia anotações num caderno bege intitulado "Caderno de recuperação", manchado de café. Sua vida não era mais abastecida por uísque e tinta, mas cafeína e grafite, combustíveis menos divinos. Ele queria que *Recovery* fosse um ato de gratidão. No primeiro rascunho, imaginou essa dedicatória:

> Esse relato resumido & desiludido sobre o início de minha recuperação é dedicado aos homens & mulheres responsáveis por ela (os fundadores dos Alcoólicos Anônimos, médicos, psiquiatras, conselheiros, religiosos, psicólogos, analistas transacionais [líderes de grupo, infiltrados], enfermeiras, assistentes, pacientes internados, pacientes de ambulatório, membros do AA) e para o primeiro Autor divino.[27]

Na primavera de 1971, menos de um ano antes de sua morte, Berryman deu um curso na Universidade de Minnesota chamado "O pós-romance: ficção como obra de sabedoria".[28] Era o que ele estava tentando com *Recovery* também: algo como obra de sabedoria.

Apesar de Jean Rhys nunca ter passado por uma recuperação, certa vez ela escreveu que imaginava uma cena de tribunal — chamada "O julgamento de Jean Rhys" escrito numa letra ininteligível num caderninho marrom — que parece muito com o "inventário moral destemido" do Quarto Passo do AA. Depois que a promotoria lista os maiores temas de sua obra ("bem, mal, amor, ódio, vida, morte, beleza, feiura") e pergunta a Rhys se são aplicáveis a todo mundo, ela responde: "Não conheço todo mundo. Só conheço a mim mesma".[29]

Quando a promotoria insiste: "E os outros?", ela confessa: "Não conheço os outros. Eu os vejo como árvores caminhando".

É quando a promotoria ataca: "Aí está! Não levou muito tempo, levou?".[30]

Parte do tormento de Rhys era que seu egocentrismo não era completo a ponto de não a tornar ciente de seu efeito nos outros. Mas, no julgamento, confessando seu solipsismo, não conta como arrependimento; só confirma a culpa dela. A promotoria continua sua linha de questionamento:

Na juventude, a senhora sentia amor verdadeiro e piedade pelos outros? Especialmente pelos pobres e infelizes?

"Sim."

Era capaz de demonstrar isso?

"Acho que nem sempre. Eu era muito desajeitada. Ninguém me ensinou."

Desculpas, é claro! (a promotoria grita).

É uma inverdade que a senhora seja fria e distante?

"Não é verdade."

A senhora se esforçou muito para, digamos, estabelecer contato com os outros? Digo, amizades, amores, e assim por diante?

"Sim. Amizades, não muito."

Conseguiu?

"Às vezes. Por um tempo."

Não durou?

"Não."

Foi culpa de quem?

"Minha, suponho."

Você supõe?

(Silêncio.)

Melhor responder.

"Estou cansada. Aprendi tudo tarde demais."

O julgamento de Rhys faz eco aos inventários de Berryman: *O que me incomoda mais em mim atualmente? Falta de amor pelos outros.* Mesmo quando Rhys articula certa fé na possibilidade humana ("Creio que às vezes os seres humanos podem ser mais do que si mesmos"), a promotoria ainda se opõe: "Vamos, isso é muito ruim. Não consegue nada melhor?".

Após esse diálogo, a transcrição do julgamento apenas diz: "silêncio". Objeção aceita. Mas Rhys acreditava, sim, que havia um jeito de se entregar a algo maior do que sua tristeza claustrofóbica: "Se eu parar de escrever", ela disse à corte, "minha vida terá sido um fracasso abjeto… Não terei merecido a morte".

A fantasia de que uma escrita brilhante pode redimir uma vida imperfeita — *Se eu conseguir fazer esse livro, não vai importar tanto, vai?*[31] — não pertencia somente a Rhys. Quando Carver foi levado a julgamento em 1976 — acusado de receber auxílio-desemprego enquanto estava empregado —, sua primeira esposa, Maryann, mostrou à corte a primeira coletânea de contos dele em sua defesa, apresentando o brilhantismo de sua obra como desculpa pelas decepções e erros de sua vida.

Talvez não seja o suficiente. Para o crítico A. Alvarez, a vida "monstruosa" de Rhys gerava um "argumento poderoso contra a própria biografia".[32] O efeito da primeira biografia publicada sobre Rhys foi de "fazer o leitor duvidar se algum livro, por mais original que seja, por mais perfeito, vale o preço que Rhys e aqueles próximos dela pagaram".

Nenhuma das biografias sobre Rhys me fez querer passar um final de semana inteiro com ela, mas não me interessa se sua obra "vale o preço", para nós ou para qualquer um, porque nunca é uma escolha nossa. Sua vida foi. A obra é. Não podemos trocar uma pela outra. Não há uma métrica objetiva que estipule quanto é necessário de brilhantismo para redimir uma vida inteira de danos — e não há proporção que justifique a conversão. Qualquer que seja a beleza oriunda da dor, não pode geralmente ser trocada por felicidade. Rhys continuou esperando, de todo modo, não alívio, mas a possibilidade de uma beleza tranquilizadora — que ao verbalizar suficientemente sua sede pudesse redimir o dano que causou.

Quando Berryman rascunhou um plano diário para escrever *Recovery*, também estava delineando uma vida mais saudável à qual ele imaginava que o romance o conduziria:

> Escrever das 8h ou 9h às 13h no escritório (meta 2 pág. por dia, com próximas frases rascunhadas).
> Caminhe! Dirija!
> Bibli[oteca]: Imunologia, Alcoolismo — diários!
> Exercício + ioga.
> Livro 24h. [lit. AA]
> Uma ou duas biografias curtas — principalmente alcoólatras famosos: Poe!! H. Crane.[33]

Suas anotações entregam um tom de autoincitação: "Caminhe! Dirija!" — e empolgação determinada: "Diários!". Ele queria fazer o dever de casa. Queria fazer ioga. Queria se basear numa tradição de outros escritores alcoólatras: "Poe!!". Seus pontos de exclamação mantêm certa mágoa: "Caminhe! Dirija!". Queria acreditar nos rituais e intenções. Queria acreditar em participar de uma vida que havia escolhido.

Em seu romance *Kentucky Ham*, Billy Burroughs Jr. escreveu sobre o trabalho num barco de arrastão de pesca depois de sua temporada na Narco Farm. "Trabalhamos como nunca trabalhei em Lexington", ele escreveu.[34] E ele gostou. Para ele, o trabalho era o oposto do vício: "Sabe o que o trabalho faz? Fornece uma constância. Estrutura o tempo... Percebo que é preciso fazer uma reparação também, e não há outra forma de fazer isso, mas uma reparação *entra*. Para REPARAR. Ajustar, focar. Mas estou falando do que sai e, de uma forma seletiva, rearranja a realidade".[35]

Para mim, também, a bebida sempre se baseou em botar algo para *dentro*, fazer algo descer — consolo externo que, por um tempo, podia ser confundido com força. E se a bebida tinha entrado, o trabalho saía, como Burroughs disse. Quando eu ficava bêbada e ficava sóbria, gostava que meus turnos na padaria fossem constantes. Sempre a mesma tarefa: me apresentar às sete. Trabalhar com a lista de produção. Era sempre: *segue o ritmo com esses esquilos*. A rotina na padaria funcionava como outro ritual, como a estrutura reconfortante dos encontros — outra forma que eu não tinha que inventar, uma forma de ser útil. Marcávamos as estações com centenas de cookies a cada semana: sapos com cartinhas de amor para o Dia dos Namorados; casquinhas de sorvete para o verão e folhas retorcidas para o outono; bonecos de neve em dezembro com triângulos minúsculos como nariz. Talvez fosse ridículo, mas eles me davam uma forma de dizer *fiz isso* — dei algum pequeno e inegável prazer a alguém.

A camaradagem da cozinha era surpreendente e com frequência me tornava mais humilde. Um de nossos padeiros fez um sabre de luz com bolinhos de canela congelados e comia pimentões verdes no almoço — acomodando um em cada palma da mão, inteiro e crocante como uma maçã. Outro gostava de me provocar por causa da minha falta de habilidade de modo geral, então, nos dias de folga dele, só para irritá-lo, mandava fotos dos donuts que eu fazia na minifrigideira, que pareciam com camarões mutantes gigantes, com a legenda "controle de qualidade". Para levantar fundos para a Planned Parenthood, fiz um bolo com trinta cookies redondos ao redor do topo, como pílulas anticoncepcionais. Eu tentava me ajustar, focar.

Naquele primeiro inverno da segunda sobriedade, comprei minha primeira jaqueta acolchoada. Por anos, eu me sentia pessoalmente perseguida pelo inverno — uma mártir para seu frio penetrante, meu entorpecimento épico e inevitável, o ar pouco mais do que um companheiro externo para meu clima interior. Mas, como se revelou, usar uma boa jaqueta me deixava com menos frio.

No Dia dos Namorados, eu e Dave fomos de carro para o norte em

Dubuque, uma antiga cidade que vivia do rio, encaixada nas escarpas sobre o Mississippi. Jogamos roleta no cassino de um barco e nos encantamos com um polvo no aquário — balançando os tentáculos como echarpes na água, rosa e branco-pérola, as ventosas criando pequenas luas sempre que ele as apertava contra o vidro. Dave era alguém que se empolgava com um polvo ou com uma cidade outrora próspera, e o fato de que ele trazia à tona o sentimento de encanto em mim fazia com que eu quisesse retribuir. Foi em parte o motivo pelo qual planejei o final de semana em Dubuque, achei que era agridoce, tudo delicado. Fomos cuidadosos um com o outro.

Não muito tempo antes da viagem, enquanto eu limpava o apartamento, encontrei uma pilha bagunçada de bilhetes na cômoda do Dave — todas as desculpas que eu havia escrito, todas as manhãs seguintes às brigas —, cada um reconhecendo quantos tinham vindo antes. Alguns dias depois, perguntei se ele estava interessado em ir a uma reunião, algo que não tinha feito da primeira vez. Queria mais convidá-lo para essa nova versão da minha vida do que culpá-lo por não estar lá comigo.

Na reunião, ele foi eloquente e atencioso — comovido com o que os outros disseram. Três mulheres idosas vieram falar comigo depois e disseram: "Ele é tão charmoso". Foi a mesma coisa quando fomos conversar com uma terapeuta de casal, uma mulher de meia-idade cujas sessões eram na casa dela, num bairro residencial, e ela se inclinou quando Dave foi ao banheiro: "Bem, ele é muito charmoso". Devo ter feito uma expressão chocada porque ela rapidamente disse: "Mas imagino que ele seja um verdadeiro Médico e Monstro".

Em Dubuque, fomos jantar em um pub bavariano e pedimos cabeça de xara e goulash. Havia aproximadamente 300 mil marcas de chope. Eu estava desesperadamente determinada a curtir a cabeça de xara. Não estava tomando cerveja, mas estava experimentando algo novo. Em certo ponto, as pessoas começaram a cantar. Estranhos cantarolavam em alemão hinos à bebedeira, e, mesmo com a diferença de língua, a mensagem era suficientemente clara: *Beber é incrível e beber mais é mais incrível e mais bebida é mais* — a cabeça de xara era nojenta.

Dave e eu voltamos para a pousada cheia de pratos decorativos e assistimos a *Duna* em VHS — vimos o gordo voar com seus jatinhos, deformado e degradado pelo *tempero*, sua droga, totalmente escravo. Nos aninhamos sob o edredom e eu pensei: *Talvez dê para salvar.*

X

HUMILDADE

Nas reuniões, todos compartilhavam, mas "contar sua história" significava falar de uma forma mais estruturada — *como foi, o que aconteceu, como está agora* —, geralmente no começo da reunião, por cerca de dez a trinta minutos. As pessoas tinham diferentes filosofias sobre como fazer isso. "Não fazer meu registro de bêbado porque todos os registros de bêbado são iguais", alguns diziam, e iam direto para a sobriedade. Mas eu adorava os registros de bêbado. Nunca me cansava deles. Eram como a sobremesa antes do jantar. Claro, eram todos iguais. Mas diferentes também — na medida em que cada vida particular manifestava e tumultuava os temas comuns de uma forma própria. Os registros de bêbado também eram úteis porque me lembravam de certas ausências que eram fáceis considerar naturais depois que ficaram ausentes por um tempo: não acordar cedo com ressaca ou não pensar em bebida a cada minuto, cada hora, cada dia; um tipo de progresso que dependia de não ter consciência disso.

A primeira vez que falei — a vez que fui interrompida pelo veterano (*Que tédio!*) — foi no subsolo de uma escola, um ginásio com piso de madeira, arquibancadas afastadas junto às paredes e um palco de madeira onde colocamos os cookies de supermercado em bandejas plásticas ao lado de uma cafeteira prateada e manchada. Para a reunião de segunda, as cadeiras dobráveis eram colocadas em fileiras, provavelmente umas quarenta, com uma passagem até o centro — como em uma leitura literária ou um casamento. Na noite em que concordei em falar, estava com uma camiseta preta brilhante que não mostraria o suor no sovaco.

Quinze minutos antes de a reunião começar, havia apenas um punhado de gente — a maioria eu conhecia, rostos amigos: a terapeuta no meio de um divórcio, o homem cuja filha pequena havia morrido seis anos antes. Mas o público era pequeno e comecei a achar que era porque ficaram sabendo que eu ia falar. Esse era o pensamento típico: imaginar o mundo como uma conspiração de forças dirigindo a atenção para mim, quando o mais provável é que as pessoas apenas estavam pegando a roupa na lavanderia ou vendo o aguardado episódio de *Bachelor* da semana.

Quando mais gente começou a chegar, percebi que também estava aliviada por ter pouca gente e imediatamente comecei a imaginar que todo mundo que apareceu poderia se decepcionar com o que eu fosse dizer. Antes de a reunião começar, me servi um copo escaldante de café e peguei o cookie seco de chocolate, dei uma mordida e larguei-o na minha frente — na mesa dobrável atrás da qual eu me sentei, de frente para o público, ao lado da dirigente da reunião, uma mulher em quem eu confiava. Ela tinha cabelo grisalho curto e uma filha adolescente, e falava com objetividade calorosa. Era honesta sobre seus erros, mas não exagerava nos arrependimentos.

Meu cookie pela metade me encarava enquanto eu contava minha história. Acabei focando menos no drama narrativo e mais em coisas que não esperava falar: caminhar no meio da noite preocupada com meus remédios, com o coração acelerado como um pássaro preso na gaiola das minhas costelas; e encontrar aquela pilha de pedidos de desculpa na cômoda do Dave.

Foi bem nesse ponto, quando começava a me sentir melhor por me afastar das curiosidades narrativas e partia em direção ao candor emocional, que o cara na cadeira de rodas começou a gritar: "Que tédio!". Depois que ele gritou, comecei a me perder — queimação nos olhos, inchaço na garganta, falha na voz — e a lutar para terminar o raciocínio sobre oração que eu estava articulando. "É como pegar uma caixa pesada", eu disse. "Digo, rezar é como soltar a caixa pesada, mas então fico tentando pegar de novo." Comecei a chorar forte. Novamente o homem gritou: "Que tédio!".

Ele não era má pessoa. Só estava perdendo o controle daquela parte de nós que evita que gritemos com estranhos. E, talvez, ele também estivesse entediado. Limpei os olhos com as costas da mão. O que mais eu tinha a dizer sobre oração? Eu tinha outra coisa a dizer. Várias mulheres na plateia procuraram lenços em suas bolsas. Depois da reunião, uma delas veio imediatamente falar comigo. "Foi tão comovente vê-la chorar", disse, "quando começou a falar sobre oração."

Então outra mulher, a dirigente da reunião, colocou a mão no meu braço e disse: "Você acabou de contar a minha história. Obrigada".

O pior pesadelo de Malcolm Lowry era ser acusado de contar a história de outra pessoa. Foi por isso que ele se sentiu tão ultrajado com o sucesso de *The Lost Weekend*, de Jackson e, em primeiro lugar, pela publicação — pela ideia de que outro alguém havia contado sua história antes de ele ser capaz de contá-la. Anos depois, em seu último romance inacabado, *Dark As the Grave Wherein My Friend Is Laid*, [Escuro como o túmulo onde jaz meu amigo], Lowry ofereceu um relato levemente fictício de sua própria raiva: a cena em que um romancista chamado Sigbjørn Wilderness descobre que sua obra-prima alcoólica tinha sido invalidada por um livro terrível chamado *O rigodão dos bêbados*. "É puramente um estudo clínico", a esposa de Sigbjørn assegura, "é apenas uma pequena parte do seu." Mas Sigbjørn está devastado. Se o alcoolismo não o ajudou a produzir uma obra-prima original, de que adiantou? Tinha certeza de que estava "conquistando algo que era único", mas, em vez disso, escuta — de sua agente e de vários editores — que seu livro é "meramente uma cópia".[1]

Quando uma resenha de 1947 na revista *Harper* acusou *Debaixo do vulcão* de ser "uma longa regurgitação [que] pode apenas ser recomendada como uma antologia sustentada pela sinceridade",[2] pouco mais do que uma colcha de retalhos, "imitando os truques" de escritores melhores, Lowry se defendeu numa carta apaixonada para o editor. Apesar de o crítico Jacques Barzun ter feito uma resenha do romance de apenas um parágrafo, dizendo que os personagens eram "desesperadamente sem graça, mesmo quando estavam sóbrios" (*Que tédio!*), a refutação de Lowry foi de vinte e dois parágrafos (indignados). Fechava com um *postscript* com a frase que aparentemente Lowry não pôde mesmo perdoar: "PS: Antologia sustentada pela sinceridade — brrrrr!".[3] É como se a acusação de redundância fosse tão grande que expulsou Lowry para o frio, um exílio literário impiedoso.

Mas uma antologia sustentada pela sinceridade? É uma das descrições mais precisas de uma reunião de recuperação — de sua beleza particular — que já ouvi.

Mais de trinta anos depois de escrever *O iluminado*, e vinte anos depois de ter ficado sóbrio, Stephen King começou a se perguntar se Jack Torrance — o escritor bêbado seco que explodiu o Hotel Overlook — poderia ter tido uma sobriedade mais gratificante. "O que teria acontecido com o problemático pai de Danny", King perguntou a si mesmo, "se ele tivesse encontrado os Alcoólicos Anônimos?"[4]

O romance de King publicado originalmente em 2013, *Doutor Sono*, foi a tentativa de responder a essa questão. A trama acompanha o filho de Jack, Danny — que cresceu alcoólatra como o pai, mas finalmente está limpo e sóbrio —, enquanto luta com um coletivo anônimo chamado Verdadeiro Nó, um grupo de monstros sobrenaturais que mora em trailers e cantam em círculo antes de "beberem a dor" colhida de suas pobres vítimas. O Verdadeiro Nó parece com uma versão sinistra do AA, uma irmandade de sofrimento onde a dor se tornou — literalmente — uma forma de subsistência. Porém, o clímax do romance não é a vitória de Danny sobre o Verdadeiro Nó, mas uma cena logo depois, quando Danny finalmente confessa seu verdadeiro "fundo do poço" para um grupo do AA em seu aniversário de quinze anos de sobriedade. Ele descreve a manhã em que acordou na cama de uma mãe solteira cocainômana e roubou dinheiro da carteira dela enquanto seu filho de fraldas alcançava o montinho de pó que tinha sobrado na mesa de centro, pensando que era bala (*Pó que sobrou? A viciada em mim ficou decepcionada. Mas a vergonha era familiar*).

Depois que Danny confessa sua terrível verdade, o momento de honestidade que o livro todo estava construindo, ele consegue... muito pouco como resposta: "As mulheres na porta voltaram para a cozinha. Algumas das pessoas olhavam para o relógio. Um estômago roncou. Olhando para as nove dúzias de bebuns reunidos, Dan percebe algo impressionante: o que ele fez não os revoltou. Nem mesmo os surpreendeu. Tinham ouvido coisa pior".[5] A narrativa não apenas insiste no momento como anticlimático; insiste que o anticlímax ainda é significativo.

Como se revelou, minha própria sobriedade manteve a mesma moral dupla como o segundo ato de um romance de Stephen King: você falou a verdade e agora todos estão indo comer seu bolo de aniversário de sobriedade. Sua história provavelmente é bem comum. Não significa que não possa ser útil.

Quando finalmente li o manuscrito do romance inacabado de Charles Jackson, *What Happened* — as páginas que ele havia escrito sob influência da recuperação, guardadas em seus arquivos sem publicação —, estava cheia de expectativa. Era como a expectativa que a poeta Eavan Boland confessa quando pede poemas que tenham mulheres que não sejam belas ou jovens: "Quero um poema em que eu possa envelhecer. Quero um poema em que eu possa morrer".[6] Eu queria uma história em que eu pudesse ficar sóbria.

Por isso, foi decepcionante confrontar o manuscrito de *What Happened*, que oferecia uma narrativa entediante, confusa, que achei difícil de continuar lendo. "Só posso escrever o humano, divagando",[7] Jackson escreveu a um amigo confessando seus medos sobre esse épico havia muito aguardado, e comecei a entender o que ele queria dizer. Eu estava grudada em *The Lost Weekend*, incapaz de largá-lo, e queria que *What Happened* fosse assim também — só que melhor! Sobre a funcionalidade! — mas não era. Na maior parte do tempo, era perdidamente abstrato:

> Qual o significado da vida, ocorreu a ele (ou ele pareceu ter ouvido), tem significado o tempo <u>todo</u>, não apenas em momentos isolados dramáticos que nunca aconteceram. Se a vida tem significado, qualquer coisa tem significado a toda hora, a todo minuto, em qualquer episódio, grande ou pequeno, se apenas alguém tem ciência de perceber isso... cada passo, tanto o dramático quanto o trivial — cada segundo fugidio do caminho.[8]

Acontece que, na verdade, concordei com o que Jackson dizia. Cheguei a acreditar que a vida acontecia a cada hora, a cada minuto; que não era feita tanto de clímaces dramáticos quanto de esforços silenciosos e presença contínua. Mas enxergava como o desejo desesperado de Jackson em aplicar a sabedoria da recuperação prejudicou sua história. Suas palavras sobre o livro agora reverberavam em mim como um mau presságio: "quase sem nenhuma 'trama', mas muito caráter... tenho orgulho de ser objetivo e desapegado, *finalmente*".[9]

O manuscrito confirmou alguns dos meus maiores medos em relação à sobriedade: que estava destinada a forçá-la a um estado de abstração sem enredo, a uma sequência de tardes vazias, a uma vida iluminada pela fluorescência pálida de clichês de porão de igreja no lugar do brilho de letreiros de clubes noturnos. A leitura fácil e impulsiva de *The Lost Weekend* — o impulso das escapadas de Don e o rugido do motor de sua sede — foi substituída pela inércia.

Se Jackson tinha medo de que só fosse reconhecido por *The Lost Weekend*, Lowry carregava um medo similar, de que nunca escreveria nada tão bom quanto *Debaixo do vulcão* (até seus medos não eram originais). Mas, após várias rodadas da brutal "terapia de aversão" para tratar o alcoolismo em meados dos anos 1950, Lowry embarcou numa grande rodada de edições do livro que ele esperava que algum dia pudesse ultrapassar sua obra-prima alcoólica. *October Ferry to Gabriola* [Balsa de outubro para Gabriola] é um romance sobre os dias mais felizes de seu casamento, passados num barraco ocupado em Vancouver. No relato do crítico D. T. Max, Lowry escreveu furiosamente depois da terapia de aversão — novas páginas que examinavam "o que ele chamava de 'alcoolocausto' de sua vida e a forma como a bebida afetou sua arte".[10] Lowry pegou as cartas de desculpas que ele havia escrito para a esposa, Margerie, no decorrer dos anos e as colou diretamente no rascunho. Estava tentando preencher o livro com a textura do arrependimento, fazer dele não apenas a transcrição dos males, mas também o processo de ajuste de contas. Esse tipo de resgate me fez pensar em criar um livro com meus próprios bilhetes de desculpas.

A resposta dos outros foi um pouco menos entusiasmada. O editor de Lowry na Random House cancelou o contrato do livro porque o manuscrito enviado a ele era "a coisa mais tediosa que eu já havia lido".[11] Depois da morte de Lowry, Margerie acrescentou seus próprios comentários no manuscrito. "Notas divagantes", ela escreveu. "Parece uma dissertação sobre o álcool. Nada útil aqui."[12]

Quando li o manuscrito de *What Happened* de Jackson, me agarrei aos parcos vislumbres de trama: "Ele teve o impulso de parar o carro no acostamento e se entregar à introspecção, um tipo de autoinventário... Sem deixar nada de fora".[13] *Tá. Ele está num carro*, pensei. Mas aonde estava indo? Vai acontecer algo aqui, finalmente? Chamou-me a atenção a menção a um inventário, como o Quarto Passo do AA, mas porque talvez significasse que eu iria ler como Don havia fodido com tudo. Mas então me senti culpada por querer o descarrilamento. Deveria estar torcendo pela história do pobre-coitado — a história de sobriedade —, mas minha falta de atenção era apenas prova de que essa história nunca seria tão interessante quanto a história de ficar bêbado. Era como me sentar numa reunião e torcer para que o registro de bebedeira nunca terminasse, pensando, *tá, tá, tá,* na parte sobre a recém-descoberta conexão com um Poder Superior. Eu não queria pensar *tá, tá, tá,* em relação à sobriedade, não queria ficar com os olhos vidrados para a linha reta do horizonte. Tinha medo de que gostar mais da história do bêbado significasse que alguma parte em mim ainda quisesse continuar vivendo o alcoolismo. E, claro, parte de mim queria.

Durante os primeiros meses após ter parado de beber pela segunda vez, a sobriedade parecia com frequência o exercício de segurar no trepa-trepa com mãos suadas, rezando para não cair. Quando uma cooperativa de artes numa pequena fazenda de Iowa me ofereceu uma semana no workshop deles — uma fábrica de tofu convertida, no meio de campos de soja; era uma oferta de permuta para participar como júri de um concurso estudantil —, passei dias tentando não pensar no balcão da cozinha da casa de fazenda onde eu estava hospedada e nas garrafas de vinho tinto que alguém havia deixado lá. Perguntei a Dave se ele queria ir de Iowa City para ficar comigo, compartilhar a fábrica de tofu, mas ele disse que estava atrasado com um prazo (estava com frequência atrasado nos prazos) e precisava ficar em casa.

Assim que ele disse que não iria, ficou ainda mais difícil parar de fantasiar sobre a bebida. Seria fácil ficar bêbada nesses campos fantasmagóricos de soja, completamente sozinha — afundar no calor desabrochante e não contar a ninguém. Então, tentei me distrair. Porque tinha medo de voltar para a casa da fazenda de noite, para aquelas três garrafas que eu visualizava tão claramente. Ficava acordada até as três da manhã tentando trabalhar na fábrica de tofu convertida. Mal estava convertida em alguma coisa — ainda cheia de maquinário quebrado, caixas de equipamentos e armários de metal enferrujados, com parafusos soltos rolando pelo concreto da plataforma de carga. Na pior noite, eu me sentei à grande mesa até as cinco da manhã e vi uma minissérie da BBC sobre a Manchester recém-industrializada do século XIX, greves de operários em meio à neve caindo, então comecei a ver de novo, depois vi o especial de "making of" da série — tudo para não voltar para a casa de fazenda e lidar com as garrafas de vinho.

Na manhã seguinte, fiz uma busca on-line por uma lista de encontros na cidade. Ao meio-dia, apareci no endereço que encontrei: uma igreja de tijolinhos com janelas de vitrais que pareciam sem graça à luz do sol. A porta da frente estava trancada. Mas, quando dei a volta pelos fundos, onde dois motoqueiros vestidos de couro dos pés à cabeça estavam parados ao lado de uma mulher de cabelo branco num terninho verde-menta, vi que era o lugar certo. Éramos só nós quatro até a mulher de moletom aparecer, uma mãe solteira que morava numa fazenda próxima com o filho. Era apenas seu segundo encontro, ela disse. Sorrindo, um dos motoqueiros disse: "Começa a jornada".

"Espero que sim", disse ela. "Não consigo nem imaginar amanhã."

Acabou que a porta dos fundos estava trancada e a pessoa com a chave não havia vindo, então achei que iríamos cada um para um canto, mas não — nós todos fomos para um gazebo no parque e nos sentamos sob o sol manchado em bancos de madeira lascados.

A mulher de terninho era uma bibliotecária local e os motoqueiros estavam só de passagem. A mãe solteira estava sóbria havia dez dias e estava desmoronando. Seu filho a viu chorando por dois dias seguidos. A lhama deles estava na puberdade e agia como uma merdinha. Quando foi minha vez de falar, contei a todos sobre assistir a série da BBC só para evitar beber, e um dos motoqueiros — um cara enorme com uma cobra tatuada no pescoço — assentiu com tanto vigor que tive certeza de que ele também tinha visto a série. Não tinha. Mas sabia como era quando o desejo te puxava como uma marionete. Ele nos contou sobre sua primeira bebida, e quando pausou para descrever o cheiro daquele bourbon, falou direto com meu interior, direto com as garrafas aterrorizantes na despensa da casa de fazenda. Não foram tanto as palavras, mas a pausa, como a manteve por um instante, a memória do cheiro da bebida — como freou o discurso dele.

Alguns dias depois, encontrei a mãe solteira para um café. Ela me trouxe salsichão feito com as cabras dela, e eu disse que não sabia como era ser mãe solteira, ou qualquer tipo de mãe — mas sabia como era chorar todos os dias, e também sabia que o nonagésimo dia de sobriedade era bem diferente do décimo.

Da segunda vez que fiquei sóbria, comecei a rezar com uma noção de propósito. Era impossível visualizar o contorno claro de qualquer deus, mas rezar regularmente era uma forma de separar a segunda sobriedade da primeira. Antes, eu só rezava vez ou outra — quando queria algo, basicamente. Dessa vez, eu me punha numa certa posição duas vezes por dia como forma de articular um comprometimento mais do que uma mentira corporal, uma falsa intenção. Rezava no banheiro — ao lado da privada, sob a claraboia suja do chuveiro —, onde Dave não me veria. Ele não criticaria; eu só tinha vergonha. Era mais fácil ficar sozinha com minha fé desajeitada, e era gostoso me ajoelhar no chão do banheiro por motivos diferentes do que os de antes: sem vomitar ou sem me preparar para vomitar, mas fechando os olhos e pedindo para ser útil. Haviam me dito para rezar pelas pessoas por quem tinha ressentimentos, então eu rezava por Dave e por cada garota com quem ele já havia flertado, por cada homem que já odiei por não me querer. Até gostava do resíduo físico dessas rezas matutinas, a marca vermelha nos joelhos do tapetinho de banho que não limpamos suficientemente bem.

Quando era mais nova, tinha ido — relutante — a uma magnificente igreja episcopal em Inglewood. Minha mãe começou a ir à igreja depois que ela e meu pai se divorciaram e pediu que eu fosse junto. A igreja era impressionante, com enormes lanternas de cobre penduradas nas vigas de madeira, e uma luz de joias filtrada pelos vitrais na janela nas manhãs de domingo: anjos com asas flamejantes com pontas vermelhas. O altar dourado tinha uma estátua pálida de Jesus com a barba triangular esculpida e os olhos serenos implacáveis, o dedo erguido como se ele estivesse prestes a dizer algo. Mas o quê? Ir à igreja significava sentir algo fora de alcance — um sentimento de conexão com esse homem pálido, ou o sermão, as músicas —, a fé arrebatadora que parecia surgir dentro dos outros. Eu não sabia se acreditava em Deus, então não seria mentira rezar para ele? A premissa do milagre no coração de tudo, a ressurreição impossível, me fazia sentir miserável na descrença, como se meu coração fosse uma fachada de loja trancada, fechada contra a elevação espiritual. Eu era tímida e desconfortável em meu próprio corpo, joelhos feridos por genuflexórios de madeira, com medo das vulnerabilidades da descrença — com medo de achar alguma coisa bonita demais, ou me apaixonar por ela.

Como não era batizada, não podia comungar, então, me sentava sozinha no banco enquanto todos caminhavam para o altar ou ia à frente e me ajoelhava na almofada de veludo, braços cruzados enquanto o padre colocava a mão na minha cabeça e dizia: "Eu te abençoo em nome do Pai, do Filho e do Espírito Santo". Mas eu não acreditava em nenhum deles, e parecia desonesto aceitar uma benção em nome deles. Quanto mais você se obrigava a acreditar, eu tinha certeza, mais falsa era sua crença.

Anos depois, a recuperação virou essa noção de ponta-cabeça — me fez começar a acreditar que eu podia fazer coisas *até* acreditar nelas, que a intenção era tão autêntica quanto o desejo não intencional. A ação podia persuadir a crença em vez de testemunhá-la. "Eu costumava pensar que era preciso acreditar para rezar",[14] David Foster Wallace uma vez ouviu num encontro. "Agora sei que entendia tudo do avesso." Por muito tempo acreditei que a sinceridade era baseada em ações alinhadas com a crença: me conhecer e agir de acordo. Mas quando se tratava da bebida, eu havia analisado as motivações em mil conversas sinceras — com amigos, com terapeutas, com minha mãe, com meus namorados — e toda a autocompreensão não me concedeu nenhuma libertação da compulsão.

Esse silogismo rompido — *Se me compreender, ficarei melhor* — me fazia questionar como acabei venerando a autoconsciência em si, uma marca de humanismo secular: *Conhece a ti e age de acordo.* E se você fizesse ao contrário? *Age e conhece a ti de forma diferente.* Aparecer numa reunião, num ritual, numa conversa — era um ato que podia ser verdadeiro, não importa o que sentisse que estava fazendo. Fazer algo sem saber se acreditava era prova de sinceridade em vez de ausência.

Eu não sabia em que acreditava e rezava mesmo assim. Ligava para minha madrinha mesmo quando não queria, aparecia em reuniões mesmo quando não queria. Eu me sentava em círculos e segurava as mãos de todos, era receptiva a clichês que me envergonhava de que me descrevessem, ficava de joelhos e rezava mesmo sem saber com certeza para quem, só pelo que: *não beba, não beba, não beba*. O desejo de acreditar que havia algo, algo que não era eu, que poderia fazer não beber parecer com qualquer outra coisa além de punição — o desejo era forte o suficiente para dissolver a fronteira rígida que eu havia criado entre fé e ausência de fé. Quando olhei de volta para os meus primeiros dias na igreja, comecei a perceber como havia sido tola de pensar que eu tinha o privilégio da dúvida, ou de que querer ter fé era uma categoria tão diferente de tê-la.

Quando as pessoas no programa falavam sobre Poder Superior, às vezes simplesmente diziam "H.P." [*Higher Power*], o que parecia expansivo e aberto, um par de letras que você podia preencher com o que fosse necessário: o céu, outras pessoas das reuniões, uma velha que usava saias largonas como minha avó havia usado. O que quer que fosse, eu precisava acreditar em algo mais forte do que a minha força de vontade. A força de vontade era uma máquina bem afinada, feroz e murmurante, e havia realizado muitas coisas — me conseguiu notas A, fez com que eu escrevesse minhas redações, me conduziu a treinos de cross-country pelo país —, mas quando eu aplicava à bebida, a única coisa que sentia era que estava transformando minha vida num pequeno punho cerrado sem prazer. O Poder Superior que transformava sobriedade em mais do que privação simplesmente *não era para mim*. Era tudo o que eu sabia. Era uma força animando o mundo em todas as suas glórias particulares: águas-vivas, a virada limpa das quebras de linha, bolo invertido de abacaxi, a risada da minha amiga Rachel. Talvez estivesse procurando por isso — o que quer que fosse — havia anos, debruçada na privada essas noites todas, com ânsia e vomitando.

Quando Charles Jackson releu *The Lost Weekend* anos depois de sua inconstante sobriedade, ficou "principalmente impressionado pela noção de que, apesar do egocentrismo do herói, era o retrato de um homem tateando por Deus ou, pelo menos, tentando descobrir quem ele era".[15] Ele entendeu que os antigos padrões tinham sido conduzidos pela mesma avidez: avidez por bebida, avidez por Deus, uma busca que fazia parte mesma jornada.

Às vezes, parecia que meu relacionamento não era com um Poder Superior, mas com o ato de reza em si — um grito ritualizado de anseio e insuficiência —, como se minha fé fosse uma lista de locais onde fiquei de joelhos, uma centena de banheiros onde me ajoelhei em azulejos frios com finas faixas de rejunte sob minhas canelas; ou abaixada num tapetinho gasto de banheiro, olhando o horizonte à altura dos olhos do banho de espuma da minha mãe, potes de pêssego perolado e baunilha. Nesses banheiros, Deus não era a onipotência sem rosto, mas detalhes próximos, rejunte e sabão — as coisas que sempre estiveram ali, bem na minha frente.

Durante a primavera da primeira sobriedade, embarquei num tipo diferente de projeto de escrita que nunca havia feito: fui de carro até os vastos campos do Tennessee para escrever sobre uma ultramaratona que meu irmão correria, uma competição de duzentos quilômetros através de morros cobertos de arbustos espinhentos e vales nas cercanias de uma penitenciária federal deserta. Os maratonistas passavam dias nos bosques, dando voltas ao redor de um acampamento central para encher suas bolsinhas após cada volta com barras de chocolate e estourar suas bolhas com agulhas de costura. Nunca havia feito algo assim, entrevistar e colher observações para escrever sobre a vida de estranhos, e a plenitude absoluta me empolgava — como havia tanta coisa ao meu redor apenas esperando para ser reunida.

Dormi no carro e enchi um caderno de informações: a história de um corredor que viu um porco selvagem na trilha, com o olhar vidrado e morto de cansaço e a lama em suas pernas; a chuva batendo no capô do meu Toyota a noite toda, fatiada pelo grito solitário de clarins sempre que um corredor desistia da competição. Comi frango mergulhado em molho barbecue, assado na fogueira na fumaça e no frio do começo da primavera, e perguntava aos maratonistas por que eles se forçavam além dos limites do que achavam que podiam suportar. Que comunidade feita do confronto compartilhado com a dor seria possível? Até essa tentativa de reportarem estava se transformando em autobiografia. Mas era algo novo — inspirador e estranho. Antes das entrevistas, ficava nervosa. Minhas axilas umedeciam de suor. Meu pulso acelerava. No começo, eu era uma entrevistadora terrível, ávida demais para me provar, e tão ocupada em dizer *é, sei exatamente o que quer dizer*, que nunca dava espaço suficiente para os outros falarem. Com frequência gaguejava quando fazia perguntas, e torcia o rosto sempre que alguém dava de ombros ou estreitava os olhos em resposta. Mas me surpreendia com a habilidade de fazer contato visual. Os encontros me treinaram. Sempre que alguém compartilha, você tem que olhar para a pessoa — se ela te olhar, você pode acolher o que ela diz.

Quando Berryman começou a trabalhar em *Recovery*, ele desenvolveu a ideia de que precisava beber para escrever como uma ilusão. "Enquanto eu me considerasse um mero meio (uma arena) para meus poderes, a sobriedade estava fora de questão",[16] ele anotou em 1971 num bilhete escrito à mão que posteriormente adaptou para usar no romance. "A ilusão ainda mais profunda de que minha arte *dependia* da bebida ou, pelo menos, estava *conectada* a ela, não podia ser atacada diretamente. Fundo demais. A cobertura precisava ser explodida."

Vários anos antes, numa resenha de 1965 no *New York Times*, Charles Jackson questionou a mítica figura do artista "atormentado": "Somos mesmo tão atormentados? Ou é algo a que nos prendemos, que alimentamos, que até gostamos, até que se tornou um fim em si mesmo, cheio de interesse autodestrutivo?".[17] Na resenha sobre *Selected Letters* [Cartas escolhidas] de Lowry — uma resenha que teria enfurecido Lowry se ele estivesse vivo para ler —, Jackson se perguntava o que Lowry seria capaz de escrever "se, por algum esforço supremo, alguma mudança mística ou psicológica, o homem atormentado tivesse sido capaz de alcançar outro nível e sair de si mesmo".[18] Jackson provavelmente estava pensando mais especificamente em recuperação, algo que ele não era capaz de nomear de maneira explícita, talvez pensando no que disse a uma reunião do AA seis anos antes: "Não conseguia sair de mim mesmo" — ou em seu romance inacabado, sua tentativa de "pela primeira vez, sair de mim mesmo".

Marguerite Duras certamente escrevia embriagada, mas não nutria nenhuma ilusão sobre a influência da bebida em sua obra. "Em vez de beber café quando acordava", ela escreveu, "eu começava direto no uísque ou no vinho. Com frequência, ficava enjoada depois do vinho — o vômito pituitário típico dos alcoólatras. Vomitava o vinho que tinha acabado de beber e começava a beber mais imediatamente. Geralmente, a vontade de vomitar parava depois da segunda tentativa e eu ficava feliz."[19] Seu enfoque pragmático a esse estado de esquecimento particular — o "típico" e *nada* singular vômito, o alívio quando o corpo deixava de resistir à bebida — dispensava mitos e optava por algo mais realista: "A embriaguez não cria nada... A ilusão é perfeita: você tem certeza de que o que está dizendo nunca foi dito antes. Mas o álcool não pode produzir nada que dure. É só vento".[20]

A crítica de Duras à "ilusão" da criatividade provocada pela embriaguez também é a crítica à ilusão da singularidade: a ideia de que o que você está dizendo nunca foi dito antes, precisamente uma das noções que a recuperação refuta. Na minha sobriedade, desisti desse ideal impossível de dizer o que nunca havia sido dito, mas também acreditava que cada ideia não original podia renascer a qualquer momento específico. Conforme minha própria sobriedade continuava, minha escrita se voltava para entrevistas e jornadas: perguntar a um corredor de longa distância numa prisão na Virgínia Ocidental como era se sentir preso a um lugar, perguntar a uma mulher num centro comunitário do Harlem como a obsessão por uma misteriosa baleia a ajudou a se recuperar de um coma de sete semanas.

Duras propriamente nunca se envolveu em nenhuma recuperação instituída, apesar de passar, sim, por três tratamentos brutais de "desintoxicação" no Hospital Americano de Paris.[21] A provação física dos tratamentos quase a matou e suscitou alucinações terríveis: a cabeça de uma mulher quebrando como se fosse de vidro, ou "exatamente 10 mil tartarugas"[22] se organizando em formações num telhado próximo. Duras até sonhou com a visão da salvação comunitária que ela nunca vivenciou de fato: "O som de cantorias, solo e em coro, se erguia do pátio interno sob minhas janelas. E quando eu olhava para fora, via multidões que, eu tinha certeza, haviam vindo para me salvar da morte".

***

Após uma de suas internações para desintoxicação, Berryman escreveu um poema para seus colegas pacientes Tyson e Jo:

> levantem, fora de seus seres bloqueados, alguma coisa pequena
> que se move
> & e quer continuar movendo
> & precisam, portanto, Tyson, Jo, do seu amor.[23]

O poeta ensina o que ele mais precisa aprender, e Berryman constantemente encontrava formas de se comprometer com a vida dos outros. Nas margens de uma *Grapevine*, uma revista do AA, ao lado de um lembrete — "Tenho responsabilidade pessoal de ajudar o grupo do AA a cumprir seu propósito primário? Qual é a *minha* parte?" —, Berryman escreveu: *Escutar*. Ao lado de "Qual é a minha verdadeira importância em meio a 500 mil AAs?", ele escreveu: 1/500 mil. Havia 500 mil AAs para Berryman amar, cada um deles em movimento.[24] A recuperação se baseava em compreender a si mesmo como um minúsculo numerador, um ser bloqueado, acima do maior denominador de uma comunidade. Muitas comunidades. Como parte de seu trabalho com os passos, Berryman listava todos os grupos de que fazia parte:

> *Meus grupos*
> K e Twiss
> AA
> Amigos e poetas (Cal etc.)
> Causa comum!
> HUM, tudo de M
> Shakespearianos
> Estudantes
> Igreja
> "América"
> A raça humana[25]

K e Twiss eram a esposa, Kate, e a filha, Martha; Cal era Robert Lowell; HUM era sua área (Humanidades) na Universidade de Minnesota; Causa comum significava protestar contra a guerra no Vietnã. Ele queria amar os colegas e a escola; queria amar estranhos do outro lado do mundo, estranhos que seu país estava bombardeando em nome da visão democrática. Por isso "América" entre aspas, como ressalva. Por isso, a raça humana. O AA era o grupo que pedia que ele encarasse suas responsabilidades com todos os outros grupos da lista. Escrever o romance não era apenas a oportunidade de oferecer algo para essas comunidades ("obra útil como o décimo segundo passo"), mas também uma forma de dramatizar a dificuldade de se tornar parte de uma: a luta para se tornar mais humilde, submergir a própria voz, se tornando 1/500 mil no coro mais do que solista.

O protagonista de *Recovery* é um renomado antigo professor de imunologia chamado Alan Severance — venerado de forma quase cômica, como se imunologistas célebres fossem algo comum — que luta, como Berryman fez, para reconciliar a aclamada vida profissional à identidade de alcoólatra debilitado. De seu quarto na reabilitação, Severence vê os pináculos do prédio do campus da faculdade em que leciona: "As torres acima das árvores do outro lado do rio o lembravam de que ele era o professor Severance da universidade, não o bêbado fissurado Alan S. que ouviu de um servente de hospital que seu quarto tinha cheiro de curral".[26]

Na reabilitação, Severance está constantemente procurando a parte de si mesmo capaz de algo além de autopreocupação: "Sua esperança era esquecer de si e pensar nos outros".[27] Essas são as mesmas instruções que Berryman dá a Tyson e Jo: *levante, fora de seu ser bloqueado, uma coisa pequena.* Quem Severance pode levantar? Há um homem chamado George que ainda busca a aprovação do pai morto, ou uma mulher chamada Sherry, que não está interessada em nada — até que, para grande deleite de Severance, ela fica interessada na história de Dakota do Norte. Há outra mulher, chamada Mirabella, que diz ao grupo que faz anos que não quer fazer nada além de gritar. "Não se lembra de uma época em que não tinha essa vontade?",[28] seu conselheiro pergunta, e ela responde: "Beber manda a vontade embora". A pergunta central de *Recovery* é se algo mais pode mandar isso embora. Talvez, outras pessoas possam. "Nos hospitais, ele descobriu a sua sociedade",[29] o amigo de Berryman, Saul Bellow, escreveu sobre seus períodos na reabilitação. "Sobre esses apaixonantes compatriotas, ele não precisou ser irônico."

Quando George finalmente aceita que o pai morto tem bons motivos para ter orgulho dele, Severance está tão emocionado que fica "lutando contra soluços". E quando George sobe na cadeira e anuncia sua alegria — "Consegui, consegui" —, Severance fica contagiado pela exuberância de George: "Aplausos de todos, exultação geral, alívio e alegria universais. Severance se sentiu vitorioso".[30]

Mas *Recovery* também é sagaz sobre como a ressonância pode se transformar em autoenvolvimento, uma absorção na força de sua própria resposta emocional. Quando George está tendo sua revelação, é de fato difícil para Severance ouvi-lo porque sua própria empatia é muito grande: "Havia mais, porém Severance estava com soluço e não escutou".[31] Quando o grupo recita a "Oração da serenidade", Severance odeia que "sua voz encorpada, treinada de palestrante domina o coro, e não lhe dá nenhum prazer".[32] Mesmo quando ele se força a dizer as palavras como todos os outros, ainda deseja ser o que fala mais alto. Uma mulher que esteve em reabilitação com Berryman se lembrou de que "ele não conseguia se empenhar para pertencer ao restante de nós".[33] Estava "constantemente recuando para a sua singularidade", disse ela. "Realmente, ele achava que era tudo o que tinha que o fazia digno de algo."

Ao pesquisar a expressão "mais um livro de memórias sobre vício", o Google traz várias páginas de resultados, a maioria com citações insistindo que um certo livro não é "só mais um livro de memórias sobre vício", um autor insistindo que seu livro não é "só mais um livro de memórias sobre vício" ou um editor insistindo que não comprou os direitos de "só mais um livro de memórias sobre vício". Esse coro insistente reflete um desdém mais amplo pela história *já contada*, e uma posição cínica de que são intercambiáveis: a ideia que se já ouvimos a história antes, não temos que a ouvir de novo. Mas a acusação de ser mais do mesmo, *apenas outro livro de memórias sobre vício*,[34] é virada de ponta-cabeça pela recuperação — quando a mesmice da história é precisamente o motivo pelo qual ela precisa ser contada. A história é útil porque outros a viveram e irão viver novamente.

Na época em que James Frey publicou seu infame livro de memórias sobre vício, *A Million Little Pieces* [Um milhão de pedacinhos], em 2003, as narrativas sobre vícios haviam se tornado tão familiares, tão banais, que mais melodrama era necessário para conquistar certos níveis de atenção. As pessoas já tinham ouvido falar da história sobre o cracudo; agora queriam ouvir sobre o cracudo que atropelou um policial, passou três meses na cadeia e fez um tratamento de canal sem anestesia. A editora de Frey, Nan Talese, disse que ela quase rejeitou o manuscrito porque — como se conta — parecia (sim) "só mais um livro de memórias sobre vício", mas ela reconsiderou depois de ler as primeiras páginas porque "o tema lúgubre a deixou fascinada".[35]

Quando as distorções do livro foram reveladas — Frey passou apenas uma noite na cadeia, nunca atropelou um policial com seu carro, provavelmente tomou, sim, anestesia para o tratamento de canal —, os pedidos de reparação se espalharam como incêndio. Oprah, que havia escolhido o livro para seu clube do livro, levou Frey ao programa para encenar uma punição pública quase ritualística. Doze leitores indignados abriram processo em nome de leitores indignados de todos os cantos. O livro lhes dera esperança, diziam, e o que essa esperança significava agora que eles sabiam que não era baseado na verdade? Uma assistente social que recomendara o livro para seus clientes abriu um processo pedindo dez milhões de dólares em nome deles.[36] As distorções de Frey se transformaram no substituto de "veracidade" de sua época, seu livro foi ligado às fraudes políticas e narrativas exageradas que justificaram a guerra no Iraque.[37]

"Meu erro", Frey escreveu num pedido de desculpas público, "foi escrever sobre a pessoa que eu criei em minha mente para me ajudar a lidar com situação e não a pessoa que passou pela experiência."[38] Ele reconheceu que os fatos alterados eram mentiras, mas insistiu que eram resultado de uma história que ele havia contado a si mesmo para melhorar. Porém, as invenções de Frey não eram simplesmente produto de sua imaginação, eram um produto de mercado — nesse caso, um mercado de sentimentos e traumas já inchados de inflação, uma economia que exigia formas de abjeção cada vez mais elaboradas para manter os leitores interessados.

Com frequência quis defender Frey, não porque acho suas alterações defensáveis, mas porque as considero compreensíveis. Talvez seja só porque projeto certo desejo nelas: Frey buscou os objetos correlativos do grande drama — temporada na prisão, violência, até *tratamento odontológico sem anestesia* — porque ele se agarrava às coisas que podiam comunicar as imensas apostas relativas a como era precisar de drogas como ele precisava. Talvez, eu projetasse esse desejo nele porque o desejo estava em mim: a fome por uma história maior do que a minha própria, com prédios mais altos e facas mais afiadas.

Nas reuniões, minhas histórias dificilmente eram as melhores do salão. Era como um piquenique para o qual eu levava os garfinhos de plástico em vez do queijo caro ou de uma torta de limão. Mas eu também sabia que minha presença representava uma pequena parte do que permitia que a reunião acontecesse em si — meu corpo na sala junto com o de todos. "Caso excepcional uma ova! Eu era só mais uma drogada, ponto", Jane diz a si mesma em *The Fantastic Lodge* descrevendo sua época na Narco Farm. "Uma decepção terrível, naturalmente."[39]

As pessoas não ficavam deslumbradas com nada que eu dizia ou como dizia. Apenas escutavam. "É, também levei um soco na cara quando estava bêbado", um cara disse. Não era a intenção contar minha história porque era melhor do que a de qualquer um, ou pior do que a de qualquer um, ou mesmo tão diferente da de qualquer um, mas porque era a história que eu tinha — da mesma forma que você pode usar um prego não porque achou que era o melhor prego já feito, mas simplesmente porque era o que tinha na gaveta.

Quando fiquei sóbria pela segunda vez, a história complicada que eu havia tido tanta dificuldade para contar antes — sobre ficar sóbria e depois começar a beber de novo — era algo que podia oferecer aos outros: *Sim! Eu também tive dificuldade de me convencer de que não poderia beber.* Meu retorno não foi o único; só significava que eu estava presente novamente e podia contar a história de como foi ter saído. Em um de seus haicais, o poeta japonês Kobayashi Issa escreve: "O homem colhendo rabanetes/ apontou para mim/ com um rabanete".[40] Eu apontei com os rabanetes com os quais havia vivido: uísque enfiado atrás do futon, garrafas de vinho na bolsa, desculpas empilhadas na cômoda. Com três dias de sobriedade, você pode contar a alguém no primeiro dia como foi o segundo dia para você.

Poderia ser qualquer um. Poderia ser a história de qualquer um. Eram frases que eu ouvia com frequência nos encontros, mas elas me pareciam rasuras. Desistir da singularidade era como desistir das fronteiras do próprio corpo. O que eu *serei* se não for singular? O que era a identidade se não fundamentalmente uma questão de diferença? O que definia uma voz senão a distinção? Eu ainda era uma garotinha na mesa de jantar, tentando me reafirmar inventando algo melhor do que alguns clichês engasgados na minha garganta. A recuperação começou a rearranjar esses anseios. Sempre que outra pessoa dizia algo simples e verdadeiro, sentia isso no meu corpo. "Fiquei triste e comi um biscoito", uma mulher disse, e uma corrente elétrica passou do corpo dela para o meu.

Nas primeiras versões do Livro Azul do AA, "você" era frequentemente alterado para "nós", o que de fato transformava as suposições em confissões coletivas. "Fazer algo pela metade não vai te levar a nada. Você está no ponto de virada" se tornou, escrito com lápis vermelho: "Fazer algo pela metade não nos levou a nada. Estávamos no ponto de virada".[41] Ao ir do "Você tem que parar de beber" para "Nós temos que parar de beber", a gramática implica certa humildade: *Não podemos saber da sua história; só podemos falar da nossa.*

Eu estava aprendendo que o paradoxo das histórias de recuperação era que você deveria abrir mão do seu ego originando uma história na qual você também fosse protagonista. O paradoxo se tornava possível pelo reconhecimento da importância do compartilhamento: *Por acaso estou no centro da história, mas qualquer um poderia estar.* Quando Gilles Deleuze escreveu que "a vida não é pessoal", ele também estava chegando a essa conclusão, que uma história individual é, ao mesmo tempo, *mais e menos do que a autoexpressão.* Um panfleto do AA de 1976 intitulado "Você acha que é <u>diferente</u>?"[42] — a frente está preenchida por círculos pretos, um menor do que o outro — abre com a admissão da ilusão: "Muitos de nós achávamos que éramos especiais". O sujeito no plural já tem o argumento: até a crença na singularidade é comum.

* * *

Num livro chamado *My Story to Yours: A Guided Memoir for Writing Your Recovery Journey* [Minha história para a sua história: memórias guiadas para escrever sua jornada de recuperação], Karen Casey oferece uma tática pré-programada para escrever sua história sobre vício. A própria premissa insiste que nossas histórias são as mesmas, e que isso não é ruim. Casey estrutura sua história pessoal ao redor de lembretes feitos para cutucar os leitores de volta à sua própria história: "Qual é a primeira lembrança que você tem de beber? Incluía amigos em quem você confiava ou estranhos que agora você percebe que não eram muito saudáveis?".[43]

O livro de Casey é o epítome de tudo o que é programático a respeito de narrativas de recuperação. Torna o esquema explícito. Mas eu adorava a confissão gritante de que nossas histórias têm mecanismos comuns, queiramos admitir isso ou não.

"Você talvez tenha boas lembranças dos dias que bebeu, e isso é normal. Compartilhe se quiser."[44]

Na varanda com Dave: o travo fresco e açucarado de Sciacchetrà, um vinho branco local, o vinho que Pliny chamou de "lunar", a lua cheia sobre nós e as ondas batendo lá embaixo, a confiança de que nos casaríamos, a música da igreja de outro morro.

"Você acredita em destino?"[45]

Sim, acredito! Eu queria dizer a ela. Queria gritar.

"Se sim, como você vê atualmente o seu? Está satisfeita? Se esperava algo diferente, por que não escreve uma carta para Deus, aqui e agora?"

Eu queria escrever uma carta perguntando por que Dave e eu ainda estávamos brigando. Queria me jogar nas perguntas triviais de Casey como me entreguei às colunas apertadas do meu Quarto Passo. Eu me imaginei me jogando de um penhasco, para a sua humildade necessária.

"Somos todos dramáticos", minha madrinha uma vez me disse. "Até na sobriedade."

Naquela primeira primavera da segunda sobriedade, eu estava lendo candidaturas para o Workshop de Escritores para ganhar um dinheirinho extra — especificamente para manter em dia os boletos de pagamento dos empréstimos estudantis de meus próprios dias como aluna de workshops. Tinha que classificar os candidatos numa escala de quatro pontos. O programa de ficção recebia mais de mil inscrições por ano e aceitava por volta de trinta. Significava que alguém tinha que eliminar muita gente. Mas os encontros estavam me ensinando muito a ouvir a todos. Comecei a perder os parâmetros. Lia algo bem banal e pensava duas vezes. É banal? Quem sou eu para dizer? Talvez tenha sido só um rabanete que não pude reconhecer.

Quando você está ávida por conhecimento, ele está em todo lugar. Cada biscoito da sorte tinha meu número. "Por que a verdade geralmente não é apenas *des* e sim *anti*-interessante?",[46] David Foster Wallace uma vez se perguntou. "Porque cada uma das miniepifanias seminais experimentadas no começo do AA é sempre banal como isopor."

Tinha um caderno em que registrava pelo menos uma coisa que gostava em cada inscrição — porque queria honrar cada candidato, mesmo que nunca fosse admitido. O processo de leitura ficou um pouco mais lento e sempre que olhava de volta para as anotações, elas nunca pareciam tão sábias quanto pareceram quando as anotei: "O pai percebe que deve aceitar o filho como ele realmente é". "Todos os gatos têm nome de vegetais." Alguém poderia ter escrito: "Fiz a inscrição porque queria ser aceito", e eu teria tido vontade de aceitá-lo. Alguma coisa a ver com o desejo em si, a nua e inábil articulação, começou a parecer bela.

Fiquei desconfiada das minhas próprias tendências narrativas: o desejo por drama; a procura tenaz e fútil por originalidade; a resistência a clichês. Talvez, a resistência ao clichê fosse apenas um sintoma da recusa em aceitar a trivialidade da minha vida interior. Mas não poderia negar o fato de que certas platitudes me atingiam como um gongo e me deixavam mexida — falada, roubada, sacudida.

Nunca me convenci de que os clichês guardavam a Verdade Completa da Minha Experiência ou a de qualquer um. Não sei se os outros também não se convenceram. Mas me submeter aos clichês da recuperação foi outra forma de me submeter aos rituais — reuniões nos subsolos, mãos dadas em círculos. Dizer *isso se aplica a mim também* começou a parecer necessário e revigorante. Havia algo elucidativo, algo até como a reza, em aceitar verdades que pareciam simples demais para me conter. Não eram revelações, mas lembretes, salvaguardas contra os álibis da excepcionalidade que se mascaram como autoconhecimento. A palavra — "clichê" — deriva do som que as placas de impressão fazem quando são compostas na prensa móvel. Algumas frases eram usadas com tanta frequência que fazia sentido moldar a frase inteira em metal em vez de criar um arranjo de letras individuais. Era uma questão de utilidade. Não seria necessário refazer a placa toda a cada vez.

Conheci um cara nas reuniões que falava quase só em clichês, como uma colcha de retalhos de frases costuradas em desvios irregulares de pensamento. *Temos que parar de bancar o Deus... Cada recuperação começa com uma hora sóbrio... Cada dia é um presente, é por isso que é chamado de tempo presente... A sobriedade entrega tudo o que o álcool promete... Se o elevador está quebrado, use a escada... Deus dá o frio conforme o cobertor.* Essas frases o ajudaram a sobreviver à própria vida. Agora, ele as apresentava na esperança de que pudessem ser úteis para o restante de nós — menos como sermão, mais como música.

XI

CORO

ANOS APÓS A RECUPERAÇÃO, comecei a mudar de opinião sobre os clichês. Escrevi uma coluna no jornal em sua defesa. Chamei de "passagens subterrâneas conectando uma vida à outra" e, basicamente, dei uma de Charles Jackson, enfiando a recuperação na minha prosa e elogiando sua sabedoria sem nomeá-la diretamente. Alguns dias depois, recebi um e-mail de um homem chamado Sawyer, que disse que também acabou apreciando um pouco os clichês — na recuperação, ele disse, não apenas no AA, mas nessa reabilitação "remendada" que ele havia ajudado a organizar no começo dos anos 1970: "Começamos só com a ajuda de voluntários num hotelzinho caindo aos pedaços. Na verdade, um tipo de motelzinho num canto afastado, às margens do Potomac".[1] Foi como Sawyer me contou pela primeira vez sobre Seneca House, em Maryland, um motel de pesca convertido, insistindo que havia "uma grande história sobre Seneca House, tanto com *bathos* como com *páthos*".

Por duas décadas, antes de fechar, no começo dos anos 1990, Seneca havia sido uma reabilitação cheia de embaixadores e motoqueiros, caras da marinha e esposas de diplomatas, caminhoneiros de longa distância e executivos do petróleo, donas de casa viciadas em Valium; um comandante da marinha, um dentista, um gigolô de Rhode Island e um senhor hipocondríaco que usava a camisa desabotoada até a cintura; todos trocando histórias de atritos e arrependimentos. Uma dona de casa descreveu sua historinha pré-fabricada para vendedores de vinho: Ela estava fazendo boeuf bordelaise num panelão e precisava de nove garrafas de vinho tinto. Um cara disse que costumava filtrar seu polidor de sapatos para extrair o álcool. Uma mulher disse que seu suprimento de Valium caiu de seu decote no peru de Ação de Graças, na mesa, na frente de todo mundo; outra confessou que estava injetando heroína direto na vagina.

Desde o primeiro momento que ouvi sobre Seneca, queria contar a história em que Sawyer acreditou. Era essa a apaixonante gente do campo de Berryman em todo o esplendor. Adorava a imagem da antiga casa pronta para um incêndio ao lado do rio, o velho neon brilhante do motel pendurado sobre a mesa de alumínio detonada dos fumantes, seu reflexo reluzindo na água. Queria contar a história de um pequeno universo irregular numa antiga casa de madeira, sobre a vida ao lado de outras pessoas que, ao encarar seus males, tornavam mais fácil encarar os próprios. Seria como Charles Jackson havia escrito: "A história acontece, está acontecendo — se desdobrando, como a vida diária — em cada página."

Quando propus a história para um editor de revista que eu respeitava, ele escreveu de volta: "Hmmm... seria difícil vender a história pelo simples motivo de por-que-escrever-sobre-esses-caras-e-não-outros-caras. Se você tiver uma boa resposta para isso, eu topo levar até a chefia".[2]

Eu não tinha uma boa resposta. Achei que Seneca House era interessante não porque era diferente, mas porque não era — porque esses caras haviam ficado bêbados assim como outros caras ficaram, porque esses caras melhoraram assim como outros caras melhoraram. Eles apareceram num barracão de madeira e disseram: "Está feito".

Como foi que Jackson disse? *É realmente maravilhosa, simples, objetiva, humana, a vida em si.*[3]

O nome dele é Sawyer e ele é alcoólatra.[4]

Cresceu em Vandergrift, numa cidadezinha do aço na Pensilvânia. O pai morreu quando ele tinha dois meses de idade. A mãe, que tinha vindo da Lituânia aos dezesseis anos, limpava casas de barões milionários do aço. Ela economizava cada moedinha para que Sawyer pudesse ir para o colégio preparatório, onde ele começou a beber. Foi expulso por causa do álcool. Depois, suas notas lhe deram uma bolsa de estudos no Instituto Politécnico da Virgínia, e ele foi expulso novamente por beber. Foi para a Coreia com o Exército, onde trabalhou como topógrafo e bebia o triplo de uísque. Seu batalhão tinha base numa antiga fábrica de seda cercada em Yeongdeungpo, bairro no sudoeste de Seoul que lembrava os tempos medievais, com mulas puxando carroças cheias de excrementos para os campos de arroz. Quando uma mula morria no caminho, eles montavam uma venda da carne na rua, lá mesmo.

Sawyer conseguiu construir uma vida que parecia boa vista de fora — esposa, filhos, carreira como advogado em Washington —, mas bebia todo o salário no Jefferson Hotel depois do trabalho e, com frequência, não pagava a conta de luz da família. Em casa, os seis filhos comiam, de jantar, sanduíches de manteiga de amendoim com geleia à luz de velas enquanto Sawyer cantava acompanhando Louis Armstrong no bar do hotel. Numa noite boa, os rapazes do Jefferson o colocavam num táxi, mas numa noite ruim, ele terminava bebendo qualquer coisa em algum lugar ilegal em Chinatown, talvez fosse preso pela polícia, talvez fosse liberado da cadeia por seu sócio advogado. Em retrospectiva, ele percebe que a bebida havia sido uma forma de fugir das responsabilidades — o monte de filhos com as mãos grudentas de geleia, puxando a barra de sua calça, pedindo que consertasse seus carrinhos.

Sawyer finalmente ficou sóbrio quando sua esposa, grávida do sétimo filho, disse que iria abandoná-lo se ele não parasse de beber. Ele tinha acabado de voltar para casa depois de beber a noite toda. Sua primeira reunião no AA o surpreendeu. Ele achou que veria os mesmos caras que via em sessões nas varas para alcoólatras. Em vez disso, era um lanche cheio de homens de negócios que pareciam estar melhor do que ele. Sawyer conseguiu um padrinho, um veterano irlandês-americano chamado Buck, que havia voado com os Tigres Voadores na China, na Décima Quarta Divisão Aérea de Chennault, um cara que gostava de dizer: "Ser irlandês não é pré-requisito para ser alcoólatra, mas também não é obstáculo". Ele não tinha paciência para caras que não se entregavam totalmente ao AA. Uma vez, Sawyer perdeu uma reunião na sexta de noite para ir ao encontro dos escoteiros do filho, e quando disse a Buck porque não havia ido, Buck ficou colérico e disse que, *nesse* caso, Sawyer deveria ligar para os escoteiros da próxima vez que ficasse bêbado e quisesse ajuda.

Sóbrio, Sawyer estava prosperando — ganhando um bom dinheiro como advogado de danos pessoais, conhecido como "Sawyer the Lawyer" na

A REABILITAÇÃO *311*

cena do AA da capital federal — quando recebeu uma ligação do hospital em que um homem chamado Luther o havia indicado como parente próximo. Luther era um cliente que Sawyer representara vários meses antes, por atropelamento num cruzamento e fuga: um alcoólatra sóbrio que estava no meio de um sério episódio de esquizofrenia. Luther havia listado Sawyer porque não tinha mais ninguém. "Pobre filho da puta", Sawyer disse a seu sócio, então foi ao hospital.

Durante os meses seguintes, Luther continuou aparecendo para visitar Sawyer em seu escritório dizendo que queria ajudar outros alcoólatras a ficar sóbrios. Sawyer começou a considerá-lo *um carrapato*. Parecia que a única forma de ajudar Luther, a única forma de se *livrar* de Luther, era ajudá-lo a ajudar outras pessoas. Luther tinha dinheiro — um pouco do acordo pelo atropelamento, um pouco herdado da família. Quando alguns caras, ambos conselheiros de sobriedade, procuraram Sawyer para contar que estavam tentando converter um antigo e detonado albergue de pesca numa clínica de reabilitação, ele pensou imediatamente em Luther.

O lugar ficava bem na costa do Seneca Creek, saindo de Potomac e do caminho à beira do canal de Chesapeake e Ohio. Nos anos 1920, havia sido um antigo motel para as pessoas da cidade que queriam pescar peixe-lua e robalo no final de semana. No final dos anos 1960, a pesca de final de semana havia diminuído muito, e a construção estava caindo aos pedaços — madeira podre, colchões mofados, tudo encardido. Mas os dois conselheiros de sobriedade enxergaram possibilidades no lixo: havia vinte e cinco camas sujas. Eles conheciam um psiquiatra que podia trabalhar como voluntário. Só precisavam de dinheiro.

Foi onde Luther entrou. Seu dinheiro ajudou a alugar o prédio e a reformá-lo. Sawyer mobiliou o local com móveis de uma loja de usados que era sua. Quando estava aberto e funcionando, Luther se tornou um visitante frequente. Ele se sentava à mesa da cozinha por horas, quase sempre em silêncio, fumando um cigarro atrás do outro. As pessoas se sentavam com ele, contavam suas histórias, e ele escutava em silêncio, uma chaminé silenciosa soltando fumaça. As pessoas juravam que não teriam conseguido ficar sóbrias sem ele.

***

Logo que abriu, Seneca cobrava seiscentos dólares pela estadia de vinte e oito dias. O gerente, ex-sargento instrutor da Marinha que virou limpador de carpetes, chamado Craig, abria exceções para hóspedes que não podiam pagar o valor total. Em troca de um mês, ele recebeu uma caminhonete de um cara. Negociou parte das joias de uma prostituta. Teve contas que nunca cobrou. Sempre que vinha um novo residente — inchado e doente, vomitando ou fazendo nas calças —, Craig pegava pesado com qualquer um que não se apresentasse para cuidar do novato.[5] Ele dizia: "Temos que ficar na fila do vômito".[6]

Era o ano de 1971, quando Bill Wilson morreu e Nixon lançou sua Guerra às Drogas. Foi um ano de dissonância cognitiva. O vício era o inimigo, mas também precisava de terapia. Quando Nixon convocou a "reparação" do viciado, ele o transformou em vítima e pecador ao mesmo tempo.[7]

Em Seneca, os hóspedes tinham afazeres diários: pintar os móveis do jardim, esvaziar cinzeiros, cuidar dos barcos a remo que a casa alugava como receita extra. Craig dava às pessoas deveres que ele sabia que odiavam — limpar privadas ou lavar pratos — porque achava que era bom para elas. A casa tinha sua própria fossa e os banheiros eram temperamentais. Se a torradeira e a cafeteira eram ligadas ao mesmo tempo, só Deus sabe o que aconteceria. Quando a energia caía, as reuniões aconteciam à luz de velas.

O lugar era uma armadilha para incêndios. Os pacientes não podiam fumar no andar de cima, no labirinto de corredores e sótãos, mas claro que fumavam. A mobília que Sawyer doou estava puída nas costuras e os assentos das cadeiras estavam afundados por anos de corpos anônimos. Os sofás tinham que ser substituídos toda vez que o riacho inundava o primeiro piso. As refeições eram básicas: hambúrguer com queijo e *quesadillas* servidas em mesas cobertas com tecido oleado. As paredes eram forradas de pôsteres: "Encontramos o inimigo, e somos nós".[8] Velhos discos de Johnny Mathis tocavam no aparelho de som: "Olhe para mim, sou tão inofensivo quanto um gatinho na árvore". Havia reuniões no subsolo, que havia sido um pub na época que o lugar era hotel de pesca. Antigos hóspedes apareciam ocasionalmente, mas davam meia-volta ao primeiro toque da Oração da Serenidade.

Mesmo que todo mundo tivesse que passar pela desintoxicação antes de ser admitido, as pessoas ainda chegavam feridas e tontas. A primeira enfermeira da casa era uma paciente que começou a trabalhar no dia 29 em vez de voltar para casa porque não tinha uma casa para a qual voltar. A princípio, a equipe consistia principalmente de voluntários que trabalhavam por cinquenta dólares por mês, se tanto. Era difícil levantar dinheiro para a causa do alcoolismo naquela época. As pessoas não achavam que era algo a que se deveria doar dinheiro. Sawyer afirmou: "Não existe uma loja de conveniência em que há um grande pote com os dizeres 'Doe para o fundo da gonorreia'".[9]

Os residentes de Seneca com frequência faziam acordos. Às vezes eram frases escritas em cartões que eles deveriam ler em voz alta nas refeições: "Minha máscara de 'durão' é só uma fachada para meu medo profundo. Preciso confiar em vocês se vou melhorar. Deus não faz lixo e EU SOU ALGUÉM".[10] Mas havia outros tipos de acordo, feitos sob medida: residentes que não deixavam os outros falarem tinham que ficar em silêncio por quarenta e oito horas. Residentes que tinham problema em receber afeto tinham que passar uma semana usando uma camiseta dizendo "Sou abraçável" ou "Abraçador oficial".

O acordo "desmazele-se" era para gente que focava demais na aparência. Significava que tinha que usar roupas amarrotadas por uma semana ou parar de se barbear ou de usar maquiagem. Esse acordo começou com um cirurgião que só usava ternos de três peças e recebeu um acordo dizendo que tinha que usar jeans. Ele não tinha nenhum, então arrumaram um moletom para ele. A proposta do acordo era tirar as coisas que ele achava que o tornavam digno para convencê-lo de que ele ficava bem sem elas. O acordo "sirva-me" era para pacientes que se dedicavam compulsivamente a cuidar dos outros. Significava que tinham que pedir a alguém para lhes fazer algo a cada refeição. Os que estavam sempre atrasados tinham que passar uma semana acordando todos os dias às setes da manhã. Tinham que ser os primeiros da fila em cada refeição e ninguém recebia comida nenhuma até eles aparecerem.

Pacientes que eram sempre sérios tinham que carregar bichos de pelúcia e fazê-los falar. Pacientes que se odiavam tinham que olhar num espelho e descobrir do que gostavam. Caras durões tinham que ler *Meu mundo encantado* em voz alta. Alguns deles choravam quando liam as palavras do cavalinho elogiando os bichinhos de pelúcia mais puídos: "Quando você é

Real, não é possível ser feio, exceto para gente que não entende".[11] Quando se queria ressonância, estava por todo canto. Os Brinquedos que se tornavam Reais eram os que pareciam mais quebrados.

Em Seneca, eles sabiam que se divertir sem bebida era algo que precisava se aprender a fazer, como desenvolver um músculo que nunca foi usado. Na noite de Monte Carlo, os hóspedes faziam apostas com "Senecash", o dinheiro local, e bebericavam limonada na mesa de blackjack. No verão, havia um carrinho de sorvete; e no outono, os hóspedes pegavam abóboras para o Halloween no canteiro de abóboras local.

Alguns pacientes faziam velórios para seus vícios enterrando garrafas no quintal dos fundos — posteriormente, quando os viciados começaram a aparecer, também seringas. Mas, às vezes, a sede antiga crescia. O cozinheiro local, um irlandês com o sotaque pesado, que fazia ovos e waffles de café da manhã, teve uma recaída numa visita à irmã na Califórnia. De volta à casa, tentando cortar de vez, ele teve *delirium tremens* e precisou ser levado de ambulância. Lips Lackowitz — líder sóbrio da banda Tough Luck, autodidata na gaita — foi a Seneca House se apresentar e teve uma recaída um pouquinho depois, após quinze anos limpo.[12]

Mas só três pacientes de Seneca House morreram durante os vinte anos em que esteve aberto, todos por suicídio: dois no prédio e um do lado de fora, quando um ex-paciente apareceu bêbado e se afogou no riacho. Um padre foi encontrado em seu quarto numa manhã de domingo com a cabeça enfiada no saco de lavanderia, e um psiquiatra se esfaqueou com a faca de jantar. Outro paciente entrou no corredor e o viu enfiando a faca no peito. Depois de sua morte, a cadelinha da casa — chamada Molly — foi a cada quarto oferecendo o conforto que podia.

Na primavera, o córrego enchia com a chuva e com o degelo, mas nos primeiros dias de Seneca, as inundações, que só aconteciam a cada século, aconteceram duas vezes em dois anos. Quando o furacão Agnes inundou a casa inteira, todos tiveram que se mudar para um motel próximo. Havia um bar no saguão, mas ninguém bebeu, uma vitória. Durante tempestades fortes, quando o córrego inundava a estrada Riley's Lock, alguém tinha que usar o barco para pegar novos residentes. "Você veio aqui para ficar seco, não veio?", eles brincavam. "Bem, entre no barco." É fácil imaginar quantas vezes essa piada foi dita, requentada e usada de novo. Durante as inundações da primavera de 1984, uma australiana chamada Raquel foi quem levou o barco para pegar os novos residentes. Ela adorava a adrenalina, a emoção sem álcool.

Quando Raquel chegou pela primeira vez a Seneca House, estava tão nervosa que de fato tremia — de um jeito que não acontecia desde que era criança, pouco antes de estar prestes a apanhar. Do que ela tinha medo agora? Tinha medo de que se abrisse a boca, começasse a gritar; e medo de que se começasse a gritar, que não fosse capaz de parar. Em vez disso, abriu a boca e começou a falar. Craig dizia que se algo o assombrasse, você deveria falar sobre isso três vezes: na primeira vez, seria quase insuportável; na segunda, ainda seria bem ruim, mas, na terceira vez, finalmente seria possível falar sem desabar completamente.

Simples, objetivo, humano: a história de Seneca era a história de vinte anos de hambúrguer com queijo e filas para vomitar, reuniões que pareciam a salvação e reuniões que pareciam o motorzinho do dentista; vinte anos de picolé da loja no final do córrego e de sexo proibido nos arbustos com coxas cobertas de picadas furiosas de saúvas; vinte anos de limonadas e churrascos, e de mulheres se perguntando como iriam trepar sóbrias com seus maridos, homens se perguntando como iriam voltar para casa e encarar a todos que haviam decepcionado, se perguntando como seus colegas de quarto iriam voltar para casa e encarar a todos que haviam decepcionado — vinte anos de começar a acreditar que era possível.

Mais de 4 mil pessoas passaram por Seneca ao longo de duas décadas. Não eram famosas. Sua embriaguez não era famosa. Não haviam transformado a dor em músicas de sonhos ou romances campeões de vendas. Apenas chegaram procurando alívio: uma assistente social chamada Gwen, que bebia vodca em temperatura ambiente com refresco em pó Ki-Suco enquanto recebia os colegas do grupo de escoteiros do filho; uma jornalista chamada Shirley que chegou depois de jogar todos os cristais da sogra na parede da sala de jantar; um viciado em crack chamado Marcus que alegava ter voado pelo mundo todo, mas chegou ao fundo do poço trabalhando no negócio de lixo do tio. Quando se apresentou, estava completamente magro. O terno sujo de linho ficava pendurado no corpo magrelo como um casaco no cabide.

Em Seneca, as pessoas colocavam suas vidas passadas em coro para poder criar novas tramas para si mesmas. Os residentes com frequência mantinham contato depois de saírem. "Estou muito sozinho", um escreveu do Cairo. "Preciso da camaradagem." Então mandaram cartas para ele. O que fosse que as cartas dissessem, sempre diziam uma coisa na verdade: *estamos aqui*.

Nos meus encontros em Iowa, o coro foi um alívio. Greg havia seguido por estradas de terra nos morros da Carolina do Norte, para casas de blocos de cimento onde fabricantes de bebida ilegal bebiam e vendiam. Chloe era uma avó vestida com flanela azul, que dizia simplesmente: "Minha bebedeira quebrava muita coisa". Sylvie tinha jeans rasgados, olhos vermelhos e uma filha aos seus pés, cortando flocos de neve de papel. Minha amiga Andrea tinha que soprar o bafômetro antes de me levar para almoçar. Ficar bêbada sempre me carregou para o fundo de mim mesma, para uma apatia aveludada, mas escutar outra pessoa falando — o que quer que estivesse sendo dito, o que quer que estivesse sendo lembrado — era o oposto inegável dessa decida.

Os céticos em relação ao AA com frequência supõem que seus membros insistem que o AA é a única resposta.[13] Mas o primeiro lugar onde ouvi alguém dizer que o AA não é para todo mundo foi numa reunião do AA. O dr. Greg Hobelmann, psiquiatra na recuperação de doze passos que outrora foi anestesista viciado em ópio, expressou assim: "Há centenas de modos de esfolar um gato".[14]

Para mim, nenhum esfolamento era como esse. Nos encontros, quando as pessoas falavam, eram verdadeiras sobre o que doía — talvez ainda estivessem bravas com suas mães ou com a Receita Federal ou com os trabalhos que não conseguiram — , mas apareciam mesmo assim, para escutar os problemas dos outros e a esperança dos outros. Muitos pesquisadores sobre vícios preveem que mais cedo ou mais tarde seremos capazes de rastrear o impacto dos encontros no cérebro.[15] O simples fato de colocar seu corpo numa sala — centenas de salas, milhares de vezes — e de escutar atentamente, ou com atenção suficiente, pode reconfigurar de forma neural o que o vício provocou.

O dr. Kaplin acredita no relacionamento simbiótico entre a recuperação de doze passos e outros tipos de tratamento do vício. Ele me disse que os medicamentos que temos para o vício agora — drogas como a buprenorfina, que afetam neurotransmissores específicos — são incrivelmente úteis, mas apenas "batem na porta do mecanismo". Quando ele descreveu seu grande sonho para a medicina do vício, um medicamento que pudesse recondicionar os mecanismos da dependência, perguntei se poderia tornar a recuperação obsoleta. Era apenas outra forma de bater na porta? Idealmente, a recuperação acabaria sendo desnecessária se pudéssemos rearranjar o mecanismo?

"Você pode dar a alguém o quanto quiser de metadona", ele me disse. "Mas ele ainda vai precisar de apoio social."[16]

Escrevendo sobre o alcoolismo de Berryman, Lewis Hyde descreveu "a sede do ser em sentir-se parte de algo maior" como algo comparável à "necessidade de sal do corpo". Essa sede é Jackson ansiando pela rua cheia de estranhos, ou Duras sonhando com aqueles que nunca cantaram para ela. "Um animal que encontra sal na floresta", Hyde escreveu, "vira e mexe volta ao local."[17]

O Livro Azul do AA inicialmente foi chamado *A saída*.[18] Saída de onde? Não apenas da bebida, mas do vão claustrofóbico do ser. Quando sai da heroína em *Blueschild Baby*, cansado da droga e desesperado, George Cain tem vislumbres de esperança em momentos de fuga: escutando jazz num clube esfumaçado na 116 — "Eu me senti fora de mim enquanto ouvíamos a música, estilhaçada em milhões de fragmentozinhos perseguindo o som, todos fora de nós"[19] — ou dormindo com uma mulher, pela primeira vez, limpo, suando e tremendo: "pelado e indefeso... outro mecanismo para sair de si mesmo".[20] O crítico Alfred Kazin, na resenha sobre o romance de William Burroughs *The Wild Boys* [Garotos selvagens], descreveu o autor-viciado como alguém lutando para escapar da "paixão pelo almoxarifado de sua própria mente".

Escrever pode ser parte dessa fuga, Kazin discutiu, mas apenas se olhasse para fora: "Todo o fluxo de consciência, escrevendo para se erguer acima da terrível fascinação consigo próprio, tem que encontrar algo além de si próprio para amar".[21] David Foster Wallace também acreditava que a grande arte vinha de "ter a disciplina de esmiuçar a parte de si mesmo que pode amar em vez da parte que só quer ser amada".[22] Ele sabia o que significava se considerar apenas 1/500 mil. "Você é especial — tudo bem", ele escreveu a um amigo, "mas o cara sóbrio do outro lado da mesa que está criando dois filhos e reconstruindo um Mustang 73 também é. É uma coisa mágica com 4 bilhões de formas. Meio que te tira o fôlego."[23]

A saída: o sal na floresta, a rua cheia de estranhos. A ânsia para escapar de mim mesmo sempre se manifestou fisicamente; tentei sangrá-la para fora quando me cortava, me reduzir a nada além de ossos quando passava fome. Beber até perder os sentidos foi outra forma de escapar de mim mesma por um tempo. Quando tinha ressaca, tentava suar meu interior correndo — a bebida escorrendo pelos poros.

Os encontros eram outro tipo completamente diferente de saída. Foram os primeiros lugares em que pude ficar parada em meu próprio corpo. Escutar a fala de outras pessoas era uma alternativa a sangrar, e uma alternativa à balança no armário, com o veredito brilhando em vermelho. Era uma alternativa ao armário cheio de gim do meu romance. Era outro tipo de escotilha de emergência para outro tipo de alívio.

É difícil escrever assim, à plena voz e sem vergonha, estarrecida com o significado que a recuperação assumiu em minha vida. Mas é a única linguagem que parece precisa, manter a recuperação como a vela de barco mantém o ar — não feita de vento, apenas movida por ele.

O que é um encontro? É apenas uma vida após a outra: uma antologia unida por sinceridade. Pode começar com uma mulher comum num antigo albergue de pesca em Maryland. Seu nome é Gwen e ela é alcoólatra.[24]

Na época de seu alcoolismo, Gwen trabalhava como assistente social e era diretora do ministério social em sua igreja. Ajudava famílias pobres que tiveram que se mudar para habitações públicas. Não era para ela ter o problema. Na igreja, ela foi eleita Cidadã do Ano. Em casa, virava o refresco Ki-Suco da tropa de escoteiros do filho em sua própria vodca, e o Ki-Suco era colocado em cima da geladeira longe do alcance deles. Tentava esconder o alcoolismo, mas era impossível evitar que as pessoas notassem o que acontecia quando ela ficava bêbada. Um dia, um estranho bateu à porta dela e disse que havia encontrado uma garotinha, uma criança de colo, perambulando lá fora. A menina era dela? Era. Tiffany tinha três anos.

Quando o filho de Gwen voltou para casa da escola um dia e disse a ela que nunca sabia se a encontraria "triste, brava, chata ou feliz", ela deu um tapa no rosto dele. Outro dia, ela disse aos filhos que se eles terminassem o dever ela os levaria para Leesburg, Virgínia, na balsa White. "Mas nós fomos semana passada", eles disseram. "Você nos levou semana passada." E ela havia levado, num apagão — colocou os filhos na caminhonete e os levou do outro lado do rio. Ela não se lembrava de nada.

Um ano, no aniversário do filho, Gwen o levou com os amigos para um jogo de beisebol. Foi uma festa que ela teve orgulho de planejar: ele pegaria uma bola autografada, ganharia um bolo e seu nome nas luzes do estádio. Mas enquanto ela bebia cerveja lá no sol, chutando copos plásticos vazios, ele se virou e disse: "Queria que você tivesse ficado em casa".

Em casa, ela começou a colocar vodca em garrafas vazias de vinagre — o marido nunca cozinhava, os filhos nunca tentariam beber, então ela poderia reabastecer seus martínis em segredo. Dessa forma, nunca parecia que ela tomava mais de um drinque por noite. Quando saía, colocava garrafinhas plásticas cheias de bebida na bolsa para poder beber em segredo, no banheiro. Ao ler o livro de memórias de Lillian Roth, *I'll Cry Tomorrow* [Chorarei amanhã], ela aprendeu que garrafas de vidro fazem muito barulho dentro da bolsa. Ela colocava um pouco de vodca no Ki-Suco e finalmente um pouco de Ki-Suco na vodca. Uma tarde em casa, ela acordou grogue — tinha desmaiado por causa do álcool e estava voltando a si — e sua filha de colo estava diante dela com um pano de prato molhado dizendo: "Tiffany deixa tudo melhor".

O que é uma reunião? Te leva de uma vida para outra — fácil assim, com a mão erguida, não precisa de nenhuma transição ou desculpa.

Seu nome é Marcus, ele é alcoólatra e viciado — nasceu em Washington D.C. em 1949, um homem negro numa cidade dividida. Nunca viu os pais beberem.[25] *Não posso atribuir isso a eles*, ele pensa. Ganhou uma bolsa de estudos para jogar basquete em Cleveland, onde o time todo ficava bêbado, então iam para a quadra e jogavam até o amanhecer. Eles bebiam Mad Dog 20/20, que tinha quase quarenta graus de teor alcoólico, mas gosto de bala. Se sentiam imortais.

Quando Marcus se juntou ao Peace Corps depois da faculdade, foi enviado a uma cidade chamada Buchanan, na costa da Libéria. Ensinou inglês e foi treinador de basquete. Estava a milhares de quilômetros de casa e de quaisquer possíveis consequências — acreditava. Em Buchanan, ele bebia vinho de palma com os nativos. Em Monróvia, ele bebia com os outros voluntários do Peace Corps num local chamado Gurley Street, onde um cara gostava de aguardente de cana de açúcar, mas quando Marcus experimentou, ficou enjoado pra cachorro. Continuou com sua favorita local, Club Beer, que eles gostavam de dizer que significava "Come Let Us Booze, Be Ever Ready" [Venha, Vamos Beber. Esteja Sempre Preparado]. Isso basicamente resumiu o período de Marcus na Libéria, onde se podia comprar um litro de Club Beer por setenta e cinco centavos. Marcus tinha tempo demais, liberdade demais, espaço demais para fazer o que quisesse — o que significava beber tanto quanto quisesse. Estava aprendendo como os expatriados adoravam beber: com frequência eram agitados e raramente reincidiam nos erros que haviam cometido.

Marcus ficou no exterior por mais de seis anos trabalhando para as Linhas Aéreas da Arábia Saudita, com base em Jidá, durante o *boom* do petróleo saudita. O dinheiro do óleo estava em todo lugar, o prefeito investia em esculturas: um carro sobre um tapete voador no meio da ilha de tráfego, um homem de bronze erguendo os braços no céu azul do deserto. Marcus voava por todo o mundo. Em Bangkok, bebia com os veteranos do Vietnã que não conseguiam voltar para casa. Em Bombaim, bebia com europeus que buscavam iluminação espiritual em *ashrams*. Foi para Addis Ababa com uma turma de caras que trabalhavam para a companhia aérea e ocuparam um andar inteiro do hotel — conheceram garotas em boates e as levaram para lá sem ligar para o toque de recolher. Isso foi em 1977, sob o regime Mengistu, e havia uma lei marcial: ninguém podia sair entre meia-noite e seis da manhã. Eles desobedeceram. Fizeram o que bem entenderam. No trem para Mogadíscio, ficaram chapados e fizeram algazarra.

A REABILITAÇÃO *321*

A primeira vez que Marcus fumou cocaína de base livre foi em 1980, nas férias, de volta aos Estados Unidos. Tinha voado pelo mundo inteiro e terminou saindo com a ex-mulher de um amigo em White Plains. Ela chamava esse jeito de usar cocaína de "beisebol". Marcus gastou trezentos dólares e gostou tanto que gastou mais trezentos imediatamente. Toda a porra-louquice de beber e viajar o mundo todo, nada disso pareceu problemático. Mas o crack pareceu. Era bom demais.

Trinta e cinco anos depois, quando Marcus me contou como foi fumar pela primeira vez, disse três vezes seguidas: "Era bom demais. Era bom demais. Era bom demais".

Só quando Marcus voltou para Washington D.C., alguns anos depois, que o vício em crack saiu totalmente do controle. Ele tentou começar um negócio, dirigindo limusines, mas não conseguia equilibrar as despesas. Perdeu 22 quilos em seis meses. Ele tinha 1,95 metro de altura e pesava 67 quilos. Depois que o negócio fracassou, ele começou a trabalhar para o tio, que tinha uma empresa de lixo. Marcus tinha vivido no topo do mundo — voando para todo lado, com dinheiro — e agora estava abaixo do peso, cuidando do lixo dos outros. Ele descreveu os seis meses depois que voltou aos Estados Unidos como um trem expresso para o zero. Quando chegou lá, ligou para um serviço de ajuda e alguém sugeriu Seneca House.

Marcus não conseguiu chegar antes do anoitecer, tarde demais para dar entrada, e teve que passar a noite com um ex-interno de Seneca — um homem que trabalhava ali perto como peão, cuidando dos cavalos —, dormindo em seu sofá, sobre o celeiro. No dia seguinte em Seneca, Marcus usava um de seus melhores ternos, apesar de estar esfarrapado. Ele podia pagar só parte do depósito para a estadia de vinte e oito dias. Tinha trinta e quatro anos de idade e se sentia como uma lata de lixo bem-vestida.

Décadas depois, ele trabalharia como conselheiro num programa para prisioneiros federais com problemas de abuso de substâncias. Ele diria a eles para olhar do lado de fora das janelas para os prédios e perguntar: "O que há nesse complexo?", tentando lhes mostrar onde poderiam terminar. Apontava para a cadeia e para o hospital. Apontava para o cemitério. Numa sessão de grupo que Marcus conduziu, um homem perguntou: "Como lidou com aquela raiva?".[26] E o segundo disse: "Ah, eu comecei a falar".

***

O nome dela é Shirley e ela é alcoólatra.[27] Quando tinha nove anos, encontrou uma garrafa de vinho aberta na sala. O calor na garganta, depois no estômago, ajudou-a a entender por que seu pai ficava tão bêbado a ponto de vomitar na privada no meio da noite. Shirley não se tornou alcoólatra por acidente; ela quis. Romantizava gênios como Robert Burns e Edgar Allan Poe, mas ficava indignada com bêbados que não ficavam bêbados, que não tinham nada para mostrar — como seu tio de 110 quilos, pesadão e assustador com seus copos. Esse tipo de bebedeira lhe dava repulsa.

Durante a faculdade, ela trabalhou para um jornal pequeno do Oregon, registrando quantos lenhadores miseráveis eram enviados às montanhas para combater cada incêndio florestal. Na primeira vez que seu chefe a levou para o Portland Press Club, ela foi fisgada pela bebida e pelo trabalho de repórter ao mesmo tempo: todos os jornalistas da pesada dando uns traguinhos em seus armários particulares de bebida. Ela tomou seu primeiro highball lá, bourbon com ginger ale, e acabou vomitando no banheiro feminino. Uma acompanhante ficou ao lado dizendo: "Deve ter sido algo que você comeu". Ambas sabiam que não era. Em seu aniversário de vinte e um anos, uma amiga lhe fez um bolo que dizia: "Já pode votar e já pode beber!".

Durante a faculdade de jornalismo em Minneapolis, Shirley morava num apartamento sobre uma casa de chá e fazia só uma refeição por dia, ao meio-dia: um hambúrguer de trinta e cinco centavos. Vendia seu sangue para ter um dinheiro extra. Bebia só em encontros, quando o cara pagava. Tinha muitos encontros. Quando soube que tinha conseguido um trabalho de repórter júnior na revista *Life*, gritou tão alto que ficou pensando se os gritos haviam se incrustado permanentemente nas paredes da casa de chá. Mudou-se para Nova York em junho de 1953, no mesmo verão que os Rosenberg foram executados. A revista tinha bebida no escritório, especialmente nos sábados, quando fechava. Uma semana, Marlene Dietrich mandou uma caixa de champanhe ao escritório com o bilhete: "São 4 da tarde! Com amor, Marlene". Mas Shirley bebia principalmente sozinha no apartamento. Ela se sentia perpetuamente deslocada — mulher e sem um diploma da Ivy League, parecia impossível que fosse subir de patamar.

A REABILITAÇÃO 323

Decidiu aceitar um emprego num jornalzinho de Montana, perto das montanhas Judith, onde morou em cima do Gold Bar Saloon, bebia gim no quarto enquanto ouvia o jukebox e as brigas dos caubóis embaixo. Escreveu um artigo sobre o rodeio de cavalos selvagens; fritou ovos na calçada para uma matéria sobre o calor; tirou fotos de um incêndio florestal de um avião de dois lugares. Depois que fechavam o jornal, por volta das dez, todas as noites, seu chefe a levava ao outro lado da rua para tomar drinques no Burke Hotel. O bartender era um cara chamado Frank, sóbrio havia dez anos, que costumava dizer a eles: "Vocês são uma geração perdida". Eles adoravam ouvir isso. Um balconista de supermercado lhe deu aulas de tango numa padaria abandonada — girando entre antigas batedeiras e balcões empoeirados —, e quando dançaram tango num bar de beira de estrada chamado Bar 19, receberam em troca rodadas de bourbon de graça.

Um dia, Shirley recebeu uma carta de um fã chamado Lou, repórter da Pensilvânia, que havia lido o artigo sobre o rodeio e adorado. Começaram a se corresponder. Menos de um ano depois, no Dia dos Namorados, eles se casaram. Mas acontece que Lou estava afundado em dívidas de jogo: havia assinado cheques sem fundo até para o padre e tocador de órgão do casamento. Moravam na rua Christopher em West Village, Nova York, e bebiam sempre que podiam, sempre que podiam pagar. Lou trabalhava para um jornal de Jersey, mas odiava. Queria algo melhor. Compraram um terno para entrevistas de emprego e então fizeram uma festinha para o terno, o penduraram na janela e brindaram com vinho: "ao terno!".

Durante a década seguinte, Shirley se dedicou totalmente à carreira de Lou — ajudando a sugerir projetos, colocando a própria carreira em fogo baixo, mudando para os lugares dos empregos dele em jornais em Harrisburg, Tulsa, Oregon, Maine e até Beirute, onde ele trabalhou para o *Daily Star* e recebia em dinheiro. Moravam num prédio alto que dava para a baía e andavam de táxi por toda a cidade: antigas Mercedes com cascas de melancia jogadas no chão, música a toda enquanto dirigiam passando por lojas de *shawarma* zumbindo com moscas. As pessoas perguntavam por que eles não tinham filhos, e Lou queria muito, mas Shirley estava secretamente aliviada por não ter engravidado. Ela achava que se tornar mãe significaria que teria que desistir de vez da carreira, e já havia se sacrificado demais pelo marido.

Talvez, às vezes, às vezes ela tomasse um drinque. Quando o correspondente local do *New York Times* fez uma grande festa para a chegada de Henry Luce na cidade, com dançarinas do ventre e baldes de bebida, Shirley ficou tão bêbada que caiu no banheiro. Tiveram que arrombar a porta para tirá-la de lá. "Deve ter sido algo que ela comeu." *Dèjá vu.*

De volta aos Estados Unidos, eles adotaram uma garotinha chamada Laura. De volta do departamento de adoção, quando pararam para comprar fórmula de leite a caminho de casa, Lou correu para a loja enquanto Shirley ficou no carro e cochichou para o bebê: "Não te quero. Não te quero. Não te quero". Alguns anos depois, inesperadamente, eles tiveram um filho biológico — uma filha, que chamaram de Sonia. Ficar em casa com as duas filhas enlouquecia Shirley, mas também permitia que ela bebesse o quanto quisesse durante o dia. Ela perdia a cabeça facilmente, brigando com Laura por esparramar a comida do gato. Lou estava sempre viajando, e, por causa do trabalho dele, mudavam muito de endereço. Uma noite, logo depois de se mudarem para uma nova cidade, Shirley queria tanto beber que colocou as duas filhas no carro com ela e saíram à procura. Ela disse para elas ficarem atentas para placas que soletrassem: B-E-B-I-D-A-S.

Foi depois que Lou fez um comentário sobre uma prateleira que não havia sido devidamente limpa que Shirley começou a pegar peças de cristal de sua sogra e atirá-las uma a uma na parede da sala de jantar. "Estou enlouquecendo!", ela berrou. "Estou enlouquecendo!" Não muito depois, as crianças desceram uma noite e a viram fazendo sanduíches de manteiga de amendoim para o lanche da escola. Ela tinha vomitado e seu cabelo estava melecado. Ela prometeu a eles que iria arrumar ajuda, e arrumou.

Décadas depois que Shirley parou de beber, uma de suas filhas — adulta e recém-sóbria — ligou para ela do hospital depois de uma tentativa de suicídio, e Shirley leu um trecho do Livro Azul pelo telefone: "Lembre-se de que lidamos com o álcool — astuto, desconcertante, poderoso! Sem ajuda, é demais para nós".[28]

Aos seis meses da segunda sobriedade, fiz uma viagem para Memphis com minha amiga Emily — glamurosa com óculos de casco de tartaruga, sóbria desde os vinte e dois anos. Na faculdade, comíamos tacos às três da manhã para absorver a vodca de nossos estômagos. Ela havia bebido até chegar ao lugar que chamava de ponto do *foda-se*, em que simplesmente não se importava. Passou um verão na Nicarágua bebendo, trabalhando como escritora freelance — dias de fartura que a colocaram num hospital em Manágua com dengue. Agora que estava sóbria, sua vida tinha uma certa densidade. Ela resgatava móveis e os reformava, sozinha. Uma vez, ela me levou a um posto de gasolina na Carolina do Norte para comer amendoim cozido e bolinhos fritos de farinha de milho numa cestinha de plástico, manchando o papel de gordura, depois me mostrou os túmulos de contrabandistas e piratas no cemitério Beaufort, de noite. Sua sobriedade era contagiosa. O mundo vibrava sob seu olhar.

Em Memphis, ela me levou para ver os patos do Peabody Hotel marchando no tapete vermelho da fonte do saguão em direção ao elevador de vidro. Fomos para um antigo bordel convertido, com banheiras com pés de ferro, onde bebemos Coca-Cola em copos plásticos e ela me falou sobre o bartender do andar de cima, um homem que estava sóbrio havia décadas. Adorava pensar que o mundo estava cheio de pessoas sóbrias esse tempo todo, escondidas em plena vista. Emily me contou sobre os primeiros meses em que deixou de beber, as longas noites que passou assando bolos elaborados e vendo TV sem parar, e me lembrei de andar de um lado para o outro na fábrica de tofu assistindo àquela minissérie sobre Manchester — em pânico ao chegar no último episódio, a última cena numa plataforma da ferrovia, porque tinha medo do silêncio.

Dirigimos por Memphis olhando os Big Empties: prédios enormes que a cidade não podia se dar ao luxo de derrubar. Tinham trinta, quarenta andares de altura, janelas rachadas e portas lacradas, muros embolorando com amianto. Fomos a um antigo templo num cemitério, que tinha uma gruta secreta de quartzo dentro de um toco de árvore de concreto, uma música tensa tocava nos alto-falantes internos. Eu precisava daquilo, algo cintilando lá dentro. Eu precisava que o mundo me dissesse que havia algo mais, aguardando.

"O que realmente se quer", Berryman escreveu, "é apenas ser quem você é *e* não beber. Não é possível, claro. Jack-Que-Bebe tem que influenciar

Jack-Que-Não-Bebe-e-Gosta-Disso."[29] Quem era esse Jack em mim, o Jack que não gostava de beber? E do que ela gostava? Sempre associava beber a me apaixonar e a dirigir para Nova Orleans; dançar em bares de madeira, entre canecas transbordando de espuma; bebericar de uma garrafa de vinho barato no cemitério — me desvencilhar das amarras da autoconsciência.

Sóbria, estava ficando mais fácil me levar menos a sério. Na padaria, durante a produção matutina, Jamie gostava de me provocar colocando uma *playlist* que chamava de Mix Magoado, com minhas músicas favoritas. Mazzy Star cantava: "Quero segurar a mão dentro de você", enquanto eu tentava e não conseguia cobrir devidamente um bolo. Durante o primeiro ano na padaria, cometi o erro de contar a Jamie que minha mãe e eu fizemos colagens juntas algumas vezes quando eu era mais nova, e sempre que ia trabalhar de mau humor ela imediatamente perguntava se eu precisava de algum tempo para fazer uma colagem.

Jamie era uma mulher engraçada, generosa, franca, que não fui capaz de enxergar completamente no começo — porque me sentia emudecida e intimidada por ela. Agora, ela estava me ensinando alternativas como tomar um longo banho quente na própria dor, como acordar e pôr a mão na massa. TSD era nossa máxima para comprometimentos diários necessários: *Todo Santo Dia*. Sempre que Jamie precisava que eu fosse franca, ela dizia: "Me leva para o seu igluzinho de emo", e, uma vez, quando conversávamos tomando café, ela começou a chorar, descrevendo a exaustão dos dias dela — os filhos, a padaria —, como afundava na escuridão após se deitar. Era estranho vê-la chorar, essa mulher sem papo-furado. Mas era algo que continuava acontecendo na sobriedade, compreender que todo mundo — sua chefe, a caixa do banco, a padeira, até seu parceiro — acordava todo santo dia e lidava com uma merda que você não podia nem imaginar.

No último verão em Iowa, fiquei amiga de uma mulher que estava recém-sóbria e passando por dificuldades. Sua dor parecia extensa e resistente, difícil de expressar e, com frequência, não sabia o que dizer a ela. Às vezes eu dizia como estive obcecada pela bebida e parecia ajudar. Queria oferecer alguma versão da gruta reluzente que vi em Memphis — prova de que o mundo era interessante, infinito, ainda desconhecido —, então decidi levá-la ao centro de aves de rapina saindo da cidade, um refúgio para aves de rapina feridas: corujas assustadoras com cabeças girando; um casal de falcões que mal tolerava os corpos emplumados um do outro no mesmo galho. Quase sem salvação, esses pássaros receberam um novo lar. Não me importava com a obviedade.

Mas me perdi, não conseguia achar o lugar. Achamos uma mesa para piquenique e ficamos fumando ali. Não era o que eu havia negociado. Para ajudar essa mulher, tinha que encontrar a porra do centro de aves de rapina! Ela tinha que conhecer o centro de rapina. Mas não foi possível. Só tínhamos uma mesa de piquenique. Tivemos a companhia uma da outra por algum tempo.

XII

RESGATE

QUANDO DAVE E EU NOS MUDAMOS de volta para New Haven, após dois anos em Iowa, imaginei que seria nossa segunda chance. Voltaríamos ao nosso programa de doutorado para escrever as teses e viveríamos a mil e quinhentos quilômetros daquele apartamento de segundo andar que acomodou os fantasmas de todas as nossas discussões — longe do gazebo para onde me refugiei de nossa festa, bêbada; longe das ruas em que caminhei por horas antes do amanhecer, sóbria e enfurecida.

New Haven era a cidade onde nosso relacionamento havia começado. O ar era fresco. A vida compartilhada parecia possível. As árvores irrompiam em flores de cerejeiras como colmeias na primavera. Eu reunia os materiais para nossa nova vizinhança como talismãs: o garoto emburrado vendendo leite achocolatado no mercado dos fazendeiros com a mãe; o tutor de cabelo encaracolado que sempre corria para todo canto com a mochila balançando; o mercado italiano que vendia coração de vitela, ossobuco e mortadela caseira e tinha um mural com os Dez Mandamentos perto da saída para provocar culpa no coração de possíveis ladrões. Detalhes que me ajudaram a escrever a história da recuperação de nosso amor. *Não sabíamos se conseguiríamos ou não, mas quando nos mudamos para aquele lugar em Wooster Square foi quando do realmente nos recompomos.*

Mas a cidade quase imediatamente me saturou de nostalgia de como eu costumava beber. Eu sabia que havia reuniões em New Haven, como se fosse uma cidade secreta sob a cidade em que eu vivia. Mas não sabia se queria visitá-la. Se não descesse as escadas escuras para outro subsolo de igreja, talvez pudesse ser alguém que não precisasse disso. Às vezes, caminhando para casa do campus, depois de dar aula, pegava o caminho comprido pela rua State, passando pelo bar das cascas de amendoim onde fiquei bêbada com Peter anos antes. A calçada ainda me dava arrepios: *essa* calçada, ao lado *dessa* árvore, esteve cheia de gosto de vodca, prestes a acontecer.

A firme certeza de que eu provavelmente poderia começar a beber novamente chegou três semanas depois da última reunião que frequentei — em Iowa City, antes de me mudar —, como um trem parando na estação no horário. Foi amável e persuasiva, a fé em minha própria capacidade para beber. Bateu de forma bem-educada. Antecipou meu ceticismo. "Não estou dizendo que você COM CERTEZA vai beber", ela dizia. "Seria só um teste." O mundo alternativo e cintilante se aproximou novamente, as longas noites maravilhosas, os pisos cobertos de cascas de amendoim. Ia além do trabalho duro de desmentir: "Sei que disse que era alcoólatra e depois retirei e disse que não era de fato, então retirei e disse que na verdade era, mas a coisa é que não sou mesmo, prometo". Então, eu voltaria ao doce rodopio outonal do vinho tinto e da cidra seca, o deslizar salgado e gelado dos martínis. Seria como finalmente voltar para debaixo das cobertas numa manhã fria — de volta à onda, como Rhys diria, deixando o rio se tornar um oceano novamente.

"Estou pensando em voltar a beber", disse a Dave calmamente no jantar. "Acho mesmo que posso me sair melhor."

Naquele ponto, estava sóbria havia nove meses, depois de ter recuado sete meses antes, depois de sete meses sóbria, depois de duas tentativas antes disso. Mantive a voz controlada e animada, como se estivesse falando com um policial que tivesse me parado por excesso de velocidade e não quisesse que ele encontrasse a maconha no meu porta-luvas.

Dave não me disse que eu não deveria beber. "Vá a uma reunião", ele disse. "Veja como se sente depois disso."

Fui a uma igreja na noite seguinte e tentei abrir a porta. Estava trancada. *Graças a Deus.* Caminhei de volta para o carro; pelo menos podia dizer que tentei. Mas algo dentro de mim não estava certo — algo em mim sabia que tentar não era suficiente — então dei meia-volta e contornei a igreja. Lá estavam, mais ao fundo, os sinais que denunciavam: janelas do subsolo acesas, um tijolo mantendo aberta a porta, o estranho com jaqueta camuflada apagando o cigarro do lado de fora.

Durante o encontro, enquanto os outros falavam, tentei descobrir uma forma de enrolar sobre o meu alcoolismo para que eu pudesse sair da reunião e beber depois de novo. Em vez disso, levantei a mão e disse exatamente o que vinha pensando: "Estou tentando descobrir como enrolar sobre meu alcoolismo para poder beber de novo". Quando abri a boca para falar, era como uma válvula liberando o gás tóxico que estava pressurizado.

Depois da reunião, uma jovem — talvez de uns vinte anos, franja loira e comprida, jeans skinny e salto alto, direto de algum juramento do grêmio estudantil — veio falar comigo e começou a chorar. "Não consigo parar de tentar me convencer de que não tenho que estar aqui", ela disse. "Mesmo precisando estar aqui."

Eu estava prestes a contar a ela que provavelmente deveria falar com alguém melhor no quesito sobriedade — alguém que não tivesse acabado de passar três semanas evitando reuniões —, mas então percebi que ela tinha vindo falar comigo porque eu tinha acabado de anunciar que tinha passado três semanas evitando reuniões. Ela se conectou com aquela parte de mim, e com a parte de mim que havia voltado mesmo assim. Estávamos naquela sala por um motivo. Ela disse que nunca tinha ficado bêbada de manhã até ouvir alguém numa reunião confessar que costumava ficar bêbado de manhã.

"Que merda, né?", ela perguntou. Parecia que metade dela queria que eu dissesse que não havia esperança para ela e a outra metade que eu dissesse que havia esperança para ela. Mas, talvez, ela só fosse uma garota do grêmio de Quinnipiac que bebia demais — e quem era eu para dizer qualquer coisa?

Foi quando ela subiu a camiseta rosa-chiclete para me mostrar sua bolsa de colostomia — uma bolsinha bege enfiada contra a concavidade bronzeada artificialmente de seu abdome. "Estou me deixando doente", ela disse. Nada antes ou desde então dissolveu meu egocentrismo tão rápido quanto a visão da bolsa de colostomia. Ela me disse que sabia que deveria beber menos, agora que tinha aquilo, mas não conseguia moderar. Apenas mudou o que bebia — nada de cerveja, já que inchava a bolsa.

Olhando para o chão, murmurando, ela perguntou se eu podia dar meu número de celular. Eu disse, claro, apesar de parecer absurdo que eu pudesse ajudá-la. *E você, sua ridícula, acha que vou te ajudar.* Acontece que eu também precisava da ajuda dela.

***

Algumas semanas depois da primeira reunião em New Haven, comecei a ler *Graça infinita*, de David Foster Wallace. Fiquei surpresa ao ouvir que era um romance sobre recuperação, porque sempre o achei pretensioso — aquele tijolão escrito por um cara esperto que queria sustentar seu ego escrevendo o livro, amado por outros caras espertos que queriam sustentar seus egos lendo o livro. Mas quando comecei a ler *Graça infinita*, pareceu muito mais do que virtuosidade pura e simples. O cerne do livro — para mim, ao menos — é a Casa Ennet da Casa de Recuperação de Álcool e Drogas ("Redundância sic"), onde um homem enorme e genuinamente decente chamado Don Gately está se recuperando do vício em Dilaudid e ajudando outras pessoas a *ficarem melhor um dia de cada vez*. O romance parece consciente do brilho banal desses slogans, sua simplicidade e polimento, mas se compromete sem desculpas com essas mensagens, de todo modo.

Graça infinita não é apenas sobre recuperação, claro. Também é sobre uma academia de tênis da Casa Ennet no alto do morro — e três irmãos que vivem lá, um jogador, um prodígio e um "atrofiado e completamente deformado",[1] pouco maior do que um hidrante, todos de luto pelo pai, que enfiou a cabeça num micro-ondas. Também é sobre o filme letal que o pai fez antes de morrer, e sobre os assassinos separatistas de cadeira de rodas de Quebec determinados a encontrar o filme e a usá-lo como arma. O filme é a engrenagem no centro da história, tão absorvente que quem o viu não queria fazer nada além de vê-lo para sempre. É assim que o filme mata.

Lidei com a leitura do livro como se fosse um programa de recuperação, lendo cinquenta páginas por dia — me apresentando a elas querendo ou não. No topo de cada página, anotava o que havia acontecido: "Ele está chorando de desespero, mas afastado até de seu próprio choro". Ou: "Millicent toma a iniciativa". Ou: "Lyle lambe o suor". As anotações eram uma forma de registrar minha própria participação, uma forma de dizer *estive aqui*.

Graça infinita não me levou de volta às reuniões. O desejo persistente de beber me levou de volta às reuniões. Mas *Graça infinita* me ajudou a entender por que eu precisava delas. Mais especificamente, me ajudou a entender que apesar de certas coisas me deixarem louca nas reuniões, eu *ainda* precisava delas. O romance metabolizou a recuperação com tanto rigor que já tinha feito todas as minhas perguntas e desgastado todos os meus desconfortos intelectuais. Documentava o que chamava de "movimento rancoroso em direção a talvez reconhecer que essa coisa nada romântica, nada descolada, cheia de clichês do AA — tão improvável e não promissora... esse sistema apatetado, anárquico e descuidado de reuniões ordinárias e slogans cafonas, sorrisos melosos e café horrível"[2] — poderia de fato oferecer algo, na simplicidade e nos slogans, no café de subsolo de igreja e na efusão de amor anônimo e irrestrito. O romance oferecia o encontro com a recuperação carregado por uma consciência dupla: tanto interrogando quanto afirmando, investigando seu trabalho, sua estranheza e sua sublimidade. O romance questionava as recitações da recuperação, mas ainda estava atento a seus milagres, e não tinha medo de afirmar isso.

Recuperação é esperança em *Graça infinita*, mas também é absurdo. São homens adultos rastejando por carpetes baratos com ursinhos de pelúcia enfiados debaixo do braço. São caras matando gatos de rua para ter noção de "resolução". São caras das antigas e suas vozes de profecia estragadas por enfisemas. É o mundo do AA de Boston cheio de alma, de coração partido, fumando sem parar em toda a sua maravilha "nada romântica, nada descolada". "AAs sérios se parecem com essa estranha combinação de Gandhi e sr. Rogers", o romance observa, "com tatuagens, fígados aumentados e desdentados".[3] *Graça infinita* insinua algo verdadeiro e espantoso sobre como essas pessoas se reúnem parecendo tão "humildes, simpáticas, prestativas, cuidadosas",[4] como de fato são, não porque alguém as força, mas simplesmente porque é a forma de sobreviverem. O romance conjura os estranhos alimentos da recuperação: bolo de carne coberto com flocos de milho, massa mergulhada na sopa de creme de alguma coisa, coisas comuns que também comi — na companhia de outra gente comum e de suas lembranças em comum de bebedeiras.

Se li *The Lost Weekend* torcendo para Don Birnam ficar bêbado de novo, li *Graça infinita* torcendo para Don Gately ficar sóbrio. Fiquei grata por dirigir meus desejos narrativos à recuperação e não à recaída, feliz em saber que era possível um livro me empolgar em relação ao bem-estar. Se Berryman imaginava a recuperação como um trabalho de doze passos, então dei

A REABILITAÇÃO 335

o décimo segundo com Wallace. O romance foi meu veterano bem quando precisei. Gately descreve o recém-sóbrio como "tão desesperado em escapar do próprio interior" que quer "colocar a responsabilidade por si mesmo aos pés de algo tão sedutor e desgastante quanto a antiga amiga, a Substância".[5] Eu queria me colocar aos pés do livro que me dizia aquilo.

O próprio Wallace foi a uma reabilitação de Boston chamada Casa Granada no final de 1989, sete anos antes de *Graça infinita* ser publicado. "É um público difícil",[6] ele escreveu a um amigo. "Às vezes tenho medo ou me sinto superior ou ambos." Anos depois ele descreveu suas experiências na Casa Granada num depoimento anônimo on-line:

> Eles escutaram porque, em última análise, realmente me entendiam: eles estiveram na cerca entre querer ficar sóbrio e não querer, amar a própria coisa que os matava, não ser capaz de imaginar a vida com drogas ou álcool e nem sem. Também reconheciam baboseira e manipulação e intelectualização sem sentido como forma de evadir verdades terríveis — e em muitos dias a coisa mais útil que faziam era rir de mim e fazer piada dos meus dribles (que agora percebo, eram pateticamente fáceis de um colega viciado identificar) e para me aconselhar a não usar tóxicos hoje porque amanhã poderia ser bem diferente. Conselhos como esse soam muito simplistas para serem úteis, mas foram cruciais.[7]

Na biografia de Wallace, D.T. Max discute que rapidamente compreendeu como a recuperação também era uma "oportunidade literária".[8] Wallace estava aprendendo sobre um novo mundo; estava vislumbrando centenas de vidas interiores expostas. Tinha uma lista chamada "Escutado em reuniões"[9] que ainda permanece em seus arquivos, escrita em papel timbrado amarelo comum.

> "A felicidade de estar entre pessoas. Apenas uma pessoa entre pessoas."
> "Eles dizem que é bom para a alma, mas não sinto nada dentro de mim que poderia chamar de alma."

"Eu me cago todo dia há anos."

"Vim para salvar a pele e descobri que minha alma estava presa a ela."

"'Não' é também uma resposta para as minhas orações."

"Isso dói."

Mas a recuperação estava longe de ser só uma fonte de material para Wallace. Max discute que a recuperação era parte de seu comprometimento crescente com a "escrita *single-entendre*, escrita que significava o que dizia".[10] A recuperação mudou a noção de Wallace do que a escrita poderia fazer, a que propósito poderia servir — fez com que quisesse dramatizar a alquimia da comunidade, a força transformadora da atenção para o exterior, a possibilidade de simplicidade como alternativa a álibis mais espertos da complexidade: *intelectualização sem sentido como forma de escapar de verdades terríveis*.[11]

Em *Graça infinita*, Wallace descreve ironia e recuperação como óleo e água: "Alguém irônico numa reunião do AA em Boston é como uma bruxa na igreja".[12] O romance acredita na sabedoria sincera que uma ironia ridiculariza, do tipo que há num calendário de destacar ou num livro de orações diárias. Não acredita em clichês como revelações, mas acredita no que eles procuram — a possibilidade de uma base comum.

Depois do furacão Irene, no primeiro mês de agosto de volta a New Haven, o mundo estava bruto, molhado e tonto. O movimento Occupy enchia o Zuccotti Park, nosso espaço verde no centro: um monte de tendas e lonas que abrigavam os ativistas com gente que já estava sem teto. Anos antes, talvez eu tivesse desprezado um movimento sem uma agenda clara como algo sem propósito, mas a própria coletividade tinha começado a demonstrar um propósito — a construção de uma sociedade horizontal ali mesmo na grama, por trás de igrejas do centro que faziam nossas reuniões em seus subsolos.

Dave e eu morávamos num loft de tijolinhos cujas paredes estavam literalmente esmigalhando, deixando pilhas de poeira de tijolo nos cantos. De uma enorme janela circular na sala, podíamos ver a antiga fábrica de espartilhos convertida onde havíamos ficado bêbados na noite em que Peter descobriu sobre nós, quando nosso amor ainda parecia destemido e destinado, um animal com incontestável vontade própria.

Nesse capítulo atual do nosso amor, três anos depois — em que eu estava sóbria e lutávamos para encontrar nosso pulso —, recebemos amigos para uma festa de café da manhã no jantar: ovos mexidos com tiras derretidas de queijo, bacon e batatas fritas que enchiam o apartamento com uma umidade salgada. Comemos panquecas encharcadas de xarope enquanto o sol se punha sobre as chaminés ao lado dos trilhos do trem. Os outros bebiam mimosas e eu bebia suco de laranja e tudo bem, apesar de ser um tudo bem que eu ainda precisava lembrar a mim mesma: *está tudo bem*. Enquanto lavávamos pratos no final da noite, fui para o banheiro e me forcei a lembrar que um ano antes eu estaria gritando com Dave, ou furiosa, ou me esquivando do seu toque. E eu não estava.

Mas não estava tudo bem. Depois que todos se foram, naquela noite e em outras, eu via Dave fisicamente drenado — quase como se estivesse murchando. Ainda podíamos encenar para os outros, mas com a gente mesmo, estávamos nos tornando cascas. Havia algo terno e forçado em nossas piadas, saturadas de esforço. Eu estava sóbria havia nove meses e ia para reuniões cinco vezes por semana, às vezes sete. Depois daquele primeiro encontro em New Haven, me joguei totalmente, e também comecei a trabalhar com uma nova madrinha, Susan, uma advogada de sessenta e poucos anos, que usava grandes colares de contas pesadas e bebia café de canudinho. A primeira vez que a vi falando, estava contando que empacotava um garrafão de vinho para levar para a reabilitação. Fazia mais sentido para mim do que dizer: "Você nunca mais precisa beber". Me fez pensar no pôster escrito à mão em *Graça infinita* pendurado no banheiro da Casa Ennet: "Tudo de que já abri mão tinha marcas de garras".

Susan era calorosa, sarcástica e verdadeira sobre o que doía; ela me deixou ciente de cada regra de que eu queria ser exceção. Ela tinha acabado de terminar um casamento, poucos meses depois de voltar da reabilitação, o que a sabedoria do programa não recomenda. Você deve esperar um ano antes de fazer grandes escolhas de vida. Mas o divórcio de Susan também abriu uma nova era em sua vida: o distanciamento da área residencial de Connecticut, onde ela morou por décadas, para uma quitinete no centro com um piano no canto e a luz turva da tarde. Ela dava carona para mulheres até as reuniões quatro ou cinco dias por semana. A sobriedade lhe ofereceu claridade suficiente para ver que a vida que passou décadas criando não era a que queria — que era um presente, mas não um presente que alguém queira. Eu não achava que estava vivendo a história de Susan — a história de sobriedade como ruptura —, mas estava estranhamente atraída por ela: a ideia de que a felicidade podia parecer com o final do amor mais do que com sua reparação.

Durante aquele primeiro ano de recuperação, eu me sentia tão liberada de um tipo de dependência, a da sede corporal, que comecei a afastar a ideia de dependência em si. Era difícil distinguir entre os tipos de desejo que me formavam e os que me diminuíam. De várias formas, o AA se baseava em aceitar a carência: resistir à autossuficiência, ser humilde, conceder ajuda e aceitá-la. Mas, conforme eu ficava confortável dentro do sistema de carência validada que o AA fornecia, fiquei menos confortável com as carências mais difusas, nebulosas, desordenadas que definiam meu relacionamento com Dave. Com ele, eu começava a cauterizar cada necessidade como uma ferida aberta. Parei de pedir qualquer coisa a ele. Os encontros eram mais fáceis do que o amor porque havia um padrão simples: *faça* x, *faça* y, *faça* z. Você sabia que estava fazendo o que deveria. O amor era mais como: *faça* x *ou então faça* y, *torça por* z *e reze para que algo funcione, e talvez funcionará, mas provavelmente não.*

Muitas noites eu estava fora do apartamento, numa reunião do AA, ou com minha madrinha e, com frequência, saía de manhã, às veze antes de Dave acordar, para ir a uma reunião matinal no centro. Numa tarde de sábado que Dave sugeriu que passássemos juntos, disse que iria para um pomar de macieiras com duas garotas do programa e senti um toque de mágoa ou decepção. Havia beleza na minha vida aquele dia — macieiras farfalhando ao vento, solo macio, o esmagar de fruta caída —, mas era uma beleza que eu experimentava sem ele. Nunca imaginei que ele fosse se sentir excluído — só achei que ele ficaria aliviado por eu querer menos.

Naquele outono, vivi uma versão diferente de New Haven do que a que tinha vivido da primeira vez. Essa nova versão da cidade era menos enclausurada pela universidade, mais povoada por todo mundo que vivia além de suas fronteiras. Nas reuniões, eu terminava em abrigos de sem-teto e casas de repouso, trocando números de celular com mulheres depois que elas tinham suas ordens judiciais assinadas. Eu me movimentava entre os mundos da faculdade e da recuperação, cruzando as poderosas fendas de seus imperativos conflitantes. *Pense com mais profundidade. Não pense demais. Diga algo novo. Você não pode dizer nada novo. Interrogue a simplicidade. Seja simples. Seja amada por ser esperta. Seja amada por ser quem você é.* Minha tese de doutorado lidava com uma questão que eu esperava que pudesse fazer a ponte entre esses mundos, examinando autores que tentaram ficar sóbrios e explorando como a recuperação se tornou parte de suas vidas criativas. Não era análise como autobiografia, exatamente, mas autobiografia especulativa — tentando encontrar um mapa para o que a minha própria criatividade sóbria poderia ser.

Uma vez por semana, eu conduzia uma sessão de discussão para um curso sobre Faulkner, Fitzgerald e Hemingway: os velhos bêbados míticos. Em uma de nossas aulas, conversamos sobre "Babilônia revisitada", o conto de Fitzgerald sobre um alcoólatra chamado Charlie que volta a Paris — a cidade onde costumava viver, onde a esposa morreu — e descobre que não pode mais suportar a velha vida de indulgências. Quer apenas se tornar um pai melhor. No final da história, ele perde a custódia da filha, mas consegue se limitar a apenas um drinque. Perguntei aos meus alunos se eles achavam que a história chegava a uma resolução. As coisas iriam se resolver para Charlie? Eu sabia que não era assim que deveríamos ensinar, agindo como se Charlie fosse um cara real — alguém que eu encontraria numa reunião, digamos — e estávamos apenas especulando sobre seu destino; agindo como se ele fosse um número numa ficha da Narco Farm (prognóstico a se observar). Mas eu procurava companhia em basicamente cada história que encontrava. Então perguntei aos alunos se eles achavam que Charlie conseguiria permanecer sóbrio, e continuei perguntando até que alguém finalmente disse sim, achava que sim.

"Não quero soar melodramático", Raymond Carver escreveu para seu editor Gordon Lish em 1980, protestando contra uma rodada drástica de edições, "mas voltei do túmulo para começar a escrever histórias novamente."[13] Por *túmulo* Carver queria dizer a bebedeira, que quase o matou, e por histórias ele queria dizer os contos em *De que falamos quando falamos de amor*, aqueles que estava escrevendo desde que ficou sóbrio, em 1977. A edição radical de Lish ameaçava de várias direções ao mesmo tempo a fé de Carver em sua recém-encontrada criatividade sóbria. "Falo sério", Carver escreveu, insistindo que as histórias eram "intimamente ligadas à minha melhora, minha recuperação, recuperar um pouco de autoestima e me sentir digno como escritor e ser humano."[14]

Apesar de os primeiros contos de Carver sóbrio estarem cheio de desespero, também eram injetados de veias inesperadas de esperança e momentos surpreendentes de conexão — o resíduo da recuperação. Mas Lish sempre foi atraído pela "desolação"[15] de Carver. Quando Lish editou as primeiras histórias de sobriedade, não apenas diminuiu a importância das referências à bebida e ao AA, mas também afastou o que entendia como a ameaça de sentimentalidade à espreita — lugares em que ele sentia que a prosa buscava uma afinidade animada demais ou a redenção grosseira.[16] As versões originais de Carver, escritas durante os dias em que ele estava encontrando alívio na comunidade de estranhos do AA, frequentemente terminavam em situações em que estranhos se conectavam de formas esquisitas ou surpreendentes: alimentando uns aos outros, identificando-se um com o outro, rezando um com outro. Mas os finais editados de Lish geralmente terminavam em situações de desdém ou crueldade não intencional, estranhos ressentidos ou abusando uns dos outros. A poeta Tess Gallagher, companheira de Carver na época, recordou:

> Eu me lembro do espanto [de Ray] com uma sugestão em particular: que ele removesse todas as citações à bebida de suas histórias. Eu me lembro de responder que seu editor não devia perceber o que Ray havia passado, que ele quase tinha morrido de alcoolismo e que o álcool era praticamente um personagem em suas histórias. Esse seria o primeiro livro de Ray desde que tinha ficado sóbrio. Estava contando a verdade sobre o mal físico e emocional e como era voltar dos mortos.[17]

Perto do fim de sua embriaguez, Carver não havia sido nada parecido com o vagabundo que imaginei. Estava inchado e acima do peso. Vivia como um eremita e, com frequência, ligava para seus alunos para cancelar a aula porque estava doente demais para ensinar.[18] Quando convidou três deles para jantar uma noite, eles comeram no Hamburger Helper e dividiram um único garfo. Quando ele voltou para Iowa City para fazer uma leitura antes de o primeiro livro ser publicado, deveria ter sido como o retorno de um herói conquistador — mas ele estava tão bêbado que o público mal conseguia entender o que ele dizia.[19] Não era indulgência descuidada ou conhecimento existencial arrancado do abismo de algum vazio psíquico universal; era apenas um corpo humano levado ao limite do envenenamento.

Carver finalmente parou de beber em 2 de junho de 1977. "Se quer a verdade", ele disse numa entrevista, "tenho mais orgulho disso, de ter parado de beber, do que tenho de qualquer coisa na minha vida."[20]

As histórias que Carver escreveu no começo da vida sóbrio não eram apenas cheias do caos da bebida, mas também das possibilidades de recuperação. Eram cheias de caras que bebiam demais e tentavam remendar as coisas em suas vidas. Cheias de fantasmas do gim e de compromissos com o AA. Cheias de caras aprendendo a pescar e a rezar; um homem sóbrio se esgueirando para fora de casa no meio da noite para matar lesmas; um homem sóbrio mentindo que conhecia astronautas famosos; um bêbado roubando as tortas de festa da esposa, de quem estava separado. Um homem escuta a esposa se lembrando de como ele a carregou ao banheiro quando ela estava grávida — "ninguém mais poderia me amar dessa forma, tanto assim",[21] ela disse — enquanto ele estava obcecado pelo meio copo de uísque escondido sob a almofada do sofá: "Comecei a torcer para que ela logo tivesse que se levantar".

Essas histórias de sobriedade carregam a pulsação da bebida não apenas nos lugares óbvios, nas doses de uísque e nas doses matutinas de champanhe e nas tiradas espertas sobre bebida ("O álcool toma muito tempo e esforço se você quer fazer um bom trabalho com ele"[22]), mas nos momentos silenciosos em que os personagens se afastaram um do outro e não sabem como se juntar novamente. Os silêncios são espaços vazios que a bebida quer preencher.

Quando Carver viu pela primeira vez as versões de Lish, não apenas retalhadas, mas espiritualmente rearranjadas, ele não suportou pensar na publicação.[23] Àquela altura, os dois homens se conheciam havia quase uma década. Lish dera a grande chance a Carver ao adquirir uma de suas histórias para a *Esquire*, em 1971, e tinha sido seu editor desde então. Desta vez, ele havia cortado mais da metade de sua prosa e, sob o pretexto de renovar o estilo de Carver, enfiou nela uma visão diferente da natureza humana — menos inclinada ao cuidado, à preocupação e à imaginação empática; e mais inclinada à ruptura, ao ressentimento e à desconexão. O crítico Michael Wood, na resenha que fez em 1981 sobre a coletânea, lamentou a "antipatia e a condescendência de algumas dessas histórias",[24] as mesmas histórias sobre as quais Carver escreveu para Lish: "Não quero perder o rastro, perder o contato com as pequenas conexões humanas".[25]

Não fica claro por que Carver permitiu que suas histórias fossem publicadas com a edição a que ele resistiu com tanta veemência, mas é bem possível que o consentimento tenha sido produto da mesma fragilidade que inicialmente o fez se preocupar com a edição: estava ansioso pelo reconhecimento do livro, odiava a ideia de decepcionar alguém e queria acreditar no futuro de sua escrita sóbria.[26] Mas o livro que veio ao mundo não era o mesmo que Carver havia escrito.

No conto que acabou sendo publicado como "O banho", o mais famoso da coletânea — uma história que Lish cortou para menos de um terço do tamanho original —, um garoto chamado Scotty é atropelado por um carro na manhã de seu aniversário. Enquanto está deitado em coma no hospital, seus pais começam a receber ligações de um estranho ameaçador que por acaso é o padeiro que fez o bolo de aniversário de Scotty, cada vez mais irritado que ninguém tinha ido buscá-lo. Quando a mãe pega o telefone — completamente desesperada — perguntando se alguém está ligando para saber de seu filho, o padeiro diz: "É por causa do Scotty. Tem a ver com o Scotty, sim".[27] Na versão de Lish, a história termina no *sim* do padeiro, sua voz ao telefone, o toque de ironia e brutalidade inconsciente. Não descobrimos se o garoto vive ou morre. Essa versão da história é sobre uma tragédia sem sentido e as fissuras humanas que ela ilumina; sobre como a distância pode se tornar maldade.

Mas a versão original de Carver, "Uma coisinha boa", que acabou sendo publicada anos depois, não termina com o telefonema. Os pais de Scotty acabam visitando o padeiro na loja e explicam a perda — nessa versão, o filho morre. Depois que contam a ele o que aconteceu, o padeiro lhes serve "rolinhos de canela quentes, saídos do forno, com a cobertura ainda escorrendo",[28] e um pedaço de pão preto fresco, contando sobre seus próprios dias desgastantes: "Eles o escutaram. Comeram o que podiam. Engoliram o pão preto. Era como a luz do dia sob os traços fluorescentes de luz". O padeiro oferece um pequeno consolo de prazer tangível — o tipo de "coisinha boa" que meus próprios dias numa cozinha quente em Iowa me mostraram — e esse pão compartilhado acaba catalisando outro tipo de comunhão: "Eles conversaram até o começo da manhã, com a emissão pálida de luz nas janelas, e não pensavam em sair".

O final original de Carver não oferece nem desespero completo nem redenção inequívoca. É mais como *chiaroscuro*, luz e sombra: os pais recebem uma trégua temporária da dor e o padeiro não é totalmente definido pela frieza. O filho do casal se foi, mas o mundo não é um lugar completamente indiferente e sem redenção. Por menores que sejam as doses, a graça vem com discrição e chega de cantos inesperados — incompleta, imperfeita, importante.

Na história que Lish chamou "Depois do jeans", um senhor de idade sóbrio se enfurece com um jovem casal hippie que ele vê trapaceando no bingo. Por trás da raiva, ele está angustiado com o retorno do câncer da esposa, e a história termina com a dor expressa como raiva — o homem pega sua agulha de bordado e "apunhala aquele olho com um fio de seda azul".[29] Mas a versão original da história, que Carver chamou "Fazendo o favor", termina não com raiva — um homem apunhalando seu bordado, impotente para mudar o destino, furioso com quem foi mais bem tratado pelo destino —, mas com a alquimia inexplicável da raiva se transformando em algo mais complacente. "Ele e o hippie estavam no mesmo barco", o velho considera e sente que "algo remexe dentro dele novamente, mas não é raiva desta vez."[30] A história termina com esse "algo" remexendo:

> Desta vez ele foi capaz de incluir a garota e o hippie em suas rezas. Deixe que tenham isso, sim, dirigindo vans e sendo arrogantes e rindo e usan-

do anéis, até trapaceando se quiserem. Enquanto isso, rezas eram necessárias. Eles podiam fazer uso delas também, até a dele, especialmente a dele, na verdade. "Fazendo o favor", ele diz em suas novas rezas, por todos eles, os vivos e os mortos.[31]

Esse ato de reza, não apenas reza por um estranho, mas por um estranho que ele odeia, é, na verdade, uma parte específica do ensinamento do AA: *Se você tem um ressentimento do qual quer se livrar, se você rezar pela pessoa ou coisa que provoca o ressentimento, você estará livre.*[32]

As edições combatiam a prosa que Lish compreendia como sentimental, mas se o sentimentalismo permite a falsa emoção que se afasta do mundo ("os olhos úmidos do sentimentalismo traem sua aversão à experiência... seu coração árido", como James Baldwin explica),[33] então Carver nunca se afasta da complexidade da experiência. A reza do velho é um final que permite múltiplas camadas de emoção — graça ao lado de fúria — em vez de se estabelecer numa veia mais simples e previsível de desdém imediato. O consolo de Carver é atormentado e conquistado a duras penas, mas seus finais têm fé na comunhão do pão preto — em coisinhas pequenas trocadas na profundidade da noite.

Alguns anos depois dessa série de edições, Carver insistiu com Lish que seu próximo volume de contos não passasse pelo mesmo processo: "Gordon, verdade de Deus, e posso dizer isso agora, não posso passar pelo tipo de amputação cirúrgica e de transplante que talvez os façam se encaixar no pacote para que a tampa feche. Talvez tenha que haver membros e cabeças com cabelos saindo para fora. Meu coração não vai aceitar do contrário. Vai simplesmente explodir, e falo sério".[34] Carver estava disposto a arriscar o melodrama (*vai simplesmente explodir*) para se posicionar em relação à escrita de sua recuperação — escrita que era mais bagunçada, cheia de atrito e ondas, intimidades irregulares e ligações inexplicáveis. Ele queria fincar o pé por histórias que não terminassem em ironia, histórias desajeitadas e ávidas o bastante para segurar os anseios da sobriedade, com suas estranhas permissões e laços inesperados.

***

Naquele primeiro outono de volta a New Haven, comecei a ir para uma reunião no centro às sete e meia toda manhã. Caminhar na rua Chapel pouco depois das sete — durante o começo do inverno, quando ficava escuro até mais tarde — me levava pela cidade mais silenciosa que era engolida a cada manhã assim que a cidade familiar despertava. As luzes acendiam numa fluorescência aguda na loja de pneus; os trens depositavam executivos de cachecóis xadrez na plataforma da rua State; pela grade de metal, a vitrine da loja de um dólar estava cheia de mochilas de criança e pastas com descontos.

A reunião das sete e meia acontecia no centro, num prédio de pedra imponente. Cerca de metade do público havia vindo direto de um dos abrigos de sem-teto da cidade, que pedia que os hóspedes saíssem às sete. Alguns vinham pela reunião e outros pelo café — amargo e escaldante, servido com um punhado de potes de creme na mesa dos fundos —, e muitos, provavelmente, vinham por ambos. Nem sempre era claro por que alguém tinha vindo, e era provável que raramente fosse só por uma coisa mesmo. A reunião era cheia de veteranos, alguns sóbrios havia décadas, que sustentavam um feroz e opaco ecossistema de antigos feudos e intimidades. Um senhor preto de idade chamado Theo era o líder espiritual não oficial do grupo. Dava para ver que ele tinha passado por muita merda, mas não jogava na sua cara, e comparecia todas as manhãs — como compareceu todas as manhãs por décadas.

Naquela reunião, eu estava dolorosamente ciente do quanto tinha e do quanto não tinha perdido. Tinha consciência de como o que eu compartilhava era percebido pelos outros na sala, pessoas que lutavam com tantas coisas complicadas: a mulher que lutava pela custódia dos filhos; o cara que entrava e saía de abrigos por quase um ano, mas que finalmente arrumou emprego numa pizzaria na cidade. Como comparar meu vício ao deles sem que parecesse qualquer coisa além de incompreensão pelo que eles tinham sofrido? Com a minha presença, não queria insinuar que eu havia passado por tudo aquilo também — quando era evidente que não havia. Minha história era delineada por desejo mais do que por perda.

Mas fiquei surpresa pelo modo com que outras pessoas procuravam compartilhar e, em certo ponto, percebi que era eu que projetava a diferença pressupondo que os outros sentiam isso. Acreditando que o que compartilhávamos não tinha que me deixar cega para o que não compartilhávamos.

Ressonância não era o mesmo que convergência. Não significava fingir que vivíamos a mesma coisa. Só significava escutar. As pessoas levavam socos no rosto por diferentes motivos, mas beber deixou nossos corpos vulneráveis. Não estávamos lá para supor a correspondência perfeita ou insistir nela; estávamos lá para nos abrirmos à possibilidade de companhia.

Gostava da frequência com que as pessoas diziam: "Não consigo ter a porra de uma pausa". Da frequência com que ficavam bravas umas com as outras, com as próprias vidas. Certo dia, um homem ficou de pé e gritou para outro homem do outro lado da sala: "Quando você vai me devolver os vinte contos?". O cara gritou de volta: "Por que não *chupa* alguém por vinte contos?". Foi libertador ouvir vozes quebrarem o roteiro sacrossanto de contar os passos, das promessas ou do preâmbulo: "uma irmandade de homens e mulheres que compartilham experiências, força e torcem para que juntos possam resolver o problema em comum". E, também, honestamente, para que pudessem falar com franqueza sobre dinheiro devido ou por que tal e tal era errado pra caralho. As pessoas estavam se recompondo após muitas perdas e muitas recaídas. Desejo e arrependimento ainda brilhavam ferozmente naquela sala, ainda quentes ao toque.

Graça infinita é honesto sobre a esquisitice da boa vontade despersonalizada na recuperação — como é se sentir amado indiscriminadamente, não por suas qualidades, mas só "porque sim". O livro entende o desconforto de ouvir a promessa do programa: *Vamos amá-lo até você aprender a amar a si mesmo*, e a insistência agressiva de ser abraçado por estranhos. Após um encontro, um personagem pergunta a um estranho: "Vai arriscar vulnerabilidade e desconforto e me dar a porra de um abraço ou vou arrancar sua cabeça e *afundar* no seu pescoço?".[35]

Don Gately era diferente de qualquer herói literário que conheci: um sujeito sóbrio com uma cabeça quadrada, mãos carnudas tatuadas frequentemente carregando bolos que ele assa para os aniversários de sobriedade dos outros. Nas reuniões, ele fala sobre "foder a sobriedade"[36] e fica irritado com bêbados sóbrios o tempo todo. Quando alguém reclama demais, ele usa o dedo mindinho para imitar a menor viola do mundo tocando o tema de *A dor e a piedade*.[37] Gately não é santo. É por isso que ele fez a salvação parecer possível. É o que eu adorava sobre a sobriedade no livro — não era rígida ou pedante: era palpável, crepitante e absurda. Era tão brutalmente viva em cada página.

Depois que Gately protege um residente cuzão da reabilitação num tiroteio e acaba atingido, ele passa os dias no hospital recusando morfina. "Nem um único instante foi insuportável", ele pensa.[38] "O impossível de lidar era com o pensamento de todos os instantes alinhados e se estendendo adiante, brilhando." Me lembrava de como eu imaginara a sobriedade: uma noite sem graça após a outra, uma montanha de chás de saquinho — nenhuma única noite impossível, seu horizonte infinito impensável. *Somos todos dramáticos, mesmo na sobriedade*. Minhas noites secas eram feridas de bala.

Mas mesmo quando Gately suporta uma "dor do tipo dor de emergência, dor do tipo grite-e-puxe-a-mão-queimada-no-fogão", ele ainda passa a maior parte do tempo de certa forma ranzinza — ouvindo outras pessoas descarregando seu infortúnio: "Gately queria dizer a Tiny Ewell que ele podia se identificar totalmente com os sentimentos de Ewell e que se ele, Tiny, pudesse apenas aguentar e carregar aquele fardo e colocar um sapato bem encerado na frente do outro, tudo terminaria bem".[39] No hospital, Gately se torna um enorme confessionário, como Luke com sua corte em Seneca, silencioso e fumando na cozinha enquanto todos falavam.[40]

Graça infinita é cheio de gente como eu, gente que tentava ser mais esperta que a recuperação, mas ainda buscava o reconhecimento de seus rituais — como um executivo numa reunião do AA em Boston que tinha "o tipo de histórico profissional de quem se acostumou a tentar impressionar um monte de gente".[41] Na cama do hospital, Gately se imagina num "luxuoso pódio de Compromisso, como em uma convenção do AA, dizendo sem rodeios algo que recebe uma risada enorme".[42] Gately não está tomando morfina, claro, mas também fantasia sobre como vai contar a história desse heroísmo numa reunião algum dia. Gately tinha o mesmo desejo desesperado que eu de receber o aplauso mais alto, de contar a história que nunca mais faria um homem gritar: "Que tédio!". O livro *se identificava pra caralho* com o jeito que meu ego invadia minha recuperação. Ele conhecia o tom comum dessa invasão. Entendia meu receio sobre a cultura da recuperação. Flagrava meu embaraço e minha veneração. Me mostrava que o desdém por clichês não originais não era nada original. Me deu esperança porque a esperança era tão nua e crua.

Li *Graça infinita* como um velho desesperado passando o detector de metais pela areia, esperando por cada alarme que significasse uma sabedoria enterrada — mesmo receando que Wallace fosse esperto demais para ser lido com esse tipo de ânsia. Eu me sentia acusada por críticos como Christian Lorentzen, que escrevia com desdém sobre "leitores que procuravam em romances e romancistas instruções de como conduzir suas vidas",[43] que eram atraídos por "chavões sobre cérebros que pulsam como corações, literatura como salvação para a solidão e romances que confortam os aflitos e afligem os acomodados etc. de Wallace". Mas eu era dependente dos chavões. As coisas mais importantes por que já passei ou em que acreditei provavelmente residiam no *etc.* de Lorentzen, cobrindo seus rostos envergonhados. Li Wallace com minha caneta psíquica de sublinhar sempre pronta. Talvez, enquanto eu sugava pílulas de verdade, isso tenha me feito simplificá-lo — "às vezes, os seres humanos têm que permanecer em apenas um lugar e, tipo, *sofrer*"[44] —, mas seu romance me fez passar por vários momentos em que apenas permaneci ali e, tipo, sofri. Aprofundava o que Berryman chamou "trabalho de sabedoria".

No meu programa de doutorado, outros alunos de pós-graduação falavam com condescendência afetiva sobre como seus alunos em formação sempre procuravam a *moral da história* ou a *lição a aprender*. Mas que se foda o cômodo desprezo. Que se foda a carga de redução e o escárnio em relação aos chavões. Porque, às vezes, só precisava me sentar ali e me lembrar que *Graça infinita* dizia que, às vezes, eu só precisava me sentar ali e, tipo, sofrer. Às vezes, eu precisava da verdade do *single-entendre*. Às vezes, eu precisava das cerejeiras em flor, da gôndola abundante de carne, da luz fria do sol, da nova vida. "Simples demais?", Wallace escreveu na margem de um de seus livros de autoajuda. "Ou apenas simples assim?"[45]

Eu tinha muito medo da sobriedade como o ponto-final, como Jackson teve medo da sobriedade como o ponto-final, como Berryman, Stephen King, Denis Johnson e a garçonete mais velha da reunião de terça de manhã tiveram medo da sobriedade como o ponto-final. Tinha medo que as reuniões fossem basicamente lobotomias servidas com água sabor café e cookies Chips Ahoy!, medo de que a sobriedade pudesse oferecer estabilidade, sinceridade e, talvez, até salvação, mas nunca seria uma história. Mas *Graça infinita* era mais sábio. Não que o brilho do romance tenha superado a força mortífera da sobriedade. O brilho dependia do que a sobriedade havia moldado.

Em seu aniversário de sobriedade, Wallace ganhou o exemplar de uma peça de 1987 chamada *Bill e Bob* de presente de seu padrinho. Na capa, estava escrito "Para David, parabéns pelo ano 1" e tinha uma ilustração que sugeria irmandade: dois homens com ternos, o rosto fora do enquadramento, um deles segurando uma caneca de café com a fumacinha saindo. Wallace marcou apenas uma passagem, parte de um diálogo:

> DR. BOB (puxando a cadeira para mais perto): Se não beber, sou um monstro. Preciso disso para funcionar, para ser médico, marido, pai. Sem isso, tenho muito medo de que não consiga funcionar de jeito nenhum. O álcool é a cola que me mantém inteiro, a única coisa com que posso contar.[46]

Ao lado, Wallace escreveu apenas três palavras: "Como me sinto".

É fácil se sentir bem em relação à ressonância. Na verdade, o ritmo de concordância da comunhão é bem viciante — *Sim, sei como você se sente*. A empatia pressuposta tem sabor de dignidade e é sensível ao paladar. Durante meus primeiros dias de sobriedade, comecei a sentir ressonância em tudo, como se fosse uma cor primária que nunca havia notado. Uma tarde, me sentei a uma mesa de carvalho enfiada no hall silencioso de uma biblioteca e vi a anotação que um estranho havia entalhado na madeira: "Sou virgem". Então outros escreveram ao redor: "Eu também"; "E eu"; "Eu também!"; "Eu também!".

Mas o outro lado da humildade da comunhão, ser capaz de dizer "Não sou o único", é o perigo da suposição ou da confluência: *Senti o que você sentiu*. É tão satisfatório reconhecer o que é compartilhado que pode se tornar sua própria tentação — insistir nas coisas em comum por todo lado.

Na metade de seu livro sobre o trabalho com viciados da periferia, o médico Gabor Maté se insere no grupo: "Olá, meu nome é Gabor, sou consumidor compulsivo de música clássica".[47] Após as apresentações anteriores — viciados em crack e heroína que moram na rua ou fazem programa; que perderam membros infeccionados nos pontos de injeção —, a confissão de Maté inicialmente parece uma piada, depois uma provocação, pedindo para aceitar uma continuidade a que ele suspeita que inicialmente iremos resistir. A descrever os milhares de dólares que ele gasta compulsivamente em música clássica, como ele toca alto para abafar o barulho da sua família, Maté reconhece que seu vício usa "delicadas luvas brancas", mas também insiste num "processo de vício" único, que se manifesta em uma série de comportamentos:[48] "o autoconforto desvairado dos comedores ou compradores compulsivos; a obsessão dos jogadores, viciados em sexo ou em internet; ou o comportamento socialmente aceito e até admirado do *workaholic*".[49] É o que Eve Kosofsky Sedgwick chama de "atribuição do vício",[50] como tentamos entender tudo como vício: compras, e-mail, até exercícios, o mascote da força de vontade. A atribuição do vício pode se tornar um vício por si só. A satisfação de uma rubrica abrangente oferece sua própria intoxicação: *Estamos todos juntos nisso!* Se o vício é um *continuum*, então todos temos que viver em algum lugar de seu eixo, estourando Beethoven para abafar as vozes de nossos filhos ou se empanturrando de chocolate depois que somos demitidos.

Mas tenho receio de atribuir o vício de forma tão ampla que passe a não significar nada mais além do desejo compulsivo de algo capaz de causar dano. Não quero ignorar os mecanismos físicos particulares do vício explorando-o com demasiada facilidade em busca de verdades universais: *Todos nós temos anseios. Todos nós fazemos compensações. Todos nós queremos alívio.* Não queremos o mesmo alívio e a busca nem sempre pune quem procura. É importante reconhecer o dano específico impingido por certos anseios: os danos ao cérebro, os danos à vida.

Quando a Associação Psiquiátrica Americana lançou a quinta edição do *Manual diagnóstico e estatístico de transtornos mentais*,[51] em 2013, e mudou oficialmente a definição de "transtorno por uso de substância" de categoria para espectro, muitos cientistas temeram que o critério ampliado sobre o vício efetivamente produziria muitos viciados — que, em essência, tornaria todo mundo que havia bebido de forma descuidada num viciado e destruir a distinção vital entre disfunção e doença.[52]

O que eu acho? Que é importante não perder a compreensão da noção de doença ou de seus mecanismos físicos definindo-a de forma ampla demais, mas também é verdade que todo mundo já desejou algo que é prejudicial. Queria que pudéssemos evocar essa universalidade não para permeabilizar as fronteiras do vício completamente, mas para humanizá-las sob seu domínio.

Quando perguntei ao meu próprio diário, bêbada, "Sou alcoólatra?", estava tentando responder a uma pergunta sobre desejo: Quando o anseio comum se torna patologia? Agora eu acho: Quando se torna suficientemente tirânico a ponto de provocar vergonha. Quando deixa de constituir o ser e começa a interpretá-lo como falta. Quando você quer parar e não consegue; e tenta novamente, e não consegue; e tenta de novo, e não consegue. "Só depois de muitos picos que o desejo se torna necessidade",[53] George Cain escreveu. "Tinha nascido para isso, tinha esperado a vida toda."

Quando perguntei ao meu próprio diário, bêbada, "Sou alcoólatra?", eu estava buscando uma categoria que pudesse me dizer se a dor era real — como se beber mais a tornasse incontestável. Claro que a dor era real, como a de todo mundo. Claro que não igual a de todo mundo, apenas real como a de todo mundo.

Como causa e culpada, a bebida oferecia um veículo conveniente para certas dificuldades que eu achava complicado demais definir com precisão. Quando estava ficando sóbria pela primeira vez, escrevi para mim uma história sobre o relacionamento com Dave em que eu era a fonte dos nossos problemas, minha insegurança e desconfiança, e o álcool era a fonte dos *meus* problemas — então, me livrando do álcool, começaria a resolvê-los. Mas estávamos menos machucados do que isso, ou mais machucados do que isso e, de volta a New Haven, um estranho, sinistro silêncio se estabeleceu em nossa vida conjunta: dias em bibliotecas; cozidos borbulhando em fogo baixo; velhos grãos de café na cafeteira francesa, depois na lata de lixo. A calma não parecia alívio das brigas; era mais distante do que isso, de alguma forma estranha, corrosiva, nossas brigas foram íntimas e vinculadoras: tóxicas, porém saturadas, impossíveis de se afastar. Brigar significava que estávamos totalmente presentes. Em New Haven, éramos mais amáveis um com o outro, mais gentis, mas também, de certa forma, robóticos; quando voltávamos para casa, um para o outro, no final do dia, era como se estivéssemos buscando corpos que não estavam lá.

Naquele outono, fomos a outro casamento — nosso décimo ou décimo segundo ou centésimo, quem saberia — e montamos nossa barraca no campo. O casamento estava cheio de gente que esteve em vários grupos à capela com o noivo e, com frequência, um grupo de estranhos começava a cantar ao meu lado, como um incêndio florestal espontâneo. "Prometo desfrutar da espiritualidade com você", a noiva disse ao noivo em seus votos. "Prometo desfrutar da natureza com você", ele respondeu. Naquela noite, choveu até amanhecer e acordei enrolada no canto da barraca, o chão lamacento por baixo do fino piso de vinil — meu corpo estava totalmente fora do saco de dormir, como se estivesse tentando rolar para o mais longe possível de Dave. Ele tirou uma foto minha naquela manhã, em pé, de legging, do lado de fora da barraca, com o campo e os morros atrás, e quando ele usou o filtro de brilho do celular, nosso acampamento ficou parecendo uma terra mágica de elfos. "Lindo!", todo mundo comentou no Facebook. Mas eu estava irritada e cansada, desanimada pela felicidade dos outros.

A recepção da noite anterior havia sido uma *supra*, um banquete georgiano tradicional que se baseava numa série de brindes elaborados e estontenteamente longos — a Deus, aos mortos, aos vivos, às nossas barracas — a noiva e o noivo bebendo vinho tinto em um chifre com ponta de prata e pele de animal. A cada nova rodada de brindes, um estranho diferente olhava para mim e franzia a testa.

"Não sabe?", um finalmente disse. "Dá um azar terrível brindar com água."

De volta em casa, comecei a sentir algo estranho em nosso quarto: um cheiro de celeiro, como feno molhado ou pelagem úmida, algo animal. Os locatários anteriores contaram que houve uma infestação de esquilos e me perguntei se eles ainda estariam fazendo ninhos atrás das paredes de tijolos, tuneizinhos encharcados de urina e repletos de nozes, filhotes pelados se contorcendo — criaturas indefesas e grotescas todas ao redor.

Quando avistamos camundongos, foi quase um alívio. *Tinha* algo errado e iríamos nos livrar disso. Montamos ratoeiras sob os armários e as lambuzamos cuidadosamente com manteiga de amendoim. A princípio, os camundongos conseguiram roubar a manteiga de amendoim sem acionar as ratoeiras, lambendo as pás plásticas amarelas até ficarem bem limpinhas, como minúsculos super-heróis com talento especial aperfeiçoado. Eu me sentei no sofá e vi um ratinho se movimentar com tamanha graça — com tão pouco peso nas garras e uma língua que mal aparecia — que conseguiu pegar tudo o que queria sem morrer.

Em seguida, montamos armadilhas com cola e acordamos de noite ouvindo o guincho do camundongo enquanto lutava; ainda terrivelmente, dolorosamente vivo. Ficamos deitados lado a lado, escutando. Era impossível dormir. Finalmente, Dave se levantou e esmagou o rato no chão. Uma morte misericordiosa. O apartamento ficou em silêncio novamente.

Quando confessei a Susan que tinha começado a fantasiar em terminar com Dave, só imaginando como poderia ser, ela me lembrou que o programa sugeria não fazer grandes mudanças no primeiro ano de sobriedade, e isso incluía terminar um relacionamento. Eu queria dizer: "Você terminou o seu". Ela tinha um apartamento só para ela, uma vida sozinha que parecia — de certa forma — profundamente produtiva.

Em reuniões de recuperação, eu era cercada por histórias de gente que vivia nos vazios e na arrumação dos novos começos: deixando velhos relacionamentos, velhos lares, velhas cidades e começando novamente em reabilitações, reuniões, com os passos. Na verdade, muitas pessoas estavam simplesmente ficando sóbrias na vida que sempre viveram — com os mesmos empregos, os mesmos casamentos, os mesmos filhos —, mas eu continuava enxergando a história de renascimento porque era a história que eu queria enxergar: gente que começava de novo, que era solitária e livre. Quando olhava para Dave, eu me sentia exausta, como se nosso relacionamento fosse um quarto bagunçado que eu tivesse que limpar. Parte de mim ansiava pelo alívio de começar do zero — pura perda, depois, reconstruir sozinha.

***

Seneca House me atraía porque havia sido o marco de um novo começo para milhares de viciados ou, pelo menos, a promessa de um novo começo. Eu queria ver o lugar pessoalmente. Mas na época que visitei Seneca Creek em 2015, a casa era apenas um fantasma: uma área nua de gramado enfiada entre a água e o bosque. O prédio havia sido derrubado depois que a clínica fechou as portas em 1992 após a fusão sem sucesso com um grande centro de tratamento. Eu fui de carro com Sawyer que, agora, sofria de uma doença muscular degenerativa que o mantinha em grande parte imobilizado; então, alugamos uma van especial adaptada para acomodar sua cadeira de rodas.

Pelo telefone, Sawyer se referiu à doença como "aflição" num tom irônico que sugeria aspas assustadoras. Após passar décadas numa comunidade cuja moeda era dor compartilhada, Sawyer sabia os vários tons em que o sofrimento podia ser articulado. Sabia como soava quando as pessoas exploravam suas vidas atrás de drama, e ele estava escolhendo outro tom de voz: o objetivo, desafiando a tentação de dramatizar em vez de ceder a ela. Ele também tinha câncer de próstata e em uma das costelas. Essas enfermidades foram mencionadas por alto.

Quando visitei Sawyer em sua casa em Maryland, a apenas meia hora de Seneca Creek, era um dia de julho tão quente e claro que ameaçava fechar as glórias-da-manhã ao meio-dia. A geladeira estava coberta com os rostos dos netos, um anúncio de babá cuidadosamente datilografado pela neta: "Sou séria e confiável". Colocar Sawyer na van exigia duas cadeiras de roda motorizadas, um andador e um elevadorzinho. Prendi a cadeira de rodas motorizada no interior da van com quatro cintos, presos com fechos no piso, e — morrendo de medo de que se soltasse — dirigi em constantes trinta quilômetros por hora, as mãos suadas grudadas na direção. Dos fundos da van, Sawyer apontou a antiga loja de departamentos no fim da estrada de Seneca, construída em madeira e aberta em 1901, aonde os hóspedes de Seneca iam para comprar cigarros que não deveriam fumar lá dentro. Apontou o campo de golfe que os hóspedes atravessaram durante o furacão Agnes para se hospedarem em um hotel barato porque a casa inundou.

A reabilitação 355

De volta em casa, Sawyer não quis me dar seu discurso de bêbado: as histórias da bebida barata de Chinatown e de seus filhos comendo à luz de velas. Em vez disso, queria conversar sobre autoaperfeiçoamento e seu sucesso na sobriedade: como advogado, como construtor imobiliário em Delaware, como diplomata de recuperação na terra de seus pais, onde ele disse que outrora foi chamado de Bill Wilson da Lituânia. Ele visitou clínicas de alcoólatras por todo o país, em 1991, assim que foi declarada a independência da União Soviética, e deixou lá uma cópia do Livro Azul traduzido para o lituano.

O trabalho na Lituânia era parte crucial da história que Sawyer queria contar sobre si — em que a ascensão social devido à sobriedade foi o ponto alto de uma vida comprometida com o trabalho de autossustentação: cuidando de barracas de frutas durante a noite, quando menino, ou trabalhando numa fábrica de aço onde o metal derretido derramava-se como mercúrio sobre as chamas. A sobriedade permitiu a Sawyer que continuasse seguindo o arco narrativo a que estava destinado: a história de um filho de empregada que havia feito jus aos sonhos da mãe, uma história que começou quando a mãe o levou à exposição "O Século do Progresso", em 1933, em Chicago, e ele viu as rodovias do futuro, suas curvas e inclinações impossíveis. Naquele dia, ele ficou deslumbrado — queria ser alguém que construía coisas, alguém com poder, alguém que mudava o mundo.

A história de sobriedade que Sawyer me contou era a história que ele havia construído para ele mesmo viver, como uma casa à margem de um córrego: uma história em que trabalhou duro e foi recompensado pelo esforço, em que o trabalho funcionava como penalidade por ter bebido todo o dinheiro que a mãe havia economizado para sua educação, ou o dinheiro que sua família precisava para a conta do gás. Em sua narrativa, a dedicação era o auditório de sua recuperação. As boas intenções se transformaram em lucro e a sobriedade tornou a alquimia possível.

Só quando estacionamos ao lado do antigo local de Seneca, com o motor desligado, que Sawyer me contou sobre as prisões, ou sobre a menina por quem se apaixonou em Baltimore ("aquela que foi embora") antes de se casar, e como ele arruinou suas chances ficando bêbado antes do primeiro encontro. Era como se o córrego em si — ou a memória da casa — tivesse aberto algo nele, como se estivéssemos em nossa própria reunião, lá mesmo ao lado da água, cercados pelas paredes fantasmas de uma casa que ele ajudou a construir. Vimos a casa do dique no canal, com os tijolos caiados. Hóspede de um acampamento de verão vestidos com coletes salva-vidas estavam reunidos perto da água em grupos cor de laranja neon farfalhante.

Quando escreveu poemas, Sawyer disse que não eram sobre alcoolismo. Eram sobre sua reverência à sobriedade. Ainda era um garoto se perguntando sobre as rodovias impossíveis do futuro, ainda um homem que via a curva do córrego, o velho e sujo albergue de pescaria, e pensou: *Claro, um bando de bêbados pode ficar aqui por um tempo.* Décadas depois de ter sido derrubado, ele estava preso a uma cadeira de rodas motorizada, ao lado do mesmo córrego, contando a uma estranha *como era* — uma estranha cinquenta e cinco anos mais jovem que, cinquenta e cinco anos depois de Sawyer ficar sóbrio, tinha a própria versão das mesmas desculpas lacrimejantes para a mesma sede teimosa.

"Nós nos contamos histórias para poder viver",[54] Joan Didion escreveu e, inicialmente, considerei suas palavras como um evangelho: *As histórias nos ajudam a sobreviver!* Mas acabei percebendo que era mais uma advertência — uma sugestão de que havia algo comprometido e vergonhoso sobre a dependência da falsa coerência. Quando Didion escreveu "Comecei a duvidar das premissas de todas as histórias que eu já havia me contado", entendi o ceticismo dela como acusação: confiar em histórias era ingenuidade, era recusar o confronto da falta de sentido da realidade.

Mas na recuperação, comecei a acreditar novamente que as histórias podiam fazer todas as coisas sobre as quais Didion havia me ensinado a desconfiar, que podiam conferir arcos significativos de coesão; que podiam nos salvar de nossas vidas nos deixando construir a nós mesmos. Sempre acreditei na dúvida — em questionar e minar, procurar fissuras, romper as costuras da resolução organizada para encontrar a complexidade fervilhando por baixo —, mas comecei a me perguntar se às vezes a dúvida era apenas um álibi fácil, uma forma de evitar o estado mais precário de afirmação, de tornar-se vulnerável ficando atrás de algo que poderia ser criticado, refutado ou ridicularizado. Talvez, duvidar das histórias fosse tanto uma muleta quanto se apoiar nelas. Era fácil apontar fendas sem preenchê-las, entrar na trincheira da ambivalência. Talvez, às vezes, só era preciso aceitar que a história de sua vida fosse algo fabricado — selecionado, escolhido, distorcido a serviço de coisas que se podia nomear e, provavelmente, de outras que não se podia nomear. Talvez fosse possível aceitar tudo e ainda acreditar que faria algum bem a você ou a outro alguém.

A recuperação me lembrava que contar histórias era ao fim e ao cabo algo comunitário, não enganar a si mesmo. A recuperação não dizia: "Contamos histórias a nós mesmos para podermos viver". Dizia: "Contamos aos outros nossas histórias para ajudá-los a viver também".

Quando fui procurar as histórias de Seneca House, descobri que cada história de sobriedade tinha seus elementos de redenção particulares. Sawyer construiu a história de sua sobriedade como uma história de responsabilidade — aprendendo a ser um pai responsável — e de destino manifesto. Era por isso que ele precisava me contar quanto dinheiro havia ganhado. Gwen contava sua história como um causo de humildade necessária; Marcus contava sua história como um mito de arrogância punida; e Shirley narrava a sobriedade como autoafirmação, finalmente se colocando em primeiro lugar.

Se Sawyer contou uma história de sobriedade sobre ascensão social, Gwen — a mãe que havia cruzado o rio Potomac com os filhos num apagão — contou uma em que o primeiro capítulo se apoiava num fracasso. Nos primeiros dezesseis meses em que começou a ir às reuniões, Gwen ficava nostálgica e recomeçava. Via a propaganda de cerveja Schilitz com uma mulher na proa do barco, de vestido longo, branco e esvoaçante — "Você só dá a volta uma vez na vida", dizia o locutor; "vá com todo o prazer que puder" — e ficava tentando descobrir se ainda havia como viver naquele barco com seu vestido branco balançando ao vento.

Finalmente, Gwen ficou tão farta do AA que escreveu uma carta de desistência. O único problema é que não sabia para onde mandar. Perguntou à sua madrinha, que estava lá havia um tempo, e ela disse: "Por que não a entrega para mim?".

Não muito tempo depois, Gwen escutou numa reunião que o antigo albergue de pesca — aquele de madeira do outro lado do córrego de sua casa — estava sendo transformado numa clínica de reabilitação. Da janela de sua casa, ela via a antiga placa decrépita. Ela pensou: *Santo Toledo!* Tinha que ficar sóbria agora ou, então, seria lembrada de seu fracasso toda vez que visse TV. Seu último drinque foi uma única dose de vodca quente às duas da tarde num domingo. Ela e o marido haviam recebido convidados durante todo o final de semana, e ela tinha sido *ótima*, não bebeu uma gota, então, quando todos foram embora, desceu para o bar no subsolo e se serviu o que tinha negado a si mesma por quarenta e oito horas seguidas.

Quarenta e quatro anos depois de sua última dose, que foi em 7 de março de 1971, eu passei um dia com Gwen na comunidade de aposentados em Maryland, onde mora, e, enquanto estávamos na fila da cantina para comer linguado à toscana, ela me contou como chegou ao fundo do poço: decepcionar os filhos, encher a garrafa de vinagre. Quando finalmente se apresentou em Seneca, era para oferecer seus serviços como conselheira — ela era assistente social formada, afinal —, mas Craig, o gerente, não comprou a proposta. Ele a conhecia do AA e sabia que ela tinha recaídas. Disse que não poderia ser conselheira até que estivesse tomando Antabuse por um ano. Mas podia ser voluntária, se quisesse. Foi assim que Gwen se tornou a Moça do Hobby: ensinando os residentes a fazerem mocassins, cintos, carteiras. Cruzava a ponte toda manhã com sua cadela perdigueira, Misty.

Ela passou aquele ano tomando Antabuse e morrendo de medo de ter uma recaída. Uma vez, acidentalmente, tomou licor de menta de um sundae; ela sentiu o gosto enquanto o sorvete derretia na língua. Depois disso, ficou desconfiada de que até os prazeres ainda disponíveis, sundaes com calda quente, pudessem lhe trazer problemas. Mas também não tinha certeza do que restava dela sem a bebida. "Se você me esculpir", ela se perguntava, "haverá o suficiente para formar uma pessoa?"

O que aconteceu depois de todo o processo de humildade? Depois de cumprir seu período de Moça do Hobby, Gwen se tornou conselheira em Seneca e acabou virando diretora. Começou a trabalhar lá sete dias por semana, frequentemente dez horas por dia. À essa altura, em casa, o casamento estava em perigo. O marido só queria de volta a garotinha com quem havia se casado, ela disse. Mas Gwen disse a ele que aquela garotinha nunca havia existido. Acabaram se divorciando e Gwen mergulhou no trabalho em Seneca House — um novo casamento para substituir o antigo.

Após cinco anos sóbria, Gwen releu sua carta de desistência do AA. A mulher a quem ela havia entregado a carta guardou-a por anos, para que pudesse devolvê-la. Gwen havia de fato enviado a carta de desistência para uma versão futura de si mesma, que estava vivendo uma sobriedade que ela não poderia ter imaginado.

Quatro décadas depois, Gwen me contou que era grata pelos netos, que lhe ofereceram uma segunda chance de fazer o que não havia feito com os próprios filhos. Ela se sentava no chão para brincar com eles. Ela lhes deu isso.

Marcus me contou sua história de sobriedade como uma versão da lenda de Ícaro: Ele havia voado perto demais do sol, em cem aviões sauditas, depois fumou até virar um esqueleto. Se beber e se drogar tinham a ver com inquietude — voar pelo mundo inteiro, ganhar dinheiro, sentir-se especial —, então a recuperação tinha a ver com a desistência da ilusão de sua excepcionalidade. Durante os primeiros dias em Seneca, Marcus se identificava com os anseios dos outros residentes, mas não com suas experiências. Ele tinha tido mais experiências. Mas ninguém acreditava que ele havia viajado em um mês de Bombaim a Bangkok, a Manila, a Honolulu, a São Francisco. Eles tinham ouvido muita merda de muitos viciados.

A reviravolta de Marcus aconteceu numa sessão com um conselheiro de Seneca chamado Bart, um negro mais velho, funcionário público. Era o que Marcus queria: um salário decente, um currículo de respeito. Marcus fazia um Primeiro Passo tímido na frente do grupo e Bart disse: "Por que não cai na real?". Foi quando deu um estalo em Marcus. Ficou tão bravo que jogou a cadeira pela sala e começou a perceber quanta raiva tinha: de seu país — o racismo, a hipocrisia — e de si mesmo também, apesar de não enxergar isso direito ainda. Ele se sentou num banco na varanda da frente com o cão da casa, um beagle chamado Snoopy, pensando *fiz besteira*. Sua família não era uma família que falava sobre sentimentos. Ele não tinha falado muito sobre seus sentimentos no trem para Mogadíscio, ou jogando beisebol com um cachimbo de crack em White Plains, ou nos bares obscuros de Bangkok. Mas décadas depois, quando o encontrei num café perto de Dupont Circle, ele falava sobre sentimentos havia anos. Tinha acabado de voltar de um período trabalhando como observador das eleições no Haiti, onde foi a reuniões do AA em Porto Príncipe, cujo slogan era em crioulo, apesar de a mensagem ser a mesma: *"Yon sèl jou nan yon moman* [Um dia de cada vez]. Acabou dedicando muito tempo de sua vida profissional dando a outros homens — prisioneiros em seu programa de reabilitação federal — as ferramentas que eles precisavam para falar.

A história de sobriedade de Shirley se baseava em reinvindicação. Por boa parte de sua vida adulta, ela serviu — ao marido, ao lar, aos filhos —, e bebia para tornar a situação tolerável. Ficar sóbria tinha a ver com acordar e dizer que precisava de algo para si mesma. Inicialmente, ela não achou que fosse capaz de fazer os vinte e oito dias em Seneca, quem cuidaria de seus filhos? Mas uma das conselheiras de Seneca, Madeline, disse que Shirley precisava colocar a sobriedade à frente de tudo — filhos, marido, carreira. O marido não poderia cuidar das crianças uma única vez?[55]

Quando Shirley apareceu em Seneca, em 1973, ela era a 269ª hóspede.[56] Passou o primeiro almoço chorando na comprida mesa de madeira, comendo um hambúrguer com queijo enquanto "Keep On Loving You" tocava no aparelho de som. Um velho grosseiro lhe deu uma caixa de leite e disse que todo mundo chorava quando chegava e chorava de novo quando ia embora. Shirley ficou mais feliz fazendo seus deveres em Seneca do que em casa, porque era recíproco — todo mundo tinha tarefas —, e não tanto como servidão contratual. Ela cozinhou para quarenta pessoas quando o cozinheiro teve uma recaída e se ausentou. Uma vez ela colocou sabão de lavar roupas na máquina de lavar louças, e passou as horas seguintes limpando toda a espuma que se espalhou até a sala de estar.

Shirley era uma ouvinte tão boa que outro residente deu a ela um torniquete por seu coração que sangrava pelos outros. Mas em sessões de grupo, Madeline a pressionava para ser honesta. "Vamos conversar sobre os cristais da sua sogra", ela disse, e nos últimos dias de Shirley em Seneca, Madeline a fez passar por uma maratona. Reuniu dez conselheiros numa sala e trancou as portas, então disse "Vamos ver o quanto você consegue ser honesta".

Quando Shirley perguntou o que aconteceria se ela precisasse ir ao banheiro, Madeline disse: "Não vai mijar suas emoções!".

Shirley adorava Madeline, que acabou sendo sua madrinha: ela era rígida, mas totalmente presente. "Estou bem aqui, amada", ela dizia.

Antes de Madeline se tornar uma alcoólatra exibicionista, correndo pelada na neve com o marido a perseguindo, ela tinha sido uma criança sem pais. Cresceu na Índia, órfã aos dez anos de idade, quando o padrasto atirou em sua mãe e no amante dela num hotel em Délhi. Anos antes, o padrasto havia tentado molestá-la. Um dia em Seneca, quando Madeline e Shirley caminhavam ao lado do córrego, Madeline pegou um galho que tinha sido atingido por um raio e apontou o centro chamuscado. "Vê essa parte preta?", ela disse a Shirley. "Era assim que eu me sentia quando as coisas aconteciam comigo."

Para comemorar três anos juntos, nosso primeiro outubro de volta a New Haven, Dave e eu saímos para jantar numa pizzaria com bancos de vinil atrás de nosso apartamento. Comemos vôngoles com uma massa branca e brindamos com refrigerante de ervas especial da casa. "Sei que é basicamente a duração de uma ida ao banheiro na escala do seu relacionamento", escrevi para um amigo que estava com a esposa havia uma década, "mas, para mim, três anos é uma eternidade. Estou orgulhosa de nós."

Fizemos uma assinatura para receber produtos semanalmente de uma fazenda em Woodbridge, a meia hora a noroeste de nós: cebola italiana, salsinha e couve-manteiga, bok choy, tatsoi, vegetais de que eu nunca tinha ouvido falar e não tinha ideia de como usar. Receber esses maços de verduras semanalmente era como dar um sinal de pagamento pela vida que eu queria estar vivendo mas que não vivia exatamente — uma vida em que beberíamos água com gás com alegria e seguiríamos receitas que vinham por e-mail da fazenda: cenouras glaceadas suculentas com cranberries, massa com manteiga queimada e tatsoi, bolo de chocolate com beterraba. Na maioria das vezes, os vegetais murchavam na geladeira e deixavam pequenas poças marrons nos cantos da gaveta plástica.

De volta a Iowa, Dave e suas distâncias — ou às formas com que eu projetava essas distâncias nele — mantiveram nosso relacionamento carregado de anseios. O fato de que eu nunca podia tê-lo totalmente significava que eu sempre o queria. Agora que ele estava mais disponível, com frequência eu saía, deixando o apartamento várias noites para escrever numa lanchonete fora da cidade que ficava aberta vinte e quatro horas por dia. Chamava-se Athenian, tinha grandes janelas de vidro e detalhes em pedra e, às duas da manhã, estava basicamente vazia — apenas alguns policiais e uma garçonete cansada do turno da noite. Eu pedia batatas onduladas ou torta de maçã e trabalhava na proposta da tese de doutorado sobre escritores que ficaram sóbrios. Eu gostava da adrenalina de ir à lanchonete tarde da noite, cercada por estranhos desolados. Fazia a sobriedade ganhar eletricidade, com picos de cafeína tarde da noite por causa do café amargo e, com frequência, era mais fácil ficar longe de casa, longe de Dave — como se provasse algo sobre independência provando que não precisava mais dele.

Quando comecei a visitar os arquivos de escritores que eram bêbados e ficaram sóbrios, eu procurava o calcanhar de Aquiles da mitologia do uísque e tinta — para o sangue, suor e vômito que tinham sido suas bebedeiras e, também, pelo que a sobriedade possibilitou. Encontrar suas vozes nos arquivos me lembrava as reuniões: todas as perdas brutais escondidas sob o jeito de ser de estranhos.

Cada arquivo tinha seus próprios rituais: deixe suas sacolas aqui. Assine seu nome aqui. Pegue sua chave aqui. Use essas pastas. Use esse código. Use essa sala para sua pesquisa conspiratória. Use esses fones de ouvido para o registro arranhado das antigas músicas crioulas. Compre esse cartão-postal de uma mesa de cozinha detonada. Escreva a essa viúva pedindo permissão. Tudo depende desse toco de lápis.

Cada arquivo tinha o mesmo imperativo de cuidado. Cada arquivo era um santuário à tarefa fútil de preservar uma vida. Cada arquivo era um canto de sereia persuadindo com o mesmo ventriloquismo íntimo, iludido — querendo falar a verdade de alguém que não podia falar. Cada arquivo respirava silenciosamente contra os volumes desavergonhados do passado, o ruído perdido de tudo quebrado e por quebrar, toda a violência estalando sob frágeis páginas amareladas.

Numa sala impecável em Dartmouth, inundada pela luz do sol de New Hampshire, quis refutar o medo de Charles Jackson de se tornar uma alma drenada como os outros caras do AA, *não muito brilhante nem interessante nem nada.* Mas quando fui ver os frutos de sua criatividade sóbria, encontrei um manuscrito que me entediava. Quando fui procurar a promessa de que eu não estava me perdendo na recuperação, não encontrei a solução para os meus medos, mas o reflexo deles — à espreita, com olhinhos brilhantes, esperando por mim.

Jackson talvez tenha contado em uma reunião do AA que escrever *The Lost Weekend* não o ajudou a ficar sóbrio, mas o consolou no despertar de uma recaída devastadora: "Foi completamente honesto, sílaba por sílaba",[57] ele escreveu para um amigo. "Era um escritor de fato indo ao ponto, sem dizer nada além da verdade universal." Em seus arquivos, os rabiscos à mão na caixa de papelão que guarda o primeiro manuscrito datilografado evocam sua visão conflitante sobre o livro: "Originais de *The Lost Weekend* não são valiosos mas favor guardar".

Quando li as cartas de Jackson, fiquei olhando para o rastro brilhante do cometa dos meus desejos contrafactuais: e se ele tivesse tratado melhor sua esposa, combatido melhor seu ego, ficado sóbrio por mais tempo? Meu desejo vivia num tempo desconfortável — um impossível passado perfeito — e de noite eu voltava ao quarto que alugava nas montanhas de Vermont, de um casal de lésbicas que vivia com as filhas numa casa iluminada de fazenda com fogão a lenha. O laguinho de patos estava congelado por causa da estação, mas as galinhas ainda botavam ovos, e tinha ovos mexidos frescos de café da manhã. Os resíduos da casa, o aconchego, permaneciam comigo nos arquivos enquanto eu passava pelas cartas da esposa de Jackson, Rhoda, e imaginava o casamento que ela nunca teve.

"Fico sonhando com o que um casamento bom e feliz poderia ter significado para mim",[58] ela escreveu para o cunhado. "Como seria diferente com amor." Anos depois, ela contou à sua filha que Charles foi a melhor coisa que aconteceu a ela. Esse era o truque da vida, que ambos os sentimentos podiam ser verdadeiros ao mesmo tempo.

No Centro de Estudos do Álcool, em Rutgers, onde Rhoda trabalhou por décadas enquanto seu marido tinha recaídas contínuas, antigos informes do AA listavam encontros reclusos com apenas um membro:[59] Waldo em Caracas, Alessandro na Colômbia, Mildred no hotel Taj Mahal em Délhi. Um folheto anunciava a "Celebração de 30º Aniversário", em que Bill W. faria uma aparição ao vivo: "Pessoalmente! Pessoalmente! Pessoalmente!".

Quando cheguei a Stepping Stones, a casa de Wilson em Westchester, Nova York — uma construção colonial marrom estilo celeiro, meio hobbit, mas estranhamente grande —, havia se tornado um local de peregrinação. "Sempre dizemos que não é um passeio de sucesso", o diretor disse uma vez, "a não ser que pelo menos uma pessoa chore."[60] As pessoas choravam junto à grande cama de madeira onde Wilson e sua esposa, Lois, liam livros sobre recuperação um para o outro a cada manhã. Choravam com os artefatos de suas vidas diárias — o spray de cabelo, o único grampo de cabelo — e na mesa da cozinha onde Wilson bebia gim com suco de abacaxi enquanto Ebby falava a respeito de sobriedade e Wilson dizia a si mesmo que seu gim iria durar mais do que aquela pregação. Choravam com a pequena cafeteira prateada logo abaixo de uma parede cheia de canecas, a mesma cafeteira que preparou café para centenas de novos viciados sóbrios (meus próprios olhos se encheram d'água). Mas se esse lugar era uma casa de veneração, Bill Wilson não era seu deus. O deus era a comunhão: as xícaras de café, a possibilidade de penetrar na solidão ordinária de ser um bêbado.

Nos arquivos de Wilson, num antigo manuscrito do Livro Azul, vi uma frase do testemunho de outro homem que ele havia riscado: "Em nenhum tempo encontrei um lugar onde não conseguia álcool ~~quando queria~~".[61] *Quando queria.* Teve tempos em que ele não queria? As palavras já estavam implícitas. Algo em mim se ergueu para saudar a parte riscada. Era como assentir numa reunião: *Amém.*

Na noite em que deixei os arquivos de Berryman pela última vez — após dias debruçada sobre os passos do AA cobertos com manchas de café e queimados de cigarro —, meu motorista de Uber era um homem chamado Kyle que havia voltado da costa Oeste recentemente para Minnesota, onde trabalhou no turno noturno como crupiê de pôquer num bar ilegal. Ele voltou para fugir da vida que havia se tornado tóxica, me contou — bebida demais, vício total pelo jogo —, e porque ele queria se reconectar com sua paixão principal: o rap cristão. Na juventude, era imbatível, se apresentava em igrejas por todo Meio-Oeste e, quando as coisas ficaram feias na Califórnia, tudo o que Kyle queria era compor rap de novo. Mas, agora que tinha voltado — não jogava mais e bebia menos —, estava com bloqueio criativo.

Naquela tarde, eu tinha lido um bilhete do analista de Berryman ("Seu talento criativo não é tão interligado a seus problemas emocionais,") e perguntei a Kyle se ele achava que escrevia melhor quando estava em crise ou estável. Kyle pensou por um tempo, então disse que escrevia em ambas as situações, apesar dos raps saírem diferentes. Mas, se tivesse que escolher, escolheria ficar estável sem piscar — mesmo que significasse que nunca mais escreveria. Por um simples motivo: se sentia mais próximo de Deus quando estável.

Pouco antes do Halloween, perguntei a Dave se ele achava que Iowa havia partido algo em nós que não podia ser consertado. Foi mais fácil construir a frase assim: Iowa foi a responsável.

"É como se algo tivesse sido anestesiado", eu disse a ele. "Não sente isso?"

"Sim", ele disse simplesmente. "Sinto."

Estava pronta a convencê-lo, mas foi horrível quando ele concordou imediatamente. Ele me disse que tentou explicar a um amigo como era me abraçar quando chegava no final do dia: como era duro, como era vazio. Estremeci, imaginando todas as vezes em que nos abraçamos e que ele pensara: *como é vazio*. Eu queria acreditar em *intenção, intenção, intenção* — atravessar altos e baixos, comparecer aos compromissos, toda a linguagem do programa que me deu um rumo quando meus próprios instintos pareciam totalmente fodidos —, mas, aparentemente, atravessar altos e baixos às vezes podia ser apenas isso, sem salvar nada, apenas o vazio. Como abraçar um cadáver.

O que quer que fosse que estivesse quebrado, disse a ele, não sabia se poderíamos arrumar. Quando disse isso, Dave começou a chorar. Nunca o tinha visto chorar. Uma nevasca começou a cair do lado de fora de nossa enorme janela, deixando uma camada de pó branco nos tijolos da velha fábrica de espartilho onde ficamos bêbados e nos apaixonamos, três anos antes. Era o começo da forte tempestade precoce que eles chamavam de *snowtober*.

Não foi a primeira vez que acusei Dave de se empolgar com a minha força e se afastar da minha fraqueza, dos momentos em que estive carente, ou chata, ou deprê. Mas, pela primeira vez, ele concordou:

"Conheço essa frieza", ele disse, depois de um longo silêncio. "Tenho vergonha disso."

Em três anos, ele nunca havia realmente assumido — senti um jorro repentino de alívio, como um suspiro, por não ter estado louca todo esse tempo.

Mas não era porque ele só queria o meu lado bom, ele explicou. Não era que não quisesse a minha tristeza. Essa foi a história que eu escrevi. Ele não estava se afastando do meu medo, mas de como eu o culpava disso.

"Eu não te culpo", comecei a dizer, então pensei em todas as vezes que gritei com ele, como uma arma.

"O que eu dava nunca era o suficiente", ele continuou. "Era exaustivo." Disse que sentia uma frieza interna às vezes — um sentimento de retração —, contra a qual queria lutar. Mas nunca sentiu repulsa da minha carência, apenas estava cansado de como eu me esquecia constantemente do quanto ele havia me dado.

A primeira vez que eu vi a frieza em seu rosto? Na noite antes da cirurgia, quando disse que estava com medo? Já havia me ocorrido, ele perguntou, que ele também podia estar com medo?

E, honestamente, nunca me ocorreu.

Já havia me ocorrido, ele perguntou, que no dia seguinte a que nos beijamos, no Newport News, fazendo campanha para o Obama, que o tempo todo que eu esperava um sinal dele, ele esperava um sinal meu?

Soa ridículo, mas fiquei chocada. Sempre supus que ele fosse seguro de si.

Nunca o tinha visto assim antes, implorando. Vamos tentar? Vamos continuar tentando? Concordamos que podíamos, que iríamos. *Isso é a sobriedade*, eu pensei — não acabar de vez, não a tática de cortar pela raiz e jogar no lixo, mas algo mais. Permanecer na bagunça e cuidar dela. Depois de todo choro daquela noite, Dave e eu vimos *Blade Runner* e eu chorei mais um pouco. Ninguém acreditou que o replicante pudesse sentir algo, mas a verdade é que ficava emocionado com muita coisa: naves de ataque em chamas saindo de Betelgeuse, raios gama reluzindo no escuro.

Na peça moral que eu havia escrito, as coisas tinham sido simples: eu sofria e Dave recuava do meu sofrimento. Tantas vezes disse a Dave que ele odiava estar por perto quando eu estava triste, mas eu começava a ver que ele só odiava como eu o acusava de odiar estar por perto quando eu estava triste. Tinha me convencido de que o problema entre nós era a aversão de Dave à minha carência — que ele era a personificação do desprendimento, ausência em forma humana —, mas, talvez, o problema fosse que eu traduzia a carência imediatamente em acusação, *seu rosto fechado*, quando, na verdade, o rosto dele era muitas coisas: com frequência simpático, com frequência escutando, com frequência curioso. Eu temia tanto o rosto fechado que comecei a esperar por ele, a senti-lo se retraindo, e a sentir minha própria inadequação como causa, sentir, sentir, sentir. A emoção era minha compulsão e obsessão, através dela eu processava o mundo — transformando-o em elogio e dano como o fígado transforma álcool etílico em acetaldeído e ácido. Eu podia ser melhor do que isso.

Naquela noite, decidimos fazer comida para os ativistas da Occupy que estavam acampados no centro. Era o que faríamos em vez de terminar, um sinal de esperança e possibilidade. Assamos biscoitinhos de açúcar que encheram o apartamento de um calor doce. Imaginei como seriam recebidos — com surpresa e gratidão.

Estava escuro quando chegamos ao parque. Depois que alguém nos direcionou à barraca de alimentos, colocamos nosso prato de cookies na mesa tomada de brownies, bolinhos de limão cobertos de açúcar, uma torta de mirtilo coberta com plástico e sonhos do supermercado. Quando estávamos saindo, ouvi alguém dizer: "Por que todo mundo traz cookies? Temos doces pra caralho aqui".

A lógica do contrato justifica todos os tipos de trabalho e faz todo tipo de promessa — *se eu fizer x, vou conseguir y* —, mas qualquer um que vive pela lógica do contrato acaba sendo traído por ela. As pessoas da barraca do Occupy nem sempre dizem o que você quer que digam. O escritor sóbrio nem sempre escreve um épico sóbrio. O escritor sóbrio nem sempre permanece sóbrio. Charles Jackson acabou decidindo que o AA o havia "esvaziado" e que funcionava melhor para "os descerebrados"[62] — que o havia condenado a "anos de um tipo de bem-estar cinza, torpe, vazio" que impossibilitava o verdadeiro trabalho criativo, colocando-o numa "sobriedade apática, sem humor, nula, e numa saúde vegetativa".[63] Jackson decidiu que acreditava no acordo faustiano afinal, acreditava que tinha que escolher entre sobriedade e genialidade. "Devo mandar isso pro inferno e voltar à minha antiga indulgência", ele se perguntava, "e assim me libertar da prisão saudável, mais uma vez livre do medo, capaz de funcionar como um escritor novamente?!"[64] Após anos de uma sobriedade fita de Möbius — entrando e saindo, dentro e fora —, Jackson finalmente cometeu suicídio com uma overdose de Seconal em 1968.

Se minha obsessão com autores que ficaram sóbrios foi outra versão da lógica de contrato, encenada com qualquer deus para quem eu tentava rezar (*Se eu ficar sóbria, você vai me mostrar os autores que foram inspirados pela sobriedade.*), era uma obsessão que resultava em uma esperança humilde e parcial. Não quer dizer que não tenha encontrado escritores que escreveram lindamente depois da recuperação — Wallace, Johnson, Carver —, mas o universo respondia às minhas exigências como frequentemente faz: de forma imprevisível, no seu próprio ritmo, sem o grandioso drama do maná ilimitado ou da recusa inequívoca. Eu queria que cada história de recuperação usasse a sobriedade como um vestido reluzente sobrenatural. Mas, às vezes, uma história é apenas algo que alguém precisava dizer, ou uma forma necessária de alguém fracassar.

A lógica de contrato envolvia seu próprio impulso autoral tirânico — *Vou escrever o roteiro e Deus vai transformá-lo em realidade* —, mas a sobriedade não cumpria fielmente sua parte do contrato que eu havia escrito. Fazia o oposto: oferecia alívio do meu próprio argumento.

As histórias de sobriedade que ouvi de Seneca House com frequência se baseavam em roteiros revirados e expectativas frustradas. Marcus achava que estava destinado a uma vida impulsiva de expatriado no exterior, mas acabou cuidando de um beagle numa varanda úmida ao lado de um córrego. Gwen havia sido Cidadã do Ano antes de passar um período como Moça do

Hobby. Shirley achou que tinha a vida planejada — uma carreira no jornalismo e o casamento com outro jornalista —, mas a sobriedade apresentou algo completamente diferente: divórcio, mudança para o outro lado do país, anos como mãe solteira. A sobriedade não proporcionou a realização instantânea do desejo; era mais como arrancar um curativo e ajustar contas diretamente com o que ela estava bebendo para sobreviver.

Shirley quase cometeu suicídio na primeira vez que deu o Quarto Passo. Seu inventário tinha noventa e seis páginas datilografadas com espaço simples, cheias de todos os ressentimentos em relação ao marido e da ambivalência de ser mãe. Ela planejava se matar com monóxido de carbono em seu Ford Pinto na garagem e chegou ao ponto de ligar a ignição quando pensou nas filhas voltando da escola e encontrando seu corpo. Então, ela desligou o motor e entrou para ligar para o psiquiatra. Terminou numa ala psiquiátrica trancada por trinta dias. Vigiada para não cometer suicídio. Foi esse o verdadeiro fim do seu casamento, ela me disse: a estadia no hospital psiquiátrico. O orgulho de Lou não pôde aguentar isso.

Depois que se divorciaram, Shirley se mudou de volta para Portland — com duas filhas, sem marido e sem trabalho. Sua primeira reunião do AA foi numa sala esfumaçada cheia de veteranos apenas: "Não damos as mãos", eles disseram, "e não dizemos oi". Ela tentou o suicídio mais uma vez depois que se mudou para Portland — cortou os pulsos —, mas sobreviveu.

Muitas coisas aconteceram depois que Shirley não morreu: mais duas mudanças para o outro lado do país, duas filhas alcançando a maioridade, transição de gênero da filha, seis namoros no AA, dois episódios de câncer. Na Louisiana, deu aulas de jornalismo, passou décadas em ativismo — protestando contra o Keystone Pipeline, marchando com Vidas Pretas Importam — e desenvolveu um grupo robusto de vítimas de Portland, outras mulheres sóbrias que ela apadrinhou. Nas reuniões, sempre era ela quem argumentava que não se expulsava um novato, não importava o quanto ele estivesse bêbado. É preciso encontrar uma forma de mantê-lo na sala.

Quarenta anos depois de ficar sóbria, Shirley me mostrou sua Portland: não eram colmeias no quintal e lojas de *gelato* artesanal, mas o hospital onde ela fez a mastectomia, a curva do rio Willamette, que a lembrava de uma tentativa de suicídio. Mostrou as bexigas meio murchas de seu marco mais recente de sobriedade — trinta e cinco anos, então quarenta — penduradas no teto de seu apartamento como samambaias; e um pôster na parede do escritório, a ampliação de uma coluna chamada "Cheap-n-Chic" do jornal de faculdade da filha Laura, em que Laura aparecia usando roupas de brechó, uma ousada calça corsário e um chapéu verde de veludo felpudo. O pôster de "Cheap-n-Chic" significava algo para Shirley, em parte porque era a validação de sua maternidade sóbria, quando ela encorajou as filhas a fazerem compras sozinhas.

Durante minhas visitas a Seneca — com Sawyer, Gwen, Marcus e Shirley —, os fantasmas de antigos dramas se apresentaram na banalidade do presente, nas salas de estar e nos cafés: lembranças de cabelos melecados de vômito, noites na cadeia, crack em White Plains, cachaça na Monróvia, crianças atravessando pontes durante apagões. Depois que Gwen me contou de sua tentativa de suicídio, sustentamos nossos pratos com linguado para colocar colheradas de pilaf de arroz. A recuperação funciona assim: você leva os antigos traumas para a fila do bufê. Joga fora os grãos de café antigos e escuta a história de uma tentativa de suicídio. Não se trata de diminuir o que foi doloroso e não se trata de romantizar também, se trata apenas da consciência de tudo dando lugar a algo mais: o frango e os bolinhos, o bufê de salada.

Certas histórias têm a cadência pronta do balanço de narrativas experientes: o tronco manchado de Madeline e a fabricação de mocassins de Gwen. Marcus jogando a cadeira pela sala com raiva. Sawyer visitando alas de alcoólatras na Lituânia. Shirley dançando tango numa padaria vazia. Mas só porque uma história foi criada para sobreviver — esculpida pela memória, polida pela repetição, entalhada como artefato —, não significa que também não seja verdadeira.

Anos após a segunda tentativa de suicídio, Shirley encontrou um homem no local de recuperação em Portland, um cara que levava suprimentos para postos de perfuração, que também havia cortado os pulsos. Sempre que ele e Shirley se encontravam nas reuniões, batiam os pulsos e tocavam as cicatrizes da tentativa de suicídio.

Na recuperação, certos tipos de dificuldade são mais difíceis de confessar do que outros. As histórias mais difíceis para Shirley contar — desde o começo — foram sobre seu casamento. Não era difícil falar sobre o ressentimento em relação ao marido, os ataques de raiva e o egocentrismo, mas era difícil falar sobre o quanto ela gostava de ser sua "companheira sacrificial". Shirley tinha uma certa narrativa sobre a vida deles juntos, como ela odiava seu papel, e era mais difícil admitir a outra parte: a emoção do martírio e do sacrifício. Levou ainda mais tempo para compartilhar o que ela cochichou para Laura, sua filha pequena, no dia da adoção: "Não te quero, não te quero, não te quero".

Às vezes, as coisas mais difíceis de confessar são as dificuldades da sobriedade. A história de maternidade de Shirley não era uma narrativa simples de conversão: que ela havia sido uma mãe terrível bêbada e uma mãe melhor sóbria. A sobriedade foi dura também para as filhas. Elas sentiram falta quando ela estava longe em reabilitação. Quando Shirley pediu que a filha falasse no seu aniversário de catorze anos de sobriedade, Laura falou que achava que Shirley a havia abandonado em troca da sobriedade. Quando pequena, Laura uma vez perguntou à madrinha de Shirley, Madeline: "Por que minha mãe não me ama?". E Madeline disse a ela: "Sua mãe não pode amar ninguém no momento".

Numa convenção do AA, em 1970, em Miami, um orador lamentou que um membro do AA pudesse acreditar "que tinha que contar uma história de sucesso indiscutível ou não falar", que pudesse pensar que "não deveria falar sobre o medo das pessoas, a falta de habilidade para trabalhar ou entender todos os aspectos do programa, ou o fato de que frequentemente se comportava mal, ou que estava infeliz ou deprimido, mesmo se todas essas coisas fossem verdadeiras".[65]

Mas nas reuniões, descobri que essas não eram as experiências que se esperava extrair da sobriedade; elas eram a sobriedade — o mau comportamento ou ranzinzice, assim como o encanto. Sawyer tinha uma frase escrita à mão emoldurada e pendurada na parede de seu subsolo: "Alcoólicos Anônimos não é uma história de sucessos pessoais. É mais uma história de colossais defeitos humanos".

À certa altura, Sawyer me disse que Gwen teve um esgotamento quando era diretora de Seneca House. "Deixe que ela te conte isso, não eu", ele disse, "mas tivemos que levá-la para uma clínica de reabilitação para pessoas com esgotamento. Eles a interditaram."

Quando finalmente criei coragem para perguntar a Gwen sobre isso, estávamos sentadas no Blue Note, o bar em sua comunidade de aposentados — no meio da tarde, quando estava completamente vazio —, e ela disse que a interdição aconteceu durante uma época incrivelmente estressante. Ela estava organizando o casamento do filho e reunindo a papelada para Seneca House para conseguir o credenciamento que precisava para o reembolso das companhias de seguro. Ela desabou, chorando. "Uma vez só", disse. Então, apareceu em Seneca e tinha um círculo de interdição esperando por ela. "O que, é claro", ela me disse, "eu costumava ensinar aos outros como fazer."

A pedido de sua equipe, Gwen acabou internada num centro de tratamento especializado em Palm Springs, Califórnia. Era um centro de recuperação para pessoas que haviam se forçado a ficar secas tentando recuperar outras. Gwen conhecia todos os exercícios deles. Penduravam bolsas e travesseiros em seus braços estendidos. "Te sobrecarregavam até você mal conseguir ficar de pé", ela disse. "E então perguntavam: 'Como se sente?'. Eu pensei: 'Hum, sei o que quer que eu diga'."

Era claro que havia certos tipos de vulnerabilidade que Gwen rapidamente admitia em sua narrativa — o fracasso como mãe, os primeiros lapsos durante a sobriedade, a humildade necessária para se tornar a Moça do Hobby, o uso de Antabuse até estar sóbria por um ano — e outros tipos de vulnerabilidade que sua história não havia metabolizado totalmente: o dia em que foi o foco do círculo em vez de seu líder, o dia em que foi acusada de estar sobrecarregada.

Mas as histórias de sobriedade mais úteis são as que reconhecem como a sobriedade pode ser a mola no fundo do poço, porque elas também reconhecem suas surpresas e profundidade, que a sobriedade é fundamentalmente cheia de imprevisibilidades: milagrosa, angustiante. Para mim, não era apenas comovente, mas útil que Gwen tivesse atingido um muro um dia e começado a chorar. A recuperação significava dar o que você mesma precisava, não o que já possuía. Sua fragilidade não é um peso, mas um presente. Você bate cicatrizes de suicídio com um estranho. Você não chuta o bêbado para fora de uma reunião. Você encontra uma forma de mantê-lo na sala.

***

Por boa parte daquele primeiro outono em New Haven, eu me agarrei ao que minha madrinha me contou — "Nenhuma grande mudança no primeiro ano." — e permaneci no relacionamento com Dave. Mas me agarrando àquela proibição, também a transformei em possibilidade: depois de um ano, eu teria a permissão. E quando completei um ano de sobriedade contínua no começo de dezembro, disse a Dave que não conseguia mais.

Tudo entre nós era exaustivo, frágil, esgotado. O magma quente do conflito — com toda a sua explosão — havia esfriado em cordilheiras duras de ressentimento, um cenário mais silencioso, lunar. A compreensão sobre o que ruiu entre nós chegou tarde demais para ressuscitar o que já havia sangrado. Era difícil explicar o *quase* em nosso amor — para mim ou para qualquer um —, como era desgastante o sentimento de ser quase capaz de fazer funcionar. Sua mente era a mente para a qual eu mais queria fazer qualquer pergunta. Ele fez um piquenique no mármore de uma estação de trem à meia-noite. Ele me disse que eu deveria tomar vitaminas para meus ossos não quebrarem quando ele me fodia. Ele leu Berryman para mim numa cozinha úmida de agosto. Ele era totalmente animado sem beber. Quando estávamos bem, estávamos muito juntos naquele estado positivo, mas quando eu ficava para baixo, sempre acreditava que tinha traído a pessoa que ele queria que eu fosse. Eu odiava tanto essa versão minha que não podia acreditar que ele também não a odiasse.

Quando disse a ele que achava que era o fim, Dave me pareceu muito sofrido. Pediu que pensasse por um tempo. Parecia cruel — para nós dois, de certa forma — que o que o fazia se aproximar de mim era a ideia de que eu poderia finalmente me afastar.

Fiquei alguns dias com uma amiga no Brooklyn, em seu minúsculo estúdio na rua Nona, onde nos empanturramos de vídeos da Rihanna: Ela se apaixonando! Ela triste na banheira! Ela fumando oito cigarros ao mesmo tempo! Chorei sobre os hambúrgueres engordurados num boteco no quarteirão dela. Enquanto eu estava lá, recebi uma mensagem de Dave dizendo que ele encontrou meu Livro Azul em nossa cama. Quando confessou que começou a folhear, lendo anotações que eu havia feito nas margens, senti a triste gratificação da simetria: seu desejo de conhecer partes minhas que não o envolviam. "Você andou se examinando de forma tão destemida", ele escreveu, "dessa forma silenciosa que nunca cheguei a perguntar." Citou uma passagem no Livro Azul que eu havia sublinhado — "Medo é um pavio maligno e corrosivo." — e escreveu: "Acho que agora sinto algo como o que você deve ter sentido com tanta frequência em Iowa". Não era apenas que ele tinha medo de eu deixá-lo, era que ele tinha começado a entender como o medo podia rearranjá-lo, preenchê-lo com tipos de anseios que o desarmavam e esgotavam — conhecer outra pessoa, reunir todos os pedacinhos, ler seus pensamentos secretos.

Quando voltei para o apartamento, vi três garrafinhas vazias de bebida no lixo reciclado, daquelas de frigobar de hotel. Ele andou bebendo, ele disse. Era assim quando ele bebida: três garrafinhas. Queria que ele fosse feliz, mas temia que tivesse muitos ressentimentos para fazê-lo feliz. Olhei para as três garrafinhas vazias e disse: "Não dá".

Quando fizemos sexo naquela tarde, foi familiar e doméstico — tirando meias um do pé do outro, tirando roupas íntimas compridas. Todas as folhas tinham caído das árvores e não bloqueavam mais o sol. Ele dobrou minha perna para que meu joelho se projetasse na frente da janela, com a luz branca brilhando atrás. Parecia possível me aproximar dele sem reservas agora que sabia que o estava perdendo. Vi nossos membros entrelaçados, pensando: *Não acredito que isso está acabando*. Tinha dito a mim mesma que estava aprendendo a viver sem beber para que pudesse me tornar uma versão mais forte de mim mesma, alguém que poderia construir uma vida com ele sem viver com medo. Tinha dito a mim mesma que estava desistindo da bebida para tornar nosso amor possível. Agora, eu estava indo para uma outra vida sem nenhum dos dois.

XIII

ACERTO DE CONTAS

No fim do caderno cheio de notas para *Recovery*, seu romance inacabado, Berryman deixou um conto de fadas chamado "The Hunter in the Forest" [O caçador na floresta].[1] Ele o escreveu com sua filha Martha, e a maior parte foi transcrita com a letra esforçada da criança. Na história, o caçador se perde na floresta onde moram dois ursos, ambos chamados Faminto "porque estavam sempre famintos, a cada segundinho". Eles roubam a comida do caçador, colocam a arma dele num buraco de esquilo e pegam sua calça ("Isso deixou o caçador bem bravo!"). Então, eles o colocam numa jaula e trancam a porta. Apesar de a história nunca expressar dessa forma, são esses os dilemas do vício: os ursos estão famintos a cada segundinho. O caçador está perdido. O caçador está numa jaula. Berryman e a filha escreveram quatro finais diferentes, três deles na letra de Berryman:

> Ele mexeu na fechadura, saiu da jaula e conquistou todos os animais.

> E eles disseram: "Viu! É isso o que você faz com a gente. Tem sorte de que não o matamos!". Moral: Seja bondoso com os animais e eles serão bondosos com você.

> Ele acordou e eles o alimentaram apenas com feno.

Um final trazia a vitória: o caçador vence os animais. Outro oferecia uma moral: se você for bom para o mundo, o mundo será bom para você. Um terceiro oferecia decepção: apenas feno. Martha escreveu o quarto final em seu rabisco sério de criança. Ela chamou "O final verdadeiro": "O caçador acordou e disse: 'E agora?'".

O último final, o final verdadeiro, oferece o verdadeiro anticlímax da salvação: O caçador não sabe o que fazer do mundo em que despertou. *E agora?* Depois de acordar, há sempre a questão sobre o que vem em seguida — que vida pode haver além da vida que você deixou para trás.

Depois que Dave e eu deixamos o apartamento, aluguei um estúdio de tijolinhos perto da divisa cinza da rodovia I-91. Era um cômodo comprido e iluminado pelo sol, logo acima de um casal de meia-idade que enchia o corredor com caixas pesadas de potes de vidro. Eles faziam geleias. Ela tinha uma trança comprida caindo nas costas e ele tinha grampos na cabeça devido a um procedimento não mencionado. Logo após me mudar, dei a eles um prato de biscoitinhos de gengibre que fiz com um novo conjunto de forminhas de animais da floresta — alce, esquilo, raposa — comprado para representar o começo de uma nova era de generosidade espontânea e foco no externo, em que sempre estaria fazendo coisinhas para os outros. *Ah, isso?, eu diria. Não foi nada.* Imaginava a voz casual que usaria, o tom modesto de alguém que não estava fazendo nada por crédito cármico. *Nada de mais, só assei umas raposinhas para você.* Morei naquele apartamento por dezoito meses e usei as forminhas de biscoito só uma vez.

A emoção aguda e penetrante da solidão era como mergulhar numa piscina sem aquecimento. Disse a mim mesma: *você vai se acostumar, vai se acostumar, vai se acostumar.* Toda nossa mobília era de Dave, então ele deixou que eu ficasse com as cadeiras detonadas que compramos juntos de uma loja de quinquilharias em Iowa, acolchoadas com rosas de vinil — ficamos muito empolgados ao encontrá-las na calçada da lojinha, muito empolgados de comprar algo juntos. Agora estavam no chão de tacos numa sala ainda esperando por uma cama, uma estante de livros, uma mesa, qualquer coisa. Eu estava com a grana curta. A proprietária havia ficado com nosso depósito de segurança porque quebramos o contrato. Disse que talvez da próxima vez pensássemos um pouco melhor antes de ir morar com alguém se iríamos quebrar o contrato apenas seis meses depois.

Na nova casa na rua Lyon, comecei a perceber sinais de ratos — cocozinhos como chumbinho ao lado da janela —, mas não queria matá-los, então tentei expulsá-los com extrato de menta, que me disseram que eles odiavam. Mas, eles permaneceram, transformando meus pacotinhos de achocolatado em serpentina. Um morreu debaixo do fogão, algo que percebi quando comecei a sentir o cheiro do corpo apodrecendo sob o impiedoso odor de menta que havia se estabelecido como um cobertor sobre toda minha vida.

A cada dia, ao amanhecer, eu me sentava no balcão da cozinha e via os carros seguirem para o norte na I-91. A ausência do álcool latejava como um membro fantasma. O espectro de outra vida parecia alguém respirando pesadamente por perto, outra versão do término em que eu bebia até apagar a cada noite, chorando e assoando o nariz em papel higiênico, ligando bêbada para Dave depois da meia-noite para perguntar: "Com quem você está agora?". Eu não deveria querer aquela outra vida — inconveniente, desmoronando —, mas alguma parte de mim sentia saudades. Naquela vida, eu faria papel de idiota e a idiotice diria a ele o quanto sentia falta dele, mais do que qualquer coisa. Em vez disso, estava fazendo iogurte, de olhos secos. A cada par de semanas, uma nova geleia — amora, ruibarbo, groselha — aparecia do lado de fora da minha porta, tão bem selada que nunca conseguia abrir. Punha os potes debaixo d'água e batia contra os balcões, então mentia semanalmente aos meus vizinhos sobre o quanto amava suas geleias variadas na minha torrada matinal.

Comecei a presidir o encontro das sete e meia da manhã toda quarta, me empurrando para aquela sala quente através do penetrante frio de janeiro. Sempre que os sujeitos enviados pelo tribunal vinham até mim depois para que seus cartões fossem assinados, meu primeiro impulso era dirigi-los a outro lugar — não porque não queria assinar os cartões, mas porque não me achava qualificada. *Você deveria pegar alguém mais oficial*, eu queria dizer, mas então percebia que eu era tão oficial quanto qualquer um.

Ainda adorava aquela reunião de começo da manhã. As vozes alheias ainda me faziam querer cair de joelhos na frente deles — agradecê-los por me deixar me perder por um momento escutando-os — e também havia um cara numa roupa marrom de academia que começou a olhar para mim do outro lado da sala. Minha psiquê estava faminta por sustentação, meus trajes escolhidos cuidadosamente. "Não importa por que os novos estão aqui", disse Theo, o âncora veterano do grupo. "Vocês vieram porque querem ficar sóbrios ou vieram porque querem café de graça ou vieram porque querem trepar, não dou a mínima. Só continuem vindo."

O homem do outro lado da sala, cujo nome era Luke, me disse que a cada manhã antes da reunião ele passeava com o cachorro no alto da East Rock, uma enorme montanha na fronteira da cidade, para ver o sol nascer. Queria ir com eles qualquer dia? Eu quis. Ele me mandou uma mensagem vinte minutos antes de me buscar — às cinco e meia da manhã seguinte — para perguntar se eu queria leite ou açúcar no café que ele estava me levando. Caminhamos morro acima, com neve no chão, e flertamos no frio da manhã vendo o dia se estender como um suco turvo sobre os prédios industriais de New Haven. Sempre me perguntei como seria paquerar sóbria, e pronto — nada a ver com o mergulho na doce onda do vinho à luz de vela. Era caminhar morro acima numa manhã lamacenta de inverno, com lábios ressecados e a boca azeda com o retrogosto de café preto puro — cru e desconhecido, empolgante.

Naquela época, conhecidos que se perguntavam se tinham problema com a bebida, com frequência ficavam bêbados e me puxavam de lado para me contar. Eu era uma versão sóbria deles, um ser hipotético que eles consideravam confiável. Uma noite, ao sair do Anchor — um boteco que ainda amava pelos discos de vinil e fritas —, uma mulher correu atrás de mim na calçada segurando uma lata de Sea Hag. Era amiga de uma amiga da faculdade, frequentemente bêbada nas festas, e me disse que estava ficando assustada com seus apagões. Eu tive apagões? Era por isso que não bebia mais? Ela notou que eu não bebia. E como parei? E como era? Escrevi para ela no dia seguinte: "Muito do que você disse sobre beber fez sentido para mim. Se quiser vir a uma reunião...". Então, envergonhada pela pregação, acrescentei: "Sem pressão alguma".

"Rá!", ela escreveu de volta. "Nem me lembro de ter dito nada disso!"

Por meio dos encontros, fiquei amiga de uma mulher que participou do programa de enfermeira-anestesista no hospital Yale New Haven. Andou roubando opioides no trabalho, teve uma overdose acidental no banheiro do hospital e teve uma parada cardíaca. "Se for ter uma parada cardíaca, o banheiro de um hospital não é das piores opções", ela me disse um dia no almoço. "Só não tranque a porta." Quando ela descreveu seu teimoso desejo de cortejar aquela doce escuridão, eu não senti pena ou repulsa. Parte de mim apenas ansiava pela rendição.

Terminamos nossas sopas de lentilha — as vitaminas verdes, os pãezinhos, ícones de nossa vida saudável —, então fui para casa e procurei no Google: "Qual é a sensação do Dilaudid?" e encontrei um tópico num fórum chamado "Que onda toda é essa?". Um usuário chamado SWIM falava sobre experimentar Dilaudid e contar até dez. Em sete segundos, atingiu-o como uma onda — melhor do que qualquer coisa que ele já havia experimentado. Mas no post seguinte, SWIM disse que não entendia por que alguém escolhia Dilaudid em vez de heroína. O que rolava com SWIM? Ele sempre mudava de ideia. Parecia ter seis mentes diferentes. Então percebi: SWIM, *Someone Who Isn't Me* [Alguém que não sou eu]. Era o nome que todos usavam. Um SWIM disse que a viagem de *Dillie* podia literalmente te derrubar. Outro colocou um mata-borrão debaixo da língua para tentar guardar o resto da saliva para mais tarde. Talvez alguém que não fosse ele pudesse ficar um pouco chapado com o que sobrasse. Outro SWIM adorou tanto a primeira viagem de fentanil que decidiu escrever sobre isso no tópico de Dilaudid. Ele postou em tempo real sua segunda vez: "SWIM está começando a se sentir mais e mais chapado. Infelizmente, seu corpo todo não parece brilhar de calor como foi na experiência anterior com fentanil... SWIM está se sentindo mais feliz e satisfeito, mas não o suficiente em sua opinião". Imaginei alguém que não era eu sentado lá uma noite, totalmente sozinho com seu computador e sua viagem decepcionante, narrando-a fielmente a um mundo de estranhos.

Quando Amy Winehouse ficava chapada ou bêbada, as fotos dos *paparazzi* sempre tentavam se aproximar o máximo possível de seus cortes e hematomas, vestígios de seus porres. Os pequenos ferimentos eram como aberturas nas fendas de sua privacidade. Era como se as fotos em si tentassem entrar nas feridas, o mais próximo de fodê-la que a câmera podia fazer.

Depois que ela morreu, um jornalista refletiu que sua morte forçou o público a "engasgar um pouco na mitologia do rock que foi enfiada por nossas gargantas... O gênio torturado, o libertino endiabrado, o mártir morrendo pela nobre causa do niilismo".[2] Nunca cessava a fascinação coletiva pela dor autoinfligida de uma bela mulher. Era outra encarnação da fascinação de Elizabeth Hardwick pela "luminosa autodestruição" de Billie Holiday, apesar de ser Holiday quem disse: "Se você acha que a droga é para viagem e emoção, você está fora da casinha".[3]

Se ao menos isso fosse verdade. Mas sempre prestei atenção nos diálogos bêbados. Na noite em que Amy Winehouse ganhou cinco Grammys, ela disse ao amigo Jules: "Isso é tão tedioso sem drogas".[4] A resposta no formulário de entrada da Narco Farm afirmava de forma tão simples. *Motivo do vício: para evitar a monotonia da vida.* Meu pai sempre se irritou com as aulas de Desenvolvimento Humano no colégio, que pareciam amenizar a verdade. "Como podem evitar que você se encrenque com as drogas", ele disse, "se não são honestos sobre a sensação boa que provocam?" Ele sempre me disse que uma das coisas mais perigosas das drogas era o fato de que eram ilegais — dito por um homem nascido em 1943, o mesmo ano que George Cain, que nunca cumpriu pena pelas drogas que tomou, mas sabia que outros cumpriram.

Não é que não há emoção. É só uma questão de consequência. Holiday podia ter continuado: se acha que droga é para viajar, pense numa mulher passando base sobre as feridas do rosto, perguntando a seu guarda-costas por que ela não está menstruando, como Winehouse fez após anos de bebida e bulimia — quando ela estava completamente tomada pela fama e pelo vício, o corpo destruído. Ela não era apenas uma lenda, mas também uma mulher que não podia andar em linha reta, uma mulher numa cama que não estava dormindo, mas apagada. Quando ela morreu, o nível de álcool em seu sangue era 0,4%, acima do letal. O legista sentenciou: "morte por desventura".

"A droga nunca ajudou ninguém a cantar melhor", Holiday insistia, apesar de ser verdade que se Winehouse tivesse ido para a reabilitação da primeira vez, talvez nunca tivéssemos *Back to Black*, o álbum que a fez famosa. Eu me pergunto o que teríamos no lugar. "Ela tinha o dom completo",[5] disse seu ídolo Tony Bennett. "Se ela tivesse vivido, eu teria dito: 'A vida te ensina, realmente, a vivê-la se você vive o suficiente'."

Eu teria amado ouvir Amy Winehouse cantar sóbria. Não apenas duas semanas sóbria, mas três anos sóbria, vinte anos sóbria. Nunca vivi a vida dela e ela nunca viveu a minha, mas sei que quando eu tinha vinte e sete anos, eu parei, e quando ela tinha vinte e sete, ela morreu. Sei que quando vejo um vídeo dela no palco em Belgrado — surtada de bêbada, como se tivesse sido jogada de paraquedas num momento que ela não podia compreender —, imagino sair de um apagão no meio de um novo mundo estranho de um reservado num banheiro mexicano, ou num porão sujo em Cambridge, ou num quarto abafado na Nicarágua, onde era mais fácil deixar um homem me foder do que pará-lo.

Quando ela avança pelo palco de Belgrado e finalmente se abaixa — parada e quieta, sorrindo —, apenas esperando algo acontecer ou algo deixar de acontecer, não é que eu saiba o que está se passando com ela, mas sim que seus olhos sabem algo que aconteceu comigo. Odeio que ela não tenha tido anos de encontros comuns com café e gente dizendo *entendo isso*, que tenha permanecido condenada à singularidade e ao sangue ralo de vodca e ao cambalear bêbado sob a torre quebrada de seu coque, o corpo mal sustentando seu peso — até que não sustentou, até que não podia mais.

Sozinha no meu apartamento, constantemente imaginava Dave em seu novo apartamento do outro lado da cidade. Terminei com ele porque estava cansada de me obcecar sobre a questão exaustiva se deveríamos estar juntos — mas agora que não estávamos, só me obcecava mais sobre nós. Era uma veia familiar de decepção. Parei de beber para parar de pensar em beber, mas depois que parei, pensava nisso constantemente, sem respiro ou alívio.

Muitas noites, quis mandar mensagens bêbadas para Dave. Mas eu não bebia mais, então não podia. Em vez disso, mandava sóbrias. Mandávamos mensagens sobre nada e, ao dizer nada, também dizíamos: *ainda estou aqui.* Algumas noites, dizíamos mais. "Ainda sinto como se você fosse minha vida real", disse a ele. "Nada mais parece com minha vida real."

Peguei um segundo emprego — professora adjunta numa faculdade a quarenta minutos em direção ao interior — para conseguir pagar a dívida do cartão de crédito de uma sala cheia de móveis da Ikea, e para me distrair de noites silenciosas com mais artigos para avaliar. Meus alunos escreviam sobre política de equipe de nado de várzea e sobre o resíduo ácido de mães dominadoras, e eu marcava seus trabalhos com meus próprios interesses: *cinismo gratuito*, eu escrevia, ou *ironia sem sentido?*

Com os colegas deste emprego, entrei num estranho conjunto de mentiras brancas: depois de me referir a "meu companheiro" numa conversa, como se ainda tivesse um, mantive a mentira. Era como se tivesse criado um universo paralelo em que Dave e eu nos acertamos.

Na aula, comecei a discussão sobre *Jesus' Son*, de Denis Johnson, perguntando aos alunos se eles tinham um conto favorito do volume. "Não se preocupem", eu disse. "Não há resposta certa." Mas eu mentia. Havia uma resposta certa. A história favorita deles devia ser a minha história favorita que, agora, era "Beverly Home", a única sobre recuperação. O narrador de Johnson, Fuckhead, está trabalhando num centro de reabilitação para idosos e deficientes. Passa as noites indo às reuniões dos Narcóticos Anônimos, onde viciados sóbrios sentam-se "ao redor de mesas dobráveis parecendo pessoas presas num pântano".[6] Não é a visão de salvação própria de um cartão-postal. As reuniões fazem Fuckhead se sentir como uma criatura do pântano. Ele é o cuidador num centro de reabilitação, cheio de desespero. Dorme com uma mulher que conhece no NA, que tem o azar de uma viúva-negra. Todos os homens que ela ama morrem — de acidente de carro ou de trem ou de overdose —, e quando Fuckhead ouve sobre eles, é tomado por uma "doce pena... triste porque eles nunca mais viverão, bêbado de tristeza". Ele pensa: "Nunca é suficiente para mim". Respondeu da mesma forma a uma mulher em luto chorando, como ele "procurava por esse sentimento em todo lugar". Fuckhead passa os dias caminhando no circuito em formato de "O" do centro de reabilitação com os deformados e desesperados: "Todos esses esquisitões, e eu ficando um pouco melhor a cada dia bem no meio deles", ele diz.[7] "Nunca soube, nem mesmo imaginei por um instante, que existiria um lugar para gente como nós."

Li essa frase, a frase de encerramento da história, em voz alta para meus alunos. Li uma vez, duas, três vezes enquanto eles limpavam silenciosamente as migalhas dos donuts que eu levei para a sala para convencê-los a me amarem. No primeiro dia de aula, cheguei com duas dúzias de donuts e uma bandeja de papelão com copos café e, daí, continuei levando toda semana — junto com uma pilha de copos de papel, adoçantes e cremes, mexedorezinhos plásticos, um buquê ansioso — com medo de que, se parasse de levar, os alunos ficassem decepcionados. Custaria quatrocentos dólares no final do semestre, mais do que metade de um aluguel mensal, só para afastar a possibilidade de que eles parassem de gostar de mim.

Existiria um lugar para gente como nós. Cada voz que ouvi nas reuniões fazia parte, de certa forma, daquela frase de encerramento. Talvez, alguns dos meus alunos achassem sentimental ou piegas a sensação de pertencimento, mas meu coração se enchia de dignidade contra suas acusações imaginadas. Dizia a mim mesma que os alunos que gostavam mais das primeiras histórias, cheias de drogas e escapadas alucinadas, ainda estavam apegados a ilusões fantasiosas do naufrágio significativo. Quem sabe quais drogas eles usavam depois de nossa aula de sexta à tarde? Um deles me disse que havia descoberto recentemente seu animal espiritual durante um ritual xamânico. Mas os alunos que mais gostavam de "Beverly Home" eram os que entendiam o conto. A história acreditava em algo além da farsa da disfunção da automutilação — seu brilho vacilante, intoxicante. Olhava para algum ponto além do horizonte, além da chama.

Um dos primeiros rascunhos de "Beverly Home" começava assim:

> Eu tinha ficado sóbrio bem a tempo de ter um colapso nervoso.
> Eu não tinha ideia
> Eu não tinha
> Eu era um cão cãozinho chorando, por dentro, nada mais do que isso.[8]

Johnson tentou ficar seco pela primeira vez em 1978, na casa dos pais, em Tucson, onde morava com a avó "excêntrica", Mimi, mas não ficou sóbrio de vez até o começo dos anos 1980.[9] "Eu era viciado em tudo", ele disse a um entrevistador décadas depois. "Agora, só bebo muito café."[10]

Johnson estava "preocupado em ficar sóbrio" e sabia que isso era "típico de gente que se achava artística",[11] mas ele tinha escrito apenas duas histórias e um punhado de poemas ao longo de dez anos (enquanto se drogava ativamente), então, imaginou que não tinha muito a perder. Na década após ficar sóbrio, ele escreveu quatro romances, uma coletânea de poesia, uma coletânea de contos e um roteiro. O arco dele era o que eu procurava: a possibilidade de sobriedade como um jato de combustível. Ele dedicou dois de seus romances a H.P., que eu nunca teria reconhecido, anos antes, como abreviação de *Higher Power* [Poder Superior]. Ele escreveu sobre o cãozinho chorando por dentro, sem desculpas ou redenção instantânea — e de tempos em tempos, ele escrevia sobre o consolo que esse cachorro poderia encontrar. "Eu queria aprovação mais do que drogas ou álcool", ele escreveu num antigo rascunho de "Beverly Home". "Não fui capaz de achar isso nos bares, mas parecia alcançável nas salas."[12] Ele queria dizer as salas de recuperação.

Somos mesmo tão atormentados?, Jackson se perguntou. *Ou é algo a que nos prendemos, que valorizamos, que até gostamos?* Em 1996, um escritor mais jovem escreveu para Johnson: "Quero te agradecer por seu inabalável apoio e amizade me ajudando a reconhecer meu alcoolismo. Parece que há dois tipos de escritores americanos. Aqueles que bebem e aqueles que costumavam beber. Você me apresentou ao segundo tipo. Obrigado, irmão".[13]

Numa reunião de quinta à noite, conheci uma mulher que era bonita, mas inquieta — talvez com vinte e poucos anos, alguns mais nova do que eu, com a pele morena, jeans justo, blusa cintilante e o cabelo arrumado num coque marrom frouxo. Ela se movimentava como estivesse quebrando uma regra habitando a própria pele, e não queria ser pega. Seus olhos tinham olheiras fundas; ficava colocando os fios soltos do cabelo para trás da orelha. Numa festa em Iowa, eu teria me sentido ameaçada por ela — teria observado como ela conversava com os homens, ou com Dave, mas no subsolo da igreja, reconheci seu desconforto tão imediatamente e com tanta força que me fez remexer na cadeira.

Remexendo-se em sua cadeira de plástico, ela falou durante a reunião como era difícil estar em sua primeira reunião, o tom entrecortado e incerto. Depois, fui até ela e me apresentei. "Entendi perfeitamente o que você disse", eu falei, que tinha menos a ver com suas palavras do que com a forma que ela as dizia.

"Não sei o que dizer", disse ela.

"Faz parte de como me conecto ao que você contou", eu disse. "E a parte de beber sozinha."

Ela assentiu e olhou para baixo. Parecia satisfeita. "Eu poderia", ela começou. "Digo, se não for estranho..." Eu conhecia muito bem essas pausas ou, pelo menos, a minha versão delas: *Basicamente, estou me jogando nessa estranha, aqui mesmo, neste subsolo?*

"Trocar números?", eu sorri. "Estava prestes a sugerir isso."

Seu nome era Monica e ela foi a primeira mulher que apadrinhei. Quando perguntou inicialmente, eu quase disse: "Você pode querer uma madrinha com um histórico de bebida diferente. Você pode querer uma madrinha que conheça o programa melhor do que eu". Mas, o que eu sabia sobre o que ela queria? Talvez ela bebesse como eu bebia; talvez ela precisasse ouvir de mim que sua bebedeira podia ser um tédio e ainda desmoralizante pra caralho. Talvez ela precisasse ouvir sobre o programa de alguém que ainda estava aprendendo isso.

Na primeira vez que nos encontramos, eu me sentei num banquinho de bar na cozinha da Monica — num complexo de apartamentos de tijolinho na região residencial, com vista para um estacionamento — e ela me contou que voltava para casa do trabalho e ficava bêbada silenciosamente em seu futon. Os fantasmas daquelas noites cochichavam ao redor, agitando seu cachecol, desmaiados em suas almofadas de lantejoulas. Eu queria ajudá-la e via o quanto ela queria ajuda — o quanto ela queria se entregar à recuperação —, o que só me deixava nervosa. *Que futuro eu poderia dar a essa mulher?*, eu me perguntava, como se o futuro dela fosse o meu. *O que eu deveria dizer em seguida?* Então, me agarrei aos degraus da escada do que outras pessoas me disseram antes: minhas próprias madrinhas, as pessoas que eu ouvia em reuniões. Contei a ela a *minha história, como era*, e então ela me contou a dela. Seguimos o roteiro. E, honestamente, é difícil dizer o que ela teria recebido se eu tentasse reinventar isso.

A obsessão que descrevi era exatamente o que ela havia sentido, Monica disse. Era o que um milhão de outras pessoas sentiram também. Não era nada original, nossos anseios — e nossa conversa também não foi original. Eu podia ter sido qualquer uma, e ela podia ser qualquer uma. Mas lá estávamos, em nossos banquinhos, naquele apartamento particular de Connecticut, naquele crepúsculo particular. Não era nova, nossa conversa. Só era nova para nós.

Durante os primeiros dias em que apadrinhei Monica — enquanto nós duas encontrávamos consolo na simples comunhão —, um grupo de mulheres presas e viciadas trabalhava no deserto do Arizona, todas acorrentadas umas às outras. Os guardas as faziam cantar: "Somos a gangue de acorrentadas, a única gangue de acorrentadas feminina".[14] Usavam camisetas que diziam: "Eu era viciada em drogas". Ou: "Limpa(ando) e sóbria". Elas viviam em Tent City, um amontoado de barracas cheias de escorpiões no chão e de ratos nos montes de lixo. Nas barracas, as temperaturas chegavam a sessenta graus com frequência. "Se eu tivesse que criar um sistema que pretendesse manter as pessoas viciadas", o médico Gabor Maté disse a um jornalista, "criaria exatamente o sistema que temos hoje."[15] João Goulão, o arquiteto da descriminalização das drogas em Portugal, acredita que a tática "terrorista" inaugurada por Harry Anslinger — lidar com o vício "acorrentando e humilhado" — é "a melhor forma de fazer [viciados] quererem continuar usando drogas."[16]

Mas o legado de Anslinger durou. Tent City era a criação de um de seus protegidos, Joe Arpaio, que foi contratado pelo Escritório de Narcóticos em 1957 e serviu como xerife de Maricopa County por vinte e quatro anos, de 1993 a 2016.[17] Quando o jornalista Johann Hari entrevistou Arpaio para seu livro publicado originalmente em 2015, *Na fissura: uma história do fracasso no combate às drogas* — um relato estonteante da origem e do legado devastador da criminalização das drogas —, Arpaio mostrou com orgulho a assinatura de Anslinger emoldurada e pendurada na parede de sua sala. "Você tem um cara bom aqui", Arpaio disse.[18] Com Tent City, Arpaio havia finalmente — literalmente — feito jus ao sonho do agente de polícia de Los Angeles que Anslinger citou anos antes: "Essa gente é da mesma categoria dos leprosos e… a única defesa que a sociedade tem contra ela é a segregação e o isolamento sempre que possível".[19]

Em 2009, numa prisão a trinta e cinco quilômetros a oeste de Tent City, uma prisioneira — número 109.416 — foi literalmente assada viva numa jaula no meio do deserto, uma cela nua ao ar livre, com nada mais do que um teto de arame protegendo-a do sol.[20] Ela fora enviada para lá como punição por uma pequena infração disciplinar. A prisioneira 109.416 estava cumprindo pena por aliciamento, mas a prostituição sustentava seu vício em metadona havia anos. O vício provocou sua prisão e acabou matando-a. Seu corpo foi encontrado com bolhas e queimaduras por toda a pele. De acordo com uma testemunha, seus olhos estavam "secos como pergaminho". A temperatura registrada em seu corpo era de 42 graus Celsius antes de ela morrer. Era a temperatura máxima que os termômetros dos paramédicos marcavam.

Antes de morrer numa cela, a prisioneira 109.416 viveu como Marcia Powell. Em *Na fissura*, Hari revira as particularidades humanas de sua vida a partir da tragédia desumana de sua morte. Ela era uma adolescente que fugiu de casa na Califórnia, dormia na areia da praia para se aquecer e se lavava em banheiros do McDonald's. Era generosa e gostava de água. Adorava peneirar ouro nos lagos do Arizona. Preparava um café da manhã completo para o cachorro de seu namorado de manhã: ovos e salsicha.[21]

Marcia Powell morreu em 2009, o mesmo ano em que fiquei sóbria pela primeira vez. Enquanto ela estava numa jaula no meio do deserto, eu recebia as boas-vindas em subsolos de igrejas, recebia fichas de pôquer, era bombardeada com números de telefone. Frequentava reuniões onde meu corpo era tratado como valioso simplesmente porque estava na sala, simplesmente porque *existia*. Eu não tinha que marchar acorrentada recolhendo o lixo jogado por trabalhadores que haviam votado no xerife que me fazia usar uma camiseta que dizia que EU ERA VICIADA. Que sorte. Que sorte não ter que acordar numa jaula ou numa barraca a sessenta graus no deserto do Arizona; não ter que cumprir pena pela escravidão que já havia me corroído.

A morte de Marcia Powell no deserto é outro erro técnico na canção da minha dor como particular. Foi possível tocar aquela música sem problemas em Iowa City, onde eu pedia doses de uísque na companhia de poetas míticos — homens brancos servindo o deus brutal da sua lógica branca. Mas no mundo onde Marcia Powell morreu no deserto, onde Melanie Green encarou um júri por ser uma viciada grávida, onde Jennifer Johnson foi inicialmente condenada por entregar uma substância controlada a seu próprio filho, onde George Cain teve uma arma apontada para ele num consultório médico, onde Billie Holiday morreu algemada à cama de hospital — *nesse* mundo, a história da minha bebedeira não é uma história particular. Eu pensava que era, ou que só tinha a ver comigo e, talvez, com os homens que me foderam, com quem briguei, com o cara que me bateu na rua, com os homens com meu sobrenome, que bebiam antes de eu nascer.

Mas a história da minha tristeza nunca foi apenas minha. Sempre incluía estranhos: não apenas os estranhos que conheci em reuniões, mas os estranhos cuja dependência os levou a grupos de acorrentados em vez de a subsolos de igrejas, os estranhos que não paravam no Stop & Shop para pegar um café para os veteranos. Minha história incluía a mulher que morreu numa jaula no deserto, ou sua história me incluía; não apenas por causa da minha culpa — a culpa do privilégio, ou da sobrevivência —, mas porque nós duas colocamos coisas dentro de nossos corpos para mudar o que sentíamos.

É fácil esquecer que a prisioneira 109.416 e eu somos parte da mesma história porque tivemos o direito de contar histórias bem diferentes sobre nossa dor. De acordo com o roteiro de nossa cultura, uma de nós é vítima e a outra é prisioneira. Mas separar nossas histórias, compreendê-las como não relacionadas, seria ratificar, em primeiro lugar, a lógica que permite que nossos destinos sejam apartados: a jaula no deserto, o coro no subsolo. Nossas histórias são duas histórias sobre a dependência de uma substância — precisar dela, ir atrás dela, usá-la — e não quero mais viver com as tradições que as mantêm afastadas.

Quando finalmente visitei a Narcotic Farm em 2014 — oito décadas após ter sido aberta e quinze anos após de ter sido convertida numa prisão habilitada —, seus prédios altos de tijolos estavam cercados por rolos de arame farpado.[22] A arquitetura ambiciosa, os claustros, pátios e fachadas *art déco* magistrais pareciam sinistras atrás de espirais afiadas e reluzentes e do lembrete brutal do propósito da prisão: manter corpos punidos em quarentena.

O guia, encarregado da assessoria de comunicação, usava a linguagem da reabilitação, mas com frequência era tão assustadora quanto a linguagem do castigo. "Talvez, ele tenha cometido algumas infrações, feito escolhas erradas", ele dizia, descrevendo um prisioneiro típico apto à segurança mínima, "mas ainda acreditamos que ele seja reprogramável." *Reprogramável*: o problemático descendente da crença mais antiga de que uma instituição pode "rearranjar" alguém.[23]

Desde que a fábrica da Lexington foi convertida em prisão, não era mais exclusivamente dedicada a tratar viciados, mas ainda tinha um importante programa dedicado ao vício: um programa para tratar do abuso de drogas, com duração de nove meses, conhecido como RDAP [*Residencial Drug Abuse Program*] e instalado em algo chamado Asa Veritas. Pôsteres convidavam os participantes a se tornarem "Navegantes" ou "Facilitadores" para seguirem os passos de exemplos que arrumaram as coisas e ajudaram os outros. O programa pregava sobre os perigos de oito principais "erros de pensamento", incluindo a indolência, a arrogância e o sentimentalismo, que era definido como o impulso de evocar desculpas emotivas em interesse pessoal para um crime. Na sala comunitária, uma pista de boliche convertida, senti os fantasmas de antigas tentativas de reabilitação: 8842 horas de boliche registradas em 1937. Agora, os internos se reuniam nessa sala para dar flexões (elogios) uns aos outros e empurrões (sugestões). As celas tinham nomes de virtudes — como Beco da Humildade, uma amostra de ironia que parecia insistir que a destituição da prisão poderia conceder acesso à virtude. "Você ainda sabe tudo?", o juiz da vara de entorpecentes perguntou ao viciado. "Está disposto a OUVIR agora?"

O guia da assessoria de comunicação mostrou com orgulho todas as instalações vocacionais da prisão: a oficina de braile, onde os internos faziam livros em braile para crianças cegas da pré-escola, e a estrutura de madeira de uma casa, no pátio aberto central, que era construída e reconstruída em várias aulas de carpintaria, as vigas do telhado cheias de cocô de pombo. Era estranho que os pássaros pudessem ir e vir à vontade enquanto os homens permaneciam. O guia mostrou com orgulho a plural arquitetura religiosa: a tenda de suor dos índios nativos americanos, a fogueira wicca, a fogueira ásatrú — essa última citada com ar casual presunçoso, como se dissesse: "Sim, claro, a fogueira ásatrú". Mas, quando perguntei quantos internos ásatrú eles tinham, não recebi uma resposta confiável.

"Cada interno é o testemunho ambulante de uma vítima", um dos carcereiros me disse, que eu sabia que não era verdade, pelo menos não como ele falava, e parecia um erro sentimental de pensamento próprio. O carcereiro traduziu do latim com perfeição a tatuagem no meu braço ("Sou humana, nada humano me é estranho"), então disse: "Não sei se é verdade". Ele me assegurou que havia prisioneiros que me eram estranhos, pessoas que haviam feito coisas tão ruins que eu não poderia compreendê-los. Mas eu não acreditava na mesma classificação de categoria em que ele acreditava, e concordava com o que ele havia dito conforme insistia nos limites do meu conhecimento. Eu sabia que havia muita coisa que não poderia entender sobre os homens encarcerados ali, muita coisa que não poderia ver atrás do arame farpado e do gazebo cênico construído pelos internos além dos simuladores de soldagem e da moldura cheia de cocô de passarinho, da tenda do suor e das fogueiras, além das vítimas falsas por trás de internos totalmente humanos ao meu redor, homens com quem eu não podia falar.

Perguntei ao carcereiro educativo o que ele sabia sobre a prisão-hospital que o lugar havia sido, e ele me contou tudo. Havia sido um experimento em reabilitação, ele disse, e fracassou.

Em vez de uma jaula no deserto ou de uma cela no Beco da Humildade, eu recebi irmandade. Pude ouvir gente descrever o *primeiro drinque*, sempre evocado de forma tão específica. Geralmente, era mencionado com ternura e liberdade, como um panegírico para um abusador, e tinha cheiro de negócio inacabado em seus detalhes: o brilho da garrafa de uísque, a doçura nauseante de cozinhar xerez, as prateleiras de nozes ou o carrinho de metal que rangia. Eu estava mortificada, quase assustada do quanto me lembrava bem do primeiro drinque, na festa de formatura do meu irmão: a sensação do acolchoado do sofá; a lareira de pedra projetada; o estalar pétreo do champanhe. Como me lembrava tão bem se alguma parte de mim ainda não quisesse lembrar?

Se memória e saudades eram dois sinais de rádio sintonizados na mesma frequência, então outros também ouviam. Uma mulher com esclerose múltipla chamada Petra disse: "Era o dia todo, todo dia". Ela falava que bebia para esquecer o fato de viver em um corpo doente, e do embaraço de bater sua cadeira de rodas em cadeiras e mesas, mas havia algo mais em sua voz, quase melancólico, que deixava escapar. A mulher chamada Lorrie — obesa e impecavelmente maquiada, chorando tanto que tremia — veio bêbada a uma reunião e disse que uma vez ficou bêbada com o estuprador depois de tê-la estuprado. Nessa manhã, ela havia acordado às seis e meia para ter tempo de comprar a bebida antes da reunião das sete e meia. E a levei à lanchonete em seguida, onde ela pediu um milkshake de Oreo e eu bebi tanto café que achei que iria fazer xixi por horas. Ela me contou que tentava ir a uma reunião a cada hora livre porque tinha medo que, do contrário, fosse beber, e eu pensei: *Quero te ajudar. Não sei como.* Contei a ela que fiquei bêbada e deixei um cara terminar de trepar comigo porque era mais fácil do que pará-lo. Ela disse: "Exatamente". Não acho que ela queria dizer que foi exatamente o que aconteceu com ela, porque não foi o que aconteceu com ela. Acho que ela queria dizer que havia um lugar para onde a bebida pode te levar onde você esquece que seu corpo é importante, e nós duas passamos um tempo ali.

Comecei a dar carona para Wendy, vinte anos de idade, a garota com a bolsa de colostomia que encontrei no subsolo da igreja do outro lado da cidade. Uma manhã, quando fui buscá-la, ela estava visivelmente bêbada, segurando um copo de isopor enorme de café do 7-Eleven da noite anterior que havia colocado no micro-ondas de manhã, ela explicou enrolando a língua, porque não queria desperdiçar. Era como se quisesse compensar por estar bêbada explicando uma coisinha que havia feito certo. Eu não sabia o que fazer. Não podia simplesmente levá-la na rua. Ou podia? A história que havia contado a mim mesma sobre a recuperação dela era mais ou menos assim: *Essa mulher bacana mais velha começou a me dar carona e me mostrou que a sobriedade podia ser algo que eu de fato* QUERIA. Mas a história de sobriedade dela não era para eu escrever. Levei-a à reunião mesmo assim.

Se entendi alguma coisa naquele inverno foi como era difícil abrir mão do que você amava, mesmo se decidisse que não era o que precisava. Eram as marcas de garras novamente. Algum tempo após terminarmos, Dave e eu nos encontramos uma noite num hotel pretensioso na rua dele, no centro. Era o tipo de encontro onde se diria: "Vamos pegar uns drinques", só que nós dois pedimos água com gás, cranberry e limão. Sentamos em sofás de couro sob a luz fraca e pedimos sobremesa para nos dar uma razão para permanecermos ali: donuts cobertos de canela e açúcar, servidos com um potinho de creme quente de baunilha.

Eu me lembrei da primeira noite em que nos beijamos — como ficamos ao lado da pia da cozinha na casa de amigos por horas, enchendo os copos d'água só para que pudéssemos continuar conversando. Ficamos no bar do hotel até fechar, pouco depois da meia-noite, como estranhos que acabaram de se conhecer, como gente sem histórico. Despreocupação sem o álibi da bebida, abastecida pelo combustível de club soda e suco. Acordei na cama dele na manhã seguinte, assada na luz do fim de inverno — em sua casa que não era a minha casa, sob lençóis que não eram meus lençóis.

Tudo o que aconteceu em seguida aconteceu sem bebida como pretexto ou desculpa: vi Dave sóbria. Dormi com ele sóbria. Comemos cookies da loja da sua rua, tarde da noite, sóbrios. Mas não parecia exatamente que estava sóbria. Antes das reuniões da manhã, eu ainda ia caminhar com Luke. Quando ficou bem quente, outro homem que conheci nas reuniões me levou para navegar em Long Island Sound, onde me deitei na rede de lona estendida sobre a proa, banhada pelo sol, e adorei a sensação desanuviada de possibilidades que existia na companhia de alguém com quem eu não compartilhava bagagem, nenhum ressentimento, nenhum erro. Quando saía para caminhadas cedinho da manhã com Luke, mantinha a paquera numa certa distância: longe o suficiente para que não se tornasse um relacionamento de fato, perto o suficiente para sentir seu brilho. Essas ocasiões com outros homens não eram contra as regras — nos meses de purgatório, Dave e eu não tínhamos regras —, mas, mesmo assim, pareciam egoístas, uma forma de acumular certezas para não precisar mais pedir isso a Dave. Não acreditava mais que merecia isso dele. Porque não estava mais num relacionamento com Dave, não esperava mais isso dele — o que me lembrava, de forma desconfortável, de desistir de beber: como parecia possível beber agora que não bebia, como reluzia no espelho retrovisor.

Naquele inverno, Susan e eu começamos a ir num bistrô no centro para nossos encontros de apadrinhamento. O restaurante estava sempre vazio, era o negócio capenga de uma amiga que ela estava tentando ajudar. A longa contagem do meu Quinto Passo estava presa ao silêncio daquele salão nos finais de tarde, a luz densa e leitosa como espuma de capuccino, o gosto casado de café doce com leite e batata frita. Tanta coisa da sobriedade era cheia de gostos estranhamente entrelaçados: chiclete de menta e cookies de creme de baunilha nas reuniões; anéis de cebola, milk-shake e omelete em jantares pós-reunião, com cada um em diferentes horários de dormir, dando garfadas um do prato do outro.

Não falei para Susan que tinha começado a ver Dave novamente. Parecia uma bagunça inexplicável e talvez pouco sábia o que estávamos fazendo, e não sabia como contextualizá-la na minha narrativa sóbria. Era a mancha de uma trama irregular. Um dia Susan me disse — com verdadeira dor na voz — que sentia que eu estava me afastando dela. Era difícil marcar um encontro comigo e eu ficava sempre adiando. Inicialmente, quis protestar: "Estava fazendo tudo o que deveria! Preenchi todos os espaços em branco do meu inventário!". Mas foi bom contar a verdade a Susan — que não havia contado sobre Dave porque parecia muito bagunçado para se encaixar em nossas conversas ou no meu trabalho com os passos.

"É exatamente o seu problema", Susan me disse. "Você não sabe falar nada quando ainda é uma bagunça dentro de você. Precisa ter tudo resolvido antes de dizer em voz alta."

Berryman começou *Recovery* como uma ode à camaradagem, mas o romance não era um relato de sua recuperação, mas a visão que ele projetou da recuperação que nunca vivenciou totalmente. Era uma incitação para ele mesmo se recuperar melhor, mas Berryman não conseguiu ficar sóbrio o tempo todo em que escrevia. Um amigo meu uma vez observou que escrever sobre si mesmo é "como tentar arrumar a cama ainda deitado nela",[24] e em *Recovery* a forma sob os lençóis é palpável. Até os títulos dos capítulos expõem o romance como um documento de repetição enlouquecedor mais do que redenção progressiva: "O Primeiro Passo" é seguido pelo "Os últimos dois Primeiros Passos", que é seguido pelo "Bêbado seco". Depois do *primeiro* Primeiro Passo há outro Primeiro Passo e, então, *outro* Primeiro Passo e, depois de tudo isso, Severance *ainda* é um bêbado seco.

As notas de margem de Berryman num dos primeiros rascunhos do romance, quando ele listava os "sintomas" do alcoólatra, sugerem que ele ainda estava lidando com autodiagnóstico ("beber de manhã — beber no trabalho — não são marcas de quem bebe socialmente")[25] e são testemunhos de suas recaídas: "resoluções infinitas — períodos abstêmio — remorso terrível". Como Severance confessa na oitava página de *Recovery*: "Sinceridade não era nada nesse jogo". Cento e sessenta páginas depois, ele diz: "Há pouco tempo, desisti das palavras 'sinceramente' e 'honestamente' como palavras vazias meramente criadas por meu cérebro doente para sustentar suas mentiras".[26] Ele desistiu *novamente* da sinceridade mais de cem páginas depois de desistir a primeira vez. Um personagem, por acidente, escreve sua oração de Terceiro Passo: *Que eu sempre faça vossa vontade, como sempre farei a minha vontade.*[27]

Berryman vivia frustrado com suas recaídas, mas ficava tentando se render novamente, de todo modo. Numa tirinha de papel intitulada "1º Passo, Noite de sábado", ele escreveu:

> Duvido que esse seja um primeiro passo aceitável; e não me importo. Duvido que algum homem pudesse de fato "dar" o primeiro passo; talvez alguns possam, mas sei que me esforcei e fracassei. Na primavera passada eu escrevi... um abrangente relato de vinte e três anos de caos alcoólico, esposas perdidas, desgraça pública, um trabalho perdido, ferimentos + hospitalização, uma ligação apagada para uma estudante ameaçando matá-la; defecação involuntária em local público, *delirium tremens*, uma convulsão etc. e foi completamente sincero... e um mês depois tive um deslize, quatro ou cinco nos próximos dois meses, dois meses de sobriedade, cinco dias bebendo, e aqui estou eu novamente — apesar de toda a seriedade, nunca perdi uma reunião do AA ou do grupo de encontro de St. Mary, e todos os tipos de ajuda, incluindo reza diária + o livro de 24h. Então que se dane <u>aquele</u> primeiro passo. Este é apenas um relato verdadeiro e curto do meu pensamento atual sobre o assunto.[28]

Mas mesmo dizendo *que se dane*, ele virou o papel e escreveu uma mensagem para si mesmo no verso: "Enquanto penteia o cabelo + barba de manhã, diga ao espelho: 'Berryman, Deus está interessado em você e tem consciência de seu esforço + seus serviços. Boa sorte'". Ele ficava tentando se redirecionar da crise ao propósito: *seu esforço + seus serviços.* Seus inventários voltavam em círculos para as mesmas futilidades e frustrações: *Eu sinto que sou imbatível? (S) Eu fico abstêmio para provar que posso parar? (S)*. Ele nem marcou S ou N para *Eu fico bêbado?* — como se fosse uma pergunta óbvia demais para merecer resposta. Sua vida toda já havia respondido a isso.

Se o romance era uma tentativa de se incluir na escrita da recuperação, as edições escritas à mão por Berryman numa primeira versão traíam suas perguntas sem solução. Um paciente em reabilitação olhando para Severance com "real interesse" se tornou "com a aparência de real interesse".[29] Outra inserção à mão insiste que cada paciente de reabilitação volta a "seu próprio mundo" depois de recitar a Oração da Serenidade em uníssono. Num ponto, Severance sabe "que ele se sentia... deprimido". Mas ele nem pode se conectar com o que o faz chorar. "Não sei por que diabos eu chorava", ele diz. Ele "sentia... nenhum lugar".[30] A decepção fica à espreita do outro lado de cada reticência, depois do fôlego contido de cada pausa.

Numa sessão de terapia em grupo perto do final do romance, Severance confessa que tem um filho que não vê há anos. Ele nem tem certeza da idade ("Treze. Acho."). Severance reconhece "miseravelmente" que não conhece bem o filho, apesar de não estar pronto para assumir total responsabilidade por isso. "Suas cartas são muito infantis", Severance reclama. "Não consigo descobrir nada sobre ele."[31]

O próprio Berryman tinha um filho distante e há em seus arquivos cartas que expressam — claramente — as margens brancas não pronunciadas da distância entre eles:

> Querido pai,
> Fui bem na escola este trimestre com média de 91%. Anexei uma cópia do boletim. Espero que goste.
> Fui aceito na South Kent School. Essa foi a única admissão que recebi até agora, então não sei se vou para lá.
> Diga oi para Kate e Martha por mim.
> Com amor, Paul Berryman.[32]

Suas cartas são muito infantis. Não consigo descobrir nada sobre ele. Algumas semanas depois, Paul Berryman enviou uma cópia de sua carta de admissão da Phillips Academy — assinando com o nome completo novamente, como se escrevesse para um estranho. Àquela altura, fazia vários anos que ele e o pai não se viam.

Mas Berryman queria compartilhar os frutos de sua recuperação com Paul; ele queria que a recuperação fosse algo que os aproximasse. Num ano, pouco antes de seu aniversário, Berryman escreveu uma carta para o filho:

> PARA MEU FILHO: Às vésperas do meu 56º aniversário, depois de dificuldades, eu aprendi isso: Fazer um relato honesto (sincero) de qualquer coisa é a segunda tarefa mais difícil que um homem pode se proporcionar... A única tarefa mais difícil, na minha opinião atualmente, é tentar amar e conhecer o Senhor, num silêncio impenetrável.[33]

Não é de se surpreender que a carta de Berryman para o filho distante seja sobre ansiar por uma noção mais forte de conexão com um deus distante, outro pai ausente que é tornado divino. Também não é de se surpreender que tudo se baseie na próxima busca de Berryman. A recuperação pode tornar a pessoa autocentrada, mesmo tentando aprender o contrário — tentando entrar em contato com o filho negligenciado ou esposas magoadas ou um deus impenetrável.

No outono de 1971, Berryman havia desistido completamente de *Recovery*. Deixou o romance inacabado, que só foi publicado após sua morte. Ele deixou apenas cartões amarelos sugerindo finais possíveis que havia imaginado. "Fim do romance", escreveu em um deles.[34] "Vire esse cartão." No verso, ele escreveu: "Ele poderia, certamente, a qualquer momento, beber de novo. Mas não parecia provável. Ele estava... calmo". Lá estavam novamente as reticências.

Berryman tentava imaginar um estado permanente de serenidade, mas só podia evocá-lo em termos abstratos. Num cartão separado, escreveu uma "Última página do livro" como alternativa: "Em Pike's Peak, descendo. Ele estava perfeitamente pronto. Sem arrependimentos. Estava mais feliz do que jamais havia sido na vida. Com sorte, e ele não merecia. Ele tinha muita, muita sorte. Abençoe a todos. Ele estava... bem".

Berryman se agarrava à possibilidade de estabilidade além das reticências: *Ele estava... calmo. Ele estava... bem.* Mas era difícil confiar nesses sentimentos, não apenas porque existiam em cartões que nunca foram usados, mas também porque eram assombrados por reticências que vinham antes deles no livro: *Ele estava... deprimido.* Ele estava... em nenhum lugar.

Berryman guardou seu caderno de anotações de *Recovery* mesmo depois de desistir do romance, mas as últimas anotações, de dezembro de 1971, são cheias de desespero: "Apenas tente", ele disse a si mesmo. "Feliz um pouco, orações gratas." Mesmo assim, piorou: "pensamentos contínuos, terríveis de suicídio... covardes, cruéis, perversos... lutando contra eles. Não *creia* na arma ou na faca; *não vou*".[35]

No romance inacabado, Severance começa a fase final de sobriedade dizendo: "Se não conseguir desta vez, vou apenas relaxar e beber até morrer".[36] Num quarto de motel em Hartford, Berryman escreveu: "Já *chega*! Não SUPORTO MAIS / Que seja. É o bastante. Não posso esperar".[37]

Em 8 de janeiro de 1972, Berryman saltou da ponte da avenida Washington na Universidade de Minnesota, onde lecionou por quase vinte anos, e caiu no rio abaixo, morrendo com o impacto. Ele havia tido uma recaída dias antes de saltar — após onze meses de sobriedade, seu período mais longo.[38]

"Não posso mais aguentar essa vida horrenda", Jean Rhys escreveu para um amigo. "Simplesmente, me revolta."[39] Não é de se surpreender, então, que Rhys percebeu que queria escrever longe da experiência pessoal do "eu", da vergonha da autobiografia mal disfarçada e com "outra eu que é todo mundo".[40] Como Jackson, ela queria sair de si mesma. Era mais difícil quando havia outras pessoas ao redor. "Jean não conseguia escutar!", disse Selma Vaz Dias. "Parece que ela não consegue se conectar."[41]

Era na ficção que Rhys ficava mais próxima da consciência dos outros, que queria dissolver as barreiras entre "eu" e "todo mundo", e *Vasto mar de sargaços* — seu quinto romance, o que a fez famosa — era a expressão mais completa desse desejo.

Os primeiros quatro romances de Rhys foram firmados nas paisagens de sua própria vida: quartos encardidos de hotel e pensões escuras em Paris e Londres, mas o último encontrou suas feridas centrais, a alienação e o abandono, na vida imaginada de outra pessoa: a primeira esposa do sr. Rochester em *Jane Eyre*, a louca no sótão. Rhys reimaginou essa personagem opaca como Antoinette, uma mulher exilada de seu país e menosprezada por um homem: uma vida redescoberta no naufrágio, uma personagem recuperada da louca vilania (nenhuma semelhança mesmo com Rhys).

Levou quase vinte anos para Rhys escrever o romance — duas décadas cheias de pobreza, bebedeiras, vida itinerante, e o esforço (com fracassos constantes) de cuidar do marido cada vez mais doente, Max. Ela queimou uma versão do romance até as cinzas na lareira da cozinha durante uma crise de fúria bêbada. Quando finalmente terminou o manuscrito, escreveu para sua editora, Diana Athill: "Sonhei várias vezes que ia ter um filho, daí eu acordava... aliviada. Finalmente, sonhei que ia ver o bebê no berço... uma coisinha tão fraca. Então o livro deve ser terminado".[42] Como aconteceu, Max morreu quando ela estava terminando o livro. Athill escreveu para dizer que iria visitá-la assim que pudesse: "Irei armada com uma garrafa!".[43]

A história da "coisinha fraca" de *Vasto mar de sargaços* explora o casamento infeliz de Antoinette, uma garota dominicana criada numa plantação desolada, com um britânico, segundo filho, que está atrás de uma herança: o jovem que iria se tornar o sr. Rochester de Brontë. *Vasto mar de sargaços* concede uma consciência total a Antoinette — a personagem que aparece apenas como uma louca perigosa na obra-prima de Brontë — e dramatiza sua destruição nas mãos de um marido que não a ama, mas que a leva mesmo assim à Inglaterra e a tranca no sótão. Rhys evoca o sofrimento da lua de mel deles como dias de desvio e afastamento passados numa propriedade em ruínas numa antiga ilha: poças de chuva na terra vermelha, o vapor se erguendo das folhagens, a luz do fogo crepitando por toda varanda, mariposas morrendo nas chamas de velas. A terra madura é cruel. Aprofunda a dor da distância do casal com sua beleza. Se a mente pode fazer do céu um inferno, uma lua de mel sem amor pode torná-lo ainda pior.

Antoinette tenta tudo o que pode para fazer o marido amá-la mais, mas ele não suporta os abandonos que esculpiram sua carência por amor com uma lâmina tão afiada. Depois que Antoinette fracassa ao usar a mágica *obeah* de sua babá de infância para segurar o marido — um monte de penas de galinha na esquina, um vinho medicinal —, ela busca refúgio no rum do bufê da varanda.

"Não beba mais", seu marido diz a ela.[44]

"Que direito você tem de me dizer o que fazer?", ela responde, e continua bebendo. Compreendemos que o rum é pouco mais do que um pobre substituto para uma mágica mais antiga. Concede alguma versão diluída do alívio que a *obeah* e sua babá outrora ofereceram. Seu desejo principal é por amor. A bebida é apenas um fraco consolo, uma forma simulada de sustância.[45]

Em *Vasto mar de sargaços*, Rhys encontrou dois veículos de empatia. Recuperou a personagem da sra. Rochester, mas também imaginou a psiquê do homem que a desprezou. O romance não se pergunta apenas como é ser uma mulher aprisionada, mas como era o homem que a aprisionou. A parte do meio do romance é contada da perspectiva de Rochester, e o terço final permite que sua governanta de infância, a sra. Eff, fale por ele: "Eu o conheci quando jovem. Era gentil, generoso, corajoso".[46] A insistência da sra. Eff de que seria um erro ver Rochester simplesmente como um diabo ecoa as autocríticas de Rhys em seu julgamento imaginado. "Não conheço os outros", ela confessou. "Eu os vejo como árvores caminhando."

Concedendo a Rochester uma voz no romance, Rhys permite que ele emerja como algo mais do que apenas outra árvore vislumbrada, algo mais do que um gancho no qual ela poderia novamente pendurar seu manto de veneno. Rochester é o símbolo de abandono transformado em humano novamente: múltiplo e contraditório. "Não estou acostumada com personagens segurando o pedaço entre os dentes e saindo correndo", Rhys escreveu para um amigo enquanto escrevia *Vasto mar de sargaços*.[47] Em Rochester, ela imaginou um homem que parecia um diabo, mas já havia sido um garoto; e, através dele, começou a imaginar a possibilidade de um garoto "gentil, generoso" em todo homem que já havia parecido com um diabo para ela. Quando Rochester diz a Antoinette que foi forçado quando jovem a manter as emoções escondidas, Antoinette começa a compreender que quase todo vilão também foi uma vítima.[48]

Se o romance reimagina a vilania como fruto do vitimismo, final remolda um ato de destruição — Antoinette queimando a mansão de Rochester — como expressão de dor. Em *Jane Eyre*, o fogo é opaco e muito ameaçador, a vingança de uma "mulher louca que era astuta como uma bruxa".[49] Mas Rhys dá à "mulher louca" uma psicologia intrincada, e expõe a dor na raiz do que parece autodestruição sem sentido, ou maldade cega. O fogo se torna conflagração articulada. Ressuscita o manuscrito das cinzas na lareira, onde Rhys o queimou, bêbada. "Agora ao menos sei por que fui trazida aqui", Antoinette diz quando pega a vela. "E o que tenho a fazer."[50]

Nos últimos treze anos de sua vida, entre a publicação de *Vasto mar de sargaços* e sua morte, em 1979, aos oitenta e oito anos de idade, Rhys morou numa vila em Devon chamada Cheriton Fitzpaine, num quarteirão de chalés chamado Landboat Bungalows. Ela estava isolada do mar e com sede. Era impressionante que bebesse tanto quanto bebia e tenha vivido por tanto tempo. Ela disse a um amigo que histórias de fantasmas e uísque eram as únicas coisas que lhe traziam conforto, mas, tecnicamente, isso não era verdade.[51] Suas contas da loja de bebidas JT Davies and Sons mostram que além do uísque (Jameson Black Barrel e Teacher's), Rhys bebia muito gim Gordon's, Smirnoff, Martini Bianco e Beaujolais. Sua conta mensal de álcool às vezes rivalizava com todas as outras despesas domésticas combinadas.[52]

No fim da vida, Rhys não podia viver sem ajuda. Num caderninho vermelho encadernado com um cordão, sua amiga Diana Melly escreveu uma lista de instruções para as várias cuidadoras:

1. Evite assuntos polêmicos como política.

2. Nunca a desencoraje das coisas que queira fazer com sua aparência etc. (ex.: comprar uma peruca vermelha).

3. Não discuta idade e assuntos relacionados, como avós.

4. Tente mudar de assunto quando as coisas se tornarem emotivas, mas faça isso lentamente.[53]

Porém, a maioria das instruções de Melly tinham a ver com o gerenciamento das bebedeira diária de Rhys:

> 12h. Bebida. Apenas quando ela pedir e numa taça pequena de vinho. Muito gelo, pouco gim, e encha com martíni (vermute). É sempre a mesma bebida — de manhã e de noite. Não ofereça outro drinque <u>a não ser</u> que ela peça (SEMPRE)

> 13h. Almoço. Pudim (quase sempre há um sorvete no freezer). Vinho — ~~se possível, não mais de duas taças~~. Apenas se ela pedir.

Melly enfatizava essas palavras como se admitisse que qualquer tentativa de restringir fosse inútil. Em outro ponto, ela diz: "NUNCA beba nada diferente, como uísque, na frente dela, ou ela vai querer também". Se Rhys pedisse, Melly sugeria "bem pouquinho, com horrores de gelo". Rhys quase sempre queria no final do dia. "Fico com ela até às 19h", Melly escreveu, "já que é a hora que ela é mais propensa a ficar triste." Melly compreendia a tristeza da amiga como um tipo de engrenagem de relógio, chegando no crepúsculo. Pedia uma bebida, mas o que realmente queria era companhia. A bebida era uma discussão passada. Menos como uma doença a ser curada e mais como uma criatura na sala, um animal selvagem que podia ser amansado — com ouvidos abertos, língua cuidadosa, horrores de gelo — e se tornar uma versão menos feroz de si.

Mas Rhys era esperta em relação a esses truques. Durante uma visita do amigo David Plante, perto do fim da vida, ela reclamou que outras pessoas sempre a serviam drinques com gelo demais. "Toda a escrita é um enorme lago",[54] ela explicou para ele, suas metáforas ficavam mais fluidas conforme ela ficava bêbada. "Há grandes rios que alimentam o lago, como Tolstói e Dostoiévski. E há gotejos, como Jean Rhys." Quando Plante se levantou para partir, ela pediu: "Me sirva outro drinque, sim, querido? E só coloque um cubo".

Durante aquela primavera de purgatório — depois que Dave e eu terminamos, e então começamos a nos ver novamente —, perguntei se ele queria contar a minha história numa reunião. Ele pareceu feliz e disse sim. Então, numa noite fria em março, eu o peguei em meu minúsculo Toyota preto, com o aquecimento a toda, enquanto ele descia para o saguão de seu prédio (ainda era estranho dizer isso, *seu*) de cachecol xadrez e jaqueta escura.

Quando o agradeci por ter ido, ele me olhou bem nos olhos e disse que significava muito para ele eu o ter convidado.

Dirigimos até uma igreja na fronteira da cidade, na metade do caminho até o Dairy Queen em Hamden, um pináculo escuro contra o céu, apenas o subsolo iluminado abaixo, como se um pouquinho de luz gemada tivesse escorrido por baixo da igreja e se juntado numa poça. Era o sinal de código Morse para uma reunião: igreja escura, subsolo iluminado. Era estranho levar Dave para aquele subsolo onde eu havia chorado por causa do final de nosso relacionamento. Me senti uma fraude, ou tola. Mas ele se sentou confortavelmente — perto dos fundos com sua bolsa apoiada contra as pernas de metal da cadeira dobrável. Vê-lo junto às pessoas que eu conhecia da recuperação era como um sonho em que as pontas de sua vida colidem: sua avó brindando com Coronas com o garoto com quem você costumava ficar no primeiro ano. Agora Dave conversava com a mulher de meia-idade sentada na fileira atrás dele, rindo sobre algo. E quando eu contei à sala, na metade da minha história, que "beber me deixava egoísta", eu estava de fato contando para ele.

De todo modo, nós dois sabíamos que era mais complicado do que aquilo. Meu egoísmo era uma condição preexistente, assim como consequência, e quem não é egoísta, afinal? Talvez, dizendo a mim mesma — ou à sala, ou a Dave — que beber me deixava egoísta fosse apenas uma forma pragmática de me manter responsável: *Você não tem desculpa para ser egoísta agora.*

Num dos primeiros dias quentes de primavera, fizemos um passeio de barco pelas Ilhas Thimble, saindo de Connecticut — o vento salgado saindo do canal, nossas bocas cheias do meu cabelo agitado, a água cobalto reluzindo com flashes fortes de luz como cacos de vidro. Imaginei um futuro possível para nós em cada ilha, onde nossos filhos poderiam ler em cadeiras no jardim, exigindo panquecas. Dave uma vez escreveu um poema, o mesmo em que eu bebia sozinha atrás da nossa casa:

E agora você se foi...
com o cabelo molhado e nossos filhos não nascidos.
Enquanto me sento aqui dando a eles nomes indelicados
eles tomam o canto da varanda erguendo as mãos para serem chamados,
a chuva
escorrendo por seus braços, então por eles.

Essas crianças órfãs na chuva pareciam palpáveis, reais, como se as tivéssemos convocado à vida por nos amarmos tanto, e depois as abandonado ao terminarmos. Então elas tinham que ficar do lado de fora da casa — de cada casa, em cada ilhazinha — erguendo as mãos, esperando para serem chamadas, derretendo às margens do *e se*.

Naquela primavera, foi como me apaixonar novamente — a tontura, os questionamentos, a fantasia —, só que todos os sentimentos estavam acontecendo sobre uma montanha de composto formado por outros sentimentos apodrecendo e se transformando em adubo: expectativas, dignidade, raiva. Nosso término havia parecido o fim: o contrato de aluguel quebrado, nossas conversas chorosas um com o outro e com todos que conhecíamos; e essa volta tinha uma discrição ansiosa, um sentimento de urgência febril. Tudo eram folhas de chá — o padrão da luz, ou a hora em que Dave por acaso ligava, um sinal me dizendo *pode ser que funcione,* ou então dizendo *desista.* Cada mensagem de texto era como uma carta de tarô, pressagiando.

No verão, Dave voltou para Iowa City — onde muitos de nossos amigos ainda estavam morando — para lecionar. Com a distância, eu o senti desaparecendo num remendo de conversas de bar e noites de uísque na varanda. Era como se a antiga namorada o tivesse encontrado na lista telefônica. Tentei não ficar chateada, tentei não contabilizar — o quanto ele havia mantido contato, o quanto eu havia mantido contato —, tentei não ficar chateada com a distância, tentei me dizer que eu era ridícula, eu tinha terminado com ele, não poderia lhe dar liberdade? Como me achava no direito?

"Continuo tentando me esforçar para ser uma pessoa capaz de ficar com D", escrevi para a mesma amiga que me recebeu em seu minúsculo apartamento quando estávamos terminando, me alimentando com vídeos da

Rihanna como remédio para a dor. Me esforçar para ser capaz de ficar com Dave me lembrou de me esforçar para ser capaz de beber. Não que Dave ou a bebida fossem necessariamente destrutivos — Dave não era tóxico, apenas humano; e muita gente podia beber numa boa —, eu é que ficava tentando me rearranjar para que fosse possível com ambos, ficava me dizendo que arruinei as coisas precisando tanto delas.

No aniversário de Dave, em agosto, depois que ele voltou de Iowa City, juntei dinheiro com alguns de nossos amigos para alugar uma casa numa cidade nas Catskills chamada Fleischmanns, um paraíso de verão dos barões do fermento, cheios de judeus ortodoxos da cidade. A ponte principal foi levada pelo furacão Irene e tinha um bilhete escrito à mão preso na cerca: "Wayne, por favor, arrume a ponte". O mundo era cheio de pedidos.

Como presente de aniversário, passei meses reunindo cartas e fotografias de todos na vida de Dave: amigos, antigos professores, seus pais, seus irmãos. Era uma tentativa de resistir à noção de amor como um recurso finito, em que o amor dele pelos outros significasse que tinha menos para mim. Naquela viagem, acreditei em nós novamente. Nossos anos juntos não tinham sido perdidos. A sobriedade iria nos salvar. Eu não ia a uma reunião havia semanas. Estava ficando cada vez mais difícil me abrir nas reuniões, porque tinha compartilhado muito sobre nosso término. Agora, não sabia como contar a história de estarmos voltando.

Na viagem de volta das Catskills, paramos para jogar paintball. Tínhamos trinta anos e agindo como treze, vestidos com macacões, acertando um ao outro com adrenalina. Tinha ouvido dizer que as balas podiam doer, mas pareciam de feno. A única que ardeu mesmo, que deixou um hematoma, foi a que acertou o pescoço e não se partiu quando deveria.

No outono, apresentei o tema da minha tese de doutorado pela primeira vez, sentada a uma mesa elegante de conferência numa fortaleza gótica ameaçadora, conversando com um grupo de universitários e membros do corpo docente. Estava preocupada que pudesse soar como uma puritana apresentando o caso nada sexy sobre o relacionamento entre sobriedade e criatividade, então usei batom mais escuro do que o normal, torcendo para sugerir — com o vermelho diva Ruby Woo da MAC — que ainda tinha contato com coisas como risco e audácia. A Coca diet ficou na bolsa.

"Mas e quanto à relação entre *vício* e criatividade?", um professor perguntou. "Certas obsessões não produzem experimentos e variação?"

Os olhos da sala oscilaram indo e vindo entre nós. Zelosa, copiei sua pergunta no caderno. *Vício = variação?*

"Os aspectos geradores da obsessão", ele continuou. "*Isso* é interessante para mim."

Reconheci a ênfase no *isso*. Era um protocolo acadêmico padrão, apontar um interesse hipotético numa questão diferente como forma de sugerir que aquela que você fazia não era nada interessante. Era como se o professor tivesse dito: "Diga a si mesma o que quiser, mas nada vai render tanto quanto a destruição".

"Acho que...", pausei, gaguejei. "Acho que o vício com frequência é o oposto de variação."

O que eu queria dizer: "Vício é só a mesma porra sem parar. Pensar em vício nos termos de variação geradora é o privilégio de alguém que não passou anos contando as mesmas mentiras para caixas de lojas de bebidas".

Mas não podia desprezar totalmente o que ele havia dito. O vício não era simplesmente gasolina criativa, mas não era também apenas contusão muscular. Queria tanto desprezar os mitos do uísque e tinta que levou um tempo para aguentar a verdade: que o anseio é nosso motor narrativo mais poderoso e o vício é um de seus dialetos; que o vício é uma história primal e pungente, estruturada por ironia e apoiada em traição, a fantasia de fuga colidindo com o corpo em ruína. "A dor vem da escuridão e chamamos isso de sabedoria. É dor", Randall Jarrell escreveu, mas até suas frases admitiam o próprio engano: eram sabedoria e vinham da dor.

A possibilidade de escrever sobre o vício era mais do que uma mentira sedutora; era também alquimia genuína. Quando procurava o final de uma mitologia, encontrava estratégias de exportação: Raymond Carver levou seus dias bêbados para suas histórias sóbrias. Amy Winehouse passou uma semana sóbria no condomínio de seu produtor, em Miami, escrevendo letras sobre álcool que se tornaram a trilha sonora de um milhão de vidas — uma profissional do coração partido profissionalizando seu coração partido. Quase como as medidas em uma receita: a quantidade certa de dor poderia abastecer o trabalho sem atrapalhar sua execução. A mentira não era que o vício pudesse proporcionar a verdade; era que o vício tinha controle sobre ela.

No conto de James Baldwin, "Sonny's Blues", um pianista de jazz conta ao irmão por que ele precisa de heroína: "Não é tanto para *tocar*", Sonny diz a ele. "É para *suportar*."[55] Mas, posteriormente, Sonny refaz a própria afirmação: "Não quero que você pense que tinha algo a ver com o fato de eu ser músico. É mais do que isso. Ou, talvez, menos do que isso".[56] Sua teoria é mais útil na declaração de incerteza: *Ou talvez*. A base desse "ou" recusa o argumento falacioso de que o vício o torna um artista, mas também confessa que da mesma forma não pode desprezar totalmente o relacionamento. A mesma dor o levou a encontrar alívio em ambos.

Para mim, a recuperação não era a morte criativa; mas não era estímulo instantâneo. Não entregou a *Nova criatividade* como um telegrama. Foi mais como uma série de restrições geradoras formais: encontrar histórias no mundo e tentar mapear seus contornos.

Naquele ano — quando eu morava sozinha, brigando para transformar minha tese numa proposta — fui para o Texas tentar escrever outro artigo jornalístico. Passei quatro dias entrevistando gente que acreditava que tinha uma estranha doença que fazia fibras inexplicáveis, fios, cristais e penugem emergirem sob a pele. A maioria dos médicos não acreditava neles. Na conferência anual, esses pacientes usavam um microscópio grande como um scanner de ressonância magnética em busca de fibras, trocavam histórias de médicos céticos e dicas de tratamento: bórax e cerveja preta e cremes antifungos. Seus dilemas não pareciam inexplicáveis para mim, e sim completamente intuitivos: eles sabiam que havia algo de errado com eles, mas não parecia ser algo que outra pessoa pudesse ver. Todo mundo achava que eles estavam fazendo isso consigo mesmos. Fazia sentido que procurassem uma comunidade como forma de compreender o que havia de errado com eles, ou de lutar contra.

Quando falei com esses pacientes, parada com meu gravadorzinho prateado no calor seco do Texas; ou quando comia chips de batata de máquinas de salgadinhos numa prisão da Virgínia Ocidental; ou me sentava à mesa de piquenique com corredores de longa distância cansados; ou passeava por jardins comunitários no Harlem e perguntava a uma mulher como reaprender a caminhar, eu ouvia vozes que não eram minhas. Durante esses dias de barracas tortas, chuva cinza, barras de cereais e toques de clarim, tomateiros murchos e geada tardia à beira do Hudson, era um estágio diferente de sobriedade: comparecendo e prestando atenção.

Finalmente, me permiti desistir do romance sandinista — entendi que estava simplesmente me jogando contra a parede de suas ambições, a parede literal do meu escritório — e comecei a procurar o que o romance estava procurando o tempo todo: vidas que não eram as minhas próprias. Os ensaios que comecei a escrever manifestavam uma versão do ethos de Jackson, *fora de mim mesma*, apesar de manterem, com frequência, a minha própria vida também: ainda uma voz na sala, mas não a única. Era a escrita que estava literalmente além de mim porque estava com frequência além do meu controle: não podia moldar o que as pessoas diziam, ou como diziam. Desse modo, o mundo parecia infinito, como se tivesse chegado de repente — quando, é claro, estava lá o tempo todo.

Quando o furacão Sandy chegou, no final de outubro, eu e Dave nos entocamos juntos em seu apartamento no sexto andar na rua Chapel enquanto o vento chiava e atacava suas janelas de canto. Depois que a tempestade acabou, vagamos pelas ruas quietas — cobertas por uma estranha imobilidade úmida — e encontramos um enorme carvalho arrancado no parque do centro, as raízes expostas ao céu. No outono, havíamos saído da adrenalina de estarmos voltando, os bares de hotel e os órfãos de ilhas de nossa renovação de volta aos padrões diários de um relacionamento, irritados com quem havia esquecido de comprar papel higiênico. Dave estava ganhando um dinheiro extra alugando seu apartamento pelo Airbnb e passando as noites na minha casa. Nosso relacionamento havia se tornado uma versão própria de compromisso, como um manuscrito que carregávamos por aí com folhas soltas numa sacola de compras. Quando brigávamos, era como se ambos estivéssemos mais preocupados em provar que estávamos certos — *Estou certa de precisar desse tipo de compromisso diário! Estou certo de precisar desse tipo de liberdade!* — do que em imaginar como poderíamos melhorar.

Durante uma caminhada em Wooster Square, Dave me disse que um de seus amigos havia me chamado de emocionalmente abusiva. Estávamos em nossa antiga vizinhança, perto de nosso velho apartamento, as árvores cheias de folhas do mesmo laranja enferrujado e vermelho que tinham quando as víamos da sala no outono anterior. Isso me pegou de guarda baixa, *emocionalmente abusiva*, mas tinha que admitir — olhando tudo de forma objetiva — que não estava errado. Todas as nossas tumultuadas reversões pareciam com uma função do quanto eu queria *tentar*, prova do fato de que algo em mim não podia desistir de nós. Mas de fora ou, talvez, até de dentro, apenas parecia louco e egoísta.

Uma noite naquele outono, jantando com uma amiga num restaurante no centro, quase desmaiei. Tudo ficou escuro perto do balcão cheio de bolos. Quando caí no chão e coloquei a cabeça entre as mãos, de olhos fechados eu via fachos de luz. Quando minha amiga me levou ao posto médico, ficou ligando para Dave e ele nunca atendia. Finalmente, ele chegou à porta da sala de exames do hospital — horas depois, explicando que tinha acabado a bateria do celular —, e havia um olhar em seu rosto que não era frustação, mas não era exatamente amor. Anos depois, minha amiga me disse que sabia que havíamos terminado, ou esperava que tivéssemos terminado ao ver o rosto dele naquela noite. Disse que não parecia com alguém que se preocupava comigo. Eu sabia que ele se preocupava, e que havia se preocupado — mas também sabia que estávamos os dois cansados.

Comecei a fantasiar sobre ter uma recaída, colocar uma caixa de vinho no banco de trás do meu Toyota e dirigir pela rodovia I-91, como os carros que eu via toda manhã da janela do apartamento, para beber até me esquecer em algum quarto de hotel de Hartford. Às vezes, a fantasia de recaída envolvia dormir com estranhos ou fumar crack, mesmo que eu não tenha sido (geralmente) o tipo de bêbada que levava estranhos das boates para casa, e não tinha a menor ideia de como arrumar crack. Às vezes, a fantasia envolvia ligar para Dave no meio da noite para ele me resgatar, mesmo que não tivesse carro. Ele pegaria o trem? Teria de mudar de trem? Tornou-se um complexo de Cinderela absurdamente intrincado. Mas eu adorava o melodrama cinematográfico dessa imagem: ele irrompendo pela porta do hotel, me dizendo que faria qualquer coisa para me ajudar a melhorar. Quando, na realidade, eu sabia que se tivesse uma recaída num quarto de hotel, apenas beberia o suficiente para esbanjar em pay-per-view descuidadamente e desmaiaria na metade de um filme ou compraria chocolates das maquininhas, daí ficaria bêbada o suficiente para enfiá-los goela abaixo sem culpa.

Passei muito tempo da minha primeira rodada de sobriedade dizendo aos outros em recuperação que talvez eu tivesse que me fartar de drogas mais pesadas só para ficar mal o suficiente para nunca mais beber ou usar droga. "Parece um ótimo plano", uma mulher disse. Outra deu de ombros e disse: "Parece algo que um viciado diria".

Hartford era a paisagem certa para essas fantasias, por causa dos arranha-céus soturnos e das empresas de seguro nada glamourosas, a resistência aos arcos de redenção. Nas fotos da internet, o Hilton do centro tinha uma piscina turquesa reluzindo como um losango de fruta — como algo que fosse possível chupar, algo que meus vizinhos transformariam numa geleia tecnicolor —, mas parecia corporativo e envernizado demais, um arranha-céu cinza imponente. O Flamingo Inn era melhor, cercado por grama amarela coberta com áreas de neve suja, onde o filho de um político morreria de overdose de fentanyl anos depois. Mesmo quando o céu estava azul e cheio de nuvens fofinhas, parecia que chovia nesse lugar. Era perfeito.

A recaída seria minha vingança contra a sobriedade, que não havia me inoculado contra a decepção — especialmente mais recentemente, ao perceber que o segundo relacionamento com Dave estava caindo no mesmo padrão tenso do primeiro. Se eu tivesse uma recaída, certamente não seria com um único coquetel, como da última vez, tentando beber "melhor". Dessa vez, queria me dar licença para beber sem parar.

"Já chega!", Berryman havia escrito em seu próprio quarto de hotel em Hartford. "Não AGUENTO MAIS." Não era suicídio que eu queria, mas outro poço, uma explosão de cujos destroços eu me levantaria, coberta de cinzas e reluzindo com cacos de vidro. A fantasia de uma crise — ou explosão — era uma alternativa para o trabalho duro e ordinário de viver com a incerteza; a sobriedade havia me dado menos explosões das quais me recuperar.

Naquele outono, eu e Dave dissemos um ao outro que precisávamos nos casar ou terminar de vez. Pareciam ser as únicas escolhas. Quando uma de minhas melhores amigas me contou sobre o relacionamento de outra mulher — "Se ela diz que precisa se casar ou terminar, você sabe que esse relacionamento está com problemas" —, apenas assenti, muda. *Sim.* Mas nosso dia a dia parecia um purgatório e eu procurava uma certeza impossível; como se um relacionamento fosse sempre algo além de acordar a cada manhã e fazer o melhor que dá, sem saber o que vai acontecer em seguida.

Sempre foi mais fácil imaginar um futuro com Dave — numa das ilhas Thimble, talvez — do que viver dentro de nosso tempo presente. Vivíamos bem no modo épico cinematográfico, e não tão bem na realidade mundana da vida diária. Era como enfiar uma peça de quebra-cabeça num lugar que não encaixava. Ficava dizendo a mim mesma que estivera errada dois anos atrás, duas semanas atrás — que estava colocando a peça no ângulo errado. Agora iria funcionar. Nas reuniões, tinha ouvido: *Insanidade é fazer a mesma coisa repetidamente e esperar resultados diferentes.*

Numa reunião naquele outono, numa casa simples na região residencial, uma mulher falou que estava disposta a ficar com as mãos vazias até algo vir preenchê-las. Queria ser corajosa o suficiente para fazer isso, deixar minhas mãos vazias por um tempo — e preocupada por, talvez, ter tentado de novo com Dave porque não estava disposta a ficar com as mãos vazias. Mas a verdade é que eu não sabia ficar com as mãos vazias quando estava com ele também. "As coisas nem sempre melhoram", alguém me disse numa reunião em Iowa, "mas sempre ficam diferentes."

Eu e Dave finalmente terminamos pela segunda vez, num restaurante de almôndegas em janeiro, sete meses depois de termos voltado. Tivemos que terminar duas vezes, como com a bebida e, como no final da bebida, foi menos uma explosão do que o completo vazio. Não sobrou nada. Fumamos um último cigarro na saída de incêndio.

Ao me afastar de seu prédio, eu me lembrei de uma mulher que eu havia conhecido com vinte e poucos anos, pequena e de cabelo escuro, e bonita como uma bruxa, descrevendo os desdobramentos de um término difícil: sentada no chão nu de madeira de sua casa, bebendo vinho tinto e ouvindo discos. Mas naquela noite, meu desespero não era nada glamouroso. Era um cookie tarde da noite, grande como a palma da minha mão, e a boca suja de chocolate. Em casa, notei uma folha morta presa na lã das polainas, de um passeio que eu tinha dado com Dave alguns dias antes, e me virei para a lata de lixo, pronta para jogá-la fora — então, a peguei cuidadosamente e a coloquei numa gaveta. Havia algo em Dave que nunca encontraria em mais ninguém. Encontraria outras coisas, coisas que nem podia imaginar, mas eu nunca o entenderia. Isso parecia insuportável.

XIV

VOLTA AO LAR

"Tive duas vidas diferentes", Raymond Carver disse uma vez, querendo dizer que viveu uma vida bêbado, outra sóbrio.[1] "O passado é mesmo um país estrangeiro, e fazem as coisas de forma diferente lá." Sua primeira vida foi passada em grande parte com a primeira esposa, Maryann, que ele havia conhecido na adolescência, quando ela trabalhava atrás do balcão de uma loja de donuts, Spudnut. Ela ficou grávida aos dezessete anos. Ambos tinham grandes sonhos. Ambos bebiam. "Enfim", Carver escreveu posteriormente, "percebemos que trabalho duro e sonhos não eram o suficiente."[2] Maryann embrulhava frutas e atendia mesas para dar ao marido tempo para escrever. Ele bebeu até ficar inchado e abobalhado. Num coquetel em 1975, ele a acertou na cabeça com uma garrafa de vinho depois que ela paquerou outro homem, cortando uma artéria perto da orelha que quase a matou. Ainda assim, eles se amavam profundamente. Mesmo depois de o casamento acabar, ambos diziam isso sem parar. Mas a vida deles era "caótica", ele escreveu, "sem muita claridade".[3]

Carver passou a maior parte de sua segunda vida, a década depois que ficou sóbrio, com a poeta Tess Gallagher, morando numa cidade chamada Port Angeles — na Península Olímpica, em Washington, virada para o Pacífico —, pescando no oceano e em poderosos rios limpos. Nos primeiros anos de sua sobriedade, ele escrevia tanto que decidiu comprar uma nova máquina de escrever para lidar melhor com sua produção. Era uma Smith Corona Coronamatic 2500. "Parece como um charuto", ele disse aos amigos, "mas é minha primeira máquina de escrever elétrica."[4] Numa festa, ele se escondeu nos arbustos porque tinha medo de ficar bêbado. Olhava para o drama de sua primeira vida e entendia sua escrita como algo que havia acontecido apesar do caos, e não abastecido pelo caos. "Tentava aprender meu ofício de escritor", ele disse, "como ser sutil como uma correnteza de rio quando muito pouco em minha vida era sutil."[5]

Esse era um maná para mim: a ideia de que a criatividade de Carver lutou *contra* o caos de seus dias bêbado. Substituí a imagem do Carver Bêbado, delirante e encarando a escuridão no Foxhead, pelo Carver Sóbrio, batucando na máquina de escrever em casa e encarando o vento em seu veleiro, no estreito de Juan de Fuca, pegando peixes grandes sob céus maiores.[6]

O Carver Sóbrio estava muito longe dos bêbados desgarrados da lógica branca. Ele vivia de Fiddle Faddle, um tipo de pipoca doce. Lecionando em Vermont, ele roubou brownies e donuts do café e os empilhou nas gavetas da escrivaninha de seu quarto com cama de solteiro. Quando voou para Zurique para dar uma palestra, enviou cartões-postais dizendo que estava "injetando" chocolate e queria voltar a Zurique como "Diretor dos chocolates Tobler em contos".[7] Carver não estava sozinho: em *Graça infinita,* Wallace descreve "a dependência em confeitaria" da sobriedade, e visualizei meus próprios primeiros dias como uma pilha de caixas rosa de padaria — cheias de muffins de mirtilo e *petit-fours* cobertos que nunca tinham gosto de vodca, não importava quantos eu comesse.

O Carver Sóbrio queria açúcar e reconhecimento. Quando seu primeiro livro de contos saiu, ele levava todas as resenhas positivas numa pasta e as tirava para ler em voz alta para amigos. Também criou mitos de sua própria sobriedade. Com oitos anos de sobriedade, escreveu para um homem que tinha acabado de largar a bebida:

> Levei pelo menos seis meses — mais — depois que parei de beber até poder tentar fazer algo mais do que escrever algumas cartas. Principalmente, estava tão grato de ter minha saúde de volta, e minha vida de volta, que não importava realmente para mim de forma mais ampla se escreveria novamente ou não... te digo, e é verdade, não estava me preocupando com isso. Só estava bem feliz, bem feliz de estar vivo.[8]

Mas o Carver de 1986 talvez tenha representado mal o Carver de 1978. Maryann insistiu que ele começasse a tentar escrever quase imediatamente depois de parar de beber, num chalé que compartilharam naquele primeiro verão sóbrio, onde celebraram o vigésimo aniversário de casamento com suco de maçã, salmão defumado e ostras frescas.[9] Em sua carta, Carver estava afastando um mito (que é preciso entregar a criatividade na sobriedade) com outro (que ficar sóbrio significava não se preocupar mais com a criatividade) apresentando sua vida de uma forma que achou que poderia ser útil para um homem recém-sóbrio.

Se a boa ficção leva "as notícias de um mundo para outro", como Carver uma vez disse, então suas histórias levavam as notícias de como havia sido ficar bêbado e como era depois. Como sua biógrafa Carol Sklenicka expressou, "o Ray Mau" do passado alcoólico enviava missivas que eram transcritas diligentemente pelo "Ray Bonzinho" no presente sóbrio.[10] Não havia nada sem graça ou sem paixão sobre essa transcrição. "Cada dia sem beber tinha um brilho e um fervor", Gallagher escreveu.[11] "O leopardo de sua imaginação puxava as penas e a carne sangrenta das histórias." A escrita do Carver Sóbrio era viril e forte. Escrevia poemas como pegava peixe. "Não sou desses que pesca e solta", ele disse. "Apenas desço o cacete para mantê-los submissos quando chegam perto do meu barco."[12] A parte da costa do Pacífico que Carver chamava de lar era carregada de sal e tomada de mar, rios frios, claros e caudalosos. Ele acordava todo dia às cinco para escrever, substituindo a fúria caótica com disciplina. Jay McInerney, um amigo e estudante, sempre considerou escritores como "loucos iluminados que bebiam demais, dirigiam muito rápido e espalhavam páginas brilhantes por suas trajetórias condenadas".[13] Mas Carver mostrou a ele que "você tem que sobreviver, encontrar certa quietude, e trabalhar duro todo dia".

Carver tratava seus personagens como tratava seus colegas das reuniões do AA — com curiosidade e compaixão, sem condescendência. "Ray respeita seus personagens", Gallagher escreveu, "mesmo quando eles não podem respeitar a si mesmos",[14] eco de um slogan do AA: *Deixe que amemos você até que aprenda a se amar.* Carver ficou surpreso quando críticos apontaram como os seus personagens eram patéticos, porque ele os via apenas como comuns. Ele foi salvo da condescendência por uma noção de intercambialidade. Quando um bêbado correu na frente de seu carro uma vez, ele disse: "Não fosse pela graça de Deus, lá estaria eu".[15]

A REABILITAÇÃO *421*

"De onde estou ligando", uma de suas histórias mais famosas, se passa no Frank Martin's, um local fictício de "secura", baseado no Duffy's, o centro de reabilitação de Calistoga, aonde o próprio Carver havia ido. A história evoca a desorientação tonta do começo da reabilitação — cigarros fumados na varanda da frente, histórias de horror servidas com ovos e torrada — junto com o desespero bruto que tornou isso necessário: um casamento implodido, depois a ida de carro para uma desintoxicação com a nova namorada, um balde de frango frito e uma garrafa aberta de champanhe. "Parte de mim queria ajuda", o narrador diz. "Mas havia a outra parte."[16]

Na reabilitação, o narrador encontra consolo em escutar um limpador de chaminé chamado J.P. "Continue falando, J.P.", ele diz. "Não pare agora, J.P."[17] O narrador adora a história de J.P., que termina ocupando mais espaço na página do que a sua porque, como ele explica: "Está me afastando da minha própria situação". A história de J.P. não tinha que ser interessante — "Eu teria ouvido se ele continuasse falando sobre arremesso de ferraduras" —, só tinha que pertencer a outra pessoa.

A poesia que Carver escreveu durante sua última década — os anos na Península Olímpica, pescando e escrevendo — está eletrizada de gratidão e contemplação à flor da pele. "Tenho uma queda/ por essa água fria veloz", ele escreveu.[18] "Só de olhar para ela faz meu sangue correr/ e minha pele arrepiar." O mundo físico não é apenas belo; é uma descarga na pele e no sangue. Gallagher chama sua poesia de "clara como vidro e substanciosa como oxigênio".[19]

Quando escrevia sobre a água, sua voz era sempre grata. "Me agrada, adorar rios... Adorá-los todo o caminho de volta/ Até sua fonte./ Adorar tudo que me aumenta."[20] A escritora Olivia Laing interpreta esse momento como uma "versão abreviada, idiossincrática" de o Terceiro Passo: *Tomou a decisão de entregar nossas vidas aos cuidados de Deus conforme entendemos Deus.*[21] Para Carver, adorar rios de volta às suas fontes era uma forma de se render a algo maior do que ele poderia compreender — o esplendor palpável do mundo e a reverência a ele. E eu adorava Carver voltando às suas fontes também, procurando os mitos da sobriedade quando eu ficava sóbria, assim como procurei os mitos da bebida quando eu bebia. Transformei o Carver Sóbrio em outro Poder Superior, com rios caudalosos como veias, jogando linhas para fisgar a carne sangrenta de suas histórias. Mas, no fim, sua obra me emocionava muito porque tinha pouco tempo para mitos. Preferia oxigênio.

Gallagher diz que a poesia sóbria de Carver forja um "laço de mutualidade" com o leitor, criando um "circuito de fortes momentos emotivos no qual nos juntamos aos acontecimentos num local além do convite".[22] A coisa mais verdadeira que posso dizer sobre a poesia sóbria de Carver é que me juntei a ela aqui: *Uma casa onde não houvesse ninguém/ em casa, ninguém chegando de volta/ e tudo o que eu pudesse beber.* Essas frases têm tanta ressonância que pareciam com uma reunião, como se eu me sentasse numa cadeira dobrável em algum subsolo de igreja — escutando a voz de Carver dando a notícia de que poderia ser possível, algum dia, querer mais do que isso.

Nos poemas de Carver, a sobriedade não é devota ou sem humor. É irônica e brincalhona e, com frequência, ávida. A sobriedade significava encarar o vasto Pacífico e comer pipoca com manteiga. *Adorar tudo que me aumenta.* Carver é aumentado pela pipoca — também pelo mar pesado e agitado, e pelos vagalumes distantes de casas estranhas iluminadas contra a noite. Ele insiste que vai "fumar todos os cigarros que quiser/ onde quiser. Fazer biscoitos e comê-los/ com geleia e bacon gordo".[23] Sua sobriedade não é coisa para escoteiros. Quer se empanturrar e fumar o dia todo e sair com sua turma. "Meu barco foi feito para comandar", Carver escreve. "Vai ter muito espaço para todos os meus amigos." Seu barco vai ter frango frito e pilhas de frutas. "Ninguém vai ter nada negado."[24]

A sobriedade de Carver não é ascética, só está tentando imaginar o desejo em novos termos: um iate de fartura, biscoitos com geleia e bacon. Seus narradores reconhecem a tentação sem cair na amargura. Um sonha em pôr uma garrafa de uísque na boca, mas então acorda na manhã seguinte para encarar o velhinho que é, tirando neve com a pá, um lembrete da persistência diária: "Ele assente e pega sua pá./ Prossegue, sim. Prossegue."[25] Esse *sim*. Como se Carver estivesse falando com alguém, ou consigo mesmo — dizendo: "É assim que o mundo continua". Se você conversar com vários alcoólatras que moram em climas frios, prometo que vai ouvir alguém comparar a sobriedade a tirar a neve com a pá.

Sobre o seu passado de alcoolismo, Carver uma vez disse: "Aquela vida simplesmente já se foi, e não lamento sua morte".[26] Mas assombrava seus poemas, aquela outra vida com a primeira mulher que ele amou — aquela com quem ele não compartilhava seus anos sóbrio. "Ele sabia havia muito tempo/ que eles morreriam em vidas separadas e distantes um do outro", ele escreveu, "apesar dos juramentos trocados quando eram jovens."[27] Em sua segunda vida, longe de Maryann, Carver ainda escrevia poemas sobre arrependimento: "Um problema com o álcool, sempre o álcool... O que você realmente fez/ e para outra pessoa, aquela/ que você deveria amar desde o começo".[28]

Nos meses seguintes a que Dave e eu terminamos de vez, New Haven teve três enormes nevascas. Houve dias em que eu não via ninguém. Uma tarde, tentei escavar meu carro, liberá-lo antes dos tratores chegarem e o bloquearem (Se você conversar com vários alcoólatras que moram em climas frios...). Um casal estava escavando ao meu lado e quando terminaram de escavar o carro inteiro, eu havia terminado um pneu. O cara me ajudou a escavar os outros três. "Você parece a Amy Adams", ele disse, e a namorada disse "Não muito". Nunca tinha ouvido falar da Amy Adams, mas fui para casa e dei um Google e comi uma caixa inteira de balinhas Swedish Fish e não falei com mais ninguém por três dias. Escrevi no meu diário: "Minha alma é uma boca infinita".

Na primavera, comecei a trabalhar como voluntária num grupo de escrita no Centro de Saúde Mental de Connecticut, uma enorme instituição perto do hospital. Havia cerca de cinco ou seis de nós por semana, reunidos ao redor de uma pequena mesa numa sala que sempre tinha cheiro de gazes limpas e argila molhada. Estava cheia de bandejas plásticas de aquarela e pincéis pontudos duros em copos plásticos; tinha jornada dupla com terapia artística. O grupo já tinha um líder, um membro pago da equipe, e apesar de eu ser recebida com entusiasmo como alguém que poderia auxiliar, na prática eu era mais como outra participante tentando encontrar uma boa metáfora para minha depressão.

Numa semana, um homem imaginou o que faria com seu último dia de visão, e seu texto incluía olhar um congestionamento: calotas de metal escovado e pessoas da Nova Inglaterra furiosas apoiadas nas buzinas. Parecia estranhamente preciso, querer manter até a feiura. Noutra semana, uma mulher escreveu um conto de fadas sobre uma borboleta procurando uma abelha-rainha. No final, revelou-se que a rainha estava procurando por *ela*. Era uma fantasia antiga e boa: a possibilidade de que o que você achava que estava além do seu alcance, estava de fato te procurando o tempo todo.

No penetrante frio do meio de fevereiro, uma universidade me levou a Las Vegas para fazer uma leitura. Ninguém havia me levado de avião para lugar algum para fazer uma leitura. Depois, fomos para a Strip e nos sentamos num bar que supostamente deveria parecer o interior de um lustre. Bebi um coquetel sem álcool com sal na borda e me senti totalmente, delicadamente viva. Depois da meia-noite, um dos meus anfitriões perguntou se tinha alguma coisa mais que eu quisesse fazer, e eu disse que queria comprar um macacãozinho para o novo bebê de uma amiga — idealmente algo incrivelmente cafona. "Não deve ser muito difícil", ele disse, e dirigimos para a maior loja de lembrancinhas na cidade. Fechada. Dirigimos até as lojas de conveniência perto do final das capelas de casamento. Fechadas. "Não acabou", o cara disse. Continuamos procurando.

Eu o amei por isso, por dizer que nossa noite não havia terminado. Para mim, significava que as *noites* não haviam terminado. Ele me mostrou os tubarões no aquário do Golden Nugget, deslizando serenamente ao redor do tubo de vidro de um escorregador aquático. Acabamos encontrando meu macacãozinho na rua Fremont, sobre um domo gigante de telas de plasma, numa loja cheia de copinhos de uma dose engraçadinhos. A sobriedade: às três da manhã em Vegas fazendo compras para o bebê de outra.

Fui a reuniões por todo lado. Fui numa reunião no Riviera, na ponta norte da Strip, derramando café no carpete franjado. Fui a uma reunião num mosteiro na Califórnia — numa varanda sobre um córrego murmurante, nossos rostos iluminados por lampiões — conduzido por um monge de batina. Fui a reuniões num café em Los Angeles, cheio de assentos aveludados de cinema e mulheres com rostos de pássaro e enormes óculos escuros que me surpreendiam a toda hora com os esforços sinceros de suas vozes: *Meu nome é... Meu nome é...* Eu podia sentir a fé delas como uma criatura respirando — chamando seus nomes, uma a uma.

Oficializei o casamento de uma amiga e virei um copo de água gelada na recepção. O fantasma de Dave estava por todo lado: comendo risoto de ervilha torta, conversando com uma mulher atrás do bar. Até me sentia nostálgica pelas coisas que não era capaz de suportar. Saí cedo e parei num posto de gasolina no Merritt Parkway, fumei um cigarro do lado de fora da loja de conveniência enquanto a chuva veio no escuro. É possível recuperar algumas coisas quando se está pronta; elas estiveram esperando pacientemente por você. Mas algumas coisas estão perdidas para sempre.

Na primavera, encontrava Monica para comer salada de frutas e tomar café uma vez por semana. Parte do nosso relacionamento de apadrinhamento incluía passar pelas respostas dela para as mesmas planilhas do Décimo Segundo passo que eu preenchi com minha própria madrinha. *Já ficou bêbada quando jurou que não ficaria?* Contei a ela que bebi com um monitor Holter pendurado no pescoço, fios conectados ao pulso e fios passando por minha camiseta, desmaiando bêbada e acordando na manhã seguinte com uma pequena caixa de metal raspando nas minhas costelas. Ela sorriu e disse que eu não parecia o tipo de pessoa que beberia com uma caixinha de metal ao redor do pescoço, e eu disse: "Você não beberia?".

Talvez, ela pudesse ser qualquer uma, e eu poderia ser qualquer uma; talvez, aqueles encontros no café só significavam algo porque queríamos. Mas a confiança dela, a crença de que conversar poderia ajudar a melhorar, significava tudo para mim. O que isso significava, *tudo*? Significava que eu estava sugando cada parte da vida que havia vindo antes, cada noite vendada e cada manhã com a boca azeda. E significava que cada momento do resto da minha vida sóbria guardava aqueles encontros ordinários num café, aquela fruta picada sob a luz fria da primavera. Seria uma vida que eu teria temido, nossas linhas de letras redondinhas cuidadosamente escritas em planilhas, nossos dias cheios de chá gelado e tudo de que tínhamos medo. Não se tratava de epifanias do tipo relampejante. Era mais como: "Qual foi sua resposta para a 12ª?".

Uma noite, quando Monica estava me levando até uma reunião, vi uma foto da mãe dela — que morreu quando ela era pequena — enfiada debaixo do visor do lado do passageiro de seu sedan de tamanho médio sensato. Fiquei sem ar imaginando como havia sido para Monica cada garrafa de vinho. Fomos a reuniões no centro sênior em East Haven com notas em quebra-cabeças: *Não trabalhe com quebra-cabeças! Não é justo com pacientes do dia*. Ouvi falar sobre o brilho da sobriedade, a radiação gradual de estar confortável na própria pele. Eu mesma nunca tinha visto, mas podia ver em Monica. Eu chegava em reuniões e a encontrava ouvindo a história do dia de alguém, ou levando um cookie para a pessoa.

Recovery, de Berryman, sabia como era bom ter tanto sentimento por outra pessoa. Era mais do que altruísmo. Era digno. Não era falso.

Quando me mudei de New Haven, Monica se mudou para o meu apartamento, o primeiro lugar em que eu já havia vivido sem beber — onde observei a rodovia no início de manhãs cristalinas, onde faixas quentes de sol batiam nos meus joelhos enquanto eu cochichava orações para um deus que não sabia se acreditava. Minha sobriedade viveu lá sozinha por um tempo, então viveu lá com a dela.

Num dia claro de novembro, um dia depois que deixei New Haven, dirigi até Port Angeles, em Seattle. Queria ver a terra onde Carver havia passado sua segunda vida — os anos que ele não achou que teria — para conhecer os rios que o aumentaram e a terra onde ele estava enterrado, num cemitério bem acima do Estreito de Juan de Fuca, de frente para a majestosa beleza restauradora do Pacífico. Queria ver o fragmento do poema entalhado em sua lápide como um catecismo: "E você conseguiu o que/ queria desta vida, mesmo assim... E o que quer?/ Me chamar de amado, me sentir/ amado na terra". Eu sabia que havia um caderno enfiado na caixa de metal preta ao lado do túmulo, e eu queria vê-lo também — cheio de mensagens escritas à mão deixadas por gente que havia feito a peregrinação, gente que fora inspirada por sua obra: gente sóbria e gente em recaída e gente ainda bebendo que queria não estar bebendo; e, talvez, algumas pessoas que tivessem um relacionamento não alcoólico com Carver, assim como era aparentemente possível ter um relacionamento não alcoólico com a bebida.

Em outros relatos da visita a seu túmulo, tinha visto citações ao caderno: "R.C. — Viajei pelo país para me encontrar em seu túmulo... Vim do Japão para te dizer a verdade...[29] Gastar é uma fuga assim como o álcool. Estamos todos tentando preencher o buraco vazio."[30] Imaginei o caderno como o Santo Graal da minha busca para tornar a sobriedade a melhor das histórias: um crescendo constante, o "amém" coletivo. Graças a Deus, você escreveu sóbrio, R.C.! Aqui está o que significou para nós.

A Península Olímpica me impressionou, toda a água azul reluzente em Agate Pass e montanhas pontudas com topos brancos, filas de abetos e campos de lavanda. Era fácil ver como essa terra poderia fazer as cadências ritualísticas de uma segunda vida parecerem aptas, tão verdadeiras quanto os arrepios no braço de uma generosa luz de outono. Parecia saturada de sobriedade, abundante e viva. Desci a janela do carro e dirigi por florestas de pinheiros de verdes matizados, passei pelas águas raiadas de sol de uma angra repentina e por um antigo vagão de trem transformado em sorveteria; passei por morros marrons desgrenhados pela extração de madeira e marcados por desculpas: "Guardas-florestais plantam sementes", diziam as placas cambaleantes, "Pelas florestas por vir". A cada vista, fui tomada pela ampla e anônima beleza de tudo, uma beleza que não se importava se você a achava bela ou não, que apenas se desdobrava por quilômetros.

Horas antes, na balsa saindo para Bainbridge Island — cercada pelo ultrajante esplendor da água, no teatro do renascimento automitificado de Carver — li cartas que Rhys havia escrito perto do fim de sua vida, sobre seu esquálido chalé e seu uísque noturno. Nos espaços abertos da recuperação de Carver, pensei nas janelas com barras da Narco Farm, e em como o barco de pesca ofereceu a Billy Burroughs Jr. algo que uma prisão nunca poderia oferecer, apesar de não ter sido suficiente para salvá-lo. Ele morreu de cirrose aos trinta e três anos de idade, após um transplante de fígado que não o impediu de beber.[31]

Quando cheguei em Port Angeles, não era tão curioso quanto imaginei — e foi melhor assim. Guindastes com marcas de ferrugem e madeireiras cheias de troncos tomavam as docas comerciais sombreadas pelos guindastes e as marinas cheias de barcos com nomes como *Brinquedo de Lata* e *Som da Sereia*. Um escritor havia chamado a cidade "bonita e dura como uma esteticista numa história de Carver".[32] Uma tenda de igreja divulgava uma corrida local de cinco quilômetros chamada Esperança Contra a Heroína e um grupo de ativistas do outro lado da rua protestava contra a desesperança. "Chega de metamfetamina", diziam suas placas. "Recupere nossa cidade". Neonzinhos convidativos iluminavam os toldos dos motéis. Uma loja chamada Necessidades e Tentações vendia alarmes para cozinhar ovo e panelas elétricas, nem um grama de maconha, que estava à venda morro acima, ao lado de uma barraca que vendia salmão seco e albacora do mar gelado.

Comi uma omelete de siri na Cornerhouse, a lanchonete do centro onde Carver e Gallagher eram fregueses habituais. Tinha ouvido falar que Gallagher ainda pedia o que ela chamava de Ciclope: um ovo numa panqueca. Toda noite de terça, ainda tinha rodízio de espaguete. Queria encontrar garçonetes de lanchonete que me lembrassem das garçonetes de lanchonete do Carver, com dupla pulsação de cinismo e de esperança correndo por suas veias varicosas sob as meias-calças. Minha garçonete até que era simpática. Era seu aniversário. Me senti culpada por não me levantar e servi-la de omelete de siri em vez do contrário. Ela iria comemorar naquela tarde cuidando da neta. As paredes estavam cheias de fotos antigas: lenhadores encostados em árvores caídas com diâmetros duas vezes a altura dos homens. Sorrindo, todos eles.

Estufada, tentei deixar o terço final da omelete no prato, mas a garçonete se recusou a me deixar me safar: "Não jogamos carne de siri fora nesta lanchonete", ela disse, sem deixar dúvida, e como eu poderia desobedecê-la ou decepcioná-la? Cheguei ao cemitério empanturrada de siri. Carver havia escrito que a ninguém seria negado nada em seu barco. Era justo que eu chegasse em seu túmulo de estômago cheio.

Sua lápide ficava perto do penhasco, bem acima da água: um pedaço de granito preto ao lado de outro para Gallagher. No banco de mármore ao lado de seu túmulo, eu me sentei entre curvas de cocô de passarinho. Havia uma caixa de metal preta debaixo do banco, como a caixa de correio para o morto, com um saco Ziploc enfiado dentro. Meu coração começou a bater rápido quando o abri com as mãos úmidas de suor. O caderno era vermelho e gordo, marcado com uma etiqueta de preço da Bay Variety, uma loja de departamentos que eu tinha visto no centro, e passei pelas páginas com um nó na garganta, pronta para o coro silencioso de uma centena de vozes diferentes.

O que se revelou é que estava quase todo em branco. Gallagher havia colocado um caderno novo na caixa no mês anterior. Eram as corujas machucadas novamente, nunca estavam lá quando eu precisava delas — o centro de aves de rapina que tentei dar à garota no começo da sobriedade e não tinha conseguido encontrar. Sabendo que em algum lugar, *em algum lugar*, os machucados urubus de cabeça vermelha estavam vivendo suas novelas em jaulas entre as árvores. Agora, eu estava aqui com um livro em branco enfiadinho entre parênteses de titica.

Rapidamente, loucamente me imaginei me encaminhando morro abaixo para a cidade, dirigindo para um bar ou para uma reunião para estimular alguns pescadores ou lenhadores cansados a escreverem algo no caderno para que eu pudesse citá-los. "Seja brutal", eu diria. Ou, talvez, a professora em mim iria cutucar: "Seja específico". Mas era apenas eu e o morto, e a nota de Gallagher na primeira página, deixada para qualquer um que pudesse escrever, e endereçada ao próprio Ray: "Havia uma bituca de cigarro no banco e eu joguei fora. Não peguei a mensagem. Uma águia está chorando. Um gavião-de-rabo-vermelho voou até nós quando nos aproximamos do banco. A vida ainda é incrível e você é minha carga preciosa". Fiquei arrepiada como havia imaginado.

Na página seguinte, uma mensagem de um estranho dizia: "Quando partimos, vamos aonde acreditamos". Algumas páginas depois, um músico da Carolina do Norte escreveu que a primeira vez que leu Carver foi a primeira vez na presença da verdadeira arte. Ele enfiou um de seus CDs no saco plástico e colocou um na caixa também. Se Carver tivesse acreditado na pós-vida de aparelhos de som, ele já estaria ouvindo aquilo. A nota mais recente era de um turista da Coreia do Sul: "Caminho o meu caminho você tem seu descanso. Obrigado pelo que fez e o que nos deixou".

Nada mais. Nenhuma águia chorou por mim. Senti o velho fantasma da lógica de contrato sentado ao meu lado no banco: se eu fizer essa peregrinação, vou conseguir as palavras. Se eu cuidar dessa garota sóbria, vamos ter as aves de rapina. Se eu ficar sóbria com esse homem, faremos uma vida juntos que vai durar. Encontrei um livro vazio onde eu procurava por um cheio e quase o joguei longe, não entendi a mensagem. Mas o programa em que Carver acreditava não era baseado no que se pegava tanto quanto no que se dava. Então, virei a última página e escrevi simplesmente: "Obrigada".

***

Em Iowa, encontrei uma bibliotecária, um motoqueiro e uma mãe solteira de pé num beco atrás de uma igreja. Dissemos: "Oi. Qual é seu nome? Aqui estão meus danos". Em Kentucky, eu me sentei entre as luzes de Natal e escutei um homem descrever a cerimônia de enterro que ele havia feito à sua última garrafa de uísque. Em Amsterdã, coloquei dois euros num tamanco de porcelana e escutei uma mulher descrever por que a filha não falava com ela. Em Los Angeles, escutei um senhor de idade chorar ao contar que seu gato tinha morrido.

Em Wyoming, em uma sala carregada de fumaça de Marlboro, uma mulher de vinte e dois anos com um filho de dois disse que queria ser geóloga. Em Boston, no Dia de Ação de Graças, uma mulher disse que tentou se matar, três anos antes naquele dia, e que não havia dado certo, e lá estava ela. Em Portland, uma ativista e um petroleiro batiam as cicatrizes de seus pulsos. Não deu certo e aqui estamos.

Em Iowa, em Kentucky, em Wyoming, em Los Angeles, em Boston, em Portland. Eu poderia dizer que escrevi este livro para todos eles — para todos nós — ou poderia dizer que eles escreveram este livro para mim.

Em Minneapolis, um homem se encolheu às margens de sua leitura, tornando-se 1/500 mil. Num caderninho marrom, uma mulher se colocou em julgamento. No campo aberto do Texas, um homem ficou preocupado que Deus pudesse vê-lo claramente demais. Num hospital de Manhattan, uma mulher à beira da morte foi algemada. Ao lado de um rio em Washington, um homem foi aumentado. Ao lado de um rio em Minnesota, um homem foi morto. Atrás de uma igreja em Iowa, um motoqueiro com roupas de couro disse que a jornada era apenas o começo, e uma mãe solteira disse que não conseguia se imaginar continuando, e eu ouvi os dois, e a porta estava trancada, e não nos deteve.

Nota da autora

Este livro dedica muito de sua atenção aos Alcoólicos Anônimos, uma organização de grupos de base de valor singular que se tornou parte importante da sobriedade de muita gente. Mas a recuperação de doze passos não é a única tática para dependência de substâncias e, certamente, não é suficiente ou mesmo útil para todo mundo. O problema não é a recuperação de doze passos em si — apesar de, a cada intervalo de anos, como se fosse marcado, uma grande revista publicar um polêmico artigo de opinião discutindo exatamente isso —, mas a recuperação de doze passos como solução única da compreensão de cuidado. Qualquer visão de tratamento precisa eticamente incluir uma gama de opiniões mais amplas, incluindo medicações como buprenorfina e metadona, assim como táticas terapêuticas, incluindo terapia cognitiva-comportamental e de aperfeiçoamento-motivacional.

Por grande parte da segunda metade do século xx, muitas reabilitações apoiadas nos doze passos acreditavam que o tratamento auxiliado por medicação comprometia a sobriedade. Era como se a medicação se tornasse um sinal de fracasso moral, um sinal de que alguém ainda estava efetivamente fazendo uso de drogas — ao contrário de confirmar a compreensão do vício como doença. Mas, como o jornalista Lucas Mann escreve em "Trying to Get Right" [Tentando fazer certo], um artigo sobre as regulamentações e os frequentes grandes riscos que frustram médicos que querem prescrever buprenorfina em comunidades que enfrentam crises de vício, a medicação é muito diferente de *ainda usar*, o que, de qualquer forma, não é um fracasso moral. A buprenorfina, por exemplo, funciona como um agonista parcial, se prendendo a receptores de opiáceos de uma forma que bloqueia outros opiáceos, mas estimulando-os a um teto de apenas 47% — então, os pacientes vivenciam um barato limitado (com frequência, nulo).[33] Seus componentes antagonistas bloqueiam a overdose mesmo quando está sendo "abusado". E é um dos tratamentos mais efetivos que temos, ajudando viciados em heroína a se estabilizarem e reconstruírem suas vidas.

Todos os médicos que consultei enquanto escrevia este livro enfatizaram a importância da recuperação de doze passos *e* do tratamento com medicação assistida, articulando o desejo por uma comunicação mais aberta entre os doze passos e as comunidades médicas. Como o dr. Greg Hobelmann expressa, "Há centenas de formas de esfolar um gato" e, durante a escrita deste livro, acabei acreditando — firmemente — numa tática pluralista para a recuperação. Para aqueles interessados em lerem mais sobre tratamento com medicação assistida e redução de danos, sugiro o artigo de Mann, "Trying to Get Right" (publicado na revista *Guernica*); o artigo de Sarah Resnick, "H." (publicado na revista *n +1*); o livro de Gabor Maté, *In the Realm of Hungry Ghosts: Close Encounters with Addiction*; e o de Maia Szalavitz, *Unbroken Brain: A Revolutionary New Way of Understanding Addiction*, um livro extraordinariamente lúcido, que reposiciona o vício como distúrbio de aprendizado. Se o vício é definido por sua persistência em face das consequências negativas, Szalavitz discute, como a punição pode ser a solução mais efetiva?

As histórias que contamos sobre o vício sempre tiveram profundo impacto em políticas jurídicas e na opinião social (a Guerra às Drogas é apenas a demonstração mais radical disso). E quando se trata de narrativas de vício, costuma ser tentador focar num único tipo de final feliz — abstinência duradoura. Mas abstinência é uma definição limitada de cura que ameaça ignorar o trabalho necessário de redução de danos: programas de agulhas limpas, locais de injeção supervisionados, distribuição aberta de Narcam (medicamento salvador de vidas em overdose) e cuidados médicos para viciados. Aceitar outros caminhos além da abstinência significa aceitar o fato de que nem toda história de vício vai seguir o mesmo arco, significa lutar por medidas de políticas que não agem como se abstinência fosse o único resultado possível.

Quando falei sobre o processo de escrever este livro com Lucas Mann — que, por acaso, é um amigo pessoal além de ser um jornalista que escreveu extensamente sobre o vício —, ele me disse que, provavelmente, eu tinha muito mais fé na recuperação de doze passos do que ele. Ele viu pessoalmente o dano que pode provocar. Ele me contou que conhecia um cara que havia sido expulso de um programa de controle de metadona porque estava com a urina suja. Isso é tratamento? Para Lucas, parecia o florescimento perverso de uma cultura centrada só na abstinência, que não dava espaço para histórias ruins de recaída. O homem morreu de overdose seis semanas depois de ser chutado do programa. Lucas falava sobre seu irmão.

Todo viciado é irmão de alguém, ou filho de alguém, ou o amor de alguém, ou o pai, ou tudo isso — ou nada, completamente sozinho —, mas sempre, ainda assim, é uma vida humana valiosa.

Nem sempre gostávamos das partes zoadas das histórias de sobriedade, dos epílogos e das notas de rodapé e dos posfácios: os experimentos de Bill Wilson com ácido; a volta de Charles Jackson ao Seconal e ao álcool; as recaídas de John Berryman; o Carver Sóbrio fumando maconha e cheirando cocaína. Mas, às vezes, melhorar não é uma história de abstinência absoluta. Às vezes, é uma história de redução de danos e de restauração da saúde. Como Gabor Maté disse a Sarah Resnick: "Abstinência não é um modelo para todo mundo. Não há nada de errado nisso para quem não funciona. Mas quando se trata de tratamento de drogas, há a suposição de que um mesmo tamanho serve em todos. E se for lavar as mãos em relação às pessoas que não conseguem a abstinência, então você está desistindo".[34]

Apoiar a redução de danos implica reconhecer que a sobriedade pode não acontecer imediatamente e pode não acontecer nunca para alguns — pode não ser o vitorioso capítulo conclusivo de cada história de vício (e mesmo quando é, nunca é conclusão, e nunca é fácil). Quando resistimos à tirania da abstinência — à noção de que abstinência é a única solução para a cura significativa — nos permitimos reconhecer que ainda há vidas que podem ser salvas, ainda há gente doente que pode melhorar de saúde.

Na questão de políticas, este livro sustenta sair do paradigma do aprisionamento e rumar para a descriminalização. Mas, nessa nota final, vou apenas dizer que há precedentes inspiradores para seguir nessa direção: os programas de legalização de drogas de Portugal e da Irlanda, assim como clínicas bem-sucedidas de injeção supervisionada na Suíça e no Canadá, e as tentativas de montar clínicas similares nos Estados Unidos — em Ithaca, Nova York, por exemplo, sob a liderança da prefeitura de Svante Myrick. Descriminalizar as drogas é apenas uma parte do trabalho que precisamos fazer para lidar com a epidemia do abuso de substâncias nos Estados Unidos, e apenas parte do trabalho que precisamos fazer para combater a mácula moral de aprisionamento em massa, mas é a infraestrutura jurídica necessária na qual o tratamento pode ocorrer de forma mais eficiente.

Não é apenas uma questão de política, mas de reestruturar radicalmente o pensamento de que viciados são vilões — e, aliás, de que criminosos são vilões — que só merecem punição. Não é apenas uma questão de compaixão, mas de pragmatismo: o que vai ajudar as pessoas a melhorar? É uma questão de ajustar nossa visão. Johnny Perez, antigo presidiário que agora trabalha como reformador da justiça criminal, diz assim: "Se vemos as pessoas como pessoas, tratamos as pessoas como pessoas. Ponto".[35]

Agradecimentos

A história deste livro é a história de suas fontes. Como eu queria escrever um livro que funcionasse como uma reunião, precisava incluir as histórias dos outros junto às minhas. Mas uma das principais prioridades ao escrever sobre recuperação era preservar o anonimato de muitas pessoas sobre quem eu escrevia. Para esse fim, as pessoas em recuperação, cujas histórias aparecem de forma mais extensa aqui — Sawyer, Gwen, Marcus e Shirley —, são pessoas que abordei como jornalista e seus nomes foram alterados. Elas concordaram que suas vidas se tornassem parte desse projeto e sou profundamente grata a elas pela disposição, honestidade, lembranças e ideias. Suas histórias se baseiam em entrevistas por telefone e em entrevistas pessoalmente conduzidas durante o ano de 2015.

Também mudei o nome de quase todos que estão atualmente em recuperação — exceto quando pediram que não mudasse — e, em certos casos, detalhes identificadores, como localização geográfica e gênero. Sempre que possível, garanti o consentimento de todos que aparecem nessas páginas e, se são parte da minha narrativa, dei a eles a oportunidade de ler os trechos em que aparecem. Sou grata pela sua generosidade e abertura.

Para preservar seu anonimato, não me alonguei sobre muitos que foram extremamente importantes para a minha recuperação. Mas minha gratidão por eles é profunda. Obrigada a todos — os não mencionados, os anônimos, todos magníficos — cuja sobriedade se tornou parte da minha.

Na pesquisa deste livro, passei um tempo em vários arquivos e sou grata a todos que me ajudaram a passar por eles: Charles R. Jackson Papers, na Rauner Special Collections Library, em Dartmouth College, Hanover, New Hampshire; John Berryman Papers, na Universidade de Minnesota, Minneapolis; Jean Rhys Archive, na McFarlin Library da Universidade de Tulsa, Oklahoma; Narcotic Farm Records, no National Archives, em College Park, Maryland; Stepping Stones Foundation Archive, em Katonah, Nova York; Center of Alcohol Studies Library, na Rutgers University, New Brunswick, New Jersey; David Foster Wallace Papers e Denis Johnson Papers, no Harry Ransom Center da Universidade do Texas, Austin; e William S. Burroughs Papers, na Universidade de Columbia, Cidade de Nova York.

Consultei três médicos e pesquisadores por suas perspectivas na ciência e tratamento do vício: Meg Chisolm, Adam Kaplin e Greg Hobelmann, médicos em exercício no (ou afiliados do) Johns Hopkins University Hospital. Também achei várias conversas com o escritor Lucas Mann extremamente valiosas para pensar sobre o relacionamento entre a recuperação de doze passos e o tratamento com medicação assistida. *Science of Addiction*, de Carlton Erickson, *High Price*, de Carl Hart, e *Unbroken Brain: A Revolutionary New Way of Understanding Addiction*, de Maia Szalavitz esclareceram e remoldaram minha noção sobre as complexidades fisiológicas e psicológicas do vício — e sobre como a pesquisa do vício foi distorcida para contar histórias particulares.

As análises literárias e biográficas nessas páginas devem tremendamente ao trabalho de biógrafos literários. Tenho uma dívida particular com Blake Bailey pela biografia encantadora e impecavelmente pesquisada de Charles Jackson, *Farther and Wilder*, e por sua companhia sempre agradável, nas páginas e fora delas. O *feedback* de Blake sobre minha própria obra a respeito de Jackson foi muito além da obrigação. Nem sempre concordamos, mas minha obra sempre é fortalecida por nossas discordâncias. Consultei a cuidadosa biografia sobre David Foster Wallace escrita por D.T. Max, *Every Love Story Is a Ghost Story*, assim como sua obra sobre Malcolm Lowry e Raymond Carver, e Max sempre foi gentil em fornecer *feedbacks* criteriosos e generosos sobre várias partes deste livro. Várias outras biografias tiveram valor inestimável: *Malcolm Lowry*, de Douglas Days; *Raymond Carver:*

A Writer's Life, de Carol Sklenicka; *Jean Rhys: Life and Work*, de Carole Angier; *The Blue Hour: A Life of Jean Rhys*, de Lilian Pizzichini; *Life of John Berryman*, de John Haffenden; *Billie Holiday: The Musician and the Myth*, de John Szwed; *With Billie: A New Look at the Unforgettable Lady Day*, de Julia Blackburn; *Lady Sings the Blues*, de Billie Holiday. Também sou grata à família de George Cain — especialmente a Jo Pool e Malik Cain — por compartilhar lembranças de sua vida.

Para minha análise literária, conversei com vários críticos profundamente criteriosos e com acadêmicos que ajudaram a moldar minha compreensão das ligações complicadas entre vício, recuperação e criatividade: *White Logic: Alcoholism and Gender in American Modernist Fiction*, de John Crowley, e *Trip to Echo Spring: On Writers and Drinking*, de Olivia Laing, assim como o ensaio sobre David Foster Wallace da *New York Review of Books*, de Elaine Blair ("A New Brilliant Start"), obras de crítica literária que examinam com humanidade e critério o relacionamento entre vício, recuperação e criatividade. O livro de Crowley foi especialmente formador e ajudou muito a iluminar o tratamento da rivalidade entre Jackson e Lowry e em como *The Lost Weekend* e *Debaixo do vulcão* oferecem visões contrastantes do alcoolismo.

Enquanto eu tentava entender o contexto social maior sobre como o vício foi narrado na América do século xx, encontrei *insights* e elucidações incríveis — e necessariamente aterradores — em *A nova segregação: racismo e encarceramento em massa*, de Michelle Alexander, *Crack Mothers: Pregnancy, Drugs, and the Media*, de Drew Humphries, *Na fissura*, de Johann Hari, e *Unequal Under Law: Race in the War on Drugs*, de Doris Marie Provine. *Crack Wars: Literature Addiction Mania*, de Avital Ronell, e "Epidemics of the Will", de Eve Kosofsky Sedgwick, me ajudaram a estruturar o pensamento sobre como a imaginação social absorveu e criou várias noções de vício, com frequência contraditórias. *In the Realm of Hungry Ghosts: Close Encounters with Addiction*, de Gabor Maté, me ajudou a pensar de jeitos diferentes sobre vício, redução de danos e descriminalização. *The Narcotic Farm*, de Nancy Campbell, J. P. Olsen e Luke Walden foi uma fonte vital sobre a cura em Lexington. Também consultei os relatos literários da Narcotic Farm oferecidos em *Farm*, de Clarence Cooper, *Junky*, de William Burroughs, *Kentucky*

Ham, de Billy Burroughs Jr., e *Fantastic Lodge: The Autobiography of a Girl Drug*, de Helen MacGill Hughes.

Sou grata a todos os médicos, assistentes sociais e cuidadores profissionais que auxiliam populações vulneráveis que lutam contra a dependência de substâncias, que compartilharam suas visões e sabedorias comigo durante o percurso. Partes substanciais do adiantamento que recebi por este livro foram doadas para auxiliar duas organizações sem fins lucrativos dedicadas a ajudar populações vulneráveis afetadas por dependências de substâncias: The Bridge, uma instituição de abrigo temporário para pessoas com doenças mentais graves, da cidade de Nova York; e Marian House, uma instituição de abrigo temporário de Baltimore para mulheres que estão saindo da prisão, sem-teto e programas de tratamento de pacientes internados.

Grande parte da pesquisa para esse livro foi tirada da tese de doutorado que escrevi para meu programa de doutorado da Universidade de Yale, e sou grata a meus orientadores: Wai Chee Dimock, Amy Hungerford e Caleb Smith. Os três me apoiaram com questões duras e visões sábias, repetidamente, durante vários anos. Caleb me ofereceu a provocação que eu precisava, mesmo (com frequência) quando eu não sabia que precisava. Meu ex-professor e eterno amigo Charles D'Ambrosio é uma das pessoas mais extraordinárias que já conheci. Suas palavras estão comigo toda vez que me sento e escrevo.

A Lannan Foundation me deu generosamente uma residência em Marfa, Texas, no mês de abril de 2015, e não é exagero dizer que esse mês permitiu que o livro ganhasse vida: espalhei um esboço no chão do meu escritório, trabalhei doze horas por dia e, finalmente, acreditei que podia realmente acontecer.

Tive muita sorte de trabalhar com editores extraordinários perto e longe, especialmente Max Porter, da Granta, Karsten Kredel, da Hanser Berlin, Svante Weyler, da Weyler Förlag, Robbert Ammerlaan e Diana Gvozden, da Hollands Diep, Sophie de Closets e Leonello Brandolini, da Fayard, e — é claro, sempre — Jeff Shotts e Fiona McCrae, da Graywolf, e a inigualável Amber Qureshi, todos os amigos, aliados e parceiros na vida, assim como Michael Taeckens, que tem um espaço especial em meu coração. Obrigada a Trinity Ray e Kevin Mills, da Tuesday Agency, que tornaram possível cair na estrada. Obrigada a meus inspiradores colegas da Universidade de Columbia, uma comunidade da qual sou perpetuamente grata por fazer parte; e para todos os meus alunos, do passado e do presente — em Columbia, Yale, Wesleyan e na Universidade de Southern New Hampshire — que me desafiaram, me surpreenderam e me inspiraram. Sean Lavery passou quase um ano verificando os fatos deste livro, acertando minha visão sobre o *Mundo Real*, a Guerra às Drogas e tudo que ficou no meio.

Tenho trabalhado com a Wylie Agency por mais de uma década e me considero absurdamente sortuda de ter caído com Andrew Wylie, que acreditou em mim desde o começo, e o imbatível Jin Auh, uma força da natureza, que tem sido meu aliado, confidente, feroz defensor e amigo querido por anos. Agradecimentos especiais a Jessica Friedman, salvadora e prodígio, e para o pessoal na Wylie do Reino Unido, especialmente Luke Ingram e Sarah Chalfant.

Obrigada a todo mundo na Little, Brown: Reagan Arthur, por acreditar, e Michael Pietsch, por me convidar a integrar um legado que admiro tão profundamente. Obrigada a Allison Warner, por criar uma capa tão bonita; a Pamela Marshall, Deborah P. Jacobs e David Coen, por se certificarem de que tudo dentro estava certo; e a Craig Young, Lauren Velasquez, Sabrina Callahan e Liz Garriga, por ajudarem a trazer o livro ao mundo. Obrigada Cheryl Smith e Charles McCrorey, por me receberem em sua caverna encantada de áudio; a Sarah Haugen e Cynthia Saad; e, claro, a Paul Boccardi, por irem àquela primeira reunião. Finalmente, minha profunda gratidão ao ferozmente inteligente e profundamente apaixonado Ben George. Creio que você tenha sido o editor deste livro desde o comecinho, mas trabalhar com você foi mais intenso e mais recompensador do que eu poderia imaginar. Obrigada por sua humanidade, sua crença incansável e seu olhar repleto de alma. Você faz a coisa certa.

Tenho tanta sorte de contar com tantos escritores e pensadores extraordinários, bem como amigos profundos e duradouros em minha vida. Eles me escutam e conversam sobre este livro há oito anos e sou grata por isso, particularmente àqueles que leram partes deste livro (Jeremy Reff e Greg Pardlo) e aqueles que — milagrosamente — leram o troço todo: Harriet Clark, Colleen Kinder, Greg Jackson, Nam Le, Emily Matchar, Kyle McCarthy, Jacob Rubin e Robin Wasserman. Também sou grata pela companhia e sabedoria, junto a incontáveis outros, especialmente a Rachel Fagnant, Abby Wild, Aria Sloss, Katie Parry, Bri Hopper, Tara Menon, Alexis Chema, Casey Cep, Miranda Featherstone, Ben Nugent, Kiki Petrosino, Max Nicholas, Jim Weatherall, Nina Siegel, Bridget Talone, Emma Borges-Scott, Margot Kaminski, Jenny Zhang, Michelle Huneven, Micah FitzermanBlue, Taryn Schwilling, Ali Mariana, Susan Szmyt, Staci Perelman, as moças da DeLuxe — especialmente Jamie Powers e Mary Simmons — e o Lunch Bunch lá de trás: Eve Peters, Amalia McGibbon, Caitlin Pilla e Meg Swertlow.

Devo uma nota de agradecimento especialmente a David Gorin, que leu rascunhos deste livro não uma, mas duas vezes, e ofereceu seu coração e mente singulares à tarefa de torná-lo mais real. DG: obrigada por nossos anos juntos e pelo cuidado, inteligência, perspicácia e graça que trouxe a este projeto.

Obrigada a toda a minha família estendida, que enche minha vida de apoio emocional e inspiração: Jim, Phyllis, Ben, Georgia, Genevieve, Ian, Cathie, Kerry, Colin, e todas as suas gerações seguintes; Vovô Jack (com cem anos de idade!); e, especialmente, minhas tias Kay e Kathleen, assim como meus padrastos, Mei e Walter. Gratidão a meus irmãos, Julian e Eliot, idolatrados desde o começo, e suas belas famílias; ao meu pai, Dean, que amo tanto e faz meu coração inflar; e para minha singular e amada mãe, Joanne Leslie, para quem nunca haverá palavras ou gratidão suficientes, só o reconhecimento de que nada seria possível sem seu amor.

Obrigada a Lily: bela humana, furacão vivo, fogo de artifício e deleite.

Obrigada a Ione Bird, que me enche de amor a cada dia. Tudo ainda está por vir.

Finalmente, obrigada a meu marido, Charles Bock, quem primeiro leu este livro e me ajudou a ver no que iria se tornar; então leu de novo, um ano depois, e me ajudou a levá-lo pelo resto do caminho. Sou grata por sua inteligência, sua própria escrita bela e — mais do que tudo — seu amor. Você me faz rir como ninguém. Obrigada por fazer cada dia da vida melhor do que o script que eu poderia ter escrito.

Notas

I. Indignação

1   Discurso de Charles Jackson, Alcoólicos Anônimos, Cleveland, Ohio, 1959.

2   Mais sobre John Cheever em Iowa, ver a biografia de Blake Bailey, *Cheever: A Life* (Nova York: Knopf, 2009). Mais sobre Ray Carver em Iowa, ver a biografia de Carol Sklenicka, *Raymond Carver: A Writer's Life* (Nova York: Scribner, 2009); e para um relato vívido e incisivo da amizade deles, veja também o livro de Olivia Laing, *The Trip to Echo Spring: On Writers and Drinking* (Nova York: Picador, 2014). Mais sobre Berryman em Iowa, ver a biografia de John Haffenden, *The Life of John Berryman* (Londres: Methuen & Co., 1984).

3   Denis Johnson, "Where the Failed Gods Are Drinking", *The Throne of the Third Heaven of the Nations Millennium General Assembly: Poems Collected and New* (Nova York: Harper Perennial, 1995).

4   Mais sobre a amizade de Carver e Cheever, ver Sklenicka, *Raymond Carver: A Writer's Life*, 253, 258. Para Yates e Dubus, ver a biografia de Blake Bailey sobre Yates, *A Tragic Honesty: The Life and Work of Richard Yates* (Nova York: Picador, 2003).

5   Carver, citado em Sklenicka, *Raymond Carver: A Writer's Life*, 253.

6   Jack London, *Memórias alcoólicas* (São Paulo: Paulicéia, 1993).

7   Ibid., 14. Em certas versões, o texto é citado como "Bom é ruim, a verdade é uma trapaça e a vida é uma piada" (por exemplo, uma versão publicada em série do romance de London no *Saturday Evening Post* 185, nº. 7, 15 de março de 1913).

8   Ibid., 309.

9   Raymond Carver, "Vitamins", *Collected Stories*, ed. William Stull & Maureen Carroll (Nova York: Library of America, 2009), 427.

10   Carver, citado em Sklenicka, *Raymond Carver: A Writer's Life*, 270.

11   Sklenicka, *Raymond Carver: A Writer's Life*, 265.

12   Ibid., 269.

13   Entrevista de Raymond Carver, Mona Simpson e Lewis Buzbee, *Paris Review* (Verão de 1983).

14 Sklenicka, *Raymond Carver: A Writer's Life*, 269. Veja Sklenicka para um relato mais extenso da ligação de Carver com John Barleycorn.

15 Denis Johnson, *Jesus' Son* (Nova York: Picador, 2009), 53.

16 Ibid., 37.

17 Ibid., 66.

18 Esses detalhes sobre o ano de calouro de Johnson são de uma carta que ele escreveu para os pais, Vera Childress e Alfred Johnson, em 20 de setembro de 1967, Denis Johnson Papers, Harry Ransom Center, Universidade do Texas, Austin.

19 Peg [sobrenome desconhecido] num cartão para Denis Johnson, novembro de 1967, Denis Johnson Papers, Harry Ransom Center, Universidade do Texas, Austin.

20 Johnson, *Jesus' Son*, 93.

21 Ibid., 9.

22 Ibid., 10.

23 Ibid., 32.

24 Jane Howard, "Whisky and Ink, Whisky and Ink", *Life Magazine*, 21 de julho de 1967, 68.

25 John Berryman, "Dream Song 46", *The Dream Songs* (Nova York: Farrar, Straus & Giroux, 1969).

26 John Berryman, "Dream Song 51", *The Dream Songs*.

27 John Berryman, "Dream Song 35", *The Dream Songs*.

28 Deneen Peckinpah para John Berryman, 8 de julho de 1970, John Berryman Papers, Universidade de Minnesota, [Minneapolis, Minnesota].

29 James Shea para John Berryman, setembro de 1954, John Berryman Papers, Universidade de Minnesota [Minneapolis, Minnesota].

30 Ver Laing, *The Trip to Echo Spring: On Writers and Drinking*, 225.

31 Bette Schissel, citada em Haffenden, *The Life of John Berryman*, 283.

32 John Berryman, "Dream Song 311", *The Dream Songs*.

33 Jill Berryman para John Berryman, citada em Haffenden, *The Life of John Berryman*, 9.

34 Haffenden, *The Life of John Berryman*, 149.

35 Ibid., 154-55.

36 James Shea para John Berryman, 19 de janeiro de 1954, John Berryman Papers, Universidade de Minnesota [Minneapolis, Minnesota].

37 Saul Bellow, "Introduction", John Berryman, *Recovery* (Nova York: Farrar, Straus and Giroux, 1973), xii.

38 Deneen Peckinpah para John Berryman, 8 de julho de 1970, John Berryman Papers, Universidade de Minnesota [Minneapolis, Minnesota].

39 John Berryman, "Dream Song 57", *The Dream Songs*.

40 Susan Sontag, *Doença como metáfora*. São Paulo: Companhia das Letras, 2007.

41 Patricia Highsmith citada em Olivia Laing, "'Every hour a glass of wine' — The Female Writers Who Drank", *The Guardian*, 13 de junho de 2014.

42 Malcolm Lowry, *Debaixo do vulcão* (Rio de Janeiro: Alfaguara, 2021).

43 Elizabeth Bishop, *One Art: Letters*, ed. Robert Giroux (Nova York: Farrar, Straus and Giroux, 1995), 210-11.

44 Ibid., 600.

45 Negar Azimi, "The Madness of Queen Jane", *The New Yorker*, 12 de junho de 2014.

46 Esses trechos da história de Duras são de Edmund White em "In Love with Duras", *New York Review of Books*, 26 de junho de 2008. Como White escreve: "Então [Duras e seu companheiro Yann Andréa] começavam a abrir um Bordeaux barato, e ela bebia duas taças, vomitava e continuava até ter bebido o equivalente a nove litros e desmaiava." Nove litros se traduzem por doze garrafas, e é bem acima da quantidade geralmente considerada letal, então, é bem provável que White esteja oferecendo um causo de Duras e seu alcoolismo — mas, mesmo assim, ela bebia o suficiente para se incapacitar diariamente.

47 Marguerite Duras, *Practicalities* (Londres: William Collins Sons, 1990), 17.

48 Sherry H. Stewart, Dubravka Gavric e Pamela Collins, "Women, Girls, and Alcohol", *Women and Addiction: A Comprehensive Handbook* (Nova York: The Guilford Press, 2009), 342.

49 Jean Rhys, *Smile Please: An Unfinished Autobiography* (Nova York: Harper & Row, 1979), 142.

50 Detalhes sobre a vida de Rhys em Paris no final de 1919 são de Carole Angier em *Jean Rhys: Life and Work* (Nova York: Little, Brown, 1991), 107-13.

51 Jean Rhys, *After Leaving Mr. Mackenzie*, em *The Complete Novels* (Nova York: W. W. Norton, 1985), 91.

52 Angier, *Jean Rhys: Life and Work*, 113.

53 Ibid., 112.

54 Jean Rhys, *Smile Please*, 119.

55 Jean Rhys, *Bom-dia, meia-noite*. São Paulo: Art Editora, 1985.

56 Mary Cantwell, "Conversation with Jean Rhys, 'the Best Living English Novelist'", *Mademoiselle*, outubro de 1974.

57 Jean Rhys, *Quartet*, em *The Complete Novels* (Nova York: W. W. Norton, 1985), 130.

58 Rhys, *After Leaving Mr. Mackenzie*, em *The Complete Novels*, 241.

59 Rhys, *Quartet*, em *The Complete Novels*, 217.

60 Jean Rhys, *Bom-dia, meia-noite*. São Paulo: Art Editora, 1985.

61 Ibid., 347.

62 Ibid., 449.

63 Rhys, *Smile Please*, 94.

64 Jean Rhys, *Black Exercise Book*, Jean Rhys Archive, Universidade de Tulsa [Oklahoma].

65 Rhys, *Good Morning, Midnight*, em *The Complete Novels*, 393.

II. Desprendimento

1 Jean Rhys, *Green Exercise Book*, Jean Rhys Archive, Universidade de Tulsa.

2 Jean Rhys, *Smile Please: An Unfinished Autobiography* (Nova York: Harper & Row, 1979), 31. Todos os detalhes dos dias de Rhys em Dominica são de seu livro de memórias inacabado, a não ser que sejam apontados como sendo de Carole Angier em *Jean Rhys: Life and Work* (Nova York: Little, Brown, 1991).

3 *Smile Please*, 66.

4   Ibid., 17.

5   Rhys, *Smile Please*, 17.

6   A família de Rhys possuiu e administrou a plantação Genebra (adquirida por seu bisa-vô, James Potter Lockhart, em 1824; seus livros registram que ele possuiu 1.200 acres e 258 escravos) até ser destruída nas chamadas Revoltas do Censo (também chamada La Guerre Negre, a que se seguiu a Emancipação, em 1844). Ver Lillian Pizzichini, *The Blue Hour: A Life of Jean Rhys* (Nova York: W. W. Norton and Company, 2009), 12.

7   A idade de Rhys quando foi abusada pelo sr. Howard varia em diferentes versões da história que ela escreveu (de doze a catorze). Ver Angier, *Jean Rhys: Life and Work* (27) para um relato completo, assim como o *Black Exercise Book* de Rhys.

8   Rhys, *Black Exercise Book*, Jean Rhys Archive, Universidade de Tulsa [Oklahoma].

9   Rhys, *Black Exercise Book*, 64, Jean Rhys Archive, Universidade de Tulsa [Oklahoma].

10   Ibid., 72.

11   Ibid.

12   Ibid.

13   Angier, *Jean Rhys: Life and Work*, 113.

14   Ibid., 235. Ver Angier para um relato completo do relacionamento de Rhys com sua filha Maryvonne.

15   Ibid., 285.

16   Para uma versão completa da lenda de Wu Tao-tzu, ver Herbert Allen Giles em *Introduction to the History of Chinese Pictorial Art* (Londres: Bernard Quaritch, 1918), 47-48.

17   Ibid., 74.

18   Cartas de Lancelot Grey Hugh Smith citada em ibid., 68.

19   Rhys, *Smile Please*, 97.

20   Francis Wyndham citado em Angier, *Jean Rhys: Life and Work*, 71.

21   Jean Rhys para Peggy Kirkaldy, 3 de julho de 1946, em *Jean Rhys Letters, 1931-1966*, ed. Francis Wyndham & Diana Melly (Londres: Andre Deutsch, 1984), 45.

22   Angier, *Jean Rhys: Life and Work*, 53.

23   Resenha de *The New Statesman* citada em ibid., 234.

24   *Voyage in the Dark* foi o primeiro romance que Rhys escreveu, apesar de não ser o primeiro romance que publicou. Foi rascunhado em 1911-1913, mas publicado em 1934, depois de *Quartet* e *After Leaving Mr. Mackenzie*. Ver Lillian Pizzichini, *The Blue Hour*.

25   Jean Rhys, *Voyage in the Dark*, em *The Complete Novels* (Nova York: W. W. Norton, 1985), 68.

26   Rhys, *Smile Please*, 101.

III. Culpa

1   Michelle Alexander, *The New Jim Crow:Mass Incarceration in the Age of Colorblindness* (Nova York: The New Press, 2010), 206-7. P

2   Michelle Alexander, *A nova segregação: racismo e encarceramento em massa* (São Paulo: Boitempo, 2018).

3   Ver a discussão astuta e completa de Drew Humphrie sobre o fenômeno da "Drug

Scare Narrative" em *Crack Mothers: Pregnancy, Drugs, and the Media* (Columbus: Ohio State University Press, 1999).

4   Physician Michael Abrams citado em Dirk Johnson, "Good People Go Bad in Iowa, and a Drug Is Being Blamed", *New York Times*, 22 de fevereiro de 1996.

5   Jacob Sullum, "Hyperbole Hurts: The Surprising Truth about Methamphetamine", *Forbes*, 20 de fevereiro de 2014, se referindo à "The Meth Epidemic — Inside America's New Drug Crisis", *Newsweek*, 31 de julho de 2005.

6   Carl Hart, *High Price: A Neuroscientist's Journey of Self-Discovery That Challenges Everything You Know About Drugs and Society* (Nova York: Harper, 2013), 122, 19, 188-91. Estatísticas demonstram que a maioria das pessoas que usam drogas não se torna viciada. Mesmo com heroína, a droga com a maior "taxa de captura" (tirando tabaco), apenas 13% dos usuários desenvolvem um vício. Outros estudos apresentam o número um pouco mais alto, relatando que a "taxa de captura" da heroína fica por volta de 23%; isso é, por volta de 23% daqueles que usam se tornam dependentes, o que ainda significa que a maioria não fica. Ver esse relatório do uk National Addiction Centre, disponível em http://www.nta.nhs.uk/uploads/dangerousnessofdrugsdh_4086293.pdf.

7   Doris Marie Provine chamou a Lei Seca e a criminalização das drogas de "movimentos irmãos". *Unequal Under Law: Race in the War on Drugs* (Chicago: University of Chicago Press, 2007), 89.

8   Uma das perguntas mais comuns que recebi trabalhando neste livro — e, antes disso, enquanto eu trabalhava neste livro como tese de doutorado — foi se eu estava escrevendo sobre alcoolismo ou vício em drogas, como se, de alguma forma, fosse estranho pensar nos dois juntos. Na verdade, acho que é mais estranho pensar neles separados — ou, pelo menos, colocar uma linha divisória entre álcool e tudo mais. É apenas o sistema legal e a imaginação popular que categorizaram nicotina e álcool de um lado de uma divisão categórica e drogas "ilícitas" do outro. Psicologicamente, é uma fronteira arbitrária. Não apenas porque não há diferença entre substâncias — os tipos de dependências que produzem e com que propensão produzem —, mas porque cada substância atua de forma diferente, e o álcool é apenas uma substância entre várias. Em *The Science of Addiction: From Neurobiology to Treatment* (Nova York: W. W. Norton, 2007), Carlton Erickson recomenda uma linguagem mais específica ao redor do vício — recomenda, especificamente, substituir o termo genérico "vício" por categorias mais específicas de "abuso" (fazer uso com consequências negativas) e "dependência química" (incapaz de parar sem ajuda) e oferece um gráfico de "propensão à dependência" (25-26) que posiciona a heroína no topo, depois a cocaína, depois a nicotina — e o álcool logo atrás. O jornal médico britânico *The Lancet* publicou um gráfico que tentava medir os respectivos "potenciais de dependência" de uma variedade de substâncias — calculado pela quantidade de prazer que oferecem, potencial de criar dependência física e potencial de criar dependência psicológica — e as posicionou na seguinte ordem: heroína, cocaína, tabaco, barbitúricos, álcool, benzodiazepínicos, anfetamina, cannabis, ecstasy (David Nutt et al., "Development of a rational scale to assess the harm of drugs of potential misuse", *The Lancet* 369, no. 9566 [2007]: 1047-53). Mas essa pesquisa sugere um novo paradigma que substitui categorias binárias (cigarro e álcool de um lado, drogas "ilícitas" de outro) como forma de compreender cada substância com sua própria confluência de probabilidades e efeitos.

9   As duas décadas seguintes testemunharam uma mudança profunda no pensamento americano sobre drogas e sobre a imagem do viciado, e como o sistema legal americano os tratava. Medidas mais abrangentes de criminalização se seguiram na esteira do ato

regulatório Harrison: a Lei Jones-Miller de 1922, a Lei Anti-Heroína de 1924, e a Lei Estadual Uniforme de Narcóticos de 1934.

10 Harry Anslinger & William Tompkins, *The Traffic in Narcotics* (Nova York: Funk & Wagnalls, 1953), 223

11 Anslinger é citado por Johann Hari em *Na fissura: uma história do fracasso no combate às drogas* (São Paulo: Companhia das Letras, 2018), citando Larry Sloman, *Reefer Madness* (Nova York: St. Martin's Press, 1998), 36. Mesmo que o álcool tenha sido nossa droga legalizada "da vez", o alcoolismo inspirou sua própria história repleta de dissonância cognitiva. Oficialmente categorizado como doença em 1956 pela Associação Médica Americana — quatro anos antes de E. Morton Jellinek, professor de psicologia de Yale, lançar seu seminal estudo *The Disease Concept of Alcoholism* —, o alcoolismo também foi considerado "delito intencional" por decisão da Suprema Corte em 1988 (Traynor *versus* Turnage), que responsabilizou juridicamente uma dupla de veteranos alcoólatras por seu alcoolismo. A petição dos veteranos pela extensão do prazo de dez anos de seus benefícios G.I. Bill com base na incapacitação provocada pelo alcoolismo durante aquela década foi negada. Mais sobre Traynor *versus* Turnage, ver Durwood Ruegger, "Primary Alcoholism Due to 'Willful Misconduct': Supreme Court Upholds VA Regulation", *Journal of Health and Human Resources Administration* 13, nº 1 (verão de 1990): 112-23. No romance de George Cain de 1970, *Blueschild Baby* (Nova York: McGraw Hill, 1970), sobre um negro viciado em heroína, no Harlem, nos anos 1960, heroína e álcool são colocados como paralelos em termos de dependência física. Alcoólatras são descritos como "bebuns tremendo numa porta implorando por centavos necessários para seu remédio", e o narrador diz: "Não há mais nada dramático ou prazeroso na porcaria, é apenas remédio, um restaurador para permitir que eu funcione" (19, 5).

12 Julia Blackburn, *With Billie: A New Look at the Unforgettable Lady Day* (Nova York: Pantheon, 2005), 53.

13 "u.s. Not Raising Drugs at Its Narcotic Farm", *New York Herald*, 24 de janeiro de 1934. RG 511 — Alcohol, Drug Abuse, and Mental Health Administration, National Institute of Mental Health, National Archives, College Park, Maryland.

14 Nancy D. Campbell, J. P. Olsen e Luke Walden, *The Narcotic Farm* (Nova York: Abrams, 2010), 62.

15 A Narco Farm foi aberta vinte anos após a Lei Harrison de 1914, introduzida numa era de aumento de legislação federal antinarcótica, mas vinte anos antes, as duras medidas punitivas de Anslinger iriam promover a Lei Boggs (aprovada pelo Congresso em 1951), a Lei Daniel de 1956, também conhecida como Lei de Controle de Narcóticos de 1956.

16 Policial anônimo do Departamento de Polícia de Los Angeles citado em Anslinger & Tompkins, *The Traffic in Narcotics*, 272.

17 Johann Hari, *Na fissura: uma história do fracasso no combate às drogas* (São Paulo: Companhia das Letras, 2018).

18 Ibid., 15, 17.

19 John Helmer & Thomas Vietorisz, *Drug Use, the Labor Market and Class Conflict* (Washington: Drug Abuse Council, 1974), sem página.

20 O artigo, escrito por Edward Huntington Williams, M.D., apareceu no *New York Times*, em 8 de fevereiro de 1914. Ver relatos mais completos de retratos racistas paranoicos do preto viciado em cocaína em Doris Provine, *Unequal Under Law*, 76-78. Um dos relatos projeta poderes quase sobre-humanos no viciado em drogas afro-americano ("Você podia cobri-lo de balas e ele ainda não caía [...]"). Veja também Hari, *Na fissura*.

21   *Literary Digest* (1914), 687. Citado em Provine, *Unequal Under Law*, 76-77.

22   James Baldwin, "Sonny's Blues", *Going to Meet the Man* (Nova York: Dial Press, 1965).

23   Anslinger & Tompkins, *The Traffic in Narcotics*, texto de orelha.

24   Ibid.

25   Anslinger & Tompkins, *The Traffic in Narcotics*, 22-25.

26   Ibid., 296.

27   Ibid., 251, 249-50.

28   William Burroughs, *Deposition: Testimony Concerning a Sickness* (1960), republicado em *Naked Lunch* (Nova York: Grove Press, 1962).

29   Anslinger & Tompkins, *The Traffic in Narcotics*, 223, 226.

30   Cain, *Blueschild Baby*, 148.

31   Ibid., 149.

32   Ibid., 150.

33   Margo Jefferson, *Negroland* (Nova York: Pantheon, 2015), 171. Compreender as narrativas públicas que permitiram meu sofrimento privado foi outro momento de despertar que Ta-Nehisi Coates chamou "O sonho", a fantasia aspiracional americana branca que depende das injustiças correntes de racismo sistêmico para sustentar seus escravos. As diferentes narrativas que se prendem a várias substâncias — com frequência codificadas racialmente — são ainda outra iteração do Sonho. Em *Between the World and Me* (Nova York: Spiegel & Grau, 2015), Coates escreve sobre testemunhar os Sonhadores em ação na West Broadway, em Lower Manhattan, onde "gente branca escorria dos bares de vinho com copos transbordando e sem polícia" (89).

34   O relato crítico de John Crowley sobre o alcoolismo na literatura americana, *The White Logic: Alcoholism and Gender in America* (Amherst: University of Massachusetts Press, 1994), foi essencial ao me fornecer o contexto para compreender a importância de Jackson em *The Lost Weekend* (Nova York: Farrar and Rinehart, 1944) — particularmente o relato de como Jackson rompeu com a tradição literária americana, que combinava alcoolismo com profundidade metafísica.

35   Philip Wylie, "Review of The Lost Weekend", de Charles Jackson, *New York Times Book Review*, 30 de janeiro de 1944.

36   Dr. Sherman citado na biografia definitiva de Jackson por Blake Bailey, *Farther and Wilder: The Lost Weekends and Literary Dreams of Charles Jackson* (Nova York: Vintage, 2013).

37   Jackson, *The Lost Weekend*, 16-17.

38   Ibid., 46.

39   Ibid.

40   Ibid., 237.

41   Ibid., 216.

42   Cain, *Blueschild Baby*, 56.

43   Entrevista de John Ehrlichman a Dan Baum, "Legalize It All: How to Win the War on Drugs", *Harper's*, abril de 2016. A família de Ehrlichman negou o relato póstumo de seus comentários. Numa declaração emitida na CNN, seus filhos disseram: "A alegada 'citação' de 1994 que vimos repetidamente nas mídias sociais pela primeira vez hoje não se encaixa com o que sabemos de nosso pai. E, coletivamente, abrange mais de 185 anos com ele. Não atestamos o alegado ponto de vista racista que esse autor agora insi-

nua vinte e dois anos depois da dita entrevista e dezesseis anos após a morte de nosso pai, quando ele não pode mais responder". Mas o jornalista Dan Baum gravou o comentário durante a entrevista para seu livro de 1996, *Smoke and Mirrors*, e compara o relato de Ehrlichman às histórias de veteranos de guerra traumatizados relatando eventos anos após o fato: "Acho que Ehrlichman esperava por alguém que viesse e lhe perguntasse", Baum contou à CNN. "Acho que ele se sentia mal com isso. Acho que ele tinha muito com o que se sentir mal." Disponível em <http:// www.cnn.com/2016/03/23/ politics/john-ehrlichman-richard-nixon-drug-warblacks-hippie/index.html>.

44 Cain, *Blueschild Baby*, 114-15.

45 Ver Alexander, *A nova segregação*.

46 Anslinger &Tompkins, The Traffic in Narcotics, 297.

47 Reinarman & Levine citados em Provine, *Unequal Under Law*, 105.

48 Jacob Lamar, "The House Is On Fire", *Time*, 4 de agosto de 1986.

49 Ibid.

50 Em 1990, a Ku Klux Klan declarou que iria se "juntar à batalha contra drogas ilegais" agindo como "olhos e ouvidos da polícia". "Ku Klux Klan Says It Will Fight Drugs", *Toledo Journal*, 3-9 de janeiro, 1990. Citado em Alexander, *A nova segregação*.

51 Robert Stutman citado em Alexander, *A nova segregação*.

52 Ver Alexander, *A nova segregação*, para um relato mais extenso da militarização das forças policiais locais durante a Guerra às Drogas. Departamentos de polícia podiam manter os espólios de suas operações, Alexander escreve, não apenas confiscando drogas, mas também pegando "o dinheiro, carros e lares de gente suspeita de consumo ou venda de drogas". As narrativas culturais que legitimaram os confiscos encontraram autoridade numa narrativa bem mais profunda sobre vício e culpa: a crença de que viciados eram culpados e mereciam ter suas posses confiscadas.

53 Citado em Provine, *Unequal Under Law*, 112. Já em 1991, um relatório da Comissão de Sentença dos Estados Unidos descobriu que a maioria dos juízes considerava penas mínimas compulsórias como "claramente injustas". Ver Eric E. Sterling, "Drug Laws and Snitching: A Primer", *Frontline*, disponível em <http://www.pbs.org/wgbh/pages/ frontline/shows/snitch/primer/>.

54 Ver Provine, *Unequal Under Law*, 10.

55 O número de presos por consumo de drogas era de 40.900 mil em 1980, e 488.400 mil em 2014. Essas estatísticas foram tiradas do The Sentencing Project's report "Trends in U.S. Corrections", atualizado em dezembro de 2015, extraído do Escritório de Estatísticas Jurídicas. Os prisioneiros são classificados de acordo com o delito cuja pena é maior, então, esses prisioneiros estão cumprindo apenas sentença por drogas ou por drogas e outro crime — desde que o crime relacionado às drogas seja o que tem a maior sentença. Muitas pessoas condenadas por delitos relacionados a drogas estão atualmente presas, mas não estão listadas como tal, já que cumprem uma sentença maior por outro crime. Se a Guerra às Drogas é ou não o principal motivador do encarceramento em massa nos Estados Unidos tem sido assunto de debates recentes. Michelle Alexander argumentou de forma direta em *A nova segregação*: "Nada contribuiu mais com o encarceramento sistemático de pessoas racializadas nos Estados Unidos do que a Guerra às Drogas" (60). É importante fazer algumas distinções aqui: não significa que a maioria das pessoas encarceradas nos Estados Unidos seja de "usuários não violentos de drogas" — termo que se tornou tema confortável na principal crítica liberal sobre encarceramento em massa nos Estados Unidos, especialmente desde o livro de Alexander. Mas em seu livro recente, *Locked In: The True Causes of Mass Incarceration, and*

How to Achieve Real Reform (Nova York: Basic Books, 2017), David Pfaff discute que a narrativa da Guerra às Drogas como motivação primária do encarceramento em massa nos Estados Unidos interpreta de modo errado o problema — é de fato o arbítrio de promotores (levando mais casos à corte) que aumentou as taxas de encarceramento —, e que mesmo que libertássemos todos os usuários não violentos de drogas da prisão, isso só tiraria um naco do problema do encarceramento em massa: os Estados Unidos ainda aprisionariam mais gente, per capita, do que qualquer outro país no mundo. Mas também é verdade que enquanto usuários não violentos de drogas formam apenas um quinto da população encarcerada, um grande número desses infratores presos por crimes violentos deve sua prisão à Guerra às Drogas — que cria condições sob as quais o negócio das drogas se tornou e permanece bastante violento. Tudo isso posto, é importante reconhecer a Guerra às Drogas e seu projeto punitivo racial como parte de uma injustiça sistêmica bem mais ampla em vez da totalidade do problema. Para dados extensos sobre essas questões, veja relatórios anuais do Departamento de Justiça dos Estados Unidos, por exemplo, "Prisoners in 2015", disponível em <https://www.bjs.gov/content/pub/pdf/p15.pdf>. Recursos adicionais incluem Jennifer Broxmeyer, "Prisoners of Their Own War: Can Policymakers Look Beyond the 'War on Drugs' to Drug Treatment Courts?", *Yale Law Journal* 118 (2008-9). Para um relato completo da Guerra às Drogas e seu legado de encarceramento, ver também Marc Mauer & Ryan S. King, *The Sentencing Project, a 25-Year Quagmire: The War on Drugs and Its Impact on American Society 2* (2007), disponível em <http://www.sentencingproject.org/Admin%5CDocuments%5Cpublications%5Cdp _25yearquagmire.pdf>. Ver também Alexander, *A nova segregação*, 6, 20. Mais de 31 milhões de pessoas foram presas por infrações relacionadas a drogas desde que a Guerra às Drogas começou.

56   Johann Hari, *Na fissura: uma história do fracasso no combate às drogas* (São Paulo: Companhia das Letras, 2018),

57   Michelle Alexander, *A nova segregação: racismo e encarceramento em massa* (São Paulo: Boitempo, 2018).

58   George H. W. Bush, "National Drug Control Strategy", 1992, citado em Jennifer Broxmeyer, "Prisoners of Their Own War: Can Policymakers Look Beyond the 'War on Drugs' to Drug Treatment Courts?", *Yale Law Journal*, 30 de junho de 2008.

59   Betty Watson Burston, Dionne Jones e Pat Robertson-Saunders, "Drug Use and African Americans: Myth Versus Reality", *Journal of Alcohol and Drug Abuse 40* (inverno de 1995): 19, citado em Alexander, *A nova segregação*.

60   Berryman citado em Haffenden, *The Life of John Berryman*, 287.

61   A lembrança sobre a pegada de Jackson no vinho é de Bailey, *Farther and Wilder*.

62   O Método Peabody foi baseado no livro de Richard Peabody, *The Common Sense of Drinking* (Boston: Little, Brown, 1931). O relato de Jackson usando o Método Peabody foi extraído do relato mais extenso em Bailey, *Farther and Wilder*, 103-4.

63   Ver Peabody em *The Common Sense of Drinking*.

64   Jackson para Bud Wister, 19 de dezembro de 1936, Charles Jackson Papers, Rauner Special Collections Library, Dartmouth College.

65   Jackson, *The Lost Weekend*, 149-50. Enquanto Jackson era fervoroso fã de Fitzgerald, ele não tinha o mesmo respeito por outros escribas do alcoolismo. Numa carta não datada para Robert Nathan, nos arquivos de Jackson em Dartmouth, Jackson escreveu que não podia encontrar "o pathos de *O sol também se levanta* [...] é patético, apenas". Ele achava que o alcoolismo merecia ser representado como algo mais do que farsa trágica.

66   Jackson, *The Lost Weekend*, 17.

67 Ibid., 221-22.

68 Lewis Hyde, "Alcohol and Poetry: John Berryman and the Booze Talking", *American Poetry Review*, outubro de 1975; repr. Dallas: The Dallas Institute of Humanities and Culture, 1986.

69 Ibid., 17.

70 Ibid., 14.

71 Ibid., 17.

72 Ibid., 18.

73 Ibid., 2.

74 Elizabeth Hardwick, "Billie Holiday", *New York Review of Books*, 4 de março de 1976.

75 George White citado em Blackburn, *With Billie*, 219.

76 Entrevista de Holiday com Eugene Callender citada em Hari, *Na fissura*.

77 John Chilton citado em Blackburn, *With Billie*, 63. O livro de Blackburn é uma compilação incrível de histórias orais sobre a vida e a carreira de Holiday. O contexto do livro de Blackburn é interessantemente assombrado: suas histórias orais foram reunidas a partir de entrevistas gravadas deixadas por Linda Kuehl, a biógrafa que cometeu suicídio antes de terminar sua biografia de Holiday.

78 Holiday, *Lady Sings the Blues: a autobiografia dilacerada de uma lenda do jazz*, com William Dufty (Rio de Janeiro: Zahar, 2003).

79 Esses detalhes são de Blackburn, *With Billie*, 94.

80 Hardwick, "Billie Holiday".

81 Johann Hari oferece um excelente relato da fixação de Anslinger por Holiday em seu *Na fissura*, de 2015, e Julia Blackburn dá as perspectivas de dois agentes alocados no caso dela, Jimmy Fletcher e George White, em *With Billie*. Para meu relato sobre as dimensões jurídicas do vício de Holiday, sua perseguição nas mãos da lei e as inflexões raciais dessa perseguição, recorri à própria autobiografia de Holiday, *Lady Sings the Blues*, assim como à história dos testemunhos combinados de Hari e Blackburn. Em *Lady Sings the Blues*, Holiday descreve a atenção da mídia sobre suas prisões por drogas, incluindo uma manchete em janeiro de 1949 que a deixou particularmente indignada porque parecia estar fazendo pirraça dos problemas perpétuos dela com a lei: "Billie Holiday Arrested on Narcotics Charges".

82 Esses detalhes da época de Holiday em Alderson são de *Lady Sings the Blues*.

83 Jimmy Fletcher citado em Blackburn, *With Billie*, 215.

84 As informações sobre a reportagem da ABC (11 de julho de 1986) e da NBC (24 e 25 de outubro de1988) são de Drew Humphries, *Crack Mothers: Pregnancy, Drugs, and the Media*, 29-30.

85 Em sua pesquisa reveladora do fenômeno da "mãe do crack", a criminologista Drew Humphries pesquisou programas de notícias que cobriram mulheres e cocaína entre 1983 e 1994 — 84 no total, extraídas em grande parte do noticiário noturno da ABC, CBS e NBC — com uma onda durante o pico do pânico de crack em 1989 (19-20).

86 Ibid., 128.

87 Uma das ironias centrais da obsessão breve e apaixonada dos EUA pela figura da "mãe do crack" — obsessão levada pela pena de sua criança mal constituída e o desprezo por sua vilania mal constituída — era de que de certa forma transformou um grupo de mulheres essencialmente vulneráveis em bode expiatório público poderoso. Como

Humphries diz: "Como [...] um grupo de mulheres incomumente impotente emergiu como símbolo ameaçador de desordem? O inimigo inviável na guerra às drogas doméstica?"

88 Num artigo de 1992 no *New England Journal of Medicine*, Chasnoff apresentou um estudo complementar que rejeitava as conclusões da mídia baseadas em seu trabalho anterior. Publicamente, ele condenou o "julgamento apressado" por parte da imprensa, baseado em sua pesquisa preliminar, e disse que nunca havia visto uma "criança do crack" e duvidava que veria. Ver Humphries, *Crack Mothers*, 62; e Ira Chasnoff, "Missing Pieces of the Puzzle", *Neurotoxicology and Teratology 15* (1993): 287-88, citado em Craig Reinarman & Harry Levine, *Crack in the Rear-View Mirror: Deconstructing Drug War Mythology* (Berkeley: University of California Press, 2007). Baseado em extrapolações sensacionalistas de antigas descobertas científicas, a mídia previu que a população crescente de "bebês do crack" iria se tornar uma subclasse condenada: uma vasta frota de bebês prematuros danificados e Arthurzinhos "possuídos". A coluna de 30 de julho de 1989 no *Washington Post* escrita pelo singularmente horrendo Charles Krauthammer ofereceu uma infame versão da profecia do juízo final: "A epidemia de crack nas áreas carentes agora está dando luz ao mais novo horror: uma subclasse biológica, uma geração de bebês da cocaína fisicamente danificados cuja inferioridade biológica é carimbada ao nascer". Krauthammer prevê seus futuros "impedidos desde o dia um. Será uma vida de sofrimento certo, de provável desvio, de inferioridade permanente. No melhor dos casos, uma vida servil de severa privação". Ele se perguntava se os "bebês mortos seriam os que tiveram sorte". É consenso médico hoje que "bebês do crack" não estavam nada condenados e que toda essa ideia do "bebê do crack" era impossível de isolar. Esses bebês foram influenciados por tal conjunto de variáveis entrelaçadas — não apenas outras drogas, mas também fatores ambientais como pobreza, locais de adoção temporária e falta de moradia — que era impossível identificar quais danos o crack em si causou (Humphries, *Crack Mothers*, 62).

89 Citado em ibid., 2.

90 Ibid., 52.

91 Ibid.

92 Foram estereótipos como a mãe do crack que abasteceram a campanha de Novos Direitos para diminuir o serviço social no final dos anos 1980. Ver Jimmie L. Reeves & Richard Campbell, *Cracked Coverage: Television News, the Anti-Cocaine Crusade, and the Reagan Legacy* (Durham, NC: Duke University Press, 1994).

93 Humphries, *Crack Mothers*, 6.

94 Ver a descrição completa dos casos de Melanie Green e Jennifer Johnson em ibid., 72-73 e 75-79. A condenação de Jennifer Johnson acabou sendo revertida.

95 Judge Peter Wolf, citado em ibid., 35. É consenso médico hoje que "bebês do crack" não estavam nada condenados ou, se estavam, era pela falta de condições sociais do governo, que não estava se esforçando o suficiente nesse sentido; é visível que essa "preocupação" com crianças não nascidas deveria ter se traduzido em serviços sociais expandidos em vez da demonização das mães do crack.

96 Holiday, *Lady Sings the Blues*.

97 Tirei isso do relato de John Szwed sobre a história da publicação de *Lady Sings the Blues* em sua biografia *Billie Holiday: The Musician and the Myth* (Nova York: Viking, 2015), 20. Mesmo que *Lady Sings the Blues* tenha alertado contra os perigos do vício, suas vendas também acabaram ajudando a sustentar financeiramente o hábito de Holiday. A ideia de publicar uma autobiografia certamente foi motivada por necessidade financeira.

Holiday devia dinheiro ao fisco e não podia tocar na maioria dos clubes de Nova York porque sua condenação significava que ela havia perdido a licença de cabaré. Ela queria publicidade positiva que pudesse ajudar a recuperá-la. Mas o mesmo registro de uso de drogas que havia tirado a licença de cabaré de Holiday também tornou possível que ela ganhasse dinheiro vendendo sua história "sensacionalista" a revistas baratas em artigos chamados "Como gastei um milhão de dólares", "Uma viciada em drogas pode voltar?" e (proclamando o minúsculo otimismo que ela acabaria repudiando) um artigo chamado "Estou curada de vez". Um número da revista *Tan* tinha uma foto de capa de Holiday num vestido esmeralda com gardênias em seu peito e dois chihuahuas brancos nos braços. Relatos dos imperativos financeiros por trás da publicação da autobiografia são de Szwed, *Billie Holiday*, 12. "How I Blew a Million Dollars" foi publicado em *Our World*, em março de 1953; "Can a Dope Addict Come Back" na *Tan*, em fevereiro de 1953; e "I'm Cured for Good" na *Ebony*, em julho de 1949.

98   Billie Holiday, *Lady Sings the Blues: a autobiografia dilacerada de uma lenda do jazz*, com William Dufty (Rio de Janeiro: Zahar, 2003).

99   Johann Hari, *Na fissura: uma história do fracasso no combate às drogas* (São Paulo: Companhia das Letras, 2018).

100   Billie Holiday, *Lady Sings the Blues: a autobiografia dilacerada de uma lenda do jazz*, com William Dufty (Rio de Janeiro: Zahar, 2003).

101   Ibid., 214.

102   Carl Drinkard citado em Blackburn, *With Billie*, 230.

103   Billie Holiday, *Lady Sings the Blues: a autobiografia dilacerada de uma lenda do jazz*, com William Dufty (Rio de Janeiro: Zahar, 2003).

104   Ibid., 153.

105   A Lei Harrison foi aprovada em dezembro de 1914 e se tornou efetiva em março de 1915. Holiday nasceu em abril de 1915.

106   Billie Holiday, *Lady Sings the Blues: a autobiografia dilacerada de uma lenda do jazz*, com William Dufty (Rio de Janeiro: Zahar, 2003).

107   Parte de um pacote de "Dois livros em um" da Ace Books, o livro original, *Junkie,* era vendido por trinta e cinco centavos e encadernado com *Narcotic Agent*, um livro de memórias de um antigo agente infiltrado chamado Maurice Helbrant. Num estilo burlesco de trapaças, fracassos e enganos, Helbrant conta sua história como uma narrativa oposta: a caça ao *junkie* irremediável. Mas acabou emergindo com um paralelo, outro relato de vício — um desfile de vinhetas na qual um ativista maníaco acampa com garrafas de uísque em moteizinhos vagabundos. Helbrant é obcecado por heroína: como usá-la, como fingir usá-la, como identificar alguém que está usando. Sua fixação em punir a obsessão do viciado se torna uma obsessão em si. A indignação moral se torna outro tipo de droga, o ativista, outro tipo de bebum.

108   William Burroughs, *Junky: drogado*. São Paulo: Companhia das Letras, 2013.

109   Hardwick, "Billie Holiday"

110   Ibid.

111   Ambos apresentadores citados em *Amy* (dir. Asif Kapadia, 2015).

IV. Falta

1   Eve Kosofsky Sedgwick, "Epidemics of the Will", *Tendencies* (Durham, NC: Duke University Press, 1993), 132.

2   John Berryman, "Dream Song 14", *The Dream Songs*.

3   Meg Chisolm, entrevista com a autora, 11 de agosto de 2016.

4   Entrevista de Adam Kaplin com a autora, 13 de outubro de 2016.

5   Ibid.

6   Para um relato mais completo dos mecanismos científicos sublinhando o vício, ver Carlton Erickson, *The Science of Addiction: From Neurobiology to Treatment* (Nova York: W. W. Norton, 2007). No capítulo 3, Erickson delineia os mecanismos básicos da dependência química enquanto nos capítulos 5, 6 e 7, ele analisa os mecanismos específicos de várias substâncias.

7   Ibid., 64.

8   *Factual Gain and Loss Chart on Un-Controlled Drinking*, Arquivos do Center for Alcohol Studies, Rutgers University, New Brunswick, New Jersey.

9   G. F. Koob & M. Le Moal, "Drug Abuse: Hedonic Homeostatic Dysregulation", *Science* 278 (1997): 52-58.

10   Erickson, *The Science of Addiction*, 59.

11   Para um resumo de vários relatos sobre os mecanismos do álcool em sistemas neurotransmissores, ver Erickson, *The Science of Addiction*, 69. Ver também *Neurochem Int*. 37, nº. 4 (outubro de 2000): 369-76. "Alcohol enhances characteristic releases of dopamine and serotonin in the central nucleus of the amygdala". Yoshimoto et al. "Alcohol and Neurotransmitter Interactions". C. Fernando Valenzuela. NIAAA, disponível em <http://pubs. niaaa.nih.gov/publications/arh21-2/144.pdf>.

12   Jean Rhys, *After Leaving Mr. Mackenzie*, em *The Complete Novels* (Nova York: W. W. Norton, 1985), 262.

13   John Berryman, *Recovery* (Nova York: Farrar, Straus and Giroux, 1973), 154.

14   NIAA, "Collaborative Studies on Genetics of Alcoholism (COGA) Study", disponível em <https://www.niaaa.nih.gov/research/major-initiatives/ collaborative-studies-genetics-alcoholism-coga-study>.

15   David Gorin, notas à mão. Agosto de 2016.

16   Elizabeth Bishop, "A Drunkard", *Georgia Review* (1992). O incêndio de que Bishop se lembra foi o Grande Incêndio de Salem de 1914. Ver Claudia Roth Pierpont, "Elizabeth Bishop's 'Art of Losing'", *The New Yorker*, 6 de março de 2017, disponível em <http://www.newyorker.com/magazine/2017/03/06/ elizabeth-bishops-art-of-losing>.

17   Brett C. Millier, "The Prodigal: Elizabeth Bishop and Alcohol", *Contemporary Literature* 39, nº 1 (primavera de 1998): 54-76.

18   John Berryman, bilhete escrito à mão, John Berryman Papers, Universidade de Minnesota [Minneapolis, Minnesota].

19   Marguerite Duras, "The Voice in Navire Night", *Practicalities* (Londres: William Collins Sons, 1990).

20   Charles Jackson, *The Lost Weekend* (Nova York: Farrar and Rinehart, 1944), 221-22.

21 William Burroughs, *Junky: drogado*. São Paulo: Companhia das Letras, 2013.

22 Adam Kaplin em entrevista com a autora, 13 de outubro de 2016.

V. VERGONHA

1 John Berryman, de um soneto prefacial que escreveu em 1966, citado em John Haffenden, *The Life of John Berryman* (Londres: Methuen & Co., 1984), 183.

2 John Berryman, "Dream Song 74", *The Dream Songs* (Nova York: Farrar, Straus and Giroux, 1969).

3 John Berryman, "Dream Song 22", *The Dream Songs*.

4 John Berryman, "Dream Song 92" ("Room 231: the forth week"), *The Dream Songs*.

5 John Berryman, "Dream Song 310", *The Dream Songs*.

6 Lewis Hyde, "Berryman Revisited", em *Recovering Berryman*, ed. Richard Kelly & Alan Lathrop (Ann Arbor: University of Michigan Press, 1993).

7 John Berryman, nota escrita à mão, John Berryman Papers, Universidade de Minnesota [Minneapolis, Minnesota].

8 Malcolm Lowry, *Debaixo do vulcão* (Rio de Janeiro: Alfaguara, 2021).

9 Anedota citada em John Berryman, *Recovery* (Nova York: Farrar, Straus and Giroux, 1973), 107.

10 Malcolm Lowry, *Debaixo do vulcão* (Rio de Janeiro: Alfaguara, 2021).

11 Malcolm Lowry, *Dark as the Grave Wherein My Friend Is Laid* (Londres: Jonathan Cape, 1969), 41.

12 Para um relato maravilhosamente astuto da rivalidade Lowry-Jackson, ver John Crowley, *The White Logic: Alcoholism and Gender in America* (Amherst: University of Massachusetts Press, 1994).

13 Malcolm Lowry, *Debaixo do vulcão* (Rio de Janeiro: Alfaguara, 2021).

14 Ibid., 50.

15 Ibid., 281.

16 Ibid., 118.

17 Ibid., 168.

18 Ibid., 62-63.

19 Ibid., 115

20 Michael Wood, "The Passionate Egoist", *New York Review of Books*, 17 de abril de 2008.

21 Malcolm Lowry, *Debaixo do vulcão* (Rio de Janeiro: Alfaguara, 2021).

22 Carta de Malcolm Lowry citada em D. T. Max, "Day of the Dead", *The New Yorker*, 17 de dezembro de 2007.

23 Dawn Powell citado em D. T. Max, "Day of the Dead".

24 Ibid. 264.

25 Gabor Maté, *In the Realm of Hungry Ghosts: Close Encounters with Addiction* (Toronto: Knopf Canada, 2008), 1-2.

26 Ibid.

27   John P. Morgan & Lynn Zimmer, "The Social Pharmacology of Smokeable Cocaine: Not All It's Cracked Up to Be", em *Crack in America: Demon Drugs and Social Justice*, ed. Craig Reinarman & Harry Levine (Berkeley: University of California Press, 2007), 36.

28   Ibid.

29   Partnership for a Drug-Free America, "Cocaine Rat", 1988. Os comprimidos no vídeo também são enganosos: a maioria dos ratos era cirurgicamente equipada com um "aparato permanente de injeção" nas costas. Eles eram literalmente constituídos para o vício, assim como estavam presos em condições que os incitavam a isso.

30   Bruce Alexander, "Addiction: The View from Rat Park", 2010. Os resultados originais do "Rat Park" foram publicados em B. K. Alexander et al., "Effect of Early and Later Colony Housing on Oral Ingestion of Morphine in Rats", *Pharmacology Biochemistry and Behavior 15*, nº 4 (1981): 571-76. Carl Hart também relata o experimento "Rat Park" em *High Price: A Neuroscientist's Journey of Self-Discovery That Challenges Everything You Know About Drugs and Society* (Nova York: Harper, 2013). Os resultados do "Rat Park" original também foram replicados. Ver S. Schenk et al., *Neuroscience Letters 81* (1987): 227-31; e M. Solinas et al., *Neuropsychopharmacology 34* (2009): 1102-11. Para um relato gráfico do "Rat Park", ver Stuart McMillen, "Rat Park".

31   Thomas De Quincey, "Confessions of an English Opium-Eater", *London Magazine*, 1821.

32   David Foster Wallace, *Graça infinita* (São Paulo: Companhia das Letras, 2014).

33   O Instituto Nacional de Abuso de Álcool e Alcoolismo [NIAAA] define a missão desse estudo [COGA] como a seguinte: "Para aprender mais sobre nossos genes e como afetam a vulnerabilidade do alcoolismo, NIAAA fundou o COGA desde 1989. Nosso objetivo é identificar genes específicos que podem influenciar na propensão de uma pessoa a desenvolver alcoolismo. Investigadores do COGA coletaram dados de mais de 2.255 mil famílias estendidas nas quais os membros são afetados pelo alcoolismo. Os pesquisadores coletaram extensos dados clínicos, neuropsicológicos, eletrofisiológicos, bioquímicos e genéticos em mais de 17.702 mil indivíduos representados na base de dados. Os pesquisadores estabeleceram um depósito de linhas de células desses indivíduos para servir como fonte permanente de DNA para estudos genéticos" (disponível em <https://www.niaaa.nih .gov/research/major-initiatives/collaborative-studies-genetics-alcoholism-coga-study>). Mais informações sobre o COGA junto a um relato mais extenso de suas descobertas pode ser encontrado em Laura Jean Bierut et al., "Defining Alcohol-Related Phenotypes in Humans: The Collaborative Study on the Genetics of Alcoholism", *National Institute on Alcohol Abuse and Alcoholism,* junho de 2003, disponível em <https://pubs.niaaa.nih.gov/publications/arh26-3/208-213.html>.
O que contribui para estar sob maior risco de alcoolismo? Traços associados à fisiologia (metabolismo e sensibilidade de órgãos), à psicofarmacologia (estruturas de recompensa e aversão do cérebro), à personalidade (impulsividade e procura por sensações), e à psicopatologia (depressão e ansiedade). Carol A. Prescott, "What Twin Studies Teach Us about the Causes of Alcoholism", artigo para Samuel B. Guze Symposium on Alcoholism, Washington University School of Medicine, 2004, disponível em <http://digitalcommons.wustl.edu/guzepresentation2004/4>. O fenótipo de "dependência de álcool" foi medido de acordo com classificações dos sistemas DSM e OMS.

34   Um estudo examinando abuso de álcool em gêmeos mostrou uma taxa de concordância de 76% em gêmeos monozigóticos e uma taxa de concordância de 61% em gêmeos dizigóticos. Para mais informações, ver Roy Pickens et al., "Heterogeneity in the Inheritance of Alcoholism: A Study of Male and Female Twins", *Archives of General Psychiatry 48*, nº 1 (1981): 19-28. Ver também Erickson, *The Science of Addiction: From Neurobiology to Treatment* (Nova York: W. W. Norton, 2007), 84-85.

35 Denis Johnson, "Where the Failed Gods Are Drinking", *The Throne of the Third Heaven of the Nations Millennium General Assembly: Poems Collected and New* (Nova York: Harper Perennial, 1995).

36 Cain evoca o glamour e a aridez do Harlem ao mesmo tempo, os "grandes carros brilhantes pegos no brilho do neon como joias" e como esses carros parecem "sem graça com o orvalho e a fumaça da manhã" enquanto ele observa de uma lanchonete ao amanhecer, bebendo café e vendo a fluorescência mostrar as rugas de foliões de ressaca. Quando ele visita os projetos habitacionais da West Side onde nasceu, descreve o Lincoln Center ("banheiro de mármore, corredores acarpetados, lustres"), que fica do outro lado da rua, mas a um mundo de distância — "Nunca estive num lugar assim", uma mulher explica, "não saberia como agir, não teria ninguém com quem ir." Um dos traços definidores da experiência de Cain foi se sentir como um mascote da ascensão social — portador de sonhos coletivos e embaixador entre mundos: "Não pensei sobre mim mesmo como preto ou branco", ele diz, "mas como um homem à margem, existindo em algum lugar do tempo e espaço e à margem de ambos". Inicialmente, ele sente raiva por esperarem que carregasse esse fardo da ascensão social, e vergonha por ter fracassado. George Cain, *Blueschild Baby* (Nova York: McGraw Hill, 1970), 50, 69, 115, 177.

37 Ibid., 197-99.

38 O personagem de George Cain é inflexivelmente — propositadamente — deplorável. Grande parte de sua agressão se dirige a personagens brancos, e o romance se recusa a se desculpar por isso ou a condenar — simplesmente dramatiza a agressão e nunca esquece de seu contexto. Cain se joga numa adolescente branca, despreza a mãe (branca) de sua filha e fantasia matar um homem branco. Em vez de camuflar a raiva de seu personagem em deferência à política respeitável, Cain permite que sua raiva viva na página junto a descrições de todas as realidades sociais que existem por baixo disso.

39 Ibid., 200.

40 Ibid., 7.

41 Ibid., 129.

42 Citações de Jo Lynne Pool e quase todas as informações biográficas sobre George Cain nesta parte são da entrevista com a autora, 30 de março de 2016.

43 Jo Lynne Pool em entrevista com a autora, 30 de março de 2016. Cain também tinha o projeto de sua biografia de orelha. A primeira edição da McGraw-Hill foi cuidadosa em desautorizar a biografia do autor que o próprio Cain escreveu. "O autor escreve: 'George Cain nasceu escorpiano em 1943, no Harlem Hospital, cidade de Nova York. Estudou em colégios públicos e particulares na cidade e entrou no Iona College com bolsa. Largou os estudos no primeiro ano para viajar, passando um tempo na Califórnia, México, Texas e em prisões'."

44 Addison Gayle Jr., resenha de *Blueschild Baby*, por George Cain, *New York Times*, 17 de janeiro 1971, 3.

45 Ibid.

46 Rasheed Ali, "Tribute to a 'Ghetto Genius'", *The Black American Muslim*, disponível em <http://www.theblackamericanmuslim.com/george-cain/>.

47 Entrevista de Adam Kaplin com a autora, 13 de outubro de 2016.

48 William Grimes, "George Cain, Writer of 'Blueschild Baby' Dies at 66", *New York Times*, 29 de outubro de 2010.

49 Caroline Knapp, *Drinking: A Love Story* (Nova York: The Dial Press, 1996).

50 Robert Lowell, "Summer Tides", *New Selected Poems*, ed. Katie Peterson (Nova York: Farrar, Straus and Giroux), 2017.

51 Carta de Ervin Cornell para o Escritório de Narcóticos dos Estados Unidos, 29 de junho de 1939. RG 511 — Alcohol, Drug Abuse, and Mental Health Administration, National Institute of Mental Health, National Archives, College Park, Maryland.

52 Nancy D. Campbell, J. P. Olsen e Luke Walden, *The Narcotic Farm* (Nova York: Abrams, 2010), 63.

53 J. S. Northcutt ao Escritório Federal de Narcóticos, National Archives, College Park, Maryland.

54 Milton Moses ao Escritório Federal de Narcóticos, 8 de maio de 1938, RG 511, National Archives, College Park, Maryland.

55 Paul Youngman ao Escritório Federal de Narcóticos, 1º de dezembro de 1945. RG 511, National Archives, College Park, Maryland.

56 Telégrafo de Chester Socar ao Escritório Federal de Narcóticos, 6 de setembro de 1941. RG 511, National Archives, College Park, Maryland.

57 Campbell et al., *The Narcotic Farm*, 12.

58 Ibid., 36-37.

59 Além de "reabilitar" viciados ou funcionar ostensivamente a serviço da reabilitação, a *Narco Farm* também usava os residentes como cobaias numa série de experimentos. Muitos dos experimentos foram questionados por conselhos éticos décadas depois, durante os anos 1950. O Centro de Pesquisa da Narco Farm conduzia experimentos inovadores, mas profundamente controversos sobre os mecanismos da abstinência e as possibilidades de um analgésico opiáceo não viciante e foi um dos primeiros lugares a testar tratamentos com metadona. Para mais informações, ver Campbell et al., *The Narcotic Farm*.

60 Ibid., 83. Os outros detalhes da vida em Lexington nesse parágrafo foram tirados dessa história, incluindo os detalhes de trabalho e recreação: tomates e odontologia e fazenda de laticínios.

61 Campbell et al., *The Narcotic Farm*, 142.

62 William Burroughs Jr., *Kentucky Ham* (Nova York: E. P. Dutton, 1973), 100.

63 Campbell et al., *The Narcotic Farm*, 152.

64 Robert Casey, "Destiny of Man 'Traded In' at Kentucky Laboratory", *Chicago Daily News*, 23 de agosto, 1938. RG 511, National Archives, College Park, Maryland. Uma matéria de primeira página no *Atlanta Georgian* foi publicada sob um desenho mostrando uma longa fila de viciados marchando em direção às enormes torres da Narco Farm sob um sol ofuscante, com a legenda "Esclarecimento público". A mensagem da história era sincera: cada estado deveria ter uma Narco Farm porque era uma reforma humanitária necessária. Mas a Narco Farm estava desconfortavelmente posicionada entre grande retórica e punição de fato, e muito de sua retórica de reabilitação, na prática, era vazia. Muitos viciados chegaram ao vício para escapar da armadilha de suas vidas, então se acharam presos novamente, dentro do vício em si, então buscaram a liberdade prometida de outra prisão — a *Narco Farm*.

65 Clarence Cooper Jr., *The Farm* (Nova York: Crown, 1967), 27.

66 "Report on Non-Medical Addict", 24 de outubro, 1944. RG 511, National Archives, College Park, Maryland.

VI. Rendição

1   A sensação de ser liberado das restrições do ritual não é nada singular: é parte de quase toda tradição religiosa — mas Leon Wieseltier a expressa com particular precisão quando descreve como o ritual de lamentação do Kadish o salvou de ter que improvisar seu luto: "Vejo novamente que o Kadish é minha fortuna. Cuida das externalidades, não me salva da tarefa de improvisar novos rituais do meu luto, o que é muito para se pedir". Do *Kaddish* (Nova York: Vintage, 2000), 39.

2   Todas essas citações são da "História de Bill", capítulo um dos Alcoólicos Anônimos, mais comumente chamado de "Grande Livro" [ou "Livro Azul", como é conhecido no Brasil].

3   Também citado de "Bill's Story", *Alcoholics Anonymous*. A história de epifania de Bill Wilson no hospital tinha forte semelhança com uma narrativa oral que ele cresceu ouvindo de seu avô, vovô Willy: a história da liberação de Willy do "demônio rum", que aconteceu quando ele encontrou Deus no topo do monte Éolo, em Vermont. Esse eco não torna a história falsa, apenas reforça como criamos nossas narrativas de salvação daquilo que temos em mãos — as histórias que herdamos, aquelas de que mais precisamos. Para um relato mais extenso da história de conversão do avô de Wilson, ver Susan Cheever, *My Name Is Bill: Bill Wilson — His Life and the Creation of Alcoholics Anonymous* (Nova York: Washington Square Press, 2005); ou Don Lattin, *Distilled Spirits: Getting High, Then Sober, with a Famous Writer, a Forgotten Philosopher, and a Hopeless Drunk* (Berkeley: University of California Press, 2012).

4   Bill Wilson sempre expressou aversão em escrever uma autobiografia, mas, finalmente — para evitar imprecisões nas biografias que ele sentia que seriam escritas —, registrou sua vida numa série de conversas em fita em 1954 que acabaram publicadas em 2000 como Bill W.: *My First Forty Years* (Center City, MN: Hazelden, 2000).

5   Quando Wilson experimentou LSD, anos depois, esses experimentos foram, em grande parte, motivados pela esperança de que talvez todos pudessem ter intensas experiências espirituais, como a que ele teve no Charles B. Towns Hospital — visionária e opressora — e, se pudessem ter essas experiências, poderia ser mais fácil para permanecerem na sobriedade.

6   Wilson, *Bill W.: My First Forty Years*.

7   Essa citação de Bill Wilson aparece no documentário de 2012 feito sobre sua vida: *Bill W.* (dir. Kevin Hanlon). Esse documentário de longa-metragem sobre Wilson explora seus sentimentos conflitantes sobre a intensa veneração que acompanhava seu status como fundador do AA. Ele se descobriu o "homem número um" numa esfera em que não queria que sua história fosse mais importante do que a de ninguém.

8   Observação de Bill Wilson ("Every Reason to Hope") numa sessão de encerramento, Conferência do AA, Prince George Hotel, 27 de abril, 1958, Stepping Stones Archives, WGW 103, Bx. 31, F. 6. O acesso ao Stepping Stones Archives e o uso desses trechos de seus materiais não implica que a visão da autora ou as conclusões desta publicação foram revistas ou endossadas pelo Stepping Stones. As conclusões expressas aqui e a pesquisa em que são baseadas são de única responsabilidade da autora. Todos os trechos desta obra do Stepping Stones Archives foram usados com permissão do Stepping Stones — Historic Home of Bill & Lois Wilson, Katonah, NY, 10536, steppingstones. org, (914) 232-4822.

9   Essa carta para Barbara é citada no documentário *Bill W*. Respondendo a uma nota na

qual uma mulher chamada Barbara o acusou de tê-la "decepcionado", Wilson explica que um pódio impossível foi construído para ele, um "pedestal ilusório que nenhum homem falível poderia ocupar". Ele não queria que sua história fosse vista como artefato sagrado.

10   Wilson, *Bill W..: My First Forty Years*, 2.

11   Ibid., 80.

12   Jack Alexander, "Alcoholics Anonymous: Freed Slaves of Drink, Now They Free Others", *Saturday Evening Post*, 1º de março, 1941.

13   Ibid.

14   Bill Wilson para Jack Alexander, 6 de janeiro, 1941, *Alcoholics Anonymous*, Digital Archives.

15   Estatísticas de membros de 1941 do prefácio da segunda edição do Livro Azul, disponível em <http://www.aa.org/assets/en_US/en_bigbook_forewordsecondedition.pdf>. Estatísticas de 2015 do AA General Service Office, disponível em <http://www.aa.org/assets/ en_US/smf-53_en.pdf>.

16   Catherine Malabou, "The Phoenix, the Spider, and the Salamander", *Changing Difference*, trad. Carolyn Shread (Cambridge: Polity Press, 2011), 74-75.

17   Ibid., 76-77.

18   Ibid., 82.

19   Meg Chisolm em entrevista com a autora, 11 de agosto, 2016.

20   Adam Kaplin em entrevista com a autora, 13 de outubro, 2016.

21   Adam Kaplin em entrevista com a autora, 13 de outubro, 2016.

22   Além de reconhecer a efetividade do tratamento de doze passos para apoiar a recuperação do vício, o Instituto Nacional sobre Abuso de Drogas (NIDA) reconhece quatro tipos principais de tratamento comportamental que se provaram efetivos: terapia cognitiva-comportamental, administração de contingência, reforço de comunidade e terapia de aperfeiçoamento motivacional (alguns desses são fornecidos por grupos de doze passos, como reforço de comunidade e administração de contingência, apesar de esses grupos não serem os únicos meios pelos quais podem ser encontrados ou mantidos). Um estudo descobriu que esses tipos de tratamentos terapêuticos (comportamento cognitivo, aperfeiçoamento motivacional e facilitação de doze passos) atingiram mais ou menos os mesmos níveis de abstinência após um ano, com a facilitação de doze passos conquistando maiores níveis de abstinência entre pacientes com baixa severidade psiquiátrica. Ver "Matching Alcoholism Treatments to Client Heterogeneity: Project MATCH Posttreatment Drinking Outcome", *Journal of Studies on Alcohol and Drugs* 58, nº 1 (janeiro, 1997): 7-29.

23   Meg Chisolm em entrevista com a autora, 11 de agosto, 2016.

24   Jackson citado em Blake Bailey, *Farther and Wilder: The Lost Weekends and Literary Dreams of Charles Jackson* (Nova York: Vintage, 2013), 144.

25   Ibid., 147.

26   Charles Jackson para Stanley Rinehart, 1943, Charles Jackson Papers, Dartmouth College.

27   Jackson, *The Lost Weekend*, 113.

28   Discurso de Charles Jackson, Cleveland, Ohio, 7 de maio, 1959.

29   Charles Jackson para Charles Brackett, 14 de setembro, 1954, Charles Jackson Papers,

Dartmouth College.

30 Ver Bailey, *Farther and Wilder* para um relato completo da visita de Jack à reunião do AA em Hartford (145).

31 Charles Jackson citado em ibid., 310.

32 C. Dudley Saul citado em ibid., 308-9.

33 Charles Jackson citado em ibid., 308.

34 Incidente descrito em ibid., 312.

35 A citação de Chesterton (e o afeto de Jackson por ela) é citada em ibid., 337.

36 Rhoda Jackson para Frederick Storier Jackson (apelido de "Boom"), 24 de novembro, 1953, Charles Jackson Papers, Dartmouth College.

37 Charles Jackson, "The Sleeping Brain", manuscrito não publicado, Charles Jackson Papers, Dartmouth College.

38 Charles Jackson para Walter e Merriman Modell, 9 de janeiro, 1954, Charles Jackson Papers, Dartmouth College.

39 Richard Lamparski citado em Bailey, *Farther and Wilder*, 347.

40 Jackson citado em Bailey, *Farther and Wilder*, 339.

41 Ibid., 341, 346.

42 Bill Wilson para Charles Jackson. 24 de abril, 1961, Stepping Stones Foundation Archives. WGW 102.2 Bx. 15 F. 1-9.

43 Ver relato da encomenda de Jackson pela *Life* em Bailey, *Farther and Wilder*, 320.

44 Raymond Carver, "Luck", *All of Us: The Collected Poems* (Nova York: Knopf, 1998), 5.

45 Wilson citado em Lattin, *Distilled Spirits*, 198. Para um relato mais completo dos experimentos de Bill Wilson com LSD, ver *Distilled Spirits*. Ver também Alcoólicos Anônimos, *"Pass It On": The Story of Bill Wilson and How the AA Message Reached the World* (Nova York: Alcoholics Anonymous World Service Inc., 1984).

46 Osmond citado em Lattin, *Distilled Spirits*, 195.

47 Ibid., 206.

48 Lattin, *Distilled Spirits*, de uma entrevista com Will Forthman. Não é surpresa que a viagem de ácido de Bill Wilson ecoasse a visão que ele teve em Towns, onde tomou um alucinógeno chamado beladona. Descrevendo o "resíduo" de suas primeiras viagens de ácido, Wilson exaltou as virtudes de sua apreciação "elevada" da "vivacidade de todas as coisas e uma noção de sua beleza". Wilson para Sidney Cohen, Stepping Stones Foundation Archives, citado em *Distilled Spirits*, 198. Wilson não imaginava que o ácido fosse substituir a ênfase do programa em escuta e humildade. "Eu considero o LSD de alguma valia para algumas pessoas", ele certa vez apontou, "mas nunca vai tomar o lugar de quaisquer métodos existentes pelos quais podemos reduzir o ego e mantê-lo reduzido." (Alcoólicos Anônimos, "Pass It On", 370).

49 Alcoólicos Anônimos, "Pass It On", 372.

50 Nell Wing citado em Lattin, *Distilled Spirits*, 194.

51 Wilson para Ed Dowling, 17 de julho, 1952, de Bill Wilson & Ed Dowling, *The Soul of Sponsorship: The Friendship of Fr. Ed Dowling and Bill Wilson in Letters* (Center City, MN: Hazelden, 1995).

52 Bill Wilson, notas escritas à mão, Stepping Stones Foundation Archives, Katonah, Nova York. WGW 101.7, Bx. 7, F. 6.

53   Bill Wilson, nota escrita à mão, Stepping Stones Foundation Archives, Katonah, Nova York. WGW 101.7, Bx. 7, F. 6.

54   General Service Headquarters of AA, "Pattern-Script for Radio and Television", 2 de fevereiro, 1957. Esse "roteiro padrão" de 1957 era, na verdade, a atualização de um "roteiro-padrão" existente. Collection at the Center of Alcohol Studies, Rutgers University.

55   Adam Kaplin em entrevista com a autora, 13 de outubro, 2016.

VII. Sede

1   William Burroughs, *Junky: drogado*. São Paulo: Companhia das Letras, 2013.

2   MacGill Hughes, ed., *The Fantastic Lodge: The Autobiography of a Girl Drug Addict* (Nova York: Fawcett, 1961), 214. *The Fantastic Lodge* foi promovido a "estudo de caso": a história de vida de uma viciada em heroína com pseudônimo baseada em entrevistas gravadas em fita, conduzidas e editadas, respectivamente, pelos sociólogos Howard Becker e Helen MacGill Hughes. Ilumina a experiência particular de uma mulher sofrendo de um vício majoritariamente masculino e oferece a visão da história de uma viciada constituída e articulada para propósitos sociológicos (mais do que estritamente literários).

3   Ibid., 266.

4   "The Annual Report, Fiscal Year Ending June 30, 1945, U.S. Public Service Hospital, Lexington, Kentucky", submetido ao Chefe de Saúde Pública por J. D. Reichard, Diretor Médico da USPHS, Agente Médico Encarregado — 11 de agosto, 1945. RG 511, National Archives, College Park, Maryland.

5   Para um relato mais completo de Trishelle, Steven e Frank — aquele que eu sabia que minha editora me faria cortar —, disponível em <http://www.mtv.com/ news/2339854/ real-world-las-vegas-hookups/>.

6   *The Shining* (dir. Stanley Kubrick, 1980), roteiro por Stanley Kubrick & Diane Johnson.

7   Stephen King, *The Shining* (Nova York: Doubleday, 1977), 25.

8   Ibid. Ver referências a mãos apertadas ou suadas em 7, 53, 186, 269, 394.

9   Ibid., 346-47.

10   Ibid., 350.

11   Ibid., 354.

12   Ibid., 508-9.

13   Ibid., 509.

14   Ibid., 507.

15   Ibid., 356.

16   Ibid., 632.

17   Ibid., 242.

18   Ibid., 267.

19   Ibid., 641.

20   Stephen King, *On Writing: A Memoir of the Craft* (Nova York: Scribner, 2000), 95. King escreveu sobre a negação em Jack enquanto ele mesmo estava em profunda negação, projetando em seu personagem não apenas seu vício, mas também a desilusão sobre sua

ausência. "Ele não havia acreditado que era alcoólatra", King escreveu sobre Jack. Ele sempre disse a si mesmo: "Eu não, eu posso parar quando quiser" (*The Shining*, 55).

21 King, *On Writing*, 98. Mesmo quando Stephen King não estava encarando totalmente seu vício, ele escreveu: "bem no fundo, eu sabia que era um alcoólatra [...] comecei a gritar por ajuda da única forma que conhecia, através da minha ficção e de meus monstros" (96). King descreveu três de seus romances — *The Shining, Misery: Louca obsessão* e *Os estranhos* — como tentativas de articular seu problema para si mesmo: *Tommyknockers* era sobre "criaturas alienígenas que entravam em sua cabeça e apenas começavam... bem, a revirar por lá. O que você tinha era energia e um tipo de inteligência superficial" (97). Não era sublimação sutil: energia + inteligência superficial = cocaína. Ele escreveu o livro em 1986, quando não apenas construía uma metáfora da cocaína, mas metabolizava-a loucamente, "com frequência trabalhando até a meia-noite, com o coração acelerado a cento e trinta batimentos por minuto e algodão enfiado no nariz para estancar o sangramento provocado pela cocaína" (96). Ele sangrou por toda aquela história, mas foi *Misery* — a história de uma enfermeira perturbada chamada Annie e seu aterrorizado paciente, o escritor que ela mantém em cativeiro — que finalmente o fez parar: "Annie era cocaína", ele escreve, "Annie era bebida, e eu decidi que estava cansado de ser o escritorzinho de estimação de Annie" (98).

22 *The Oxford Handbook of Philosophy and Psychiatry*, ed. por K. W. M. Fulford et al. (Oxford: Oxford University Press, 2013), 872.

23 Jean Rhys, *Bom-dia, meia-noite*. São Paulo: Art Editora, 1985.

24 Carole Angier, *Jean Rhys: Life and Work* (Nova York: Little, Brown, 1991), 437.

25 Hunter Davies, "Rip van Rhys", *Sunday Times*, 6 de novembro, 1966, 6.

26 Selma Vaz Dias, anúncio pessoal, *The New Statesman*, novembro, 1949. Jean Rhys Archive, Universidade de Tulsa, [Oklahoma].

27 Anúncio de Beckenham & Penge citado em Angier, *Jean Rhys: Life and Work*, 451.

28 Depois de receber a resposta de Rhys a seu anúncio, Vaz Dias foi visitá-la "numa tontura de empolgação". Rhys atendeu a porta usando um "longo roupão rosa de casa" e para Vaz Dias ela pareceu uma mulher perdida no mundo: "Imediatamente entendi que para ela havia pouca distinção entre noite e dia". Rhys estava "seca por um drinque" quando se conheceram, então Vaz Dias caminhou "quilômetros no frio de Beckenham para encontrar um pub e, com certo esforço, conseguiu comprar um xerez duvidoso". Selma Vaz Dias, "It's Easy to Disappear", rascunho do manuscrito, 3. Jean Rhys Archive, Universidade de Tulsa [Oklahoma].

29 Angier, *Jean Rhys: Life and Work*, 455.

30 A verdade é grande e prevalece [...] Ibid., 362.

31 Jean Rhys, citada em ibid., 475. Foi enquanto vivia em Cheriton Fitzpaine, precisando de dinheiro, que Rhys fez o imprudente acordo com Vaz Dias: Rhys entregou metade dos lucros de qualquer adaptação de sua obra, um erro que ela posteriormente chamaria de "A aventura da assinatura bêbada". Ver relato mais completo dessa "aventura" na biografia de Angier, que é a fonte de muita informação deste livro sobre a vida de Rhys em Cheriton Fitzpaine.

32 Rhys para Eliot Bliss, 28 de junho, 1957, Jean Rhys Archive, Universidade de Tulsa [Oklahoma].

33 Patricia Highsmith citada em Joan Schenkar, *The Talented Miss Highsmith: The Secret Life and Serious Art of Patricia Highsmith* (Nova York: St. Martin's Press, 2009), 255.

VIII. Retorno

1   Lee Stringer, *Grand Central Winter* (Nova York: Seven Stories Press, 1998), 17.

2   Ibid., 111.

3   Ibid., 220.

4   Ibid., 247.

5   Charles Jackson para Mary McCarthy, 24 de novembro, 1953, Charles Jackson Papers, Dartmouth College.

6   Eve Kosofsky Sedgwick, "Epidemics of the Will", *Tendencies* (Durham, NC: Duke UP, 1993), 132.

7   John Berryman, *Recovery* (Nova York: Farrar, Straus & Giroux, 1973), 83.

8   Citado em Carole Angier, *Jean Rhys: Life and Work* (Nova York: Little, Brown, 1991), 442.

9   Diana Melly citada em ibid., 649.

10   Rebecca West, "The Pursuit of Misery in Some of the New Novels", *The Daily Telegraph*, 30 de janeiro, 1931. Jean Rhys Archive, Universidade de Tulsa [Oklahoma].

11   Hannah Carer, "Fated to Be Sad: Jean Rhys Talks to Hannah Carter", *Guardian*, 8 de agosto, 1968, 5.

12   Rhys citado em Angier, *Jean Rhys: Life and Work*, 588.

13   Jean Rhys para Peggy Kirkaldy, 8 de julho, 1948, *Jean Rhys Letters, 1931-1966*, ed. Francis Wyndham e Diana Melly (Londres: Andre Deutsch, 1984), 47. "As freiras costumavam dizer que havia apenas dois pecados: presunção e desespero", Rhys escreveu à mão num fragmento, sem data. "Não sei qual é o meu" (Jean Rhys Archive, Universidade of Tulsa).

14   Jean Rhys, entrevista. "Every Day Is a New Day", *Radio Times*, 21 de novembro, 1974, 6. Jean Rhys Archive, Universidade de Tulsa [Oklahoma].

15   Mary Cantwell, "Conversation with Jean Rhys, 'the Best Living English Novelist'", *Mademoiselle*, outubro, 1974, 170. Jean Rhys Archive, Universidade de Tulsa [Oklahoma].

16   Rhys citada em Angier, *Jean Rhys: Life and Work*, 631.

17   Lillian Pizzichini, *The Blue Hour: A Life of Jean Rhys* (Nova York: W. W. Norton & Company, 2009), 308.

18   Jean Rhys, *Bom-dia, meia-noite*. São Paulo: Art Editora, 1985. Rhys estava constantemente dissecando a autopiedade, puxando os fios de seus álibis e promessas, punindo-se com as camisas de cilício de seus avatares literários nada lisonjeiros. Um de seus personagens masculinos, vendo uma de suas heroínas, pensa: "Certamente até ela deve ver que estava tentando fazer uma tragédia de uma situação que era fundamentalmente cômica" (Rhys, *After Leaving Mr. Mackenzie*, em *The Complete Novels*, 251). Essa perspectiva que se volta contra ela permite que Rhys faça muito mais do que simplesmente habitar um estado de autopiedade: ela conjura como deve parecer de fora e como deve parecer absurdo. Em *Voyage in the Dark*, ela conjura a vulnerabilidade de Anna em termos precisos e inquietantes: "Eu ficava tão nervosa com a minha aparência que três quartos de mim estavam numa prisão", Anna pensa, "vagando em círculos". Uma mulher "três quartos" presa é muito mais específico — e muito mais interessante — do que uma mulher simplesmente aprisionada. Uma mulher "três quartos" presa também está pairando fora de si mesma, o quarto restante medindo os termos e a severidade do encarceramento — fazendo graça do que signi-

fica analisar a diferença entre dois terços e três quartos presa (*Voyage in the Dark*, em *The Complete Novels*, 47).

19 Jean Rhys, *Bom-dia, meia-noite*. São Paulo: Art Editora, 1985.

20 John Lloyd citado em Blake Bailey, *Farther and Wilder: The Lost Weekends and Literary Dreams of Charles Jackson* (Nova York: Vintage, 2013), 168.

21 Charles Jackson citado em May R. Marion, "CJ Speaks at Hartford AA", AA *Grapevine*, janeiro, 1945. Bailey, *Farther and Wilder*, 168.

22 Charles Jackson para Rhoda Jackson, citado em Bailey, *Farther and Wilder*, 226.

23 Charles Jackson, numa brochura promocional de 1948 lançada por Rinehart & Company, chamada *The Lost Novelist*, citada em Bailey, *Farther and Wilder*, 238.

24 Ibid., 283. O resultado da batida de frente com o carro foi surpreendentemente pequeno. Como Bailey relata, os passageiros do outro carro tiveram apenas pequenos ferimentos, e o próprio Jackson aparentemente não sofreu danos.

25 Rhoda Jackson para Frederick Storrier Jackson, 3 de julho, 1947, Charles Jackson Papers, Dartmouth College.

26 Charles Jackson, *The Lost Weekend* (Nova York: Farrar & Rinehart, 1944), 244.

27 Charles Jackson para Robert Nathan, 19 de fevereiro, 1945, Charles Jackson Papers, Dartmouth College.

28 Ver relatos da morte de Billie Holiday em John Szwed, *Billie Holiday: The Musician and the Myth* (Nova York: Viking, 2015); e Johann Hari, *Na fissura: uma história do fracasso no combate às drogas* (São Paulo: Companhia das Letras, 2018). Ver também o obituário no *New York Times*: "Billie Holiday morre aos 44; Cantora de jazz teve ampla influência", 18 de julho, 1959.

29 Michael Brooks citado em Szwed, *Billie Holiday: The Musician and the Myth*, 194.

30 citado em Julia Blackburn, *With Billie: A New Look at the Unforgettable Lady Day* (Nova York: Pantheon, 2005), 171.

31 Ellis citado em ibid., 269.

32 Studs Terkel citado em Szwed, *Billie Holiday: The Musician and the Myth*, 105.

33 Grande parte dessas informações foram extraídas de Szwed, *Billie Holiday: The Musician and the Myth*, 44-45.

34 Frank O'Hara, "The Day Lady Died", *The Collected Poems of Frank O'Hara*, ed. Donald Allen (Berkeley: University of California Press, 1995).

IX. Confissão

1 Esse diálogo foi tirado da transcrição de um julgamento sobre drogas, incluída num relato etnográfico sobre as varas de entorpecentes. Stacy Lee Burns & Mark Peyrot, "Tough Love: Nurturing and Coercing Responsibility and Recovery in California Drug Courts", *Social Problems* 50, nº 3 (agosto, 2003): 433.
A primeira vara de entorpecentes foi estabelecida em Miami em 1989 e, em junho de 2015, havia mais de 3.142 operando nos Estados Unindos (*National Institute of Justice*, "Drug Courts", disponível em <http://www.nij.gov/topics/courts/drug-courts/pages/welcome.aspx>). Nova York, Maryland, Kansas e Washington foram alguns dos primeiros estados a aprovar legislações como a Emenda 36 da California (2000) que, essencial-

mente, tornava as varas de entorpecentes o padrão para todos os transgressores de delitos menores. Scott Ehlers & Jason Ziedenberg, "Proposition 36: Five Years Later", *Justice Policy Institute* (abril, 2006).

Como os sociólogos Burns e Peyrot disseram, a vara de entorpecentes se baseia em "demonstrar o ser em recuperação" ("Tough Love", 430) — o novo ser, que é forte o suficiente para resistir ao vício. Os defensores devem seguir um plano de tratamento individualizado imposto por um juiz da vara de entorpecentes. Esses planos tipicamente incluem reuniões do AA/NA, sessões de aconselhamento, treinamento vocacional, reabilitação interna ou externa e testes de urina. Com frequência, há uma cerimônia de graduação, encerrada com aplausos, bolo de chocolate, beca e barrete, e camisetas com os dizeres "Recuse-se ao abuso" ou "Viciado em recuperação"

2   Terance D. Miethe, Hong Lu & Erin Reese, "Reintegrative Shaming and Recidivism Risks in Drug Court: Explanations for Some Unexpected Findings", *Crime and Delinquency* 46 (2000): 522, 536-37. Varas de entorpecentes se valem de uma teoria da "humilhação reintegrativa", a ideia de que ser publicamente humilhado pode trazer o transgressor de volta aos padrões da comunidade. A humilhação reintegrativa se baseia na ideia de que a vergonha é dirigida para fora da pessoa e em direção ao dano, apesar de as varas de entorpecentes, na prática, com frequência dissolverem essa distinção.

3   Burns & Peyrot, "Tough Love", 428-29.

4   Billie Holiday, *Lady Sings the Blues: a autobiografia dilacerada de uma lenda do jazz*, com William Dufty (Rio de Janeiro: Zahar, 2003).

5   David Sheff, *Querido menino* (Rio de Janeiro: Globo Livros, 2019).

6   Charles Jackson para Walter & Merriman Modell, 9 de janeiro, 1954, Charles Jackson Papers, Dartmouth College.

7   *What Happened* não pretendia ser explicitamente sobre recuperação e, dessa forma, era distinto de *The Working Out*, a hipotética sequência de Jackson para *The Lost Weekend*, comprometida em mostrar como Don "saiu dessa". Mas, por um tempo, Jackson escreveu aquelas primeiras páginas de *What Happened* sob influência, por assim dizer, do ethos de recuperação que ele achou no AA.

8   Charles Jackson para Stanley Rinehart et al., 27 de fevereiro, 1948, Charles Jackson Papers, Dartmouth College.

9   Charles Jackson para Stanley Rinehart, 8 de março, 1945, Charles Jackson Papers, Dartmouth College.

10 Blake Bailey, *Farther and Wilder: The Lost Weekends and Literary Dreams of Charles Jackson* (Nova York: Vintage, 2013), 346.

11 Charles Jackson para Walter & Merriman Modell, 9 de janeiro, 1954, Charles Jackson Papers, Dartmouth College.

12 Charles Jackson para Roger Straus, 30 de dezembro, 1953, Charles Jackson Papers, Dartmouth College.

13 Charles Jackson para Roger Straus, 8 de janeiro, 1954, Charles Jackson Papers, Dartmouth College.

14 Ibid.

15 Charles Jackson para Dorothea Straus citada em Bailey, *Farther and Wilder*, 318.

16 Charles Jackson para "Angel", 8 de janeiro de 1954, Charles Jackson Papers, Dartmouth College.

17 "Bill's Story", *Alcoholics Anonymous*, 3.

18 John Berryman, "Fourth Step Inventory Guide", sem data, c. 1970-71, John Berryman Papers, University of Minnesota, [Minneapolis, Minnesota].

19 Ver John Haffenden, *The Life of John Berryman* (Londres: Methuen & Co., 1984), 408.

20 John Berryman, nota escrita à mão, sem data, c. 1970-71, *John Berryman Papers*, University of Minnesota [Minneapolis, Minnesota].

21 O "modelo Minnesota", que agora consideramos como "reabilitação", foi desenvolvido na metade dos anos 1950 num local chamado Willmar State Hospital, um "asilo para ébrios" em Willmar, Minnesota, que exercia a custódia para alcoólatras nos últimos estágios havia décadas (foi originalmente chamado de Willmar Hospital Farm para Ébrios quando aberto, em 1912). Seu programa holístico foi oficialmente lançado em 1954, baseado em princípios do AA, mas criado para pacientes residenciais e acreditando na possibilidade de recuperação: eles destrancaram as portas para a ala dos ébrios, começaram a dar palestras para os pacientes, contrataram alcoólatras sóbrios para trabalhar com eles. A criação de posições oficialmente designadas para conselheiros alcoólatras teve resistência de vários setores. O governador Clyde Elmer Anderson foi "zombado" quando defendeu pela primeira vez a posição do "conselheiro alcoólatra" no serviço civil, e membros do AA ficaram preocupados que membros fossem pagos pelo trabalho de "doze passos", que era parte crucial do programa. Mas Wilmar tinha um relacionamento próximo e colaborativo com o AA e com outra instituição de tratamento próxima: uma fazenda chamada Hazelden, que acabaria se tornando uma das clínicas de reabilitação mais famosas da América. Hazelden começou pequena em 1949 (apenas dois anos após Holiday ter sido encarcerada por seu vício), com apenas quatro pacientes em residência por vez. No primeiro Natal, havia apenas dois pacientes; um preparou o jantar de Natal para o outro. A única medicação que eles passavam era uma pílula de placebo dada a novatos que diziam que não se sentiam bem, mas começaram a passar xícaras de café personalizadas para cada residente. O modelo Minnesota de tratamento, que se originou nessas antigas instituições, focava no elo comunitário e direcionava a atenção para o alcoolismo (encontrando sua causa), distante do enfoque psicanalítico, em vez de enfatizar a ideia de que práticas diárias de vida estruturadas podiam produzir sobriedade. O modelo Minnesota se expandiu rapidamente pelos anos 1960, 1970 e 1980 (alguém descreveu Hazelden em 1968, com 1.420 pacientes, como a "Grand Central Station na hora do rush") e, finalmente, ficou conhecido apenas como "reabilitação" (suas origens em Minnesota também fazem parte de como a "Terra dos Dez Mil Lagos" recebeu seu outro apelido, a "Terra dos Dez Mil Centros de Tratamento"). Informações sobre o desenvolvimento do modelo Minnesota e os primeiros dias de Hazelden são de William White, *Slaying the Dragon: The History of Addiction Treatment and Recovery in America* (Bloomington, IL: Chestnut Health Systems, 1998).

22 Bilhete de John Berryman escrito à mão, 1970, John Berryman Papers, Universidade de Minnesota [Minneapolis, Minnesota].

23 Quarto passo de John Berryman, escrito à mão, 8 de novembro (1970 ou 1971), *John Berryman Papers*, Universidade de Minnesota [Minneapolis, Minnesota].

24 A mudança no gênero (de poesia para romance) também foi significativa para Berryman. A forma do romance permitia progressão narrativa, ou sua interrupção ou repúdio explícitos, mais do que os momentos líricos existentes em isolamento temporal. A mudança de um gênero para outro também facilita outras mudanças estruturais: para longe de experimentos de voz e de imagem e em direção a um retrato psicológico feito através de interações cênicas.

25 Bilhete de John Berryman escrito à mão, sem data, John Berryman Papers, Universidade de Minnesota [Minneapolis].

26 Ibid.

468 *Leslie Jamison*

27 John Berryman, rascunho datilografado de *Recovery*, John Berryman Papers, Universidade de Minnesota [Minneapolis].

28 Haffenden, *The Life of John Berryman*, 396. *Debaixo do vulcão*, de Malcolm Lowry, estava nos planos de estudos de Berryman.

29 Todas as citações de "The Trial of Jean Rhys" são de um caderno escrito à mão, não publicado, que pode ser encontrado no diário de 1952, conhecido como "Ropemakers' Diary", assim chamado porque Rhys o escreveu quando se hospedou numa pousada chamada Ropemakers Arms em 1951-52. Jean Rhys Archive, Universidade de Tulsa [Oklahoma].

30 Neste momento em "The Trial of Jean Rhys", Rhys está provavelmente fazendo alusão ao *Evangelho Segundo Marcos*, versículos 22-25, quando um cego é levado a Jesus para ser curado. Da primeira vez que Jesus o cura, a visão do homem é apenas parcialmente restaurada. Ele levanta o olhar e diz: "Vejo homens, porque os vejo como árvores, caminhando ao redor". Então Jesus coloca as mãos no cego de novo e sua visão é totalmente restaurada: ele "começa a ver tudo com clareza". É um momento confuso de salvação falha e parcial (a visão do homem não é totalmente restaurada da primeira vez), e a evocação de Rhys é dolorosa: não parece que ela imagina a possibilidade de visão completa para si mesma.

31 A fome de Rhys por redenção — a ideia de que escrever bem o suficiente poderia ajudá-la a "merecer a morte" — evoca o fantasma de sua mãe mexendo a geleia de goiaba na panela e lendo *The Sorrows of Satan*, a história do desejo de Satã por uma redenção que nunca poderia conquistar. Se Rhys fosse fracassar em amar os outros, ela queria redimir seu fracasso escrevendo-o de forma brilhante.

32 A. Alvarez, "Down and Out in Paris and London", *New York Review of Books*, 10 de outubro, 1991.

33 John Berryman, bilhete escrito à mão, John Berryman Papers, Universidade de Minnesota [Minneapolis].

34 William Burroughs Jr. *Kentucky Ham* (Nova York: E. P. Dutton, 1973), 155.

35 Ibid., 174.

X. HUMILDADE

1 Lowry, *Dark as the Grave Wherein My Friend Is Laid* (Londres: Jonathan Cape, 1969), 24-25. Para as discussões sobre a ansiedade de Lowry em publicar *Debaixo do vulcão* depois de já ter sido "furado" por *The Lost Weekend*, de Jackson, eu me apoiei em *The White Logic*, de John Crowley, e seu maravilhoso relato sobre a rivalidade entre Jackson e Lowry. No romance não publicado de Lowry, *Dark as the Grave*, a decepção de Sigbjørn é aguçada pela noção de que seu alcoolismo era a coisa que finalmente o faria conquistar um "novo patamar" que, finalmente, o libertaria da "suspeita de que nunca mais escreveria nada original". Como Rhys, ele esperava que sua obra redimisse sua vida arruinada: *Se eu puder fazer esse livro, não vai importar tanto, vai?*

2 Jacques Barzun, *Harper's Magazine*, "Moralists for Your Muddles", abril, 1947.

3 Malcolm Lowry para Harper's Magazine, 6 de maio, 1947. Lowry acha difícil terminar a carta e pensa melhor na possibilidade de desprezar Barzun completamente: "E se, em vez de terminar essa carta, 'que Cristo te mande tristeza e uma doença séria', eu terminar dizendo que seria eternamente grato se um dia você jogasse sua beca pela janela e tratasse

de algumas colocações nesta direção ao ler a história e, até, ao tratar da questão de escrever e do mundo em geral, espero que não leve a mal". A carta completa está disponível em <http://harpers.org/blog/2008/08/may-christ-send-you-sorrow-and-a-serious-illness/>.

4   Stephen King, Doutor Sono (Rio de Janeiro: Suma, 2014).

5   Ibid., 517.

6   Eavan Boland, "A Woman Painted on a Leaf", *In a Time of Violence: Poems* (Nova York: W. W. Norton, 1995), 69.

7   Carta de Jackson a Dorothea Straus, citada em Blake Bailey, *Farther and Wilder: The Lost Weekends and Literary Dreams of Charles Jackson* (Nova York: Vintage, 2013), 319.

8   Ibid. A passagem toda é ainda mais "divagante" e redundante em sua totalidade: "O que a vida significa, ocorreu a ele (ou ele pareceu ouvir ao acaso), significa o tempo todo, não apenas em momentos dramáticos isolados que nunca aconteceram. Se a vida tem significado, significa o que significa a toda hora, a cada minuto, através de cada episódio grande ou pequeno, se ao menos alguém tem a ciência de percebê-lo… Algum dia, talvez, a existência possa se reunir e revelar seu significado completo para ele no tipo de momento que ele esteve, até agora, esperando romanticamente… mas ele duvidava. Porque agora sabia (tinha acabado de ouvir) que o que a vida significava, significava agora, esse instante e ontem, e amanhã, e dez anos atrás, e vinte anos desde então — cada passo, tanto o dramático quanto o monótono —, cada segundo fugido do caminho…". Manuscrito não publicado, 204, Charles Jackson Papers, Dartmouth College.

9   Jackson para Walter & Merriman Modell, 9 de janeiro, 1954, Charles Jackson Papers, Dartmouth College.

10   D. T. Max, "Day of the Dead". *The New Yorker*, 17 de dezembro, 2007.

11   Albert Erskine para o biógrafo Gordon Bowker, citado em ibid.

12   Margerie Lowry citada em ibid.

13   Jackson, *Farther and Wilder*. Manuscrito não publicado, 36, Charles Jackson Papers, Dartmouth College.

14   David Foster Wallace, notas escritas à mão, sem data, David Foster Wallace Papers, Universidade do Texas em Austin.

15   Charles Jackson para Warren Ambrose, 1º de março, 1954, Charles Jackson Papers, Dartmouth College.

16   John Berryman, bilhete escrito à mão, agosto, 1971, citado em John Haffenden, *The Life of John Berryman* (Londres: Methuen & Co., 1984), 414. A relação entre vício e criatividade estava sob discussão em várias esferas. Na discussão de mesa-redonda da *Playboy* em 1970, mencionada numa nota anterior, o crítico literário Leslie Fiedler insistiu que a "literatura sempre foi dominada pelas drogas" e que "muitos escritores americanos sempre pensaram no álcool como representação ou mesmo encarnação de sua musa". Mas foi Burroughs, o grande sábio da heroína, que discordou: "Tem sido minha impressão que qualquer droga sedativa que diminui a consciência — narcóticos, barbitúricos, álcool excessivo e por aí vai — também diminui a habilidade do autor de criar". "Playboy Panel: The Drug Revolution", *Playboy 17*, nº. 2 (fevereiro, 1970), 53-74.

17   Charles Jackson, "We Were Led to Hope for More", resenha de *Selected Letters of Malcolm Lowry*, ed. Harvey Breit & Margerie Bonner Lowry, *New York Times*, 12 de dezembro, 1965.

18   Ibid. Apesar de a resenha de Jackson lamentar a "hiperpreocupação de Lowry consigo", acabou se tornando — por meio de contorções críticas acrobáticas e aparentemente

sem um traço de autoconsciência — quase totalmente sobre Jackson. "Preciso inserir uma nota estritamente pessoal, não pode ser evitado", ele escreveu, e essa "nota pessoal" consumiu a maior parte do resto da resenha, oferecendo um relato dos medos de Lowry de que *The Lost Weekend* tivesse tomado o lugar de seu próprio épico alcoólico. Foi um ouroboros de egos autorais: Jackson obcecado por Lowry obcecado por Jackson.

19   Marguerite Duras, *Practicalities* (Londres: William Collins Sons, 1990), 130.

20   Ibid., 17.

21   Ver Edmund White, "In Love with Duras", *New York Review of Books*, 26 de junho, 2008.

22   Duras, *Practicalities*, 137-38.

23   Berryman, "Death Ballad", *Love and Fame* (Nova York: Farrar, Straus & Giroux, 1970). Ver Haffenden, *The Life of John Berryman* (363), para mais informações sobre o relacionamento de Berryman com Tyson e Jo.

24   Berryman, escrito à mão nas margens, AA *Grapevine 28*, n° 4 (setembro, 1971). John Berryman Papers, Universidade de Minnesota [Minneapolis].

25   Berryman, bilhete escrito à mão, 25 de março, 1971, John Berryman Papers, Universidade de Minnesota [Minneapolis].

26   Berryman, *Recovery* (Nova York: Farrar, Straus & Giroux, 1973), 63.

27   Ibid., 148.

28   Ibid., 208. O conhecimento de Severance em imunologia dá a Berryman uma nova forma de considerar o relacionamento entre o ser e tudo fora dele. Como Severance define, a imunologia é comprometida com a "questão de como o corpo reconhece algumas substâncias como 'self' e outras como 'não self'". Em seu diário, Severance aplica isso à sobriedade: "A questão é aprender a reconhecer uísque *não como* meu "self" [...] alienígena, de fato" (22). Uísque era o tipo errado do *não self*, o que Sedgwick poderia chamar de "suplemento externo", mas a recuperação oferece no lugar um tipo melhor de *não self*: os *selves* de todos os outros. Após saber sobre o aborto de uma jovem, Severance "desejou-a", e quando ela finalmente articulou a raiva que manteve presa por anos, ele fica "fora de si de orgulho e amor" (193-94). A ideia de estar *fora de si* é a chave: ele está de certa forma liberado, como Bill Wilson canalizando espíritos ou Charles Jackson *saindo de si mesmo*.

29   Bellow continua: "Aqui seu coração estava aberto, se submetendo democratica e avidamente aos criticismos de caminhoneiros, gracioso sob a correção de encanadores e donas de casa mentalmente perturbadas". O tom de Bellow fica ao mesmo tempo entre a reverência e a diversão, oferecendo um pouco de ironia para compensar pelas reações "irônicas" que o coração aberto de Berryman rejeitou. Bellow insinua que, para Berryman, a reabilitação implicava um tipo de humildade de classe: caminhoneiros e encanadores se tornavam professores. Saul Bellow, "Foreword", *Recovery*, por John Berryman (Nova York: Farrar, Straus & Giroux, 1973), xi.

30   Berryman, *Recovery*, 31.

31   Ibid., 30. Também é possível que a empatia de Severance por um homem buscando aprovação do pai morto fosse também por si mesmo, pelo menos em parte, já que Berryman havia perdido o pai quando era novo.

32   Ibid., 12.

33   Betty Peddie citado em Haffenden, *The Life of John Berryman*, 374.

34   Alguns exemplos do fenômeno de "apenas outro livro de memórias sobre vício": Matt

Medley, "Interview with Bill Clegg", *The National Post*, 9 de julho, 2010; Nan Talese falando sobre o livro de memórias de James Frey em Pauline Millard, "James Frey Chronicles His Former Addiction", *Associated Press*, 8 de maio, 2003; Stefanie Wilder-Taylor, aspas para *Drunk Mom* (2014), de Jowita Bydlowska. *The Hampton Sheet* lista *Pillhead* de Joshua Lyon como a Melhor Leitura de Pós-Pós-Festa: "Com cinco páginas de *Pillhead* você para de acusar Lyon de ter escrito apenas outro livro de memórias sobre vício". (julho/agosto, 2009).

35   Pauline Millard, "James Frey Chronicles His Former Addiction", *Associated Press*, 8 de maio, 2003.

36   Evgenia Peretz, "James Frey's 'Morning After'", *Vanity Fair*, 28 de abril, 2008. A Random House ofereceu reembolso para qualquer leitor que enviasse de volta a página 163 (Motoko Rich, "James Frey and His Publisher Settle Suit over Lies", *New York Times*, 7 de setembro, 2006).

37   Num editorial do *New York Times*, Maureen Dowd conectou as distorções de Frey a enganações em escala nacional: "Foi um grande alívio, após nossa longa escorregada nacional na inverdade e na falta de consequências em grana e barcos correndo, na ilusão e na negação de W., pode ver a Imperatriz da Empatia manter alguém responsável por mentir e fraudar" ("Oprah's Bunk Club", *New York Times*, 28 de janeiro, 2006). Jornalista e antigo viciado — e futuro autor de seu próprio livro de memórias sobre vício —, David Carr escreveu outro artigo no *New York Times* chamado "How Oprahness Trumped Truthiness" (30 de janeiro, 2006). Calvin Trillin até publicou um poema em *The Nation* chamado "I Dreamt That George W. Bush Adopted James Frey's 3-Step Program — Denial, Larry King, and Oprah — to Get to the Truth about the War in Iraq" (2 de fevereiro, 2006).

38   "Frey's Note to the Reader" foi publicado em 1º de fevereiro de 2006, no *New York Times*, e foi em seguida incluído em novas edições de *A Million Little Pieces*.

39   Helen MacGill Hughes, ed., *The Fantastic Lodge: The Autobiography of a Girl Drug Addict* (Nova York: Fawcett, 1961), 224.

40   Kobayashi Issa, "The Man Pulling Radishes", poema do século XVIII.

41   *The Book That Started It All: The Original Working Manuscript of Alcoholics Anonymous* (Center City, MN: Hazelden, 2010).

42   Alcoholics Anonymous World Services, "Do You Think You're Different?" (1976). Center of Alcohol Studies, Rutgers University, 19.

43   Karen Casey. *My Story to Yours: A Guided Memoir for Writing Your Recovery Journey* (Center City, MN: Hazelden, 2011), 60, 115.

44   Ibid., 60.

45   Ibid., 127.

46   David Foster Wallace, *Graça infinita* (São Paulo: Companhia das Letras, 2014).

XI. Coro

1   E-mail à autora de "Sawyer", 11 de janeiro, 2015. A história de Seneca House foi reunida a partir de entrevistas com Sawyer (21 de janeiro, 2015, por telefone, e 31 de julho, 2015, pessoalmente) e um documento enviado por Sawyer (20 de janeiro, 2015), assim como entrevistas com "Gwen" (22 de janeiro, 2015, por telefone, e 10 de março,

2015, pessoalmente); "Marcus" (28 de julho, 2015, por telefone, e 3 de novembro, 2015, pessoalmente); "Shirley" (6 de março, 2015, por telefone, 20 de março, 2015, por telefone, e 10, 11 e 12 de agosto, 2015, pessoalmente); e "Raquel" (4 de dezembro, 2015). Todos os nomes foram mudados para proteger seus anonimatos. Também usei extensas respostas de Shirley para as perguntas que enviei por e-mail (5 e 20 de março, 2015).

2 E-mail de Charlie Homans à autora, 30 de janeiro, 2015.

3 Charles Jackson para Roger Straus, 8 de janeiro, 1954, Charles Jackson Papers, Dartmouth College.

4 O material sobre a vida de Sawyer foi reunido durante entrevistas conduzidas em 21 de janeiro, 2015 (por telefone) e 31 de julho, 2015 (pessoalmente).

5 O começo da história de Seneca são de conversas com Sawyer (21 de janeiro, 2015, por telefone, e 3 de julho, 2015, pessoalmente); conversas com Gwen (22 de janeiro, 2015, por telefone, e 10 de março, 2015, pessoalmente); conversas com Shirley (6 e 20 de março, 2015, por telefone, 10 11 e 12 de agosto, 2015, pessoalmente); documento escrito de Sawyer, 20 de janeiro, 2015; e artigo com pseudônimo de Shirley.

6 De um artigo que Shirley escreveu, sob outro pseudônimo, sobre sua experiência em Seneca House: Barbara Lenmark, "An Alcoholic Housewife: What Happened to Her in 28 Days", *Baltimore Sun*, 18 de novembro, 1973.

7 Nixon pediu 155 milhões de dólares para a Guerra às Drogas, mas sua administração também gastou mais dinheiro em tratamento do que em polícia, a primeira e única administração a fazer isso. Seu sucessor, Gerald Ford, cortou o financiamento para tratamentos e ficou em meio a meio. Depois de deixar o cargo, a esposa de Ford tornou público o próprio vício e inaugurou a Clínica Betty Ford, que se tornou um dos centros de tratamento mais famosos do país. Regan cortou ainda mais o financiamento, desmontando o programa para viciados em heroína. Estamos pagando por essas escolhas agora — o relacionamento punitivo dos Estados Unidos com o vício e seu relacionamento inadequado com o tratamento — com a pior epidemia de ópio que nosso país já viu. Nixon usou dois terços do dinheiro do financiamento na Guerra às Drogas para cortar demanda (tratamento) e um terço para cortar fornecimento (polícia). Sobre Nixon e sua Guerra às Drogas: Emily Dufton, "The War on Drugs: How President Nixon Tied Addiction to Crime", *The Atlantic*, 26 de março, 2012; e Richard Nixon, "Special Message to the Congress on Drug Abuse Prevention and Control", em 17 de junho, 1971, disponível em <http://www.presidency.ucsb.edu/ws/?pid=3048>.

Em sua "Mensagem Especial", Nixon dividiu o campo entre malvados e seus alvos: "Vou pedir financiamento adicional para aumentar nosso reforço policial para apertar o nó ao redor do pescoço de traficantes de drogas e, assim, soltar o nó ao redor do pescoço de usuários". Os 155 milhões de dólares e os 105 milhões de dólares são também citados nesse discurso.

8 Lenmark, "An Alcoholic Housewife".

9 Sawyer em entrevista com a autora, 21 de janeiro, 2015.

10 As informações sobre os acordos de Seneca House são de entrevistas com Gwen (22 de janeiro, 2015, por telefone, e 10 de março, 2015, pessoalmente) e cópias da programação de Seneca House foram fornecidas por cortesia de Gwen.

11 Margery Williams, *The Velveteen Rabbit* (Nova York: Grosset & Dunlap, 1987).

12 "Obituary: Mark Hurwitz, Blues Musician", *Washington Post*, 4 de agosto, 2002. De uma entrevista com Gwen, 10 de março, 2015.

13 Exemplos desse ceticismo e em particular da alegação de que membros do AA o pro-

movem como única solução, incluem Lance Dodes & Zachary Dodes, *The Sober Truth: Debunking the Bad Science Behind 12-Step Programs and the Rehab Industry* (Boston: Beacon Press, 2014); e Gabrielle Glaser, "The Irrationality of Alcoholics Anonymous", *The Atlantic*, abril, 2015.

14 Greg Hobelmann em entrevista com a autora, 30 de agosto, 2016.

15 Ver Carlton Erickson, *The Science of Addiction: From Neurobiology to Treatment* (Nova York: W. W. Norton, 2007), 155.

16 Adam Kaplin em entrevista com a autora, 13 de outubro, 2016.

17 Lewis Hyde, "Alcohol and Poetry: John Berryman and the Booze Talking", *American Poetry Review*, outubro, 1975. Rpt. Dallas: The Dallas Institute of Humanities and Culture, 1986, 3.

18 Os fundadores do AA decidiram mudar o título para Grande Livro dos Alcoólicos Anônimos quando perceberam que muitos outros livros eram chamados *The Way Out* [A saída], que, de todo modo, é uma das lições recorrentes da sobriedade: Qualquer coisa que você queira dizer provavelmente já foi dita.

19 Cain, *Blueschild Baby* (Nova York: McGraw Hill, 1970), 133.

20 Ibid., 135.

21 Alfred Kazin, "The Wild Boys", *New York Times Book Review*, 12 de dezembro, 1971.

22 Larry McCaffery, "A Conversation with David Foster Wallace", *The Review of Contemporary Fiction 13*, nº 2 (verão, 1993).

23 Wallace em carta para Evan Wright, citado em D. T. Max, "D.F.W.'s Favorite Grammarian", *The New Yorker*, 11 de dezembro, 2013, 285.

24 Essa parte foi baseada em entrevistas com Gwen (22 de janeiro, 2015, por telefone, e 10 de março, 2015, pessoalmente).

25 O material desta parte foi tirado de entrevistas com Marcus (28 de julho, 2015, por telefone, e 3 de novembro, 2015, pessoalmente).

26 National Public Radio, "Program Targets Rehab Help for Federal Inmates", *Morning Edition*, 27 de setembro, 2006.

27 O material desta parte foi extraído de entrevistas com Shirley (6 e 20 de março, 2015, por telefone, e 10, 11 e 12 de agosto, pessoalmente).

28 Alcoholics Anonymous, 58.

29 John Berryman, *Recovery* (Nova York: Farrar, Straus & Giroux, 1973), 141.

XII. Resgate

1 David Foster Wallace, *Graça infinita* (São Paulo: Companhia das Letras, 2014).

2 Ibid., 350.

3 Ibid., 357.

4 Ibid. Um viciado em *Graça infinita* chamado Poor Tony pega a Gray Line em plena abstinência, se remexendo enquanto formigas invisíveis rastejam subindo e descendo de seus braços. Ele usa salto alto vermelho e um delineador velho, chorando de vergonha, com formigas fantasmas pegando suas lágrimas. No topo dessa página, eu escrevi:

A qualidade humana deste romance é que nos faz testemunhar a profunda degradação. É como se a forma do livro em si nos fizesse ficar parados para escutar alguns dos compartilhamentos mais difíceis numa reunião.

5   Wallace, *Graça infinita*.

6   Wallace citado em D. T. Max, *Every Love Story Is a Ghost Story* (Nova York: Viking, 2012), 139.

7   Wallace, "An Ex-Resident's Story", disponível em <http://www.granadahouse.org/people/letters_from_our_alum.html>.

8   Max, *Every Love Story Is a Ghost Story*, 140.

9   David Foster Wallace, nota escrita à mão, David Foster Wallace Papers, Universidade do Texas em Austin.

10   Max, *Every Love Story Is a Ghost Story*, 158.

11   Para uma discussão astuta do relacionamento entre a criatividade de Wallace e sua vida na recuperação, ver também a crítica Elaine Blair, "A New Brilliant Start", *New York Review of Books*, 6 de dezembro, 2012.

12   Wallace, *Graça infinita*.

13   citado em "Note on the Texts", *Collected Stories*, ed. William Stull & Maureen Carroll (Nova York: Library of America, 2009), 993. Talvez tenha sido essa aversão ao melodrama que atravessou com tanta força as edições de Lish que constrangeram Carver em relação a se tornar "melodramático demais" na resistência a elas.

14   Citado em "Note on the Texts", 995.

15   "Note on the Texts", 991. Como o bilhete de Stull e Carroll das edições de Lish: "Como [Lish] disse posteriormente, o que chamou a atenção dele na escrita de Carver era a 'desolação peculiar'. Para colocar essa desolação em primeiro plano, ele cortou radicalmente as histórias, reduzindo a trama, o desenvolvimento de personagem e a linguagem figurativa ao mínimo".

16   Em "The Carver Chronicles", o primeiro relato jornalístico do papel editorial substancial de Lish ao moldar as primeiras obras de Carver, D. T. Max se valeu dos arquivos de Carver na Lilly Library, Universidade de Indiana. Esse artigo tornou pública a extensão das mudanças editoriais antes de as versões originais serem republicadas totalmente em *Collected Stories*, 2009. Max descreve Lish refutando "sentimentalismo infiltrado". "The Carver Chronicles", *New York Times Magazine*, 9 de agosto, 1998.

17   Tess Gallagher, "Interview", em *Collected Stories*, ed. William Stull & Maureen Carroll (Nova York: Library of America, 2009).

18   Os detalhes sobre as aulas de Carver perto do fim do alcoolismo são de Carol Sklenicka, *Raymond Carver: A Writer's Life* (Nova York: Scribner, 2009), 256 e 259.

19   Ibid. O diretor do workshop teve que subir ao palco e mandá-lo parar, dizendo que ele poderia voltar e ler quando estivesse sóbrio. Certos sonhos estavam se tornando reais para Carver, mas ele mal estava por perto para aproveitar. Seu corpo se apresentava, mas o resto dele não conseguia — e seu corpo não duraria muito mais, de toda forma. Ibid.

20   Raymond Carver, entrevista por Mona Simpson e Lewis Buzbee, "The Art of Fiction Nº 76", *Paris Review* 88 (verão, 1983).

21   Carver, "Where Is Everyone?", *Collected Stories*, 765.

22   Carver, "Gazebo", *Collected Stories*, 237.

23   "Minha própria sanidade está em jogo aqui", ele escreveu para Lish. "Tudo isso é complexamente e, talvez, não tão complexamente, preso aos meus sentimentos de valor e

autoestima desde que deixei de beber." Carver para Gordon Lish, citado em "Note on the Texts", *Collected Stories*, 993-94.

24 Michael Wood, "Stories Full of Edges and Silences", *New York Times Book Review*, 26 de abril, 1981.

25 Carver para Gordon Lish, citado em Sklenicka, *Raymond Carver: A Writer's Life*, 362.

26 As notas da edição da Library of America de *Collected Stories* de Carver narram o processo editorial carregado que resultou na versão publicada de *De que falamos quando falamos de amor*, incluindo as cartas que Carver escreveu a Lish, mas o telefonema decisivo não foi transcrito. Quando Lish descreveu o processo, décadas depois, numa entrevista da *Paris Review* com o crítico Christian Lorentzen, ele definiu dessa forma: "Por todos esses anos, Carver não podia ter sido mais entusiasmado nem mais cúmplice — ou complacente". Apesar de as cartas de Carver sugerirem mais fricção no processo, Lish certamente acredita que merece o crédito para a quantidade de atenção que a obra de Carver recebeu: "Se eu não tivesse revisado o Carver, ele teria a atenção que recebeu? Bulhufas!" ("The Art of Editing, N°. 2", *Paris Review*, inverno, 2015).

27 Carver, "The Bath", *Collected Stories*, 251. A história descreve seus personagens se comunicando de forma mínima, com "a menor informação, nada que não fosse necessário".

28 Carver, "A Small, Good Thing", *Collected Stories*, 830.

29 Carver, "After the Denim", *Collected Stories*, 272.

30 Carver, "If It Please You", *Collected Stories*, 860, 863.

31 Ibid., 863. Essa oração de encerramento é abrangente em alcance, evocando não apenas "todos eles", mas também o fim de "The Dead", de James Joyce: *neve caindo levemente através do universo e levemente caindo, como a descida de seu final derradeiro, sobre todos os vivos e mortos*. A história de Joyce é sobre um homem resolvendo dentro de si seu casamento, e as formas nas quais seu casamento é assombrado pela mortalidade — não apenas a morte iminente da esposa, e a sua própria, mas também a morte do primeiro amor dela, Michael, e a presença de seu fantasma permanente.

32 "Freedom From Bondage", *Alcoholics Anonymous*, 552.

33 James Baldwin, "Everybody's Protest Novel", *Notes of a Native Son* (Boston: Beacon Press, 1955), 14.

34 Carver para Gordon Lish, citado em "Note on the Texts", 984.

35 Wallace, *Graça infinita*.

36 Ibid., 444.

37 Ibid., 835. O espectro é o fantasma de James Incandenza, o cineasta cujo rolo de filme anima o romance todo e cujo suicídio desmoraliza o livro.

38 Ibid., 860.

39 Ibid., 815-16.

40 Gately é descrito desta forma em ibid., 831.

41 Ibid., 367.

42 Ibid., 858.

43 Christian Lorentzen, "The Rewriting of David Foster Wallace", *Vulture*, 30 de junho, 2015.

44 Wallace, *Graça infinita*.

45 Wallace, escrito nas margens de sua cópia de Alice Miller, *The Drama of the Gifted*

Child, citado em Maria Bustillo, "Inside David Foster Wallace's Private Self-Help Library", *The Awl*, 5 de abril, 2011.

46 Samuel Shem & Janet Surrey, *Bill W and Dr. Bob* (Nova York: Samuel French Inc., 1987). Peça inicialmente encenada no New Repertory Theater, Newton, Massachusetts. David Foster Wallace Papers, Universidade do Texas em Austin.

47 Gabor Maté, *In the Realm of Hungry Ghosts: Close Encounters with Addiction* (Toronto: Knopf Canada, 2008), 110.

48 Além do relato de Maté sobre seu vício em música clássica (*In the Realm of Hungry Ghosts*), ver também sua entrevista com Jeff Kaliss, "Losing Yourself in the Music: Confessions of a Classical Music Shopper", *San Francisco Classical Voice*, 29 de janeiro, 2013.

49 Maté, *In the Realm of Hungry Ghosts*, 2. Ver também a entrevista no site de Maté, <http://drgabormate.com/topic/addiction/>.

50 Eve Kosofsky Sedgwick, "Epidemics of the Will", *Tendencies* (Durham, NC: Duke University Press, 1993), 132.

51 "Substance-Related and Addictive Disorders", em American Psychiatric Association, *Diagnostic and Statistical Manual of Mental Disorders* (DSM-5) (Washington: American Psychiatric Association, 2013).

52 Para exemplos, ver a declaração pública sobre o DSM-5 por Thomas Inse que foi publicada pelo Instituto Nacional de Saúde Mental, disponível em <http://www.nimh.nih.gov/about/director/2013/transforming-diagnosis.shtml>. Ver também: Christopher Lane, "The NIMH Withdraws Support for DSM-5", *Psychology Today*, disponível em <https://www.psychologytoday.com/blog/side-effects/201305/the-nimh-withdraws-support-dsm-5>; comentário sobre o DSM-5 de Stuart Gitlow, presidente da ASAM (American Society for Addiction Medicine), disponível em <http://www.drugfree.org/news-service/commentary-dsm-5-new -addiction-terminology-same-disease/>; Gary Greenberg, *The Book of Woe: The Making of the DSM-5 and the Unmaking of Psychiatry* (Nova York: Blue Rider Press, 2013); e a entrevista com Greenberg, "The Real Problems with Psychiatry", *The Atlantic*, 2 de maio, 2013, disponível em <http://www.theatlantic.com/health/archive/2013/05/the -real-problems-with-psychiatry/275371/>.

53 George Cain, *Blueschild Baby* (Nova York: McGraw Hill, 1970), 199.

54 Joan Didion, "The White Album", *The White Album* (Nova York: Simon and Schuster, 1979).

55 Depois da primeira vez que ela falou com Shirley ao telefone, Madeline disse a Shirley para ligar sempre que tivesse vontade de tomar um drinque. Se elas pudessem falar por dez minutos, Madeline prometia, poderiam vencer a vontade. Uma vez, quando Shirley ligou, Madeline disse: "Sabe, Nixon não é tão mal assim", sabendo que faria Shirley falar — e funcionou, incitando Shirley a vociferar por mais de meia hora. Isso fez com que passassem pela marca dos dez minutos e um pouco mais.

56 Esse material sobre a estadia de Shirley em Seneca foi retirado de entrevistas com a autora, assim como seu pseudônimo no artigo do *Baltimore Sun*: Barbara Lenmark, "An Alcoholic Housewife: What Happened to Her in 28 Days", *Baltimore Sun*, 18 de novembro,1973.

57 Charles Jackson para Warren Ambrose, 1º de março, 1954, Charles Jackson Papers, Dartmouth College.

58 Rhoda Jackson para Frederick Jackson, 1951, Charles Jackson Papers, Dartmouth College.

59   *The Group Secretary's Handbook and Directory* (Nova York: The Alcoholic Foundation, 1953). Center of Alcohol Studies, Rutgers University.

60   Annah Perch citada em Lisa W. Foderaro, "Alcoholics Anonymous Founder's House Is a Self-Help Landmark", *New York Times*, 6 de julho, 2007.

61   Notas de margem, "The Rolling Stone", manuscrito do *Alcoholics Anonymous*. Stepping Stones Foundation Archives.

62   Jackson, "The Sleeping Brain", citado em Blake Bailey, *Farther and Wilder: The Lost Weekends and Literary Dreams of Charles Jackson* (Nova York: Vintage, 2013), 349.

63   Jackson citado em ibid., 348.

64   Ibid., 360.

65   C. H. Aharan, "Problems in Cooperation between AA and Other Treatment Programs", discurso feito na 35th Anniversary International Convention, Miami Beach, 1970, 9. Center of Alcohol Studies Archives, Rutgers University.

XIII. ACERTO DE CONTAS

1   Todas as citações de "The Hunter in the Forest" são de uma versão escrita à mão da história no final do caderno de notas "Recovery" de Berryman. John Berryman Papers, Universidade de Minnesota [Minneapolis, Minnesota].

2   Steve Kandell, "Amy Winehouse: Rock Myth, Hard Reality", *Spin*, 25 de julho, 2011. Kandell também foi parte dessa mitologia, claro, que fez parte do que ele estava reconhecendo — ele havia escrito uma história de capa sobre Winehouse para a *Spin* em 2007, no auge da fama dela.

3   Billie Holiday, *Lady Sings the Blues: a autobiografia dilacerada de uma lenda do jazz*, com William Dufty (Rio de Janeiro: Zahar, 2003).

4   Amy (dir. Asif Kapadia, 2015).

5   Tony Bennett citado em ibid.

6   Denis Johnson, "Beverly Home", *Jesus' Son* (Nova York: Picador, 2009), 126.

7   Ibid., 133.

8   Johnson, "Beverly Home", rascunho não publicado, Denis Johnson Papers, Universidade do Texas em Austin.

9   Jesse McKinley, "A Prodigal Son Turned Novelist Turns Playwright", *New York Times*, 16 de junho, 2002.

10   Johnson, citado em David Amsden, "Denis Johnson's Second Stage", *New York Magazine*, 17 de junho, 2002.

11   Ibid.

12   Johnson, "Beverly Home", rascunho não publicado, Denis Johnson Papers, Ransom Center, Universidade do Texas em Austin.

13   Autor desconhecido para Denis Johnson, 1996, Denis Johnson Papers, Ransom Center, Universidade do Texas em Austin.

14   Ver Johann Hari, *Na fissura: uma história do fracasso no combate às drogas* (São Paulo: Companhia das Letras, 2018).

15   Maté, citado em ibid., 166.

16   Goulão citado em ibid., 237.

17   Tent City finalmente anunciou seu fechamento em abril, 2017, e o processo de fechar a instituição foi devido a estar completo no final daquele ano. Ver Fernanda Santos, "Outdoor Jail, a Vestige of Joe Arpaio's Tenure, Is Closing", *New York Times*, 4 de abril, 2017.

18   Arpaio, citado em Hari, *Na fissura*.

19   Policial anônimo do Departamento de Polícia de Los Angeles, citado em Harry Anslinger & William Tompkins, *The Traffic in Narcotics* (Nova York: Funk and Wagnalls, 1953), 272.

20   Para a morte de Marcia Powell, ver Hari, *Na fissura*; também Stephen Lemons, "Marcia Powell's Death Unavenged: County Attorney Passes on Prosecuting Prison Staff", *Phoenix New Times*, 1º de setembro, 2010, no qual Donna Hamm (de um grupo de defesa chamado Middle Ground Prison Reform) nota que os olhos de Powell estavam "secos como um pergaminho".

21   Ver Hari, *Na fissura*, para o relato completo de Marcia Powell, que foi mantida numa instituição perto de Tent City no Arizona. Marcia Powell cumpria pena por prostituição, mas a criminalização de seu problema com as drogas foi parte da condição que moldou sua vida — em levá-la a trabalhar com sexo, aprofundando seu vício, tornando mais difícil para ela encontrar outra vida. Numa Tent City próxima, milhares de outras viciadas estavam cumprindo pena por delitos relacionados a drogas em condições similares.

22   Em 1998, a instituição havia sido oficialmente convertida em um centro médico federal para prisioneiros federais que precisavam de cuidado mental ou médico.

23   Como um jornal chamou o tratamento original da Narco Farm: "um rearranjo habilidoso dos intangíveis que formam a existência humana". "Destiny of Man 'Traded in' at Kentucky Laboratory", *Chicago Daily News*, 23 de agosto, 1938.

24   Catherine Lacey citada em "Leslie Jamison and Catherine Lacey's E-mail Conversation about Narcissism, Emotional Writing and Memoir-Novels", *Huffington Post*, 30 de março, 2015.

25   John Berryman, datilografado com acréscimos à mão e edições, sem data (1970-71), John Berryman Papers, Universidade de Minnesota [Minneapolis, Minnesota].

26   Berryman, *Recovery* (Nova York: Farrar, Straus and Giroux, 1973), 168-69.

27   Ibid., 156. Esse erro de grafia confessa tudo: a dificuldade de abrir mão das antigas ilusões de grandeza criativa assim como a força de vontade em si. Como Lowry definiu: "A vontade do homem é imbatível!". Em reuniões, eu ouvi a lenda urbana sobre um bar perto de Hazelden que oferecia bebida de graça em troca de uma ficha de trinta dias, com a parede decorada delas, e não era difícil imaginar Berryman trocando a própria ficha, então pegando outra, daí trocando essa também; seu romance abertamente confessa como o processo de sobriedade se tornara cíclico para ele.

28   Berryman, bilhete escrito à mão, John Berryman Papers, Universidade de Minnesota [Minneapolis, Minnesota].

29   Anotações escritas à mão num manuscrito datilografado não publicado de *Recovery*, John Berryman Papers, Universidade de Minnesota [Minneapolis, Minnesota].

30   Berryman, *Recovery*, 18, 172.

31   Ibid., 165.

32   Paul Berryman para John Berryman, sem data, John Berryman Papers, Universidade de Minnesota [Minneapolis, Minnesota].

33 John Berryman para Paul Berryman, 24 de outubro, 1970, John Berryman Papers, Universidade de Minnesota [Minneapolis, Minnesota].

34 Essas notas sobre possíveis finais para o livro estão nos arquivos de Berryman e impressas no fim de *Recovery*.

35 Berryman, notas escritas à mão em caderno intitulado "Recovery", John Berryman Papers, Universidade de Minnesota [Minneapolis, Minnesota].

36 Berryman, *Recovery*, 55.

37 Berryman, bilhete escrito à mão, semana de 20 de maio, 1971, citado em John Haffenden, *The Life of John Berryman* (Londres: Methuen & Co., 1984), 397.

38 Para mais informações sobre o último período de sobriedade de Berryman, e seu suicídio, veja Haffenden, assim como Paul Mariani, *Dream Song: The Life of John Berryman* (Londres: William Morrow & Co., 1990).

39 Jean Rhys para Peggy Kirkaldy, 21 de março, 1941, *Jean Rhys Letters, 1931-1966*, ed. Francis Wyndham & Diana Melly (Londres: Andre Deutsch, 1984).

40 Rhys citada em Carole Angier, *Jean Rhys: Life and Work* (Nova York: Little, Brown, 1991), 375. O sonho da narrativa como veículo de fuga acossou Rhys por anos — a possibilidade de que a escrita pudesse oferecer não apenas uma ocasião para a empatia, mas algo mais como autotranscendência. Num fragmento chamado "The Forlorn Hope", ela descreve uma experiência de êxtase num banco de frente para o Mediterrâneo: por algumas horas, ela se sentiu "fundida com outros seres humanos" e teve "a sensação de que 'eu', 'você', 'ele', 'ela', 'eles' são todos os mesmos — distinções técnicas, não reais". Ela acreditava que a literatura poderia sustentar essa noção de fusão com mais força do que a experiência diária. "Livros podem fazer isso", ela escreveu. "Podem abolir a individualidade de alguém, assim como podem abolir tempo ou lugar." Rhys, fragmento escrito à mão, "The Forlorn Hope", 3 de julho (provavelmente 1925), durante período em que morou num hotel em Theoule. Jean Rhys Archive, Universidade de Tulsa.

41 Vaz Dias, "It's Easy to Disappear", 4. Jean Rhys Archive, Universidade de Tulsa. Citação completa: "Jean não conseguia escutar! Como ela consegue essa completa identificação com personagens quando dá a impressão de que está em algum lugar completamente remoto quando você conversa com ela. Não parece que ela consegue se conectar".

42 Jean Rhys para Diana Athill, 9 de março, 1966, Jean Rhys Archive, Universidade de Tulsa.

43 Diana Athill para Jean Rhys, 23 de março, 1966, Jean Rhys Archive, Universidade de Tulsa.

44 Jean Rhys, *Vasto mar de sargaços* (Rio de Janeiro: Rocco, 2012).

45 Ibid., 554.

46 Ibid., 160.

47 Jean Rhys para Eliot Bliss, 5 de julho, 1959, Jean Rhys Archive, Universidade de Tulsa.

48 Jean Rhys, *Vasto mar de sargaços* (Rio de Janeiro: Rocco, 2012). Essa consciência dos outros como vítimas é assinalada cedo em *Vasto mar de sargaços*, quando uma das empregadas negras de Antoinette — uma garota chamada Tia, que Antoinette sempre imaginou como alheia à dor ("pedras afiadas não machucavam seus pés descalços, eu nunca a vi chorar") — joga uma pedra no rosto de Antoinette. Em vez de recuar para a postura padrão de ferimento justo, Antoinette sente forte sentimento de identificação. "Encaramos uma à outra, com sangue em meu rosto, lágrimas no dela. Era como se visse a mim mesma. Como num espelho." É uma comparação tacanha — Antoinette

confundir seu sofrimento com o apelo de uma serva cuja família havia apenas recentemente sido emancipada da escravidão —, mas também é um momento em que Antoinette compreende que outras pessoas sofrem também, e que quase todo agressor também é uma vítima. O agente de destruição é uma garota habitando um corpo ferido próprio (41). No fim do romance, pouco antes de incendiar Thornfield Hall, Antoinette sonha em olhar na beira de um lago na floresta e ver não seu rosto, mas o reflexo de Tia: a garota com a pedra afiada, ao mesmo tempo ferida e ferindo, aquela que tornou sua própria dor legível e, de certa forma, transferível, ao ferir outra pessoa. É logo depois de acordar desse sonho que Antoinette pega uma vela, determinada a tornar sua própria dor legível através da grande destruição (171).

49   Charlotte Brontë, *Jane Eyre* (1847; repr., Nova York: W. W. Norton, 2016), 455.

50   Jean Rhys, *Vasto mar de sargaços* (Rio de Janeiro: Rocco, 2012).

51   Rhys para Robert Herbert Ronson, 10 de dezembro, 1968, Jean Rhys Archive, Universidade de Tulsa.

52   Algumas notas fiscais da loja de bebidas de Rhys e orçamentos mensais estão em seus arquivos na Universidade de Tulsa.

53   Diana Melly, bilhetes escritos à mão, não publicados, sem data, 1977. Jean Rhys Archive, Universidade de Tulsa.

54   David Plante, "Jean Rhys: A Remembrance", *Paris Review* 76 (outono, 1979).

55   James Baldwin, "Sonny's Blues", *Going to Meet the Man* (Nova York: Dial Press, 1965).

56   Ibid.

XIV. Volta ao lar

1   Raymond Carver em entrevista com Mona Simpson & Lewis Buzbee, *Paris Review* (verão, 1983). O comentário de Carver era uma alusão ao romance de L. P. Hartley, *The Go-Between*.

2   Carver, "Fires", *Collected Stories*, ed. William Stull & Maureen Carroll (Nova York: Library of America, 2009), 740.

3   Carver, "Fires", *Collected Stories*, 739.

4   Essa citação de Carver e a citação sobre sua nova máquina de escrever elétrica é de Carol Sklenicka, *Raymond Carver: A Writer's Life* (Nova York: Scribner, 2009), 349.

5   Carver, "Author's Note to 'Where I'm Calling From'", *Collected Stories*, 747.

6   É verdade que o "Carver Sóbrio" não estava sempre sóbrio. Carver fumou maconha durante a última década de sua sobriedade e ocasionalmente usava cocaína. E apesar de — em minha própria vida — não considerar isso como "sobriedade completa", também não vou julgar o que era a sobriedade para ele. Certas partes da sobriedade de Carver pareciam turvas ou bagunçadas, como ele reconheceu em "Where I'm Calling From": mas havia outra parte. Essa era a parte em que Carver passou boa parte da última década fumando maconha, que usou cocaína com McInerney num apartamento em Manhattan na mesma noite em que John Lennon foi assassinado; que foi a um pronto-socorro em Washington por uso de cocaína alguns anos depois; que começou a comer brownies de maconha quando teve o primeiro tumor de pulmão removido, mas cujo câncer o matou mesmo assim — todos esses anos fumando, como Bill Wilson: ambos mortos por aquele *outro* vício depois de ajustar as contas com o primeiro. Ver

Carol Sklenicka, *Raymond Carver: A Writer's Life* (Nova York: Scribner, 2009), 364 e 400, para os incidentes com cocaína e outras substâncias durante a sobriedade. Ver também essa entrevista com Jay McInerney na *Paris Review*, disponível em <http://www.theparisreview.org/interviews/6477/the-art-of-fiction-no-231-jay-mcinerney>.

7   Esses detalhes da sobriedade de Carver, sua queda por doces e suas tentativas de percorrer a logística da vida sóbria foram tirados de Sklenicka, *Raymond Carver: A Writer's Life*, 318, 485, 324, 384, 386.

8   Raymond Carver para sr. Hallstrom, 17 de setembro, 1986, citado em *Carver Country: The World of Raymond Carver*, fotografias de Bob Adelman (Nova York: Charles Scribner's Sons, 1990), 105-7.

9   Informações sobre o começo da escrita de Carver naquele chalé, e sua vigésima comemoração de aniversário de casamento, de Sklenicka, *Raymond Carver: A Writer's Life*, 312-13.

10   Ver ibid., 327.

11   Gallagher citado em ibid., 350.

12   Carver citado em ibid., 416.

13   Jay McInerney, "Raymond Carver: A Still, Small Voice", *New York Times*, 6 de agosto, 1989.

14   Rich Kelly, entrevista com Tess Gallagher, disponível em https://loa-shared.s3.amazonaws.com/static/pdf/LOA_interview_Gallagher_Stull_Carroll_on_Carver.pdf.

15   Carver citado em Sklenicka, *Raymond Carver: A Writer's Life*, 383.

16   Carver, "Where I'm Calling From", *Collected Stories*, 460.

17   Ibid., 454, 456, 456, 456.

18   Carver, "Where Water Comes Together with Other Water", *All of Us: The Collected Poems* (Nova York: Knopf, 1998), 64.

19   Tess Gallagher, "Interview", *Collected Stories*.

20   Carver, "Where Water Comes Together with Other Water", 64.

21   Ver Olivia Laing, *The Trip to Echo Spring: On Writers and Drinking* (Nova York: Picador, 2014), 278-79.

22   Gallagher, "Introduction", *All of Us: The Collected Poems* (Nova York: Knopf, 1998), xxvii–xxviii.

23   Carver, "The Party", *All of Us*, 103.

24   Carver, "My Boat", *All of Us*, 82.

25   Carver, "Yesterday, Snow", *All of Us*, 131-32.

26   Raymond Carver em entrevista com Mona Simpson & Lewis Buzbee, *Paris Review* (verão, 1983).

27   Carver, "The Offending Eel", *All of Us*, 272.

28   Carver, "Alcohol", *All of Us*, 10.

29   Essas notas no caderno citadas por Jeff Baker, "Northwest Writers at Work: Tess Gallagher in Raymond Carver Country", *The Oregonian*, 19 de setembro, 2009.

30   Citado em Laing, *The Trip to Echo Spring*, 296.

31   Três anos após a morte de seu filho, em 1981, William Burroughs Pai escreveu um posfácio para dois romances de Billy Burroughs Jr., *Speed* e *Kentucky Ham*. É uma nota cheia de dor silenciosa, culpa implícita e o sentimento desconfortável de resignação: a consciência do laço deles com a consciência do que faltava. Burroughs Pai relembra

quando o filho deveria se juntar a ele em Londres, mas é preso por falsificar uma receita médica; então Burroughs Pai vai visitá-lo na Flórida, sem levar seu ópio, porque tinha medo da alfândega, e passando aquele mês todo em crise de abstinência por um hábito "não tão pequeno" quanto ele pensou que fosse. Pai e filho viviam vidas paralelas, não apena em relação à dependência, mas em relação às dificuldades que a dependência proporcionava. Mas esses paralelos não ofereceram consolo ou ressonância, e sim uma mistura de fardos: o fardo da distância, da obstrução e da remoção. Em seu posfácio, Burroughs Pai se lembra "da época que [Billy Jr.] fez uma ligação de longa distância de um hospital na Flórida após um acidente de carro. Eu o ouvia, mas ele não conseguia me ouvir. Eu ficava dizendo: 'Onde está você, Billy? Onde você está?' — esganiçado e desafinado, dizendo a coisa certa no momento errado, dizendo a coisa errada no momento certo e, com muita frequência, dizendo a coisa mais errada no momento mais errado possível [...] Eu me lembro de ouvi-lo tocando violão depois que fui para a cama no quarto ao lado e, novamente, um sentimento de profunda tristeza".

Essa não é uma imagem de recuperação por meio da compreensão; não é uma imagem de salvação através de identificação recíproca; é apenas empatia sem suborno ou efeito. Seja o procedimento pessoal ou não, o apelo permanece o mesmo: por favor, não falhe comigo. A música do sofrimento particular é audível, mas eternamente distante. William Burroughs Sr., "The Trees Showed the Shape of the Wind", em *Speed & Kentucky Ham*, ed. William Burroughs Jr. (1973; repr., Woodstock, NY: Overlook Press, 1984).

32   William Booth, "Walking the Edge", *Washington Post*, 16 de setembro, 2007.

33   Lucas Mann, "Trying to Get Right", *Guernica*, 15 de abril, 2016.

34   Gabor Maté citado em Sarah Resnick, "H", *n + 1 24* (inverno, 2016).

35   Johnny Perez, em debate, Vera Institute of Justice, *Chicago Ideas*, 23 de fevereiro, 2017, disponível em <https://www.vera.org/research/chicago-ideas-it-doesnt-have-to-be-this-way>.

Bibliografia

Aharan, C. H. "Problems in Cooperation between AA and Other Treatment Programs". Discurso feito na 35th Anniversary International Convention, Miami Beach, 1970. Center of Alcohol Studies Archives, Rutgers University, New Brunswick, Nova Jersey.

Alcoholics Anonymous. "a.a.: A Uniquely American Phenomenon". Fortune, fevereiro, 1951. Center for Alcohol Studies Archives, Rutgers University, New Brunswick, New Jersey.

Alcoholics Anonymous. Alcoholics Anonymous: The Story of How Many Thousands of Men and Women Have Recovered from Alcoholism. De Bill Wilson, Ed Parkhurst, Sam Shoemaker et al. Nova York: Alcoholics Anonymous World Services Inc., 1939.

Alcoholics Anonymous. The Book That Started It All: The Original Working Manuscript of Alcoholics Anonymous. Center City, MN: Hazelden, 2010.

Alcoholics Anonymous. "Pass It On": The Story of Bill Wilson and How the AA Message Reached the World. Nova York: Alcoholics Anonymous World Service Inc., 1984.

Alcoholics Anonymous. "Pattern Script for Radio and Television". General Service Headquarters of AA, 1957. Center for Alcohol Studies Archives, Rutgers University, New Brunswick, New Jersey.

Alexander, Anna & Mark Roberts, ed. High Culture: Reflections on Addiction and Modernity. Albany: SUNY Press, 2003.

Alexander, Bruce; B. L. Beyerstein; P. F. Hadaway & R. B. Coambs. "Effect of Early and Later Colony Housing on Oral Ingestion of Morphine in Rats". Pharmacology Biochemistry and Behavior 15, nº 4 (1981): 571-76.

ALEXANDER, Jack. "Alcoholics Anonymous: Freed Slaves of Drink, Now They Free Others". *Saturday Evening Post*, 1º de março, 1941.

ALEXANDER, Michelle. *A nova segregação: racismo e encarceramento em massa*. São Paulo: Boitempo, 2018.

ALVAREZ, A. "Down & Out in Paris & London". *New York Review of Books*, 10 de outubro, 1991.

AMSDEN, David. "Denis Johnson's Second Stage". *New York Magazine*, 17 de junho, 2002.

ANGIER, Carole. *Jean Rhys: Life and Work*. Nova York: Little, Brown, 1991.

ANONYMOUS. "An Ex-Resident's Story". *Granada House*. Disponível em <http://www.granadahouse.org/ people/letters_from_our_alum.html.

ANSLINGER, Harry & WILLIAM Tompkins. *The Traffic in Narcotics*. Nova York: Funk and Wagnalls, 1953.

AUBRY, Timothy. *Reading As Therapy: What Contemporary Fiction Does for Middle-Class Americans*. Iowa City: University of Iowa Press, 2011.

AUGUSTINE. *Confessions*. Oxford: Oxford University Press, 2009.

AZIMI, Negar. "The Madness of Queen Jane". *Newyorker.com*, 12 de junho, 2014.

BAILEY, Blake. *Cheever: A Life*. Nova York: Knopf, 2009.

BAILEY, Blake. *Farther and Wilder: The Lost Weekends and Literary Dreams of Charles Jackson*. Nova York: Vintage, 2013.

BAILEY, Blake. *A Tragic Honesty: The Life and Work of Richard Yates*. Nova York: Picador, 2003.

BALDWIN, James. "Everybody's Protest Novel". *Notes of a Native Son*. Boston: Beacon Press, 1955.

BALDWIN, James. "Sonny's Blues." *Going to Meet the Man*. Nova York: Dial Press, 1965.

BATESON, Gregory. "The Cybernetics of 'Self': A Theory of Alcoholism". *Psychiatry 34* (1971): 1-18.

BELLOW, Saul. "Foreword". *Recovery*, de John Berryman. Nova York: Farrar, Straus and Giroux, 1973.

BELLOW, Saul. "Foreword". Rascunho datilografado. John Berryman Papers, Universidade de Minnesota, Minneapolis.

BERLANT, Lauren. *Cruel Optimism*. Durham, NC: Duke University Press, 2011.

BERRYMAN, John. *The Dream Songs*. Nova York: Farrar, Straus and Giroux, 1969.

BERRYMAN, John. "Fourth Step Inventory Guide". Minneapolis, MN, n.d. John Berryman Papers, Upper Midwest Literary Archives, Universidade de Minnesota, Minneapolis.

BERRYMAN, John. *Love & Fame*. Nova York: Farrar, Straus, and Giroux, 1970.

BERRYMAN, John. *Recovery*. Nova York: Farrar, Straus and Giroux, 1973.

BISHOP, Elizabeth. "A Drunkard". *Georgia Review*, inverno, 1992.

BERRYMAN, John. *One Art: Letters*. Ed. Robert Giroux. Nova York: Farrar, Straus and Giroux, 1995.

BERRYMAN, John. "The Prodigal". *Elizabeth Bishop: Poems, Prose, and Letters*. Ed. Robert Giroux & Lloyd Schwartz. Nova York: Library of America, 2008.

BLACKBURN, Julia. *With Billie: A New Look at the Unforgettable Lady Day*. Nova York: Pantheon, 2005.

BLAIR, Elaine. "A New Brilliant Start". *New York Review of Books* (6 dez. 2012).

BRONTË, Charlotte. *Jane Eyre*. 1847. Nova York: W. W. Norton, 2016.

BROOKS, Peter. *Reading for the Plot: Design and Intention in Narrative*. Cambridge, MA: Harvard University Press, 1992.

BROXMEYER, Jennifer. "Prisoners of Their Own War: Can Policymakers Look Beyond the 'War on Drugs' to Drug Treatment Courts?". *Yale Law Journal 118* (2008-2009).

BURNS, Stacy Lee & MARK Peyrot. "Tough Love: Nurturing and Coercing Responsibility and Recovery in California Drug Courts", *Social Problems* 50, n° 3 (ago. 2003): 416-38.

BURROUGHS, William. *Deposition: Testimony Concerning a Sickness* (1960). Republicado em *Naked Lunch*. Nova York: Grove Press, 1962.

BURROUGHS, William. *Junky: drogado*. São Paulo: Companhia das Letras, 2013.

BURROUGHS, William. "The Trees Showed the Shape of the Wind". *Speed & Kentucky Ham*. De William Burroughs Jr., 1973. Woodstock, NY: Overlook Press, 1984.

BURROUGHS, William. *The Yage Letters*. Manuscrito não publicado. William Burroughs Papers, Universidade de Columbia, Nova York.

BURROUGHS Jr., William. *Kentucky Ham*. Nova York: E. P. Dutton, 1973.

BUSTILLOS, Maria. "Inside David Foster Wallace's Private Self-Help Library." *The Awl* (5 abr. 2011).

CAIN, George. *Blueschild Baby*. Nova York: McGraw Hill, 1970.

CAMPBELL, Nancy; J.P. Olsen & LUKE Walden. *The Narcotic Farm*. Nova York: Abrams, 2010.

CANTWELL, Mary. "Conversation with Jean Rhys, 'the Best Living English Novelist'". *Mademoiselle* (out. 1974).

CARVER, Raymond. *All of Us: The Collected Poems*. Nova York: Knopf, 1998.

CARVER, Raymond. "The Art of Fiction Nº. 76". Entrevista por Mona Simpson & Lewis Buzbee. *Paris Review* 88 (verão, 1983).

CARVER, Raymond. *Carver Country: The World of Raymond Carver*. Fotografias de Bob Adelman. Nova York: Charles Scribner's Sons, 1990.

CARVER, Raymond. *Collected Stories*. Ed. William Stull & Maureen Carroll. Nova York: Library of America, 2009.

CASEY, Karen. *My Story to Yours: A Guided Memoir for Writing Your Recovery Journey*. Center City, MN: Hazelden, 2011.

CASEY, Robert. "Destiny of Man 'Traded in' at Kentucky Laboratory". *Chicago Daily News* (23 ago. 1938). RG 511, *National Archives*, College Park, MD.

CHASNOFF, Ira. 1993. "Missing Pieces of the Puzzle". *Neurotoxicology and Teratology* 15:287-88.

CHEEVER, Susan. *My Name Is Bill: Bill Wilson — His Life and the Creation of Alcoholics Anonymous*. Nova York: Washington Square Press, 2005.

COATES, Ta-Nehisi. *Between the World and Me*. Nova York: Spiegel & Grau, 2015.

COHEN, Joshua. "New Books." *Harper's Magazine* (set. 2012).

"Collaborative Studies on Genetics of Alcoholism (COGA) Study", NIAAA. Disponível em <https:// www.niaaa.nih.gov/research/major-initiatives/collaborative-studies-genetics-alcoholism-coga-study>.

COOPER, Clarence, Jr. *The Farm*. Nova York: Crown Publishers, 1967.

CORNELL, Ervin. *Letter to the US Bureau of Narcotics*, (26 jun. 1939). RG 511, *National Archives*, College Park, MD.

CROWLEY, John. *The White Logic: Alcoholism and Gender in American Modernist Fiction*. Amherst: University of Massachusetts Press, 1994.

CUSHING, Richard. "The Battle Against Self". Discurso, 30 de agosto de 1945. Repr. Works Publishing. *Center of Alcohol Studies Archives, Rutgers University*, New Brunswick, Nova Jersey, s.d.

DAVIES, Hunter. "Rip van Rhys". *Sunday Times* (6 nov. 1966).

DAY, Douglas. *Malcolm Lowry: A Biography*. Oxford: Oxford University Press, 1984.

DEAN, Michelle. "Drunk Confessions: Women and the Clichés of the Literary Drunkard". *The New Republic* (8 set. 2015).

DE QUINCEY, Thomas. "Confessions of an English Opium-Eater". *London Magazine*, 1821.

DERRIDA, Jacques. "The Rhetoric of Drugs: An Interview". *Differences* 5 (1993).

DIDION, Joan. *O Álbum Branco*. Rio de Janeiro: HarperCollins Brasil, 2021.

DURAS, Marguerite. *Practicalities*. Londres: William Collins Sons, 1990.

ERICKSON, Carlton. *The Science of Addiction: From Neurobiology to Treatment*. Nova York: W. W. Norton, 2007.

FARRAR, John. "A Preface to the Reader — Sixteen Years After". *The Lost Weekend*. Nova York: Farrar, Rinehart, and Young, 1960.

FITZGERALD, F. Scott. *Suave é a noite*. Rio de Janeiro: BestSeller, 2008.

FRANZEN, Jonathan. "Farther Away". *The New Yorker*, 18 de abril de 2011.

FREY, James. *A Million Little Pieces*. Nova York: Random House, 2003.

FREY, James. "Note to the Reader". *New York Times*, 1 de fevereiro de 2006.

FULFORD, K. W. M.; MARTIN Davies; RICHARD Gipps; GEORGE Graham; JOHN Sadler; GIOVANNI Stanghellini & TIM Thornton, eds. *The Oxford Handbook of Philosophy and Psychiatry*. Oxford: Oxford University Press, 2013.

GAYLE Jr., Addison. "Blueschild Baby". *New York Times*, 17 de janeiro de 1971.

GILMORE, Leigh. "Boom/Lash: Fact-Checking, Suicide, and the Lifespan of a Genre". *Auto/Biography Studies 29*, n°. 2. (2014): 211-24.

GINSBERG, Allen. "Introduction". *Junkie*. De William Burroughs. 1953. Nova York: Penguin, 1977.

GRIMES, William. "George Cain, Writer of 'Blueschild Baby', Dies at 66". *New York Times*, 29 de outubro de 2010.

HAFFENDEN, John. *The Life of John Berryman*. Londres: Methuen & Co., 1982.

HAMPL, Patricia. "F. Scott Fitzgerald's Essays from the Edge". *The American Scholar*, primavera de 2012.

HANLON, Kevin, dir. *Bill W. Documentary film*, Page 124 Productions, 2012.

HARDWICK, Elizabeth. "Billie Holiday." *New York Review of Books*, 4 de março de 1976.

HARI, Johann. *Na fissura: uma história do fracasso no combate às drogas*. São Paulo: Companhia das Letras, 2018.

HARRIS, Oliver. *William Burroughs and the Secret of Fascination*. Carbondale: Southern Illinois University Press, 2003.

HART, Carl. *High Price: A Neuroscientist's Journey of Self-Discovery That Challenges Everything You Know about Drugs and Society*. Nova York: Harper, 2013.

HELBRANT, Maurice. *Narcotic Agent*. Nova York: Ace Books, 1953.

HELMER, John & THOMAS Vietorisz. *Drug Use, the Labor Market and Class Conflict*. Washington, DC: Drug Abuse Council, 1974.

HEMINGWAY, Ernest. *O sol também se levanta*. Rio de Janeiro: Bertrand, 2001.

HENTOFF, Nat. *A Doctor Among the Addicts: The Story of Marie Nyswander*. Nova York: Rand McNally, 1968.

HOLIDAY, Billie. *Lady Sings the Blues: a autobiografia dilacerada de uma lenda do jazz*, coescrito com William Dufty. Rio de Janeiro: Zahar, 2003.

HOLLAND, Mary. "'The Art's Heart's Purpose': Braving the Narcissistic Loop of Infinite Jest". *Critique 47, nº 3* (primavera de 2006).

HOWARD, Jane. "Whisky and Ink, Whisky and Ink". *Life Magazine*, 21 de julho de 1967.

HUGHES, Helen MacGill, ed. *The Fantastic Lodge: The Autobiography of a Girl Drug Addict*. Boston: Houghton Mifflin, 1961.

HUMPHRIES, Drew. *Crack Mothers: Pregnancy, Drugs, and the Media*. Columbus: Ohio State University Press, 1999.

HYDE, Lewis. "Alcohol and Poetry: John Berryman and the Booze Talking". *The American Poetry Review*, outubro de 1975. Repr. Dallas: The Dallas Institute, 1986.

HYDE, Lewis. "Berryman Revisited". *Recovering Berryman*. Ed. Richard Kelly & Alan Lathrop. Ann Arbor: University of Michigan Press, 1993.

JACKSON, Charles. *Earthly Creatures*. Nova York: Farrar, Straus, and Young, 1953.

JACKSON, Charles. *Farther, Wilder*. Manuscrito não publicado. Charles Jackson Papers, Rauner Library, Dartmouth College, Hanover, New Hampshire.

JACKSON, Charles. *The Lost Weekend*. Nova York: Farrar and Rinehart, 1944.

JACKSON, Charles. Discurso. *Alcoholics Anonymous*, Cleveland, OH, 1959.

JACKSON, Charles. "We Were Led to Hope for More". Review of Selected Letters of Malcolm Lowry. *New York Times*, 12 de dezembro de 1965.

JAMISON, Leslie. *The Gin Closet*. Nova York: Free Press, 2010.

JAMISON, Leslie. "The Relapse". *The L Magazine*, julho de 2010.

JEFFERSON, Margo. *Negroland*. Nova York: Pantheon, 2015.

JOHNSON, Denis. *Jesus' Son*. Nova York: Picador, 1992.

JOHNSON, Denis. *Shoppers Carried by Escalators into the Flames*. Nova York: Harper Perennial, 2002.

JOHNSON, Denis. *The Throne of the Third Heaven of the Nations Millennium General Assembly: Poems Collected and New*. Nova York: Harper Perennial, 1995.

KALSTONE, David. "The Record of a Struggle with Prose and Life". *New York Times*, 27 de maio de 1973.

KANDELL, Steve. "Amy Winehouse: Rock Myth, Hard Reality." *Spin*, 25 de julho de 2011.

KANDELL, Steve. "Lady Sings the Blues: Avoiding Rehab with Amy Winehouse". *Spin*, julho de 2007.

KAZIN, Alfred. Review of Burroughs' A Book of the Dead. *New York Times*, 12 de dezembro de 1971, 4. *William Burroughs Papers*, Columbia University, Nova York.

KERMODE, Frank. *The Sense of an Ending: Studies in the Theory of Fiction*. Oxford: Oxford University Press, 1967.

KING, Stephen. *Doutor Sono*. Rio de Janeiro: Suma, 2014.

KING, Stephen. *Sobre a escrita: a arte em memórias*. Rio de Janeiro: Suma, 2015.

KING, Stephen. *O iluminado*. Rio de Janeiro: Suma, 2017.

KNAPP, Caroline. *Drinking: A Love Story*. Nova York: The Dial Press, 1996.

KOOB, G. F., and M. Le Moal (1997). Drug abuse: Hedonic homeostatic dysregulation. *Science* 278, 52–58.

LAING, Olivia. *The Trip to Echo Spring: On Writers and Drinking*. Nova York: Picador, 2014.

LAMAR, Jacob. "The House Is On Fire". *Time*, 4 de agosto de 1986.

LATTIN, Don. *Distilled Spirits: Getting High, Then Sober, with a Famous Writer, a Forgotten Philosopher, and a Hopeless Drunk*. Berkeley: University of California Press, 2012:

LEWIS, Sinclair. "Blurb". Sem Data. Charles Jackson Papers, Rauner Library, Dartmouth College, Hanover, New Hampshire.

LEWIS-KRAUS, Gideon. "Viewer Discretion". *Bookforum* (outono de 2012).

LISH, Gordon. Interview with Christian Lorentzen. "The Art of Editing, Nº 2", *Paris Review 215* (inverno de 2015).

LONDON, Jack. *Memórias alcoólicas* (São Paulo: Paulicéia, 1993).

LORENTZEN, Christian. "The Rewriting of David Foster Wallace", *Vulture*, 30 de junho de 2015.

LOWELL, Robert. "For John Berryman." *New York Review of Books*, 6 de abril 1972.

LOWELL, Robert. *New Selected Poems*. Editado por Katie Peterson. Nova York: Farrar, Straus and Giroux, 2017.

LOWELL, Robert. "The Poetry of John Berryman". *The New York Review of Books*, 28 de maio de 1964.

LOWRY, Malcolm. *Dark as the Grave Wherein My Friend Is Laid*. Londres: Jonathan Cape, 1969.

Lowry, Malcolm. *Debaixo do vulcão*. Rio de Janeiro: Alfaguara, 2021.

Malabou, Catherine. "The Phoenix, the Spider, and the Salamander". *Changing Difference*. Trad. Carolyn Shread. Cambridge: Polity Press, 2011.

Mann, Lucas. *Lord Fear*. Nova York: Pantheon, 2015.

Mann, Lucas. "Trying to Get Right", *Guernica*, 15 de abril de 2016.

Mariani, Paul. *Dream Song: The Life of John Berryman*. Londres: William Morrow & Co., 1990.

"Matching Alcoholism Treatments to Client Heterogeneity: Project MATCH Posttreatment Drinking Outcome". *Journal of Studies on Alcohol and Drugs* 58, n⁰. 1 (janeiro de 1997): 7-29.

Maté, Gabor. *In the Realm of Hungry Ghosts: Close Encounters with Addiction*. Toronto: Knopf Canada, 2008.

Mauer, Marc & Ryan S. King. *The Sentencing Project, a 25-Year Quagmire: The War on Drugs and Its Impact on American Society* 2 (2007).

Max, D. T. "The Carver Chronicles". *New York Times Magazine*, 9 de agosto de 1998.

Max, D. T. "Day of the Dead". *The New Yorker*, 17 de dezembro de 2007.

Max, D. T. "D. F. W.'s Favorite Grammarian". *Newyorker.com*, 11 de dezembro de 2013.

Max, D. T. *Every Love Story Is a Ghost Story*. Nova York: Viking, 2012.

McCaffery, Larry. "A Conversation with David Foster Wallace". *The Review of Contemporary Fiction*. 13, n⁰. 2 (verão de 1993).

McGurl, Mark. "The Institution of Nothing: David Foster Wallace in the Program". *Boundary 2 41*, n⁰. 3 (2014).

McInerney, Jay. "Raymond Carver: A Still, Small Voice". *New York Times*, 6 de agosto de 1989.

Miethe, Terance D., Hong Lu, & Erin Reese, "Reintegrative Shaming and Recidivism Risks in Drug Court: Explanations for Some Unexpected Findings". *Crime and Delinquency* 46 (2000): 522, 536-37.

Millier, Brett. "The Prodigal: Elizabeth Bishop and Alcohol". *Contemporary Literature* 39, n⁰. 1 (primavera de 1998): 54-76.

Morgan, John P., and Lynn Zimmer. "The Social Pharmacology of Smokeable Cocaine: Not All It's Cracked Up to Be". *In Crack in America: Demon Drugs and Social Justice*, editado por Craig Reinarman, Craig & Harry Levine. Berkeley: University of California Press, 1997.

Moses, Milton. *Letter to US Narcotics Bureau.* 8 de maio de 1938. National Archives, College Park, MD.

Nixon, Richard. "Special Message to the Congress on Drug Abuse Prevention and Control." Discurso feito em 17 de junho de 1971.

O'Hara, Frank. *The Collected Poems of Frank O'Hara.* Ed. por Donald Allen. Berkeley: University of California Press, 1995.

O'Hara, John. *Appointment at Samara.* Nova York: Harcourt, 1934.

Peabody, Richard. *The Common Sense of Drinking.* Boston: Little, Brown & Co., 1931.

Peretz, Evgenia. "James Frey's Morning After." *Vanity Fair,* 28 de abril de 2008.

Pfaff, David. *Locked In: The True Causes of Mass Incarceration, and How to Achieve Real Reform.* Nova York: Basic Books, 2017.

Pizzichini, Lillian. *The Blue Hour: A Life of Jean Rhys.* Nova York: W. W. Norton & Company, 2009.

"Playboy panel: the drug revolution. The pleasures, penalties and hazards of chemicals with kicks are debated by nine authorities". Palestrantes: Harry Anslinger, William Burroughs, Ram Dass, Leslie Fiedler etc. *Playboy 17,* no. 2 (fevereiro de 1970).

Provine, Doris Marie. *Unequal Under Law: Race in the War on Drugs.* Chicago: University of Chicago Press, 2007.

Reeves, Jimmie L., & Richard Campbell, *Cracked Coverage: Television News, the Anti-Cocaine Crusade, and the Reagan Legacy.* Durham, NC: Duke University Press, 1994.

Reinarman, Craig & Harry Levine, ed. *Crack in America: Demon Drugs and Social Justice.* Berkeley: University of California Press, 1997.

Reinarman, Craig & Harry Levine, ed.. "Crack in the Rear-View Mirror: Deconstructing Drug War Mythology." *Social Justice 31,* nos. 1-2 (2004).

Resnick, Sarah. *"H." n +1 24* (inverno de 2016).

Rhys, Jean. *Bom-dia, meia-noite.* São Paulo: Art Editora, 1985.

Rhys, Jean. *Jean Rhys Letters, 1931-1966.* Ed. por Francis Wyndham & Diana Melly. Londres: Andre Deutsch, 1984.

Rhys, Jean. *Smile Please: An Unfinished Autobiography.* Nova York: Harper & Row, 1979.

Rhys, Jean. *The Complete Novels.* Nova York: W. W. Norton, 1985.

Rhys, Jean. "The Trial of Jean Rhys". *Jean Rhys Archive,* University of Tulsa.

Rhys, Jean. *Vasto mar de sargaços.* Rio de Janeiro: Rocco, 2012.

Rich, Motoko. "James Frey and His Publisher Settle Suit Over Lies." *New York Times,* 7 de setembro 2006.

RONELL, Avital. *Crack Wars: Literature Addiction Mania*. Lincoln: University of Nebraska Press, 1992.

SCHENKAR, Joan. *The Talented Miss Highsmith: The Secret Life and Serious Art of Patricia Highsmith*. Nova York: St. Martin's Press, 2009.

SEDGWICK, Eve Kosofsky. "Epidemics of the Will." *Tendencies*. Durham, NC: Duke University Press, 1993.

SHEFF, David. *Querido menino* (Rio de Janeiro: Globo Livros, 2019).

SHEM, Samuel, & JANET Surrey. *Bill W and Dr. Bob*. Nova York: Samuel French Inc., 1987.

SKLENICKA, Carol. *Raymond Carver: A Writer's Life*. Nova York: Scribner, 2009.

SLOMAN, Larry "Ratso". *Reefer Madness*. Nova York: St. Martin's Press, 1998.

SOCAR, Chester. Telegraph to "Bureau of Narcotics." 6 de setembro de 1941. *National Archives*, College Park, MD.

SONTAG, Susan. *Doença como metáfora*. São Paulo: Companhia das Letras, 2007.

SONTAG, Susan. *Diante da dor dos outros*. São Paulo: Companhia das Letras, 2003.

Stewart, Kathleen. *Ordinary Affects*. Durham, NC: Duke University Press, 2007.

STEWART, Sherry H.; DUBRAVKA Gavric & PAMELA Collins, "Women, Girls, and Alcohol". *Women and Addiction: A Comprehensive Handbook*. Nova York: The Guilford Press, 2009.

STITT, Peter. "Interview with John Berryman, The Art of Poetry No. 16". *Paris Review* 53 (inverno de 1972).

STITT, Peter. "John Berryman: Poetry and Personality". *Ann Arbor Review*, novembro de 1973.

STRINGER, Lee. *Grand Central Winter*. Nova York: Seven Stories Press, 1998.

SZALAVITZ, Maia. *Unbroken Brain: A Revolutionary New Way of Understanding Addiction*. Nova York: St. Martin's Press, 2016.

SZWED, John. *Billie Holiday: The Musician and the Myth*. Nova York: Viking, 2015.

The Shining [O iluminado]. Dirigido por Stanley Kubrick. Roteiro de Stanley Kubrick & Diane Johnson, 1980.

THOMPSON, John. "Last Testament." *New York Review of Books*, 9 de agosto de 1973.

WALLACE, David Foster. Commencement Address. Kenyon College, 2005. Repr. *This Is Water: Some Thoughts, Delivered on a Significant Occasion, About Living a Compassionate Life*. Nova York: Little, Brown, 2009.

WALLACE, David Foster. *Consider the Lobster*. Nova York: Little, Brown, 2005.

WALLACE, David Foster. *Graça Infinita*. São Paulo: Companhia das Letras, 2014.

WALLACE, David Foster. *A Supposedly Fun Thing I'll Never Do Again: Essays and Arguments*. Nova York: Little, Brown, 1997.

WEST, Rebecca. "The Pursuit of Misery in some of the New Novels." *The Daily Telegraph*, 30 de janeiro de 1931.

WHITE, Edmund. "In Love with Duras". *New York Review of Books*, 26 de junho de 2008.

WHITE, William. *Slaying the Dragon: The History of Addiction Treatment and Recovery in America*. Bloomington, IL: Chestnut Health Systems, 1998.

WIESELTIER, Leon. *Kaddish*. Nova York: Vintage, 2000.

WILSON, Bill. "Alcoholics Anonymous." *New England Journal of Medicine*, 14 de setembro de 1950.

WILSON, Bill. "Bill's Story". Original datilografado. Stepping Stones Archives, Katonah, Nova York.

WILSON, Bill. *Bill W.: My First Forty Years*. Center City, MN: Hazelden, 2000.

WILSON, Bill. Discurso, AA Conference, Prince George Hotel, Halifax, Nova Scotia, 27 de abril de 1958. Stepping Stones Archives, Katonah, Nova York.

WILSON, Bill. Discurso, 24 de março de 1948, San Diego, California. Stepping Stones Archives, Katonah, Nova York.

WILSON, Bill & ED Dowling. *The Soul of Sponsorship: The Friendship of Fr. Ed Dowling and Bill Wilson in Letters*. Center City, MN: Hazelden, 1995.

WOOD, Michael. "The Passionate Egoist". *New York Review of Books*, 17 de abril de 2008.

WYLIE, Philip. "Review of The Lost Weekend". *New York Times Book Review*, 30 de janeiro de 1944. *Charles Jackson Papers*, Rauner Library, Dartmouth College, Hanover, New Hampshire.

YAGODA, Ben. *Memoir: A History*. Nova York: Riverhead, 2009.

ZIEGER, Susan. *Inventing the Addict: Drugs, Race, and Sexuality in Nineteenth-Century British and American Literature*. Amherst: University of Massachusetts Press, 2008.

ESTE LIVRO, COMPOSTO NA FONTE FAIRFIELD, FOI IMPRESSO
EM PAPEL PÓLEN SOFT 70G/M², NA GRÁFICA AR FERNANDEZ.
SÃO PAULO, FEVEREIRO DE 2022.